物业管理典型判例解读精选

编写单位　中国物业管理协会
主　　编　周心怡
副 主 编　赖新林

中国建筑工业出版社

图书在版编目（CIP）数据

物业管理典型判例解读精选／周心怡主编. —北京：
中国建筑工业出版社，2016.9
ISBN 978-7-112-19866-5

Ⅰ. ① 物… Ⅱ. ① 周… Ⅲ. ① 物业管理–民事纠
纷–审判–案例–中国 Ⅳ. ① D922.181.5

中国版本图书馆CIP数据核字（2016）第223959号

本书从物业项目管理全寿命周期所涉及的关键业务模块的典型法律风险类型，系统地进行章节结构设计，共8章99个案例，包括：物业客户关系管理篇、物业秩序维护与安全防范篇、房屋及设施设备维护管理篇、物业环境管理篇、物业服务劳资关系篇、物业财务管理篇、物业资源经营篇及物业管理权更迭篇。每个典型案例均包含案情介绍、焦点问题、法院判决、法条链接及案例评析五个部分，精选典型案例真实、全面、权威，案例内容及法律法规援引全新、有效，案例评析简练、到位、可操作性强，力求以最新、最完整的个案形式展现物业管理纠纷解决过程，使读者通过本书了解物业管理各参与主体的法律特征、纠纷类型和所涉法律关系及在实践中如何有效规避法律风险等主要问题。

总 策 划：张兴野
责任编辑：赵晓菲　朱晓瑜　张智芊
责任校对：李美娜　党　蕾

物业管理典型判例解读精选
编写单位　中国物业管理协会
主　编　周心怡
副主编　赖新林
*
中国建筑工业出版社出版、发行（北京海淀三里河路9号）
各地新华书店、建筑书店经销
北京锋尚制版有限公司制版
北京建筑工业印刷厂印刷
*
开本：787×1092毫米　1/16　印张：24½　字数：479千字
2016年10月第一版　2020年1月第六次印刷
定价：55.00元
ISBN 978-7-112-19866-5
（29342）

本书编委会

主　　编：周心怡

副 主 编：赖新林

编写人员：赵艳华　尚　剑　彭　雁　罗　洋　刘长森
余　龙　陈国光　廖小斌　周　宏　赵中华

抱朴守拙　诠释物业管理的契约精神
序

我国的物业管理正处在大变革的时代，在互联网、物联网等新技术及资本市场的催化下，房地产业价值流向终端服务集中，服务相关垂直产业链的崛起和发展，使得物业管理的内涵和外延获得了前所未有的丰富。不断的量化积累，必然会带来质的突破，看清这时代的“好”与“坏”，坚守物业管理的“初心”与价值，才能认清方向，通晓进退。

“抱朴守拙”一词，语自《老子》和陶渊明《归园田居 · 少无适俗韵》,是古人对不忘初心最早的理解和诠释。今年7月，习近平总书记在庆祝中国共产党成立95周年大会上的讲话中特别指出，面向未来，面向挑战，全党要不忘初心，继续前进。这也是对正处于风口浪尖之上，正值转型时期的我国物业管理发展的要求。

作为物业管理“初心”重要内核之一的契约精神是现代物业企业制度的重要基石和企业发展的重要基因，也是一个普世的共同价值理念。随着生态新经济大潮袭来，信用与规则在日益蓬勃的互联网商业往来和缔约关系中的作用凸显。尤其近年来物业管理领域的新主体、新关系、新问题和新纠纷不断涌现。未来，物业管理行业在向现代物业服务业转型升级的过程中，业务范围将向更多的领域拓展，在市场化、专业化的道路上，每个物业管理市场主体都会跟越来越多陌生的供应商、服务需求方、合作联盟者产生经济关联，也会遇到更多的潜在竞争对手。市场主体间签约、履约、维护契约正当性和稳定性及进行规则救济和衡平的行为，既是企业经营最本质的活动，又是契约精神最为具体的表现形式。

今年，中国物业管理协会委托深圳房地产和物业管理进修学院组织业内顶尖专家学者共同编纂的这本《物业管理典型判例解读精选》正是践行物业管理领域规则意识和契约精神的重要体现。通过精选物业管理不同范畴的99个新型案例判决的再研判，运用跨领域、综合性的研究方法，以现行有效的法律法规为准绳，对每个案例都做出了精心且较有前瞻性的评析，具有很高的借鉴和参考价值，对指导物业领域处理各类商业和民事纠纷矛盾，具有积极意义。

沈建忠
2016年10月于北京

前　言｜

Foreword

2014年10月，十八届四中全会审议通过了《中共中央关于全面推进依法治国若干重大问题的决定》，标志着我国的法治进程步入新的发展时期。与此同时，中国物业管理行业也正悄然经历着一场向现代服务业深刻的、结构性的转型。物业管理正以前所未有的深度和广度介入公民社会生活的方方面面，随着互联网、物联网等新技术的延伸应用，物业管理参与主体的多元化，导致法律关系更为复杂。因此，物业管理全过程、全主体“知法、懂法、守法、用法”不仅成为比以往任何一个时期都更为迫切的行业需求，更是全面推进依法治国的题中之意。

有鉴于此，中国物业管理协会委托深圳房地产和物业管理进修学院组织业内顶尖专家学者分工协作，以“典型判例”的特殊工具性为表现形式，以物业管理全周期、全业态的专业视角和以最新法律法规为依据的独到评析为主要特色，共同编写《物业管理典型判例解读精选》一书。本书力求宏观与微观、理论与实践相结合，主要突出精选典型案例真实、全面、权威，案例内容及法律法规援引全新、有效，案例评析简练、到位，以最新最完整的典型个案方式展现物业管理纠纷解决过程，使读者通过本书了解物业管理各参与主体的法律特征、法律关系、纠纷类型及在实践中如何有效地规避法律风险等主要问题。

需要说明的是：由于物业管理行业发展处于初级阶段，相应的法律法规还有待完善和统一，地方性法规不尽相同，理解和执行也存在一定的差异性，同样的案例适用不同的地方法其裁判结果也存在一定的差异性。因此，在案例评析时，编者主要围绕法院判决和行业普遍关注的焦点问题进行深度解析，包括事实认定、法律适用及证据采信等方面进行有所侧重的评析，并结合最新颁布的法律与判决所适用的法律进行对比评析，针对特定案件在法律适用方面存在的障碍对现有法律、法规、规章等规范性文件滞后性及后续修订趋势进行剖析和展望，希望读者通过阅读本书了解物业管理业务活动所涉及的相关法律法规内容，并结合自身实际有所借鉴。

为方便阅读理解，本书从物业项目管理全周期所涉及的关键业务模块的典型法律风险类型，系统地进行章节结构设计，共8章99个案例，包括：物业客户关系管理篇、物业秩序维护与安全防范篇、房屋及设施设备维护管理篇、物业环境管理篇、物业服务劳资关系篇、物业财务管理篇、物业资源经营篇、物业管理权更迭篇。在编写体例上，每个典型案例均包含了案情介绍、焦点问题、法院判决、法条链接及案例评析五个部分。

最后，本书编写过程中得到了住房和城乡建设部有关领导、业内专家的大力支持和悉心指导，在此表示衷心的感谢！本书是夯实行业依法管理的基石和规范企业经营管理与服务的一个新的历史起点，物业管理更加美好的未来，还有待于每一位物业管理人用自己的诚信、守法、专业、汗水、信念和创新精神去谱写。

目　录 | Contents

第1章　物业客户关系管理篇/1

1.1　开发商投资建设的配套设施的所有权和管理权归谁所有/3
1.2　小区的物业管理用房是否应以建设工程规划许可证核准图纸所确定的位置为准/6
1.3　开发商是否应当对未办理竣工验收手续但已入伙的物业承担保修责任/9
1.4　《表决票》上载明“未投票视为有效同意”之条款是否有效/12
1.5　业主委员会是否有权代替业主大会行使相关权利/15
1.6　政府主管部门未派人参与业委会选举，该选举结果是否有效/20
1.7　小区业主的投票权数如何确定/23
1.8　小区业主要求业委会撤销相关决议的主张是否合法/26
1.9　业主大会决议时未收回票、弃权票能否人为计入同意票/31
1.10　行政机关如何对业主委员会进行备案审查/36
1.11　如何划定物业服务管理区域/40
1.12　物业管理区域尚未确定，行政机关能否对“业委会”予以备案/43

第2章　物业秩序维护与安全防范篇/47

2.1　未成年人小区内意外溺亡，物业服务企业和建设单位的责任如何划分/49
2.2　未成年人在商场电梯受伤，物业服务企业该如何承担责任/52
2.3　外墙砖脱落致车辆损坏，物业服务企业应否赔偿/54
2.4　高空抛物致人死亡，物业服务企业应否承担赔偿责任/57
2.5　物业服务企业在小区施工导致他人受伤，应承担何种责任/59
2.6　车辆在小区内被盗，物业服务企业应否赔偿/62
2.7　小区发生火灾事故，如何确定责任承担主体/64
2.8　商铺消防未通过验收发生火灾，开发商和物业服务企业是否应承担责任/67

2.9 消防设施保修案中举证责任如何承担/71
2.10 车位承租人是否对车位有优先购买权/74
2.11 大暴雨致车库被淹，物业服务企业能否以不可抗力为由免责/77

第3章 房屋及设施设备维护管理篇/81

3.1 地下车位、消防通道被改造，业主如何维权/82
3.2 业主私自占有使用建筑物公共部分，共有权人怎样维权/86
3.3 物业服务企业停水停电，权利人可否索赔/90
3.4 物业服务企业紧急避险造成的损失，谁来担责/93
3.5 物业相邻关系中渗漏水造成财产损害，该谁担责/95
3.6 如何合理行使和维护社区公共资源及共有权利/98
3.7 路面排水箅子塌陷，路人摔伤谁担责/100
3.8 电梯事故致人重伤，物业服务企业和维保单位谁应担责/103
3.9 房屋被泡水，事故谁之过/105
3.10 房屋产权有争议，妨碍水泵房使用无依据/108
3.11 商业大厦中业主加建电梯其他业主能否共用/111
3.12 管道堵塞导致业主损害物业服务企业是否需要赔偿/113
3.13 工程施工影响相邻楼盘，建设方是否担责/115

第4章 物业环境管理篇/119

4.1 业主由于大堂水渍摔伤，物业服务企业为何担责/120
4.2 员工作业高空坠落致伤谁之责/122
4.3 噪声污染，业主能否主张精神损害赔偿/125
4.4 转包保洁工作，员工作业中受到伤害，物业服务企业是否担责/127
4.5 噪声污染的侵权责任如何界定/129
4.6 行人驾电动车滑倒摔伤，物业服务企业是否担责/133
4.7 绿化被擅改，造成行人死亡，应如何定责/136
4.8 小区枯树砸坏车辆，业主应向谁来索赔/139
4.9 物业楼顶架设通信设备，权利如何界定/140

4.10 顾客在商场卫生间滑倒，物业服务企业是否担责/144
4.11 排水管道铺设侵犯个体业主权利，业主如何维权/147

第5章 物业服务劳资关系篇/151

5.1 物业服务企业因举证不能承担不利后果/152
5.2 物业服务企业不当解除劳动关系有什么风险/154
5.3 企业与员工之间的劳动关系如何认定/157
5.4 劳务派遣中用人单位有哪些风险/159
5.5 退休返聘人员与企业存在劳动关系吗/162
5.6 连续旷工是否构成严重违纪/166
5.7 非全日制员工解除劳动合同要承担经济补偿金吗/170
5.8 物业服务企业违规未予劳动者缴纳社保有何风险/174
5.9 员工拒签劳动合同，企业有何风险/177
5.10 第三人侵权赔偿与工伤赔偿机制是否可以并行/181
5.11 劳动合同解除后员工是否可以反悔/182
5.12 工伤认定的标准是什么/185
5.13 停工留薪期要支付员工工资吗/187
5.14 劳动合同中试用期可以随意约定吗/190
5.15 物业服务企业是否能随意变更劳动者的工作地点？/192

第6章 物业财务管理篇/197

6.1 物业服务费如何催缴/198
6.2 业主可否以物业服务瑕疵拒交物业服务费/204
6.3 物业服务企业因业主欠费而强拆水表是否应承担侵权责任/210
6.4 业主自主管理物业费用如何支付/213
6.5 物业服务企业可以依据开发商签订的合同提高服务费标准吗/218
6.6 物业服务企业直接以公告形式提高收费标准的行为是否有效/223
6.7 合法筹集公共设备维修资金，个别业主不交费怎么办/226
6.8 未经业主大会批准擅自使用物业维修资金要承担什么责任/232

6.9 按物业服务合同的约定使用维修基金合法吗/236
6.10 物业管理用房的权属认定及拆迁补偿款的分配/239
6.11 业主对物业维修资金的使用有知情权吗/243
6.12 包干制业主有权查阅物业管理收支吗/249
6.13 业主知情权是否受诉讼时效的限制/255

第7章 物业资源经营篇/263

7.1 如何界定和分配业主共有部分收益/264
7.2 开发公司是否需要缴纳地下层房屋物业管理费/269
7.3 小区停车费收益能否抵充物业管理费/274
7.4 业主机动车停放小区共用车位是否应当交纳停车费/278
7.5 谁来承担“空置房”的物业管理费/283
7.6 物业服务企业收取的公共收益能否与业主欠缴的物业费相抵扣/289
7.7 业委会是否有权要求原物业服务企业公布公共租赁收益情况/293
7.8 地下车库应该归谁所有/298
7.9 小区的哪些收益应当向业主公布/301
7.10 物业服务企业对于地下车库进行控制及收益是否合法/305
7.11 小区架空层所有权归谁/309

第8章 物业管理权更迭篇/315

8.1 物业服务企业如何应对小区业委会的解聘诉求/316
8.2 前期物业服务企业是否有权占用涉案物业管理用房/321
8.3 业主怠于行使权利，致无法形成业主大会决议，业主委员会能否自行决定续聘原物业服务企业/327
8.4 业主委员会直接解聘原物业服务企业，新中标的物业服务企业能否进驻/330
8.5 物业服务企业投标信息是否属于业主知情权范围/334
8.6 业主委员会成立后，开发商是否有权与原物业服务企业续签合同/339
8.7 小区开发公司对涉诉房产是否享有处分权/344
8.8 新旧物业移交，设备损坏谁该承担设备维修费用/348

8.9 前期物业公共收益可否纳入物业服务企业收入/354

8.10 物业服务企业退出时应当做好哪些物业交接工作/357

8.11 物业服务企业擅自退出应当承担哪些法律责任/361

8.12 业委会诉物业服务企业退出小区是否有法律依据/365

8.13 谁该承担物业资料移交责任/370

附录：部分案例案号/376

第1章

物业客户关系管理篇

本章综述

物业管理基本法律关系主体包括业主、物业服务企业、建设单位、市政公用单位、居民委员会与政府。建设单位的责任通常被认为来源于买卖合同中的附随义务，且建设单位在履行完相应的责任后，会逐步退出物业服务关系。实际上，我国大陆地区的物业服务通常是由建设单位启动的，建设单位通过《买卖合同》、《前期物业服务合同》、《管理规约》等将建设单位、业主、物业服务企业框定在物业服务体系中，三方共同诠释物业服务关系中的权利义务。

从本质上来讲，物业服务是一种平等主体之间的合同关系，既包括物业服务企业与建设单位之间前期物业服务合同关系，也包括物业服务企业与业主之间的物业服务合同关系，具体体现为建设单位如何承担保修责任，公共配套设施权利及权益归属，业主权利如何行使，物业服务合同如何签订，物业服务合同履行过程中如何进行公共设施设备的维护和使用、如何收取或提高物业管理费用，物业服务企业之间如何进行工作交接等问题。

同时，物业服务合同也有其特殊性。一方面，任何一份物业服务合同都不能充分表达每一位业主的意见和建议，特别是前期物业服务合同甚至都没有业主参与谈判和签约，所以物业服务企业在合同签订后也不可能取得全部业主的信任和理解；另一方面，物业服务合同履行过程中，物业服务企业要面对的不是单一的个体，而是人数众多、意见不统一的具体业主个人，因此，物业服务企业在每一项工作过程中都要征得业主的同意是一件十分繁杂的工作，在此过程中就难免会与部分业主产生矛盾甚至冲突。

本章所述内容将物业管理“立体化”，即将物业服务企业放到特定的物业管理区域内，通过人民法院的判例将物业服务企业在特定区域内所涉建设单位、业主、业主大会、业主委员会、物业服务企业之间的权益纠纷及救济“立体”呈现，以期为各方提供一定的参考。

1.1 开发商投资建设的配套设施的所有权和管理权归谁所有

【案情介绍】

北京市负责城市集中供热的某热力公司于2003年在某小区兴建之初为其提供了热力站及配套设施的相关设计，由开发商自行投资兴建了小区热力站及相应管网设施并交由某物业服务企业进行日常管理和维护，之后一直由该热力公司为该小区居民提供暖气并收取供暖费用。2007年，该热力公司投巨资对该小区的热力站改水改造工程进行设计和施工，但开发商及物业服务企业却开始阻止热力公司进入小区收取供暖费，并且阻止热力公司对热力站及相关设施进行例行检修和日常维护。不仅如此，物业服务企业还依据与小区业主签署的《供暖协议书》代收供暖费后擅自截留，并未将供暖费交给热力公司。2013年11月，热力公司以该小区热力站存在安全隐患需进行抢修为由，私自将小区热力站原有的热计量装置拆除，更换为“预付费”刷卡控制装置，并将充值卡保留在自己手中，这样一来，小区业主如不找热力公司预先充值供暖费，热力站将会自动断供暖气，导致小区业主无法充值而停暖的情况多次发生，热力公司和开发商及物业服务企业的矛盾进一步激化，并且严重影响到小区业主的正常生活。

2013年12月，热力公司以开发商及物业服务企业为被告向法院提起诉讼，以两被告的行为已妨碍其对公共供热设施的正常管理、两被告不具热力站检修及维护资质可能造成安全隐患等为由，诉求：两被告排除妨碍，向其移交该小区热力站及相关设施的管理权及用户资料。

而开发商则以小区热力站及相关设施系自己投资兴建，所有权应归开发商所有，热力公司安置的预付费装置已妨碍物业服务企业对热力站的正常管理为由进行抗辩，并提起反诉，诉求：（1）确认小区热力站及相关设施所有权归开发商所有；（2）拆除安置在热力站内的预付款装置。物业服务企业则以自己只是受开发商及业主的委托管理热力站并代收供暖费，自己并非热力站所有人所以无权移交热力站及相关设施为由进行抗辩。

诉讼过程中，热力公司提供了2007年改造热力站及相关设施的施工合同及付款凭证，开发商提供了2003年投资兴建热力站及相关设施的合同及付款凭证，物业服务企业提供了与小区业主签署的代为收取供暖费的《供暖协议书》及物业管理公约等。

【焦点问题】

1. 开发商投资兴建的热力站及配套设施所有权及管理权是否归开发商所有？

2. 物业服务企业根据开发商的授权以及与业主签订的管理公约是否取得对热力站及配套设施的管理权？

【法院判决】

本案经一审法院审理，判决支持原告热力公司的全部诉求，并驳回了开发商的全部反诉请求，开发商不服一审判决提起上诉，二审法院维持原判。一二审法院均认为：

1. 关于热力站及相关设施的产权归属问题：在相关法律法规并无明确规定热力站产权归属的情况下，基于（1）热力站和配套设施属于市政集中供热管网系统的子系统，是实现市政供热直接面向采暖用户不可或缺的组成部分，脱离市政供热母系统，其本身不具备独立的使用价值；（2）热力站的功能系为小区全体业主提供热源，具有公共服务职能，应为公共设施，开发商出资建设并不等同于就自行取得该公共设施的物权；（3）开发商投资兴建小区配套供热设施是其承建小区主体建筑的随附义务，其投资应列入开发成本，故开发商主张热力站及相关设施所有权归自己于理不合，也于法无据。

2. 关于热力站及相关设施管理权归属问题：基于（1）供热人按照国家规定的供热质量标准和约定安全供热，并负有对供热范围内供热设施维护、抢修和更新的合同附随义务，且根据《北京市供热采暖管理办法》相关规定，供热单位应当直接向用户收取采暖费，亦应当对供热范围内住宅用户的室外供热设施和室内共用供热设施承担管理、维护、抢修和更新的改造责任；（2）为有利于供热设备设施效能发挥，以及供热人供热义务地持续履行，充分保障采暖用户权益，以及政府规章的实施，民事权利与义务相一致，民事责任与行政责任相一致等因素考虑，物业服务企业应当将热力站及配套设施管理权及用户资料移交热力公司。

法条链接

《物业管理条例》

第四十四条 物业管理区域内，供水、供电、供气、供热、通信、有线电视等单位应当向最终用户收取有关费用。

物业服务企业接受委托代收前款费用的，不得向业主收取手续费等额外费用。

第五十一条 供水、供电、供气、供热、通信、有线电视等单位，应当依法承担物业管理区域内相关管线和设施设备维修、养护的责任。

前款规定的单位因维修、养护等需要，临时占用、挖掘道路、场地的，应当及时恢复原状。

《北京市供热采暖管理办法》

第十六条 供热单位应当直接向用户收取采暖费。

第二十条 供热单位应当对供热范围内住宅用户的室外供热设施和室内共用供热设施承担管理、维护、抢修和更新改造的责任。

【案例评析】

本案看似复杂，但纠纷发生的根本原因却在于小区热力站的供热主体、管理主体、热费收取主体发生分裂所致。在法律法规没有明确规定的情况下，上述主体的确认将直接关系到相关权利义务的确定，故本案纠纷发生后，法院在认定小区功能性服务设备设施是否为公共设施，以及该公共设备设施的所有权以及管理权归属的认定方面具有一定代表性。

本案中的热力站虽然为开发商投巨资兴建，但其功能的发挥却需要依附于整个城市的供热系统，其自身并不具有独立价值，而且在北京这样冬天必须供暖的城市，热力站的兴建已经成为开发商在兴建住宅小区时应尽的义务，虽然开发商投巨资兴建热力站，但热力站的所有权却并非当然归属于开发商所有，法院也正是基于上述两项理由判定热力站的性质为小区的公共设施。解决了热力站的所有权归属问题后，在判定热力站的管理权归属时，法院则充分考虑到了民事主体权利义务一致性原则，既然热力公司是供热主体，又是收费主体，则随附的管理义务也应由其承担。除此，法院还考虑到了热力站作为功能性服务设施，由热力公司承担管理责任更有利于热力站的日常检修和维护，从供热的持续性以及维护的便利专业性等方面更能充分保障采暖户的权益等。

本案例对小区内功能性服务设备设施是否为公共设施，其所有权归属及管理权归属如何认定方面具有较大的借鉴意义。开发商投资兴建的小区内功能性服务设备及设施并不因为开发商是投资主体，其所有权就归开发商所有，须结合该服务性设备设施在使用上是否具备独立性，还须结合当地环境或气候等因素确定该设备设施是否属于开发商必备或应尽义务的确定；在公共设施的管理权认定方面，除须结合权利义务一致性外，还须考虑到更有利于该设备设施发挥功能以及更有利于保障业主利益方面等因素。

1.2 小区的物业管理用房是否应以建设工程规划许可证核准图纸所确定的位置为准

【案情介绍】

上海市某小区（含商场及住宅）于2002年竣工验收，其规划许可证核准的图纸中商场南楼1～3层平面图载明该层南端为物业管理用房（小区1～3层商场南端房屋产权人为开发商）。该小区交付使用后于2006年成立业主委员会，开发商将警卫室及机房（非规划图纸所示位置的物业管理用房）移交业主委员会及物业服务企业用于办公，并将部分地下室作为业主活动室移交给业主委员会使用，另将垃圾房移交业主委员会使用管理。

2009年，小区业主委员会以开发商为被告向人民法院提起诉讼，以开发商未按规划许可证核准图纸所示位置的物业管理用房交付业主委员会使用为由，诉求：（1）开发商将规划许可证核准的图纸所示位置配套的物业管理用房作为小区物业服务企业和业主委员会办公用房；（2）开发商应当赔偿自2006年起占用上述配套物业管理用房给业主委员会造成的损失人民币2万元/月（以类似位置同期租金为参考标准）。

而开发商则以下列理由进行抗辩：（1）物业管理用房是否配置及如何配置应由行政机关认定而非法院认定；（2）小区规划中并未配置物业管理用房，规划许可证核准的图纸中所标注的“物业管理”仅是设计师对商场内部不同区域所作的功能性建议，而并非指小区的物业管理用房位置；（3）开发商已主动为业主委员会及物业服务企业提供了物业管理用房以及为小区业主提供了活动室，无须另行安排物业管理用房及赔偿损失。

诉讼过程中，开发商提交了房屋状况及产权人信息、房屋土地测绘技术报告书、当地规划和土地管理局出具的关于小区所涉物业管理用房性质的说明以及2002年之前物业管理用房不作为强制配置等文件。

【焦点问题】

小区的物业管理用房是否应以建设工程规划许可证核准图纸所确定的物业管理用房位置为准？

【法院判决】

一审法院认为：基于（1）开发商作为小区的开发建设单位有义务为小区提供配套

物业管理用房，根据《关于〈上海市实施物业管理条例的若干意见〉的应用解释》相关规定，1997年7月1日～2003年8月31日竣工的居住物业管理区域，其物业管理用房应按照规划中配置的标准提供，小区于2002年9月5日竣工验收合格，经核准的施工图明确有物业管理房屋的位置，作为建设工程规划许可证的组成部分，开发商不得随意更改规划图纸；（2）开发商因提供了其他物业作为业主委员会及物业管理办公室以及业主活动室，原告诉求赔偿金额过高。一审判决开发商应当根据规划所示位置的配套物业管理用房作为小区物业服务企业和业主委员会办公用房以及小区业主活动室，并应协助业主委员会办理上述房屋为物业管理用房的登记备案手续；开发商应当支付占用上述配套物业管理用房赔偿金人民币3000元/月。

开发商不服一审判决提起上诉。二审法院经审理认为：（1）小区规划许可证核准图纸及竣工图中商场南楼1～3层平面图中仅标有“物业管理”、“管理”、“会议”、“办公”等字样而非载明位于该层南端为物业管理房屋；（2）经向当地规划和土地管理局致函了解到：该小区虽然于2001年取得规划许可，但当时规划上对物业管理用房不作为强制配置内容，该小区于2003年交付使用时小区规划并未配置物业管理用房，该小区的物业管理用房及业主委员会用房应以开发商所承诺的地址配置即可；（3）结合本案中开发商自2006年起已将其他物业移交业主委员会用于物业管理用房及业主活动室使用的事实，故二审判决撤销一审判决，驳回业主委员会的诉求。

法条链接

《中华人民共和国物权法》

第七十三条　建筑区划内的道路，属于业主共有，但属于城镇公共道路的除外。建筑区划内的绿地，属于业主共有，但属于城镇公共绿地或者明示属于个人的除外。建筑区划内的其他公共场所、公用设施和物业服务用房，属于业主共有。

《关于〈上海市实施物业管理条例的若干意见〉的应用解释》

第七条　建设单位在办理房屋预售许可证和房地产初始登记时，应当将物业管理用房的坐落、面积、室号在预测面积（实测面积）报告中予以注明，并加盖建设单位公章；建设单位提交的资料符合《若干意见》规定的物业管理用房配置条件的，市或者区县房地产管理部门方可核发房屋预售许可证和办理房地产初始登记，并按规定予以注记。

2003年9月1日以后竣工的物业管理区域，其物业管理用房的配置按《若干意见》的规定执行。1997年7月1日至2003年8月31日竣工的居住物业管理区域，其物业管理用房应按照规划中配置的标准提供；规划中未配置的，按照物业管理区域实际使用状况予以提供。

【案例评析】

现实中，开发商在本属于小区业主共有的公共区域随意搭建办公室作为物管用房，或者将阴暗潮湿的地方或地理位置极不便利的角落隔离出来作为小区业主物业管理用房或活动室的情况层出不穷。在众多物业管理纠纷中，开发商在小区竣工验收完成后不按规划许可证核准的物业管理用房位置或面积向业主移交物业管理用房已成为物业管理常见的共有权纠纷之一。

物业管理用房按规划定点建造，为建筑物管理人进行管理维护业务必需的场所，是保障管理人对居住环境进行管理，满足全体业主对居住环境安全、健康、便利、舒适需求所必需的场所，所以国家法律法规以及地方性法规都会对开发商在兴建商业或住宅建筑必须预留物业管理用房的位置及面积有所规定，并且物业管理用房的位置和面积必须在开发商取得核准的建设工程规划许可证中有所体现。一旦规划许可证核准后，相当于行政机关对土地使用人的权利义务的确定，开发商不得擅自更改。建筑物竣工验收后，依照《中华人民共和国物权法》相关规定，物业管理用房为业主共有，物业管理用房的分割、转移、调整或重新配置，应当由业主共同或业主大会决定。

但鉴于我国的《物权法》于2007年才实施，之前均是依循各地的地方性法规及规范性文件，如本案中《关于〈上海市实施物业管理条例的若干意见〉的应用解释》虽然规定1997年7月1日～2003年8月31日竣工的居住物业管理区域，其物业管理用房应按照规划中配置的标准提供，但当地规划和土地管理局却认为当时规划上对物业管理用房不作为强制配置内容，该小区于2003年交付使用时小区规划并未配置物业管理用房，故物业管理用房应以开发商承诺为准。法院也接受了当地规划和土地管理局的意见做出了最终判决。随着国家法律法规的健全，各地相继出台的物业管理法规也日趋完善，开发商不按规划设计核准的位置及面积移交物业管理用房的情况也得到了有效改善。

1.3 开发商是否应当对未办理竣工验收手续但已入伙的物业承担保修责任

【案情介绍】

河南省洛阳市某开发商于2005～2009年期间投资兴建某小区一、二、三、四期工程，但截至2009年仅取得第一、二期的竣工验收备案证书，三、四期未申请竣工验收申请，也未办理交付使用备案。2009年开发商委托一家物业服务企业承担小区业主委员会成立之前的物业管理工作，但2012年小区一期成立业主委员会后，开发商却拒绝将物业管理权移交业主委员会选定的物业服务企业，且未对小区范围内损坏的围墙、道路、监控、路灯、暖气等公共设施承担保修责任，除此还存在未按批准的规划方案兴建某小区花坛、绿地以及擅自在小区范围内增建工程等问题。

2013年业主委员会以开发商为被告提起诉讼，诉求（1）开发商向业主委员会委托的物业服务企业移交物业管理权；（2）移交小区综合验收的竣工总平面图、结构图及配套设施清单，地下管网竣工图及资料，相关设施设备安装图等技术资料，房屋、公共服务配套设施等项目清单及产权归属证明，物业质量保修文件和物业使用说明文件等；（3）移交专门的物业管理用房；（4）按规划方案将应建未建的大门、花坛、门卫设施等建设到位并移交，拆除擅自增建的工程；（5）对小区范围内已损坏的公用设施承担保修责任并支付已发生的维修费用。

开发商则以（1）住宅保修期应从竣工验收的住宅交付用户使用之日起计算，在开发商与业主无另行约定的情况下，除屋面防水工程、有防水要求的卫生间等为5年外，其余法律未明确规定部分保修期按2年处理。小区于2006年交付使用，至起诉时已使用7年之久，早已过了保修期，且开发商与前物业服务企业签订的物业管理合同已包括公共设施维修；（2）房屋保修期满后，大中修由维修基金支付，小修应由物业服务企业从其收取的物业费中进行维修等为理由进行抗辩。

诉讼进程中，业主委员会提交了维修及增设包括围墙、道路、监控、路灯、暖气管道、电动机水泵、监控器、绿地（花草树木）等在内的公用设施发生费用的发票等。

【焦点问题】

1．开发商向小区业主委员会移交物业管理权及相关资料的条件和时间如何确定？

2．未办理小区竣工验收申请及交付使用备案手续的开发商是否应继续承担小区保修责任？

3. 开发商未按规划方案少建或增建工程是否属法院管辖范畴?

【法院判决】

一审法院认为：基于（1）《物业管理条例》规定业主委员会与物业服务企业签署的物业管理服务合同生效的，前期物业服务合同终止；（2）物业承接验收手续时，开发商应向物业服务企业移交竣工及配套设施、地下管网等图纸，设备设施安装使用保养、物业质保等相关资料；（3）《河南省物业管理条例》规定未经综合验收合格的物业，开发商不得移交管理权并应当继续承担物业管理费用。开发商辩称小区已交付使用且已过保修期，因保修期系施工单位与建设单位之间约定的期限，且开发商并未提供证据证明该工程质量保修期限等理由，一审判决开发商应当向业主委员会移交物业管理权及相关资料，并应继续承担小区管理相关费用，对业主委员会已垫付的维修或增建小区范围内公共设施发生的费用应当全额承担。

另外，基于业主委员会诉求的物业管理用房面积超出了《物业管理条例》及《河南省物业管理条例》规定的面积，对超出部分不予支持；基于开发商未按批准的规划方案擅自少建或增建工程属于行政管理部门进行认定并处理，不属于民事法律关系范畴，依法不予支持。

开发商不服一审判决提起上诉，二审法院经审理后驳回上诉，维持原判。

法条链接

《物业管理条例》

第二十五条 建设单位与物业买受人签订的买卖合同应当包含前期物业服务合同约定的内容。

第二十六条 前期物业服务合同可以约定期限，但是，期限未满、业主委员会与物业服务企业签订的物业服务合同生效的，前期物业服务合同终止。

第二十九条 在办理物业承接验收手续时，建设单位应当向物业服务企业移交下列资料：

（一）竣工总平面图，单体建筑、结构、设备竣工图，配套设施、地下管网工程竣工图等竣工验收资料；

（二）设施设备的安装、使用和维护保养等技术资料；

（三）物业质量保修文件和物业使用说明文件；

（四）物业管理所必需的其他资料。物业服务企业应当在前期物业服务合同终止时将上述资料移交给业主委员会。

第三十九条 物业服务合同终止时，物业服务企业应当将物业管理用房和本条例第二十九条第一款规定的资料交还给业主委员会。

《河南省物业管理条例》

第三十条 建设单位须在建筑物及其附属设施综合验收合格后，方可将其管理权移交给业主委员会，未经综合验收合格的物业，建设单位不得移交，并继续承担应当由其承担的物业管理费用。

【案例评析】

本案涉及开发商向小区业主委员会移交物业管理权及相关资料的条件和时间，这在《物业管理条例》有明确规定。开发商与业主签订买卖合同时即应约定前期物业服务的内容，前期物业服务合同期未满时，只要业主委员会与物业服务企业签订的物业服务合同生效的，前期物业服务合同即自行终止。故开发商委托的物业服务企业的管理权即时终止，开发商或前期物业服务企业应当向新的物业服务企业移交物业管理权及法律规定的应当移交的相关资料。

本案还涉及另一个比较常见的问题，即小区交付使用后小区的维护保修责任由谁承担。本案的特殊情况在于开发商投资兴建的小区共有一、二、三、四期工程，但开发商只取得第一、二期的竣工验收备案证书，三、四期未提交竣工验收申请，也未办理交付使用备案，这就使得整个小区成为未经综合验收合格的物业。按当地物业管理的相关规定，开发商不得移交管理权并应当继续承担物业管理费用。这样的规定除了促使开发商尽快完成同其余工程的竣工验收备案外，也是为了保障小区内早期已完成交付使用区域业主的利益，因为整个小区在整体开发及规划上肯定会兼顾各种功能性公共设施的位置及功效，如大门的位置、绿化的设计、路灯的排列等，如果开发商因为部分工程一直未完成竣工验收就可以将交付使用区域的公共设施的管理责任转嫁出去，无疑会助长开发商怠于兴建或维护小区公共设施的可能性，最终损害的还是小区业主的利益。

本案还涉及的另一个重要问题是开发商未按批准的规划方案擅自少建或增建工程，作为业主虽然不能通过法院诉讼解决，但可以向相关行政管理部门反映相关问题，由行政管理部门对开发商的行为进行处理。

1.4《表决票》上载明"未投票视为有效同意"之条款是否有效

【案情介绍】

上海某小区业主大会筹备组在2008年9月为表决该小区《业主大会议事规则》及业主委员会成员等事宜，向该小区业主送达了《首次业主大会表决票》。该表决票对业主大会议事规则、管理规约、专项维修资金管理规约以及业主委员会成员提供了表决项，并注明"已送达的征求表决意见单，如业主在规定的时间内不反馈意见或者不提出同意、不同意、弃权意见的，视为同意"。同年10月，在当地住房保障和房屋管理局、居民委员会以及业主大会筹备组的共同主持下，对表决票进行了回收、统计，分别通过了《业主大会议事规则》、《管理规约》、《专项维修资金管理规约》以及业主委员会成员名单。其中《业主大会议事规则》同意票占小区建筑面积比例79%，占小区业主人数比例78%。表决通过的《业主大会议事规则》规定"已送达的表决票，业主在规定的时间内不反馈意见或者不提出同意、反对、弃权意见的，视为同意。视为同意或者反对的，不适用于差额选举业主委员会委员或者差额选聘物业服务企业等情形。"同年11月，小区业主大会筹备组公告了投票结果，当地房屋土地管理局核发了该小区业主大会及业主委员会备案证。

之后，该小区业主俞某以业主委员会为被告向法院提起诉讼，称该小区业主委员会未经全体业主共同决定，擅自以"未投票视为有效同意"之条款进行表决的形式违反相关法律规定，误导影响业主的表决意向，已侵害了小区业主共同利益，诉求撤销部分表决结果。

诉讼过程中，小区业主委员会出示了当地居委会及房屋管理局封存的《表决票》，以及上述两单位出具的证明表决过程符合法律程序合法有效的证据。

【焦点问题】

小区业主委员会在《表决票》上载明"未投票视为有效同意"之条款进行表决的形式是否合法？

【法院判决】

一审法院认为：小区业主大会及业主委员会成立之前，业主无法对如何表决以及表决的形式进行讨论并形成统一的意见，业主大会筹备组首先采用"未投票视为有效同意"的表决形式目前并无法律的禁止性规定，且已在《表决票》中明示了这一条款，并未误导、影响业主的表决意向，这一表决形式客观上也有利于促使业主积极行使投票的权利。故一审判决驳回俞某的诉讼请求。

俞某不服一审判决提起上诉。二审法院认为:《表决票》上载明的“未投票视为有效同意”的表决形式实为表决票的计票方法或规则，属小区业主自治范畴，并未违反法律规定，且通过在“视为同意”上画线的方式，对小区业主作了特别告知和提醒，以促使小区业主重视并积极行使自己的投票权利，进而推进小区业主自治，并不存在侵害小区业主利益的行为。二审判决维持原判。

法条链接

《中华人民共和国物权法》

第七十八条　业主大会或者业主委员会的决定，对业主具有约束力。业主大会或者业主委员会做出的决定侵害业主合法权益的，受侵害的业主可以请求人民法院予以撤销。

《物业管理条例》

第十七条　业主公约应当对有关物业的使用、维护、管理，业主的共同利益，业主应当履行的义务，违反公约应当承担的责任等事项依法作出约定。业主公约对全体业主具有约束力。

第十八条　业主大会议事规则应当就业主大会的议事方式、表决程序、业主投票权确定办法、业主委员会的组成和委员任期等事项作出约定。

《业主大会和业主委员会指导规则》

第二十六条　业主因故不能参加业主大会会议的，可以书面委托代理人参加业主大会会议。

未参与表决的业主，其投票权数是否可以计入已表决的多数票，由管理规约或者业主大会议事规则规定。

《上海市住宅物业管理规定》

第十一条　业主在物业管理活动中，除享有《中华人民共和国物权法》、国务院《物业管理条例》规定的权利外，还有权提议召开首次业主大会会议。

第十五条　筹备组应当做好以下筹备工作:

（一）确认并公示业主身份、业主人数以及所拥有的专有部分面积；

（二）确定首次业主大会会议召开的时间、地点、形式和内容；

（三）草拟管理规约、业主大会议事规则；

（四）确定首次业主大会会议表决规则；

（五）制定业主委员会成员候选人产生办法，确定业主委员会成员候选人名单；

（六）制定业主委员会选举办法；

（七）完成召开首次业主大会会议的其他准备工作。

前款内容应当在首次业主大会会议召开十五日前在物业管理区域内公告。业主对公告内容有异议的，筹备组应当记录并作出答复。

筹备组应当自成立之日起九十日内，组织召开首次业主大会会议。

第十八条 首次业主大会会议通过的议事规则，应当就业主大会的议事方式、表决程序、业主小组的设立、业主委员会的组成、任期、罢免和补选等事项作出约定。

【案例评析】

本案例的代表性表现在小区业主大会及业主委员会成立之前如何合法有效的组织业主投票成立业主委员会、选举业主委员会委员，以及通过《业主大会议事规则》等。业主大会筹备组在向业主送达《表决票》时应该注意哪些问题，才能保证程序合法，内容有效，如何促使业主积极投票，主动参与到管理小区公共事务中来，更切实有效地维护自身利益。小区在交付使用后且符合成立业主委员会的法定条件便有权利成立业主委员会，代表业主处理公共事务，维护业主利益。但现实中面临的实际问题是业主来自四面八方，彼此之间并不熟悉，缺乏信任，更多的是忙于自己的工作和生活，对参与小区公共事务的热情普遍不高，但涉及委托物业服务企业管理小区，物业管理费收取标准、维修基金的缴纳及使用等事项时又不得不征求业主的意见，而且必须达到法律规定的投票率才有效，所以成立小区业主委员会以及确定业主大会议事规则对一个小区来说又是必需的。

本案中，业主大会筹备组在向小区业主送达的《表决票》上载明的“未投票视为有效同意”，并通过在“视为同意”上画线的方式对小区业主作了特别告知和提醒，且按照法定形式予以公示，即筹备组通过法定方式确定了案涉小区的表决票的计票方法或规则，这不失为一种有效可行的方式，这种方式不仅促使小区业主重视并积极行使自己的投票权利，而且一旦发生纠纷也会被法院认定其合法性及有效性。

1.5 业主委员会是否有权代替业主大会行使相关权利

【案情介绍】

××花园位于广州市天河区广州大道北，是某房地产公司开发的住宅小区。乙物业服务企业是某房地产公司指定的××花园的前期物业管理公司。2011年3月25日，××花园业主委员会（以下简称“××花园业委会”）经广州市天河区某街道办事处备案成立。

2011年5月6日，××花园业委会向××花园全体业主发出《通知》，通知称将于5月21日下午2点在××花园召开业主大会，表决投标选聘新物业等事项，请全体业主届时准时参加。

2011年5月21日，××花园业委会经过招投标程序确定甲物业服务企业为××花园小区物业服务中标单位。在公示选聘结果期间，乙物业服务企业及200多名业主联名对公示结果提出异议。6月，某街道办两次发函要求业委会将选聘结果的明细情况公示，但业委会未采纳。

2011年7月1日，甲物业服务企业（乙方、受托方）、××花园业委会（甲方、委托方）双方签订《物业管理服务合同》，约定甲方委托乙方对××花园小区（占地面积25699m^2、建筑面积72739m^2）提供物业管理服务，委托管理期限5年，自2011年7月1日～2016年6月30日。甲物业服务企业与××花园业委会签约后，甲物业服务企业要求进场接管小区，乙物业服务企业拒绝退场，双方发生冲突。上述事件引起广州电视台等媒体报道。

8月，小区业主200多人要求召开临时业主大会改选业委会和投票决定是否变更物业服务企业。

10月，某街道办就临时业主大会召开的问题多次与××花园业委会协商、指导，但××花园业委会以自治为由，不愿接受政府部门和街道的依法指导、监管。甲物业服务企业遂于2011年10月9日提起诉讼，请求：（1）乙物业服务企业停止侵害、排除妨害，立即退出××花园小区物业管理区域；（2）乙物业服务企业及××花园业委会将××花园物业服务用房（在A幢首层东南面物业管理处位置）腾空移交给甲物业服务企业使用并移交××花园物业所涉的业主姓名、房号、面积、小区规划图及相关设备设施等所有有关××花园的资料。

12月，某居委会在小区张贴《关于召开××花园小区临时业主大会的通告》，决定2011年12月23～25日由某居委会在某街道办的指导监督下代为组织召开小区临时业主大会，议题为“是否选聘乙物业服务企业”和“是否改选业委会”。统计结果显示，本次临时业主大会的两个议题表决结果均双过半，决议改选现有××花园业委会，并续聘乙物业服务企业。

原审法院认为，目前××花园小区业主同意选聘乙物业服务企业作为物业管理公司的意思表示不合，甲物业服务企业要求进驻××花园小区缺乏理据。因此，原审法院对甲物业服务企业要求乙物业服务企业排除妨害，退出××花园小区物业管理区域，以及移交物业管理有关资料的诉请依法予以驳回。

【焦点问题】

1. 业委会决议是否优先于业主大会？
2. 居委会组织召开临时业主大会是否越俎代庖？
3. 居委会组织召开的临时业主大会决议是否具有约束力？
4. 甲物业服务企业提出排除妨害诉讼是否成立？

【法院判决】

广州中院认为，甲物业服务企业的上诉理由不成立，应予驳回；审查原审判决查明事实清楚，处理并无不当，应予维持。依照《中华人民共和国民事诉讼法》第一百七十条第一款第（一）项的规定，判决如下：驳回上诉，维持原判。

法条链接

《中华人民共和国物权法》

第七十六条 下列事项由业主共同决定：

（一）制定和修改业主大会议事规则；

（二）制定和修改建筑物及其附属设施的管理规约；

（三）选举业主委员会或者更换业主委员会成员；

（四）选聘和解聘物业服务企业或者其他管理人；

（五）筹集和使用建筑物及其附属设施的维修资金；

（六）改建、重建建筑物及其附属设施；

（七）有关共有和共同管理权利的其他重大事项。

决定前款第五项和第六项规定的事项，应当经专有部分占建筑物总面积三分之二以上的业主且占总人数三分之二以上的业主同意。决定前款其他事项，应当经专有部分占建筑物总面积过半数的业主且占总人数过半数的业主同意。

第七十八条 业主大会或者业主委员会的决定，对业主具有约束力。

业主大会或者业主委员会作出的决定侵害业主合法权益的，受侵害的业主可以请求人民法院予以撤销。

《物业管理条例》(2007年修订)

第十一条 下列事项由业主共同决定：

(一)制定和修改业主大会议事规则；

(二)制定和修改管理规约；

(三)选举业主委员会或者更换业主委员会成员；

(四)选聘和解聘物业服务企业；

(五)筹集和使用专项维修资金；

(六)改建、重建建筑物及其附属设施；

(七)有关共有和共同管理权利的其他重大事项。

第十二条 业主大会会议可以采用集体讨论的形式，也可以采用书面征求意见的形式；但是，应当有物业管理区域内专有部分占建筑物总面积过半数的业主且占总人数过半数的业主参加。

业主可以委托代理人参加业主大会会议。

业主大会决定本条例第十一条第(五)项和第(六)项规定的事项，应当经专有部分占建筑物总面积2/3以上的业主且占总人数2/3以上的业主同意；决定本条例第十一条规定的其他事项，应当经专有部分占建筑物总面积过半数的业主且占总人数过半数的业主同意。

业主大会或者业主委员会的决定，对业主具有约束力。

业主大会或者业主委员会作出的决定侵害业主合法权益的，受侵害的业主可以请求人民法院予以撤销。

第三十七条 物业服务企业承接物业时，应当与业主委员会办理物业验收手续。

业主委员会应当向物业服务企业移交本条例第二十九条第一款规定的资料。

《业主大会和业主委员会指导规则》

第五十一条 业主委员会未按业主大会议事规则的规定组织召开业主大会定期会议，或者发生应当召开业主大会临时会议的情况，业主委员会不履行组织召开会议职责的，物业所在地的区、县房地产行政主管部门或者街道办事处、乡镇人民政府可以责令业主委员会限期召开；逾期仍不召开的，可以由物业所在地的居民委员会在街道办事处、乡镇人民政府的指导和监督下组织召开。

《中华人民共和国民事诉讼法》（2012年修正）

第六十四条 当事人对自己提出的主张，有责任提供证据。

当事人及其诉讼代理人因客观原因不能自行收集的证据，或者人民法院认为审理案件需要的证据，人民法院应当调查收集。

人民法院应当按照法定程序，全面地、客观地审查核实证据。

第一百七十条 第二审人民法院对上诉案件，经过审理，按照下列情形，分别处理：

（一）原判决、裁定认定事实清楚，适用法律正确的，以判决、裁定方式驳回上诉，维持原判决、裁定；

（二）原判决、裁定认定事实错误或者适用法律错误的，以判决、裁定方式依法改判、撤销或者变更；

（三）原判决认定基本事实不清的，裁定撤销原判决，发回原审人民法院重审，或者查清事实后改判；

（四）原判决遗漏当事人或者违法缺席判决等严重违反法定程序的，裁定撤销原判决，发回原审人民法院重审。

原审人民法院对发回重审的案件作出判决后，当事人提起上诉的，第二审人民法院不得再次发回重审。

【案例评析】

业委会的决议是否优先于业主大会。从业主委员会的法律地位而言，业主委员会由业主大会依法选举产生，履行业主大会赋予的职责，执行业主大会决定的事项，接受业主的监督。而业主大会由物业管理区域内的全体业主组成，代表和维护全体业主在物业管理活动中的合法权利，依法履行职责。因此，业主委员会的权利来源于区域内全体产权人、使用人的授权。

居委会组织召开临时业主大会是否越俎代庖。甲物业服务企业依据其与××花园业委会签订的关于××花园小区的《物业管理服务合同》要求进场接管小区物业管理，乙物业服务企业及部分小区业主提出异议，甲物业服务企业、乙物业服务企业双方产生冲突，导致小区出现群体性事件隐患。住房和城乡建设部《业主大会和业主委员会指导规则》第五十一条规定："业主委员会未按业主大会会议议事规则的规定组织召开业主大会定期会议，或者发生应当召开业主大会临时会议的情况，业主委员会不履行组织召开会议职责的，物业所在地的区、县房地产行政主管部门或者街道办事处、乡镇人民政府可以责令业主委员会限期召开；逾期不召开的，可以由物业所在地的居民委员会在街道办事处、乡镇人民政府的指导和监督下组织召开。"因选聘和解聘物业管理企业事关××小区全体业主切身利益，在部分业主对选聘甲物业服务企业作为新的物业服务公司提出异议的情况下，某街道办作为地方政府派出机构，依职权对××花园小区业委会及业主大会相关活动进行指导，并无不当。

居委会组织召开的临时业主大会决议是否具有约束力。某居委会作为基层群众性自治组织，在某街道办的指导、监督下，代为组织召开临时业主大会，就"是否选聘乙物业服务企业"和"是否改选业委会"这两个议题经小区业主投票表决，结果是专有部分占建筑物总面积过半数的业主且占总人数过半数的业主同意选聘乙物业服务企业及改选业委会。由此可见，选聘乙物业服务企业作为××花园小区的物业服务公司是目前小区多数业主的意思表示，该意思表示经过了法定的表决程序，依法对全体小区业主具有约束力。

关于甲物业服务企业提出排除妨害问题。根据《物业管理条例》第三十九条规定："物业服务终止时，物业服务企业应当将物业管理用房和本条例第二十九条第一款规定的资料交还给业主委员会。物业服务合同终止时，业主大会选聘了新的物业服务企业的，物业服务企业之间应当做好交接工作。"乙物业服务企业作为开发商聘请的前期物业管理公司，在第三人合法成立并选聘新的物业管理企业甲物业服务企业后，应当与新物业管理公司做好交接工作。但甲物业服务企业与乙物业服务企业并不存在合同关系，甲物业服务企业诉乙物业服务企业排除妨害的依据是其与××花园业委会2011年7月1日签订的《物业管理服务合同》，但该合同尚未履行，甲物业服务企业依据该合同享有的是相对于××花园业委会履行合同的请求权，在其未实际取得为××花园提供物业服务的权限时，其主张乙物业服务企业侵权请求排除妨害缺乏事实基础，因此排除妨害不成立。

1.6 政府主管部门未派人参与业委会选举，该选举结果是否有效

【案情介绍】

广州某小区业主大会筹备组于2011年6月～2012年3月期间多次召开筹备组会议，开发商作为业主之一因对筹备组成员资格质疑均未参加，居委会代表及当地房管局代表也有缺席。2012年3月，筹备组成员在小区以公告形式告知全体业主将于2012年4月期间召开首届业主大会，届时将等额选举首届业主委员会委员、投票表决《业主大会议事规则》草案及《管理规约》草案等，并两次发函向当地房管局、街道办、居委会发函要求届时派人开箱计票，但当地房管局、街道办、居委会两次均未在指定日期派人参加开箱计票。2012年5月17日，业主大会筹备组和部分业主自行开箱计票，并于当日作出小区业主大会成立、表决通过《业主大会议事规则》、《业主公约》等决定，并选举产生了首届业主委员会委员。之后，首届业主委员会将选举情况及业主大会决定及附件送房管局备案。

之后，开发商作为原告将业主大会以及首届业主委员会诉至法院，以业主大会通过的《议事规则》和选举成立的首届业主委员会的两项决定存在违法违规和侵犯业主知情权、表决权、选举权等合法权益为由，诉请：（1）撤销业主大会表决通过《业主大会议事规则》；（2）撤销业主大会做出成立首届业主委员会的选举决定等。

【焦点问题】

1. 筹备组成员的构成是否合法？
2. 政府相关主管部门未参与监票、验票环节，业主大会决议是否有效？
3. 新旧法规交替时如何适用？

【法院判决】

一审法院经审理认为：业主大会于2012年5月17日作出的决定依据的是已被废止的文件，业主大会决定通过的《议事规则》关于业主的定义和投票人的资格违反了《业主大会和业主委员会指导规则》第十三条规定，筹备组和部分业主在无当地国土资源和房管局等单位监督下就开箱计票，计票结果对开发商和部分业主不公平。判决撤销业主大会表决通过《业主大会议事规则》以及撤销业主大会做出成立首届业主委员会的选举决定。

被告不服一审判决提起上诉。二审法院经审理认为：（1）关于业主大会决定（一）

通过的《业主大会议事规则》是否侵犯开发商合法权益的问题。业主大会决定（一）通过的《议事规则》第十四条规定“登记需出示业主身份证原件、房产证或房管局确权的预售契约原件”；第十六条规定，“业主投票权是按已登记的业主拥有的物业的面积和户数确定，持有房产证或经房管局确权的预售契约为投票权人”，第十七条规定，“业主应主动在指定地点领取投票表格，没有领取投票表格，业主委员会将派人逐户派送，送达房屋使用人或租户的，视为送达业主本人”；第二十七条规定“本规则所称业主是指物业管理区域内房屋的所有权人，包括尚未出售物业的建设单位”。开发商既是建设单位，亦自认就自有的商铺、住宅、车位均已领取房产证，故上述《议事规则》的规定并无限制或剥夺其投票权，且事实上，在首届业主大会成立过程中，开发商亦已收到选票，但其作弃权处理，开发商主张上述《议事规则》侵犯其合法权益、剥夺其投票权理由不成立。（2）关于在议事规则未通过生效前，同时表决通过业主委员会成员选举决定是否存在程序错误的问题。根据《中华人民共和国物权法》第七十六条的规定，“下列事项由业主共同决定：（一）制定和修改业主大会议事规则……（三）选举业主委员会或者更换业主委员会成员”。住房和城乡建设部《业主大会和业主委员会指导规则》第十五条规定“业主大会自首次业主大会会议表决通过管理规约、业主大会议事规则，并选举产生业主委员会之日起成立”；2008年《广东省物业管理条例》第十六条规定“首次业主大会会议应当对管理规约、业主大会议事规则进行表决，并选举业主委员会”。首届业主委员会的做法并不存在程序错误问题。（3）关于筹备组组成是否违法的问题。当地房屋管理局出具的《小区业主代表信访事项的复函》载明筹备组于2011年10月27日将《筹备小组成员名单》在大厦公告栏张贴公示，筹备组成员包括开发商代表许某，故筹备组成不存在违法问题。（4）关于投票和点票过程无街道办或房管部门进行监督验票对开发商及部分业主不公平的问题。广州市国土资源和房屋管理局关于由区国土房管局到场对投票箱粘贴封条并于召开业主大会时对开箱投票活动进行监督的规定已失效，小区业主大会决定的投票、计票时间均在该文件失效之后，且业主大会筹备组已两次发函要求房管部门、街道办事处及居委会等单位派员对开箱计票活动进行监督，房管部门、街道办事处及居委会等单位均无在指定时间到场监督，在此情况下，筹备组及部分业主在指定时间、公开地点开箱计票，程序并无违反法律规定。（5）关于开发商主张业主大会决定所依据的文件是失效文件的问题。开发商未能举证证明业主大会决定系依据已废止的程序做出，故其主张撤销上述决定的法律依据不足。（6）关于开发商提出部分业主对投票有异议等，应由有异议的业主自行提出主张，不在本案审查。故二审法院判决撤销一审判决，驳回开发商全部诉讼请求。

法条链接

《中华人民共和国物权法》

第七十六条 下列事项由业主共同决定：（一）制定和修改业主大会议事规则……（三）选举业主委员会或者更换业主委员会成员。

《广东省物业管理条例》

第十六条 首次业主大会会议应当对管理规约、业主大会议事规则进行表决，并选举业主委员会。

《业主大会和业主委员会指导规则》

第十三条 依法登记取得或者根据物权法第二章第三节规定取得建筑物专有部分所有权的人，应当认定为业主。基于房屋买卖等民事法律行为，已经合法占有建筑物专有部分，但尚未依法办理所有权登记的人，可以认定为业主。业主的投票权数由专有部分面积和业主人数确定。

第十五条 业主大会自首次业主大会会议表决通过管理规约、业主大会议事规则，并选举产生业主委员会之日起成立。

【案例评析】

本案之所以一审、二审法院作出了截然不同的判决结果，是因为一、二审法院对案件焦点问题的认定以及在适用法律法规方面的差别。一审法院仅凭（1）业主委员会做出决定的依据是已经废止的文件；（2）业主大会决定通过的《议事规则》关于业主的定义和投票人的资格违反了《业主大会和业主委员会指导规则》第十三条规定；（3）筹备组和部分业主在无当地国土资源和房管局等单位监督下就开箱计票，计票结果对开发商和部分业主不公平，这三点就从程序上和内容上否决了业主委员会制定的《业主大会议事规则》以及相关决定的合法性。

二审法院在基本事实相同的情况下重新归纳了本案的争议焦点，从业主大会通过的《业主大会议事规则》是否侵犯开发商合法权益、议事规则未生效前同时表决通过业主委员会成员选举决定是否存在程序错误、筹备组组成的合法性、投票和点票过程无街道办或房管部门进行监督验票是否一定对开发商及部分业主不公平等六个方面对业主委员会制定的《业主大会议事规则》以及相关决定是否合法进行了逐一的分析和认定，修正了一审法院在事实认定和法律适用上的错误，很好地维护了业主委员会的合法权益。

本案之所以在二审全面翻盘，除了二审法院对争议焦点的全面重新梳理，还涉及新旧法规交替，如《业主大会和业主委员会指导规则》(穗国房字［2004］756号)失效导致区房管局等单位对开箱点票活动到场监督不再成为法定的必须程序，同时也涉及作为业主的开发商殆于行使管理权以及行政机关怠于行使监管权时应当自行承担不利后果的责任认定。从举证责任的分配来看，这就要求业主委员必须妥善保留历次送达业主或行政机关相关通知的送达记录，业主或行政机关收到通知后如果因为自身原因未进行表决或未到场，将不影响业主委员会相关决议及决定的效力，这也是促进业主以及行政机关积极履行管理权及监管权的手段之一。

1.7 小区业主的投票权数如何确定

【案情介绍】

成都市某小区业主于2011年6月18日选举产生业主委员会，2012年7月22日，该小区业主委员会向全体业主公布《关于×小区自主选聘物业服务企业的通告》，公告中载明选聘工作的主体、票箱设置、投票方式、选票领取、投票时间、开箱计票时间、投票结果产生等事项。2012年11月6日，小区选聘物业服务企业工作小组发布《关于10月27日首次选聘物管服务企业投票计票结果的通告》，经统计共投票1218票（其中有效票1203票，作废15票），×公司得票1192票，得票面积115895.33m^2，“根据小区成套总数2221户，总建筑面积214979.77m^2”，×公司“已经双过半，为本次选聘第一中标人”。之后，业主委员会和业主大会于2013年3月12日联合发布《公告》，告知小区全体业主已于2013年2月1日与×公司签订了《物业服务合同》。

合同签订后，周某某、邓某某等16名业主认为业主委员会在计算小区总建筑面积时未将车位总面积26847.49m^{2}计算在内，若将该面积计算在总面积中，则×公司的得票面积115895.33m^{2}不能过半，业主委员会做出的选聘物业服务企业的决定不符合相关法律规定，故向人民法院提起诉讼，请求撤销该决定。业主委员会认为，其计算总建筑面积时是根据《成都市物业管理条例》第四条第四项“地下停车位在业主大会中不计投票权”的规定未将停车位面积纳入计算范围。经法院审理查明，该小区由住宅、商铺、地下停车位、物管用房和其他建筑组成，其总建筑面积为250815.95m^2（其中，住宅和商铺的总建筑面积为216545.9m^2，地下停车位总建筑面积为26847.49m^2），总户数为2219户。

【焦点问题】

1. 业主投票时如何认定专有部分面积和总面积？
2. 业主个人所有的车位以及物业管理用房的面积是否应当计入投票面积？

【法院判决】

一审判决支持了周某某、邓某某等16名业主的主张，小区业主委员会不服一审法院判决，向成都市中级人民法院提起上诉。

成都市中级人民法院认为，符合法定条件的房屋、车位、摊位等特定空间均为物权法规定的专有面积，本案中小区车位为业主个人所有，登记在业主个人名下，符合相关法律规定，应认定为专有面积，停车位的总面积也应计入总建筑面积。原审未将车位得票面积计入得票总面积，并且将物业管理用房等非专有部分面积计入建筑物总面积，与法律及司法解释的规定不符。根据原审查明的数据以及二审核实的结果，物业服务企业房屋得票面积115895.33m^2，车位得票面积6674.71m^2，得票总面积为122570.04m^2；小区住宅、商铺、地下停车车位等专有部分面积为243393.39m^2（216545.9m^2+26847.49m^2）。以上专有部分得票总面积占建筑物总面积的50.36%（122570.04m^2/243393.39m^2），超过一半，符合法律规定的“双过半”的要求。

由此，成都市中级人民法院撤销了原审判决，驳回周某某、邓某某等业主的诉讼请求。

法条链接

《中华人民共和国物权法》

第七十六条 下列事项由业主共同决定：

（一）制定和修改业主大会议事规则；

（二）制定和修改建筑物及其附属设施的管理规约；

（三）选举业主委员会或者更换业主委员会成员；

（四）选聘和解聘物业服务企业或者其他管理人；

（五）筹集和使用建筑物及其附属设施的维修资金；

（六）改建、重建建筑物及其附属设施；

（七）有关共有和共同管理权利的其他重大事项。

决定前款第五项和第六项规定的事项，应当经专有部分占建筑物总面积三分之二以上的业主且占总人数三分之二以上的业主同意。决定前款其他事项，应当经专有部分占建筑物总面积过半数的业主且占总人数过半数的业主同意。

《最高人民法院关于审理建筑物区分所有权纠纷案件具体应用法律若干问题的解释》

第二条　建筑区划内符合下列条件的房屋，以及车位、摊位等特定空间，应当认定为物权法第六章所称的专有部分：

（一）具有构造上的独立性，能够明确区分；

（二）具有利用上的独立性，可以排他使用；

（三）能够登记成为特定业主所有权的客体。

《中华人民共和国物权法》第七十六条第二款和第八十条规定的专有部分面积和建筑物总面积，可以按照下列方法认定：

（一）专有部分面积，按照不动产登记簿记载的面积计算；尚未进行物权登记的，暂按测绘机构的实测面积计算；尚未进行实测的，暂按房屋买卖合同记载的面积计算；

（二）建筑物总面积，按照前项的统计总和计算。

《成都市人民政府关于贯彻实施〈成都市物业管理条例〉的通知》

第四条第四项　关于业主大会会议投票权的有关问题。未出售或者已经出售但未交付使用的房屋，开发建设单位拥有投票权。机动车停放库（位）以及依法归全体业主共有的物业，不计投票权。

【案例评析】

建筑物区分所有权是业主投票权的基础，该项权利包括专有部分所有权、共有部分所有权和因共同关系所衍生的成员权三部分组成。拥有专有部分的所有权也就拥有了共有所有权和成员权，专有部分所有权丧失，则共有权和成员权也随之丧失。我国物权法中对投票权数、投票人数之所以有“双过半”和“双过三分之二”的规定，就是为了防止大业主在业主自治过程中侵害小业主的权利，但不能因此否定专有权对共有权和成员权的决定性作用。

本案中，涉案小区停车位已经登记在业主个人名下，根据《最高人民法院关于审理建筑物区分所有权纠纷案件具体应用法律若干问题的解释》第二条的规定应认定为专有部分面积，而在计算投票权数时的总建筑面积为各专有面积的总和，因此，周某某、邓某某等业主要求业主委员会将停车位面积计入总建筑面积的主张是正确的，在计算得票权数时也应当将投赞成票的停车位所有权人的投票权数纳入计算范围。

至于对《成都市人民政府关于贯彻实施〈成都市物业管理条例〉的通知》第四条第（四）项的理解，根据法学原理和司法实践，该条款所指的停车位应当指归全体业主共有的停车位，此种类型的停车位由于没有专有权作基础，此类停车位上也就无法形成共有权和成员权，我国大部分地区的住宅停车位都属于此种情况，而在此种情况下，停车位的面积是不计入投票权数的。

1.8 小区业主要求业委会撤销相关决议的主张是否合法

【案情介绍】

周某系浦东甲花园业主，因对业主委员会选聘物业管理企业不满，遂向上海市浦东新区人民法院（以下简称“法院”）提起诉讼，要求撤销业主委员会相关决议。

2013年6月5日，被告上海市浦东新区浦东甲花园二期小区C业主委员会（以下简称“业委会”）对世纪花园二期召开业主大会进行公告，内容为：世纪花园小区与上海某物业发展有限公司签订的物业服务合同已经于2013年5月15日到期，根据相关法律规定，兹定于2013年6月20日上午10：00在二号楼一楼业委会办公室，采用书面征询意见方式召开业主大会，讨论选聘物业管理企业和本小区实施酬金制物业服务的事项，特此公告如下文件：（1）物业企业选聘方案及其表决票；（2）酬金制物业服务方案及其表决票；（3）本小区各户室号及其专有部分面积。表决票的送达与回收：表决票采取专人送达并上门回收的方式，相关文件和表决票将会于6月12日前直接送达到业主签收，两次上门送达不到的，表决票将发送到业主信箱或室内。投票截止时间为2013年6月20日上午10：00点整。投票箱分别设在每栋公寓楼大堂内和本小区二号楼一楼业委会办公室内。投票截止日期后三日内，业委会将向全体业主公告投票结果和本次业主大会决议。根据大会议事规则的约定，已送达的表决票，业主在规定时间内不反馈意见的，视为同意参加表决业主的多数意见。同日，业委会公布浦东新区甲花园二期物业企业选聘方案和酬金制物业服务方案，就小区的物业管理企业选聘方式、选聘标准、物业服务费交付标准、服务标准、服务期限做了说明，该方案第五项为特别约定，内容为：以上选聘方案如未获业主大会通过，则根据《甲花园二期酬金制物业服务方案》表决结果，由业委会与在管物业服务企业商签续聘合同，自表决结果公告之日起15日内，如果双方未能成功签订服务合同，则直接按照上述选聘方案中的规定进行公开招标选聘物业管理企业，不再另行召开业主大会征询业主意见。

2013年6月22日，浦东新区甲花园二期业主大会、业主委员会对投票结果进行了公告：

1. 回收票数符合业主大会会议召开条件：本小区全体业主所持投票权为757票，总计发放754张表决票，在截止时间前回收336张表决票，占44.56%，专有部分建筑面积78042.26m^2，占建筑物总面积46.40%，按照议事规则的约定，已送达的表决票，业主在规定的时间内不反馈意见或者不提出同意、不同意、弃权意见的，视为同意已表决的大多数业主的意见418票，占55.44%，专有建筑面积53.44%，符合业主大会会议召开条件。

2. 通过物业管理企业选聘方案，采取公开招标方式选聘物业管理企业：同意票597票，占79.18%，专有部分建筑面积132955.51m^2，占建筑物总面积79.04%，不同意票138票，占18.30%，专有部分面积31033.56m^2，占建筑物总面积18.45%，弃权票12票，占1.59%，专有部分建筑面积2547.45m^2，占建筑物总面积1.51%，废票7票，占0.93%，专有部分建筑面积1391.69m^2，占建筑物总面积0.83%；结果为通过物业管理企业选聘方案，采取公开招标方式选聘物业管理企业。

3. 采取公开招标方式选聘物业管理企业：同意票644票，占85.41%，专有部分建筑面积143198.51m^2，占建筑物总面积85.14%，不同意票74票，占9.81%，专有部分面积17138.33m^2，占建筑物总面积10.19%，弃权票29票，占3.85%，专有部分建筑面积6199.68m^2，占建筑物总面积3.69%，废票7票，占0.93%，专有部分建筑面积1391.69m^2，占建筑物总面积0.83%；结果为新一期物业服务主要内容按酬金制物业服务方案执行。

2013年8月18日，业委会就物业管理企业公开招标结果公告，称经开标和评标程序，于2013年8月13日最终确定中标企业为上海乙物业管理有限公司。

2013年11月，某区丁街道丙第三居民委员会（以下简称“丙三居”）出具“丁街道相关部门对世纪花园二期业委会所开展指导、监督工作摘要”，指出：6月7日下午，为防止投票过程出现舞弊，业委会会同居委会的社区工作者戊、戌等一起对所有投票箱进行贴封处理，同时加双锁，两把钥匙分别由居委庚和业委会辛保管；6月13日，业委会考虑到6月20日小区业主大会对各相关利益方的公平性，提出本次业主大会由没有任何利益关系的居委社区工作者担任业主大会的工作人员，在征得居民区党组织同意后，业委会以公告形式向全体业主进行公布，期间业主没有提出任何异议。2013年6月20日，丁房办寅、街道业主大会指导办丑，居委会社区工作者卯、庚、巳、戊、申，社区民警酉一起参加了业主大会，现场人员通过社区志愿者为本次业主大会工作人员，并共同见证所有票箱封条全部完好无损（票箱为防窃票箱）。确认后业委会辛、居委会庚分别拿出钥匙交工作人员开箱，随后对表决票进行点票、计票、唱票等业主大会开会流程。统计结束后，经征询现场业主意见，由业委会辛、居委会庚一起对所有表决票进行进一步核实，并统计相应的建筑面积等一系列相关数据。

事后周某以业委会作出的决议在程序上违法且侵害其合法权益为由，提起诉讼，要求撤销浦东甲花园二期小区6月20日做出的业主大会决定。

【焦点问题】

1. 决议投票程序是否违法？

2. 物业管理企业选聘方案的投票结果是否达到法律规定的50%业主同意比例？

3. 关于酬金制及公开招标的决议是否侵害了业主的合法权益？

【法院判决】

法院认为，周某主张撤销业委会于2013年6月22日公布的关于酬金制及公开招标的决议的请求缺乏依据，法院难以支持，并于2014年8月20日作出判决：驳回周某的全部诉讼请求。

法条链接

《中华人民共和国物权法》

第七十六条 下列事项由业主共同决定：

（一）制定和修改业主大会议事规则；

（二）制定和修改建筑物及其附属设施的管理规约；

（三）选举业主委员会或者更换业主委员会成员；

（四）选聘和解聘物业服务企业或者其他管理人；

（五）筹集和使用建筑物及其附属设施的维修资金；

（六）改建、重建建筑物及其附属设施；

（七）有关共有和共同管理权利的其他重大事项。

决定前款第五项和第六项规定的事项，应当经专有部分占建筑物总面积三分之二以上的业主且占总人数三分之二以上的业主同意。决定前款其他事项，应当经专有部分占建筑物总面积过半数的业主且占总人数过半数的业主同意。

第七十八条　业主大会或者业主委员会的决定，对业主具有约束力。

业主大会或者业主委员会作出的决定侵害业主合法权益的，受侵害的业主可以请求人民法院予以撤销。

《物业管理条例》（2007年修订）

第十一条　下列事项由业主共同决定：

（一）制定和修改业主大会议事规则；

（二）制定和修改管理规约；

（三）选举业主委员会或者更换业主委员会成员；

（四）选聘和解聘物业服务企业；

（五）筹集和使用专项维修资金；

（六）改建、重建建筑物及其附属设施；

（七）有关共有和共同管理权利的其他重大事项。

第十二条　业主大会会议可以采用集体讨论的形式，也可以采用书面征求意见的形式；但是，应当有物业管理区域内专有部分占建筑物总面积过半数的业主且占总人数过半数的业主参加。

业主可以委托代理人参加业主大会会议。

业主大会决定本条例第十一条第（五）项和第（六）项规定的事项，应当经专有部分占建筑物总面积2/3以上的业主且占总人数2/3以上的业主同意；决定本条例第十一条规定的其他事项，应当经专有部分占建筑物总面积过半数的业主且占总人数过半数的业主同意。

业主大会或者业主委员会的决定，对业主具有约束力。

业主大会或者业主委员会作出的决定侵害业主合法权益的，受侵害的业主可以请求人民法院予以撤销。

《业主大会和业主委员会指导规则》

第十七条 业主大会决定以下事项：

（一）制定和修改业主大会议事规则；

（二）制定和修改管理规约；

（三）选举业主委员会或者更换业主委员会委员；

（四）制定物业服务内容、标准以及物业服务收费方案；

（五）选聘和解聘物业服务企业；

（六）筹集和使用专项维修资金；

（七）改建、重建建筑物及其附属设施；

（八）改变共有部分的用途；

（九）利用共有部分进行经营以及所得收益的分配与使用；

（十）法律法规或者管理规约确定应由业主共同决定的事项。

【案例评析】

1. 决议投票程序是否违法?

首先，关于周某提出的发放选票混乱，很多业主投诉没有收到选票，业委会随意增加选票、业委会委员利用职务便利回收选票，并误导业主的投票，侵犯业主自主投票权的问题，周某并没有为此举证，因此，该主张不成立。其次，根据住房和城乡建设部《业主大会和业主委员会指导规则》第十七条，业主大会决定制定和修改业主大会议事规则。在本案中，该小区的议事规则明确，对选票的送达、回收、选票结果的确认均进行了详细阐述，政府指导监督部门丙三居也对投票结果进行了全程监督，期间也无业主对此提出异议，因此本决议投票程序理应合法。

2. 解聘物业服务企业的投票结果是否达到法律规定的50%业主同意比例?

根据《物业管理条例》第十一条、第十二条规定，选聘和解聘物业管理企业应当经专有部分占建筑物总面积过半数的业主且占总人数过半数的业主同意。本次有关投票结果虽然未能直接达到50%的法定比例，但该小区《议事规则》已约定，已送达的表决票，业主在规定的时间内不反馈意见或者不提出同意、不同意、弃权意见的，视为同意已表决的大多数业主的意见。小区议事规则是业主大会共同表决通过的结果，应视为有效。经综合计算，最终同意比例超过50%，因此视为达到法定要求。

3. 关于酬金制及公开招标的决议是否侵害了业主的合法权益?

《物业管理条例》第十二条第五款规定，业主大会或者业主委员会做出的决定侵害业主合法权益的，受侵害的业主可以请求人民法院予以撤销。从公告的关于酬金制及公开招标的表决结果来看，两项表决已获大多数同意，表决结果已经反映了小区业主对于待决事项的意见，未侵害业主合法权益，形成代表全体业主的共同意志。根据《物业管理条例》第十二条第四款规定：业主大会或者业主委员会的决定，对业主具有约束力。因此，关于酬金制及公开招标的决议依法有效，不存在侵害业主的合法权益问题。

1.9 业主大会决议时未收回票、弃权票能否人为计入同意票

【案情介绍】

吴某系广州市天河区某大厦业主。广州市天河区某大厦共有业主384户，已成立广州市天河区某大厦业主委员会（以下简称“业主委员会”），本届业主委员会为第二届业主委员会，已在广州市天河区人民政府石牌街道办事处备案。本届业主委员会任期5年，时间为2011年4月19日至2016年4月18日。2012年12月27日，业主委员会发出《关于召开业主大会的通知》，决定采用书面投票表决的形式表决业主自治和公开招投标选聘物业服务公司的事项。

2013年1月16日，业主委员会制作了某大厦业主大会关于是否同意业主自治或者委托业主委员会公开招投标选聘物业服务公司表决票，该表决票表决内容为两项：一是业主自治，二是委托业主委员会公开招投标选聘物业服务公司，下附6点说明，其中第1点说明是“在上述两种表决意见中只能选择一项，多选、另选无效”，其中第2点说明为如表示赞成，请在表决意见右边的空格画“○”，第6点说明“根据本大厦《议事规则》第四章第五条之规定，不反馈意见的，其票数和面积计入大多数业主意见一方”。

2013年5月24日，业主委员会公布业主大会投票结果公告，显示计票结果如下：收回选票214张，有效票108张，无效票106张。弃权24票，同意公开招标81票，合计面积为31345.708m^2，同意业主自治3票。

2013年6月25日，业主委员会作出《广州市天河区某大厦招标公告》，公告内容主要为：广州市天河区某大厦业主已召开业主大会投票表决，决定授权委托广州市天河区某大厦业主委员会公开招标选聘某大厦的物业管理服务公司。

业主吴某于2013年7月8日向一审法院提起诉讼，要求撤销业主委员会2013年6月25

日作出的关于举行招投标的决定。业主吴某认为，业主委员会本身依法无权直接决定招标选聘物业服务企业等工作，必须得到业主大会的授权，而业主委员会并未合法取得该授权。

业主委员会认为，业主大会的投票结果同意授权委托业主委员会公开招投标选聘物业服务公司，投票数已经达到双过半（即经专有部分占建筑物总面积过半数的业主且占总人数过半数的业主同意），故业主委员会已经取得业主大会合法授权，其做出的招标选聘物业服务企业决定合法有效。

一审法院支持了原告吴某的诉讼请求。业主委员会不服，上诉到二审法院。

业主委员会认为：（1）业主吴某已经行使了投票权，该次业主大会的表决票也已经发给业主吴某，业主吴某不但领了表决票，而且业主吴某也已行使了投票权。（2）业主委员会召开本次业主大会和确定本次业主大会的议题合法合理，没有侵害业主吴某的合法权益。（3）业主大会表决议题是业主委员会依照《广州市天河某大厦业主委员会章程》的规定确定的，是合法的。（4）本次业主大会准备充分，程序合法，参加人数和面积均过半，投票表决合法有效；计票方式符合《议事规则》所定的“议事方式”，因此，本次业主大会的决定对全体业主均具有约束力。（5）业主委员会做出公开招投标选聘物业管理公司的决定，是依据业主大会的表决结果，具有目的正当性、程序合法性，与业主吴某所声称的“选择权”受到侵害之间没有因果关系。（6）业主委员会决定公开招投标选聘物业管理公司符合广大业主利益，没有给业主吴某及其他业主带来损害后果。决定公开招标选聘物业服务企业得到广大业主的拥护，也得到政府肯定。（7）一审法院存在偏袒业主吴某的倾向。

业主吴某则认为：（1）业主委员会无上诉资格。（2）原审判决正确，应予维持。业主委员会在主持本次业主大会会议过程中，错漏百出，原审法院只是就其制定的选票存在严重程序问题已经足以认定其无效。（3）业主委员会制定的《议事规则》并没有通过法定方式进行确认，当然不能对业主产生约束力，也不能作为投票统计的依据。（4）业主委员会的行为不只是侵犯了业主吴某一个人的权利，侵犯的是广大不赞同业主委员会招投标决定的业主的权利。（5）业主委员会声称其确定的议题合法是完全欺人之谈。（6）106张无效票就是反对票，故大多数意见是反对票，没有投票的意见应归于反对票。

【焦点问题】

1. 本案业主委员会有没有诉讼资格？
2. 本案业主委员会的代理人是否符合法律规定？

3. 经备案的《议事规则》，是否具有法律效力？

4. 未收回票、弃权票能否计入同意公开招标票中？

【法院判决】

法院认为：（1）本案业主委员会作为原审被告，不服原审判决，依法有权提出上诉，业主吴某主张本案业主委员会没有上诉资格，据理不足。（2）业主吴某虽证明孔某不是某大厦登记产权人，孔某对此并无异议，但由于孔某现仍为业主委员会成员，业主委员会亦证明其系该委工作人员，故孔某在本案中作为业主委员会委托代理人，符合法律规定。（3）业主大会或业主委员会作出的决定侵害业主合法权益的，受侵害的业主可以请求法院予以撤销。业主行使撤销权的前提既包括实体权益受到侵害，亦包括程序权益受到侵害。因此，业主吴某有权以其投票表决权利受到侵害为由起诉请求撤销业主委员会2013年6月25日作出的招标决定。（4）业主委员会应当证明其作出的招标决定经专有部分占建筑物总面积过半数的业主且占总人数过半数的业主同意。然而，某大厦全体业主共384户，收回选票中同意公开招标只有81票，公开招标并未取得占总人数过半数业主的同意。（5）业主委员会并未举证证明其所依据的《议事规则》经业主共同决定，而业主委员会向街道办事处备案的事实并不当然证明《议事规则》依法经过业主共同决定，因此，业主委员会依据《议事规则》主张将未收回、弃权票归入统一公开招标票的意见，不能成立。

法条链接

《中华人民共和国物权法》

第七十六条　下列事项由业主共同决定：

（一）制定和修改业主大会议事规则；

（二）制定和修改建筑物及其附属设施的管理规约；

（三）选举业主委员会或者更换业主委员会成员；

（四）选聘和解聘物业服务企业或者其他管理人；

（五）筹集和使用建筑物及其附属设施的维修资金；

（六）改建、重建建筑物及其附属设施；

（七）有关共有和共同管理权利的其他重大事项。

决定前款第五项和第六项规定的事项，应当经专有部分占建筑物总面积三分之二以上的业主且占总人数三分之二以上的业主同意。决定前款其他事项，应当经专有部分占建筑物总面积过半数的业主且占总人数过半数的业主同意。

第七十八条 业主大会或者业主委员会的决定，对业主具有约束力。

业主大会或者业主委员会作出的决定侵害业主合法权益的，受侵害的业主可以请求人民法院予以撤销。

《最高人民法院关于民事诉讼证据的若干规定》

第六十四条 审判人员应当依照法定程序，全面、客观地审核证据，依据法律的规定，遵循法官职业道德，运用逻辑推理和日常生活经验，对证据有无证明力和证明力大小独立进行判断，并公开判断的理由和结果。

《物业管理条例》（2007年修订）

第十二条 业主大会会议可以采用集体讨论的形式，也可以采用书面征求意见的形式；但是，应当有物业管理区域内专有部分占建筑物总面积过半数的业主且占总人数过半数的业主参加。

业主可以委托代理人参加业主大会会议。

业主大会决定本条例第十一条第（五）项和第（六）项规定的事项，应当经专有部分占建筑物总面积2/3以上的业主且占总人数2/3以上的业主同意；决定本条例第十一条规定的其他事项，应当经专有部分占建筑物总面积过半数的业主且占总人数过半数的业主同意。

业主大会或者业主委员会的决定，对业主具有约束力。

业主大会或者业主委员会作出的决定侵害业主合法权益的，受侵害的业主可以请求人民法院予以撤销。

第十六条 业主委员会应当自选举产生之日起30日内，向物业所在地的区、县人民政府房地产行政主管部门和街道办事处、乡镇人民政府备案。

业主委员会委员应当由热心公益事业、责任心强、具有一定组织能力的业主担任。

业主委员会主任、副主任在业主委员会成员中推选产生。

《业主大会和业主委员会指导规则》

第二十六条 业主因故不能参加业主大会会议的，可以书面委托代理人参加业主大会会议。

未参与表决的业主，其投票权数是否可以计入已表决的多数票，由管理规约或者业主大会议事规则规定。

《中华人民共和国民事诉讼法》（2012年修正）

第一百七十条 第二审人民法院对上诉案件，经过审理，按照下列情形，分别处理：

（一）原判决、裁定认定事实清楚，适用法律正确的，以判决、裁定方式驳回上诉，维持原判决、裁定；

（二）原判决、裁定认定事实错误或者适用法律错误的，以判决、裁定方式依法改判、撤销或者变更；

（三）原判决认定基本事实不清的，裁定撤销原判决，发回原审人民法院重审，或者查清事实后改判；

（四）原判决遗漏当事人或者违法缺席判决等严重违反法定程序的，裁定撤销原判决，发回原审人民法院重审。

原审人民法院对发回重审的案件作出判决后，当事人提起上诉的，第二审人民法院不得再次发回重审。

【案例评析】

关于业主大会与业主委员会的关系问题。业主委员会是依照法定程序由业主大会从全体业主中民主选举产生的，在物业管理活动中代表和维护全体业主的合法权益、监督物业服务企业的常设机构和执行机构。从上述定义看，业主委员会的性质是业主大会的执行机构，它既非法人也非社会团体，所以不具有代表全体业主公共利益的法律主体地位，该主体应当是业主大会。而业主大会的工作方式是会议，其决定的表现形式主要是业主签名的决议，而没有作为一个机构应该具备的集体意志表现形式的公章。因此在实践中，小区内召开业主大会后，发布的公告落款均系业主委员会，加盖的公章也是业主委员会的公章。如遇需要对外从事活动，主张权益等事项，需要明示集体意志时，则以业主委员会的名义进行，加盖业主委员会的公章。我国《物业管理条例》第三十五条规定：业主委员会应当与业主大会选聘的物业服务企业订立书面的物业服务合同。该规定明确由业主委员会直接以其自身名义对外实施具体行为，具有形式上的当事人地位。故本案中，原告吴某认为某大厦业主委员会无上诉资格，是错误的认识。

业委会选举或决定重大问题，一定要按照法律法规办事，不能自作主张或违反议事程序规则。但本案中，作为业主之一的吴某却将业主委员会告上法庭，原因何在？原因就在于，业主委员会既没有尊重业主的实体权利，也没有按照法规的程序办事，才导致被业主一纸诉状推上法庭的后果。仔细研究本案，便会发现，业主委员会在以下几个方面存在违法或违规行为：一是根据我国《物业管理条例》第十六条规定：业主委员会委员应当由热心公益事业、责任心强、具有一定组织能力的业主担任。故业主委员会成员首先应该是业主。本案中，孔某已经不是某大厦登记产权人，但仍为业主委员会成员，这就不符合上述法规的规定。即使孔某在当选业主委员会成员时是业主，但当他失去业主资格时，应该及时替换或注销其业主委员会成员资格。遗憾的是，业主委员会并没有这样做，这就为业主对业主委员会的不信任埋下了隐患。二是在投票表决公开招投标选聘物业管理公司时，错误理解国家法律的有关规定。我国《物权法》第七十六条明确规定：选聘和解聘物业服务企业或者其他管理人，应当经专有部分占建筑物总面积过半数的业主且占总人数过半数的业主同意。本条中的业主同意，是指业主以书面形式明示接收某种要求，而非其他形式。本案中，业主委员会收回选票214张，有效票108张，无效票106张，弃权24票，同意公开招标81票。也就是说，明示同意公开招标的只有81票，远远不符合法律规定的要求。可是业主委员会却将无效票、弃权票视为同意票，这就为出现纠纷埋下了伏笔。三是误认为《议事规则》只要进行了备案，便具有法律效力。物业管理中对《议事规则》的备案，属于行政管理范畴，并不产生当然的法律效力。依据《业主大会和业主委员会指导规则》第二十六条规定“未参与表决的业主，其投票权数是否可以计入已表决的多数票，由管理规约或者业主大会议事规则规定”，所以本案中《议事规则》如果经业主大会表决通过，则无效票、弃权票可以计入同意票。因此，业主委员会成员知法、懂法，守法是业主委员会成员必备的素质，否则，就很容易被人推上法庭，承担败诉的苦果。

1.10 行政机关如何对业主委员会进行备案审查

【案情介绍】

2007年8月1日，上海市普某区房屋土地管理局向某业主委员会颁发了业主大会、业主委员会备案证。周某等12人不服，申请行政复议。2007年12月12日，上海市房屋土地资源管理局作出沪房地资复议字（2007）第193号行政复议决定，予以维持。周某等12人起诉普陀房地局，并将某业主委员会列为第三人，诉求：（1）撤销被告于2007年8月1日作出颁发编号为沪普业委居第×号、业主大会代码为×××××的业主大会、业主委员会备案证的具体行政行为；（2）确认某城业主委员会的选举剥夺了近3000户业主的选举权和被选举权的事实。诉称理由：1）业主委员会的选举违反了《上海市住宅物业管理规定》（以下简称《住宅物业规定》）、建设部建住房［2003］131号《业主大会规程》和上海市房屋土地资源管理局沪房地资物［2005］60号《加强住宅物业业主大会建设的若干规定》（以下简称《若干规定》）的相关规定；2）业主委员会的组成人数亦违反《小区业主大会议事规则》（以下简称《议事规则》）的规定，被告颁发业主大会、业主委员会备案证违法。

第三人述称：小区是分四期滚动开发的，选举时保留的11名委员名额将通过补选产生，没有剥夺业主的选举权和被选举权，业主委员会的选举合法。被告作出被诉行政行为正确合法，请求予以维持。

一、二审中，普陀房地局提供了其进行业主委员会备案审查所依据的事实证据：

（1）2007年6月5日的小区首届业主大会会议记录和关于上海市普陀区某城小区业主大会会议决议、《议事规则》、《某城小区业主公约》；

（2）某城小区业主筹备组出具的选票、表决票统计汇总情况和关于上海某城小区业主大会会议决定、业主委员会组成人员选举结果等事项公告；

（3）选票、表决票统计结果等。

【焦点问题】

行政机关对业主大会及业主委员会的备案审查属于形式审查还是实质审查?

【法院判决】

人民法院经审理认为，根据《物业管理条例》第四条、第十六条第一款，《住宅物业规定》第十三条等规定，被告作为房地产行政主管部门，负责本行政区域内物业管理活动的监督管理工作，具有出具业主大会、业主委员会备案证明的职权依据。从被告作出被诉行政行为的法律规定来看，《住宅物业规定》第十三条第一款明确规定，业主委员会申请备案必须提交的文件只有四项，即业主大会会议记录和会议决定、业主大会议事规则、业主公约、业主委员会成员的名单和基本情况。本案中，被告提交的证据能够证明其申请备案的文件不仅齐全、真实，而且其记载反映的内容亦符合《物业管理条例》等相关规定。因此，被告依据《住宅物业规定》第十三条的规定，作出被诉行政行为认定事实清楚、主要证据充分、执法程序合法、适用法律正确。本案中，周某等请求“确认某城业主委员会选举剥夺了近3000户业主的选举权和被选举权的事实”的主张，只是不服被诉行政行为的理由，不是行政诉讼的裁判对象，不能成为独立的行政诉讼请求。被告在诉讼中举证的证据能够反驳原告关于某城业主委员会不是依法选举产生的诉称意见，进一步解释了某城业主委员会依法选举产生的过程。被告在行政复议中未向复议机关提交上述材料，不影响被诉行政行为合法性的成立。综上所述，原告认为某城业主委员会不是依法选举产生的诉讼理由尚不具有说服力，原告要求撤销被诉行政行为的诉讼主张缺乏事实和法律依据，不予支持。

一审宣判后，周某等不服，向上海市第二中级人民法院提起上诉，二审法院维持原判。

法条链接

《中华人民共和国行政诉讼法》

第八十九条 原判决、裁定认定事实清楚，适用法律、法规正确的，判决或者裁定驳回上诉，维持原判决、裁定。

《最高人民法院关于执行〈中华人民共和国行政诉讼法〉若干问题的解释》

第五十六条 有下列情形之一的，人民法院应当判决驳回原告的诉讼请求：

（一）起诉被告不作为理由不能成立的；

（二）被诉具体行政行为合法但存在合理性问题的；

（三）被诉具体行政行为合法，但因法律、政策变化需要变更或者废止的；

（四）其他应当判决驳回诉讼请求的情形。

《物业管理条例》

第十六条 业主委员会应当自选举产生之日起30日内，向物业所在地的区、县人民政府房地产行政主管部门和街道办事处、乡镇人民政府备案。

《上海市住宅物业管理规定》

第十三条 业主委员会自选举产生之日起三十日内，持下列文件向区（县）房地产管理部门备案：

（一）业主大会会议记录和会议决定；

（二）业主大会议事规则；

（三）业主公约；

（四）业主委员会成员的名单和基本情况。

区（县）房地产管理部门对依法选举产生的业主委员会出具业主大会、业主委员会备案证明和印章刻制证明。业主委员会应当依法刻制和使用印章。

【案例评析】

根据《中华人民共和国行政许可法》第三十四条第二款、第三款的相关规定，我国行政许可的审查分为形式审查与实质审查两种，具体而言，形式审查是指当事人提出申请，手续完备，材料齐全，符合登记的相关法律规定，则由相关行政机关即可予以登记而不需要审查当事人所提供的申报材料内容是否属实及有无瑕疵等；实质审查是指行政机关在审查当事人的行政许可申请时，不仅要对当事人提交材料形式予以审查，也需要对材料的真实性按规定程序予以审查。

根据《物业管理条例》第十六条及《上海市住宅物业管理规定》第二十一条之规定，前述行政法规及地方性法规均未要求行政机关应对备案行为进行实质审查；业主委员会是由业主选举产生，备案部门的职责是监督、指导，并不直接参与业主委员会的选举工作，如对业主委员会选举程序进行实质性审查不仅操作层面存在障碍，而且忽视了物业管理法律、法规中关于业主大会、业主委员决议违法时业主可以行使救济权的规定。实践中，如业主认为业主大会的决议损害到业主的合法权益，业主主要有两方面的法律救济途径：（1）司法救济途径，即业主大会、业主委员会的决定侵害业主权益的，业主有权向人民法院起诉，请求撤销；（2）行政救济途径，即业主大会、业主委员会的决定违反法律、法规的，受侵害的业主可以提请相关行政主管部门撤销。

当然，形式审查并不意味着行政机关仅仅按照相关规定审查当事人提交的材料名称齐全即可进行备案，如果当事人提交的材料本身存在问题或存在程序明显违法的情况，行政机关也不应进行备案。例如新乡市牧野区人民法院曾有一个关于业主诉当地行政机关撤销业主委员会备案的判例，虽然业主委员会备案材料包括了筹备组的成立、召开业主大会的通知等所有能够体现业委会成立过程的文件，但文件显示筹备组成立时间与召开首次业主大会的时间间隔超过90日的法定期限、召开业主大会的通知公示期限少于15天的法定期限，筹备组同一时期向行政机关提交资料的印章明显不一致，因此法院最终以行政机关未对成立业主委员会的活动进行指导和协助，也未对其备案登记进行合法性审查而判决撤销其对该业主委员会备案的行政行为。可见，形式审查不仅要对文件本身的真实性进行审查，也应对各文件之间所体现的逻辑性、明显存在瑕疵以及明显违反法律程序问题进行必要合理的审查。

1.11 如何划定物业服务管理区域

【案情介绍】

上海市某区房管局根据某开发商的申请，对其开发建造且已竣工的某小区的区域划定给予确认，2007年6月28日向该开发商出具了划定物业区域通知，并于同年9月4日发布了《关于划定上海市某业主大会物业管理区域的公告》。公告主要内容为：根据《物业管理条例》、《上海市住宅物业管理规定》、《关于实施〈上海市住宅物业管理规定〉的若干意见》等有关法规、规章和规范性文件的规定，上海市某业主大会的物业管理区域划定为：东曹杨路、西白玉路、南隆德路、北顺义路。门牌范围：曹杨路甲–乙号（单）、顺义路甲–乙号（双）（含绿地同创大厦，以下简称同创大厦）、顺义路。

侯某、吴某、楼某不服某房管局划定的物业管理区域，向法院提起行政诉讼，认为：（1）办公楼和住宅楼不能划定为同一物业管理区域；（2）大厦和住宅区分别由2个物业管理处管理，诉求撤销上述物业管理区域的划定，并要求某房管局重新予以划定。小区所在地的街道办事处为本案第三人。

【焦点问题】

1. 物业管理区域认定的标准及划分法定程序是什么？
2. 行政机关在划分物业管理区域时是否需要听取业主意见？

【法院判决】

一审法院认为，根据《物业管理条例》第五条、《上海市住宅物业管理规定》第五条第三款等规定，某房管局作为房地产行政主管部门，负责本行政区域内物业管理活动的监督管理工作，具有划定物业管理区域的职权。关于执法程序方面，即建设单位提出申请以及征求街道办事处意见和听取业主意见的问题。根据《上海市住宅物业管理规定》第五条第二款的规定，建设单位在申请办理住宅建设工程规划许可证的同时，应当提出划分物业管理区域的要求。被诉行政行为并非在办理住宅建设工程许可证的同时作出。但根据《上海市住宅物业管理规定》第五条第三款的规定，某房管局有权依职权划定物业管理区域。建设单位向某房管局提出的申请，不影响某房管局依职权作为的性质。至于征求街道办事处意见，相关法律法规或规范性文件未规定征求意见的法定形式。某房管局向原审第三人征求意见时，原审第三人以在绿地2#地块平面图上盖章的方式表示认可，其方式虽不够严谨，但尚未构成程序违法。就本案而言，某业主大会是第一次划分物业管理区域，并非重新调整物业管理区域，原告认为应当听取业主意见的观点无法律依据。关于法律适用方面，《上海市住宅物业管理规定》第四十八条规定应理解为非住宅物业管理、使用及监督管理适用《上海市住宅物业管理规定》。原审原告认为商务办公楼和住宅楼不能划定为同一物业管理区域的观点缺乏法律依据。关于事实认定方面，大厦和住宅区不符合《上海市住宅物业管理规定》第五条第一款“已分割成多个自然街坊或者封闭小区”的情形。因此，某房管局作出被诉行政行为将两者划分为一个物业管理区域具有事实根据和法律依据。原告提出将住宅楼和大厦划分为两个分别独立的物业管理区域的要求，并不具备相应的法定条件。某房管局作出被诉行政行为，不违反法律法规的禁止性规定，且对原告的权益也未造成侵害。遂判决驳回侯某、吴某、楼某的诉讼请求。侯某、吴某、楼某不服判决，向上海市中级人民法院提起上诉。

二审法院认为，上诉人要求撤销被诉行政行为缺乏事实证据及法律依据，维持一审法院判决。

法条链接

《物业管理条例》

第五条　国务院建设行政主管部门负责全国物业管理活动的监督管理工作。

第九条　一个物业管理区域成立一个业主大会。物业管理区域的划分应当考虑物业的共用设施设备、建筑物规模、社区建设等因素。具体办法由省、自治区、直辖市制定。

《上海市住宅物业管理规定》

第七条　住宅小区，包括分期建设或者两个以上单位共同开发建设的住宅小区，其设置的配套设施设备是共用的，应当划分为一个物业管理区域；但被道路、河道等分割为两个以上自然街坊或者封闭小区，且能明确共用配套设施设备管理、维护责任的，可以分别划分为独立的物业管理区域。

第八条 房屋行政管理部门负责核定物业管理区域。

规划行政管理部门在住宅建设工程设计方案审查时，应当征求区、县房屋行政管理部门对物业管理区域的预划意见。

建设单位在申请办理住宅建设工程规划许可证的同时，应当向区、县房屋行政管理部门提出划分物业管理区域的申请，区、县房屋行政管理部门应当在五日内核定物业管理区域。

建设单位在房屋销售时，应当将区、县房屋行政管理部门核定的物业管理区域范围，通过合同约定方式向物业买受人明示。

【案例评析】

根据《物业管理条例》第九条第二款之规定："物业管理区域的划分应当考虑物业的共用设施设备、建筑物规模、社区建设等因素。具体办法由省、自治区、直辖市制定。"《上海市住宅物业管理规定》第七条、第八条规定了上海市物业管理区域划分的基本原则及程序。其中物业管理区域划分原则为：（1）分期建设或者两个以上单位共同开发建设的住宅小区，其设置的配套设施设备是共用的，应当划分为一个物业管理区域；（2）被道路、河道等分割为两个以上自然街坊或者封闭小区，且能明确共用配套设施设备管理、维护责任的，可以分别划分为独立的物业管理区域。物业管理区域划分程序为：（1）规划部门在建设工程设计方案时提出预划意见；（2）建设单位在申请办理住宅建设工程规划许可证时提出划分申请；（3）尚未划分或者需要调整物业管理区域的，区、县房屋行政管理部门应当会同乡、镇人民政府或者街道办事处，按照第七条的规定，结合当地居民委员会、村民委员会的布局划分物业管理区域。

根据上海关于物业管理区域划分的规定，并结合我国其他地区关于物业管理区域划分的规定可以发现，实践中行政主管部门在划分物业管理区域时参考的标准主要包括：建设项目《国有土地使用证》宗地图用地范围线、配套公用设施利用情况等，但无论是《物业管理条例》还是《上海市住宅物业管理规定》均未明确物业管理区域的划分是否需要征求业主意见，在法律、法规无明确法律规定的前提下，人民法院无权认定该具体行政行为违法，因此本案一审、二审人民法院均驳回了原告的诉讼请求。

本案值得思考的是，根据《物业管理条例》的相关规定，物业管理区域的划分必然会涉及共用设施设备资源的使用，物业管理区域的划分很大程度上影响到全体业主的共同利益，但《物业管理条例》并未赋予业主在物业管理区域划分时享有参与划分的权利。目前我国物业管理的法律结构是在《物业管理条例》的框架下，大部分省市结合自己的区域特点进行了地方立法，且在很多领域对《物业管理条例》进行突破，例如《武汉市物业管理条例》第六条已明确要求老旧城区实施物业管理的，由街道办等机构征求业主意见后确定物业管理区域。《深圳市经济物业管理条例》第六十五条第一款第三项也有“不同物业管理区域地理上自然连接的，经各自的业主大会同意后，可以合并为一个物业管理区域。”的规定，上述两个地方的条文都在一定程度上赋予了业主参与物业管理区域划分的权利，虽然这样的权利仍然会受到一定的条件限制，武汉仅针对老旧小区进行授权，深圳也仅授权可以对物业管理区域在一定条件下进行合并，但笔者认为这一突破从“业主自治”发展的进程来说仍然具有积极的意义，值得肯定。

1.12 物业管理区域尚未确定，行政机关能否对“业委会”予以备案

【案情介绍】

2002年，江苏无锡某商住两用建筑改造开发后被重新命名为“某广场”，根据当地规划许可证显示，其范围包括东临中山路、南至大成巷、西至西河苑、北靠县前西街，而县前西街19号2203室、县前西街25号706室、县前西街19号405室、县前西街25号905室、县前西街19号1102室、县前西街19号1603室均在上述规划建设范围内。2013年某广场小区第二届业主委员会与街道办联合发布业主委员会换届选举，选举并产生了第三届业主委员会委员，讨论通过了《小区业主代表大会议事规则》和《小区业主公约》。2014年3月3日，某广场业主委员会向区房管局申请备案，并提交了《物业管理区域内业主大会业主委员会备案表》、业主委员会名单、业主代表大会议事规则、业主公约、业主代表大会签到及主持发言稿等材料。2014年3月10日，某房管局对上述申请材料进行审查后作出业会备（2014）第1号备案登记，对某广场业主委员会予以备案。

之后，拥有县前西街19号2203室、县前西街25号706室、县前西街19号405室、县前西街25号905室、县前西街19号1102室、县前西街19号1603室房屋产权的业主王某、杨某等人作为原告，以筹备组组成不合法、业主代表推荐不合法、物业管理区域划分存在异议为由，以无锡市某区住房保障和房产管理局、某广场业主委员会作为被告，街道办事处作为第三人提起行政诉讼，诉求撤销该备案登记。

2014年8月25日，法院向区房管局发出限期举证通知书，要求其于接到通知书之日起五日内向法院明确某广场小区物业管理区域范围并提供相应证据。2014年8月28日，

区房管局向法院提交回复意见书，称“该小区已投入使用但尚未划分物业管理区域，故我局认为该物业属于未划分物业管理区域”。

【焦点问题】

在物业管理区域尚不能确定的情况下，行政机关能否对新成立的“业主委员会”予以备案？

【法院判决】

一审法院认为：根据庭审中向区房管局调查显示，区房管局明确向法院回复称“无锡市某广场已投入使用但尚未划分物业管理区域，故我局认为该物业属于未划分物业管理区域”。根据《物业管理条例》、《江苏省物业管理条例》的相关规定，确定物业管理区域是成立业主大会、选举产生业主委员会的前提条件。依据《物业管理条例》第五条第二款、《江苏省物业管理条例》第四条第一款、第八条、第九条，区房管局具有确定物业管理区域、建立物业管理区域档案的职权。本案中，各方当事人对某广场小区物业管理区域范围存有争议，而物业管理区域范围的确定直接关系到业主范围的确定及后续选举程序的效力是否合法。该小区作为一个整体建造项目，区房管局在物业管理区域范围不明确且未对底层商铺不在范围内作出合理解释的情况下，即对明珠业主委员会予以备案，属事实不清，主要证据不足，应予撤销。综上，依照《中华人民共和国行政诉讼法》第五十四条第（二）项第1目之规定，判决撤销无锡市某区住房保障和房产管理局于2014年3月10日作出的对某广场业主委员会核发业会备（2014）第1号备案登记的行为。

某区住房保障和房产管理局、某广场业主委员会不服一审判决，提起上诉。二审法院认为原审法院判决正确，应予维持。

法条链接

《物业管理条例》

第五条 县级以上地方人民政府房地产行政主管部门负责本行政区域内物业管理活动的监督管理工作。

第九条 一个物业管理区域成立一个业主大会。

第十条 同一个物业管理区域内的业主，应当在物业所在地的区、县人民政府房地产行政主管部门或者街道办事处、乡镇人民政府的指导下成立业主大会，并选举产生业主委员会。但是，只有一个业主的，或者业主人数较少且经全体业主一致同意，决定不成立业主大会的，由业主共同履行业主大会、业主委员会职责。

《江苏省物业管理条例》

第四条　县级以上地方人民政府住房和城乡建设或者房产行政主管部门（以下简称物业管理行政主管部门）负责本行政区域内物业管理活动的监督管理工作。

第八条　新建物业出售前，建设单位应当将划定的物业管理区域向物业所在地的县（市、区）物业管理行政主管部门备案，并将经备案的物业管理区域在商品房买卖合同中明示。

已划定物业管理区域并实施物业管理但尚未向物业管理行政主管部门备案的，由物业服务企业向物业所在地的县（市、区）物业管理行政主管部门备案。

已投入使用但尚未划分物业管理区域的，由县（市、区）物业管理行政主管部门会同街道办事处（乡镇人民政府）征求相关业主意见后确定物业管理区域。

第九条　县（市、区）物业管理行政主管部门应当建立物业管理区域档案。

物业管理区域档案应当载明物业管理区域的地理位置、四至界限、建筑物总面积、专有部分数量、业主共有部分主要情况、建设单位以及其他需要载明的事项。

【案例评析】

根据《物业管理条例》第八条、第九条之规定，业主大会应当由物业管理区域内全体业主组成，且一个物业管理区域只能成立一个业主大会，住房和城乡建设部在《业主大会和业主委员会指导规则》第七条也明确规定：业主大会根据物业管理区域的划分成立，一个物业管理区域成立一个业主大会。依据上述规定，物业管理区域的确定是业主大会成立的前提条件。

根据一审法院已经查明的事实，涉案小区的物业管理区域尚未划分，故该小区业主的投票权数、业主人数、投票专有面积等多方面因素无法确定，因此本案中业主大会决议不仅在实体上不符合《物业管理条例》、《业主大会和业主委员会指导规则》的规定，程序上也存在重大瑕疵。

笔者在此提醒物业行政主管部门，在业委会成立或换届选举过程中应高度重视物业管理区域的划分问题，物业行政主管部门明确物业管理区域仅是确定业主范围及判断后续选举程序的效力是否合法的前提，而且划分物业管理区域也是具有可诉性的具体行政行为，如业主认为物业行政主管部门不履行职责或履行不当，可通过诉讼途径寻求救济，进入司法程序后，物业行政主管部门不划分或划分不当都存在败诉风险。

第2章

物业秩序维护与安全防范篇

本章综述

物业秩序维护及安全防范是指在物业管理区域内，物业服务企业协助政府安全管理相关部门所进行的公共安全防范和公共秩序维护等管理服务活动，包括公共安全防范管理服务、消防管理服务、车辆管理服务和突发事件的应急处置等方面的内容。

本章通过选取的11个案例旨在归纳和总结司法实践中围绕物业服务企业及相关主体的安全保障义务归责原则及责任承担依据。根据我国现有法律规定，安全保障义务主要来源于《物权法》、《物业管理条例》、《最高人民法院关于审理人身损害赔偿案件适用法律若干问题的解释》（下称“人身损害解释”）第六条及《侵权责任法》第三十七条，但《侵权责任法》相对于人身损害解释而言将安全保障义务的主体范围限制过窄。人身损害解释认为安全保障义务的主体包括：从事住宿、餐饮、娱乐等经营活动或者其他社会活动的自然人、法人、其他组织，后者认为安全保障义务的主体仅限于公共场所的管理人及群众性活动的组织者。关于物业服务企业是否属于法定的安全保障义务主体，司法实践中通常将物业服务企业认定为从事社会活动的法人组织，即根据人身损害解释第六条的规定认定其负有安全保障义务，但安全保障义务本身并没有对注意的内容和标准给出确定的规则，判断是否违反了安全保障义务需要借助其他法律法规的规定（法定注意义务）和理性人（审慎管理人）的判断标准。

侵权责任的归责原则包括四种：过错责任、过错推定责任、无过错责任、公平责任，物业服务企业的安全保障义务相对应的侵权责任一般采用过错责任原则。

通过本章，笔者希望物业服务企业能够进一步完善和细化安全管理制度，提高管理水平，通过事前预防、事中控制、事后救助，避免公共安全事件的发生，减少损失。

2.1 未成年人小区内意外溺亡，物业服务企业和建设单位的责任如何划分

【案情介绍】

2014年5月20日中午13时左右，李某、汪某之子李某某（2007年10月22日出生，时年不足7周岁）在无监护人看管的情况下，在丹桂山水小区景观水池边玩耍时，从防护栏空格钻入水池边缘，不慎落水，经抢救无效死亡。案发时李某某自2012年8月2日即在广东省中山市生活并自2012年9月1日～2014年3月6日期间在当地就读某幼儿园。

丹桂山水小区为东×公司开发建设，在事发的景观水池位置，浦城县建设局审批的规划图中原设计为喷水广场，东×公司变更规划设计，将其改为景观水池，事发时水池水位深达1.63m，该水池底部设有放水阀，可以控制水位。东×公司选聘兆×公司担任丹桂山水小区的物业管理公司，负责前期物业管理工作。事发时，在景观水池防护栏上设置有“水深危险，请勿攀爬”的警示标志。

事发后，东×公司、兆×公司已通过司法所先期向李某、汪某夫妇支付了“补偿预付金”150000元。现因双方对赔偿金额仍存在争议，李某、汪某诉至法院，要求判令东×公司、兆×公司连带赔偿300595元。

【焦点问题】

1. 建设单位与物业服务企业是否构成共同侵权？
2. 本案侵权责任应如何确定？

【法院判决】

一审法院认为，汪某怠于履行监护义务，放任不足7周岁的李某某在户外相对人少的中午时间在存在安全隐患的小区景观水池边玩耍，其本人未在场，也未委托其他成年人看管，对李某某的死亡存在重大过错。东×公司擅自改变规划设计，将原规划的小区喷水广场变更建设为景观水池，且水位较深，安装的防护栏间隙过大，致使李某某能够轻易钻入，并致其落水，对未成年人未能起到相应的安全防护作用，存在重大安全隐患，对本案的发生亦存在过错。兆×公司担负着丹桂山水小区的物业管理工作，负有小区内公共区域法定的安全保障方面的注意义务，其虽在景观水池防护栏上设置了警示标志，但在明知防护栏间隙过大未成年人可能钻入、景观水池设有排水阀可以控制水位的情况下，放任安全隐患的存在而不予排除，未尽到足够的安全注意义务，

对李某某的死亡亦负有过错。综上，原审法院酌情认为，李某、汪某疏于履行未成年人的监护义务，应承担本案60%的责任；东×公司、兆×公司依法连带承担本案40%的责任。

二审法院认为，根据《侵权责任法》第六条“行为人因过错侵害他人民事权益，应当承担侵权责任”，酌定东×公司应承担30%的过错责任。兆×公司作为小区的物业管理责任人，负有小区内公共区域法定的安全保障方面的注意义务。其明知小区的小孩常围在护栏处玩耍，存在安全隐患，而景观水池水位较高，应发挥排水阀作用控制水位的情况下，却放任安全隐患不予以排除。兆×公司未尽到足够的安全注意义务，对受害人的死亡亦负有过错，本院酌定其应承担10%的过错责任。

法条链接

《中华人民共和国侵权责任法》

第六条 行为人因过错侵害他人民事权益，应当承担侵权责任。

根据法律规定推定行为人有过错，行为人不能证明自己没有过错的，应当承担侵权责任。

《最高人民法院关于审理人身损害赔偿案件适用法律若干问题的解释》

第十六条 下列情形，适用民法通则第一百二十六条的规定，由所有人或者管理人承担赔偿责任，但能够证明自己没有过错的除外：

（一）道路、桥梁、隧道等人工建造的构筑物因维护、管理瑕疵致人损害的；

（二）堆放物品滚落、滑落或者堆放物倒塌致人损害的；

（三）树木倾倒、折断或者果实坠落致人损害的。

前款第（一）项情形，因设计、施工缺陷造成损害的，由所有人、管理人与设计、施工者承担连带责任。

第十七条 受害人遭受人身损害，因就医治疗支出的各项费用以及因误工减少的收入，包括医疗费、误工费、护理费、交通费、住宿费、住院伙食补助费、必要的营养费，赔偿义务人应当予以赔偿。

受害人因伤致残的，其因增加生活上需要所支出的必要费用以及因丧失劳动能力导致的收入损失，包括残疾赔偿金、残疾辅助器具费、被扶养人生活费，以及因康复护理、继续治疗实际发生的必要的康复费、护理费、后续治疗费，赔偿义务人也应当予以赔偿。

受害人死亡的，赔偿义务人除应当根据抢救治疗情况赔偿本条第一款规定的相关费用外，还应当赔偿丧葬费、被扶养人生活费、死亡补偿费以及受害人亲属办理丧葬事宜支出的交通费、住宿费和误工损失等其他合理费用。

第十八条 受害人或者死者近亲属遭受精神损害，赔偿权利人向人民法院请求赔偿精神损害抚慰金的，适用《最高人民法院关于确定民事侵权精神损害赔偿责任若干问题的解释》予以确定。

精神损害抚慰金的请求权，不得让与或者继承。但赔偿义务人已经以书面方式承诺给予金钱赔偿，或者赔偿权利人已经向人民法院起诉的除外。

【案例评析】

通过一审法院与二审法院的判决可以发现，二审法院与一审法院的判决结果存在差异的根本原因在于二审法院改变了法律适用。根据《中华人民共和国侵权责任法》第八条至第十四条之规定，侵权责任的最终承担方式包括连带责任与按份责任。具体而言连带责任系由各侵权行为人承担连带责任，包括：二人以上共同实施侵权行为；教唆、帮助他人实施侵权行为；二人以上分别实施侵权行为，但每个人的侵权行为足以造成全部损害的等情形。按份责任是指二人以上分别实施侵权行为，在能确定责任大小的前提下由人民法院判决侵权行为人各自承担相应份额的责任。

本案中开发商与物业服务企业属于无意思联络的竞合侵权行为，具体体现为：开发商在设计防护栏时违反国家《民用建筑设计通则》第6.6.3条“关于阳台、外廊、室内回廊、内天井、上人屋面及室外楼梯等临空处应设置防护栏杆的规定，文化娱乐建筑、商业服务建筑、体育建筑、园林景观建筑等允许少年儿童进入活动的场所，当采用垂直杆件做栏杆时，其杆件净距也不应大于0.11m”，物业服务企业在景观水池水位较高的情况下，未能及时排除安全隐患，但本案中开发商与物业服务企业的责任并无意思联络行为，是可以区分的，也并非每个人的侵权行为都足以造成全部损害的发生，故二审法院依法改判连带责任为按份责任。

本案值得思考的是，作为小区公共部位维护、保养的法定义务人，物业服务企业具体管理过程中应当采取一切必要的措施防止业主人身财产不受侵害，包括进行必要的安全警示、配备相关安保人员、建立安全巡视制度、突发事件应急处理制度等，并建立档案制度，做到有据可寻，避免管理不当的法律风险。

2.2 未成年人在商场电梯受伤，物业服务企业该如何承担责任

【案情介绍】

2013年5月5日下午3时50分50秒，黄某（未成年人）出现在家乐福莆田某店二楼南向电动扶梯（未运行，处在静止状态）与旁边建筑物的连接缝里，并在里面玩耍，期间黄某还从连接缝里爬出来又爬进去。3时57分15秒，黄某从该连接缝里掉到一楼某物业服务企业的办公室，致重伤。黄某随即被送往莆田市第一医院住院治疗。

事故发生地段的电动扶梯由莆田某店使用，该扶梯与旁边建筑物的连接缝的下方系某物业服务企业办公室的屋顶，该屋顶只铺设一层薄木板。事故发生地段电动扶梯与旁边建筑物的连接缝的一边为高1m的扶梯扶手，另一边为高1.2m的栏杆，从扶梯外跨进连接缝里必须翻越该扶梯扶手或栏杆。

另，事故发生地点的商铺招租与管理为某房产公司及物业负责，莆田某店对扶梯设备进行维护保养。某物业服务企业曾发函要求某店对此安全隐患进行整改。

后黄某因赔偿问题起诉至人民法院。

【焦点问题】

特种设备使用人、管理人的安全保障义务是什么？

【法院判决】

一审法院认为：《中华人民共和国侵权责任法》第三十七条规定：宾馆、商场、银行、车站、娱乐场所等公共场所的管理人或者群众性活动的组织者，未尽到安全保障义务，造成他人损害的，应当承担侵权责任。本案莆田某店使用的电动扶梯旁的连接缝未用物件覆盖或铺设牢固的覆盖物，致黄某从连接缝里掉下致伤，违反了安全保障义务，存在过错，应负相应的赔偿责任。某物业服务企业的办公室顶部仅用薄木板覆盖，致木板被黄某踩断并掉落，亦存在过错，亦应负相应的赔偿责任。黄某的父母作为监护人，未尽监护职责，放任未成年的黄某爬进两边均有防护栏杆的连接缝致掉落受伤，应对黄某的伤害负主要的过错责任。综合考虑各方的过错程度，法院酌情确定由莆田某店对黄某损害造成的损失承担30%的赔偿责任，某物业服务企业承担15%的赔偿责任，黄某的监护人承担55%的责任。

二审法院认为：安全保障义务本身并没有对注意的内容和标准给出确定的规则，判断是否违反了安全保障义务需要借助其他法律法规的规定（法定注意义务）和理性人

（审慎管理人）的判断标准。通常以经营者是否尽到了同类情形下通行的注意义务作为衡量的尺度，如考虑安全保障义务人是否达到了法定的安全保护标准，在执行这些标准规定时是否存在疏忽、纰漏，在发生损害时的处置措施是否妥当；对于隐蔽危险是否尽到告知义务等。另，对于未成年人的安全保障义务，应当采用特别标准。如果在经营活动领域，存在对儿童具有诱惑力（案涉扶梯不远处放置了众多对儿童具有吸引力的娱乐设施，如投币游戏机）的危险时，经营者必须履行最高的安全保障义务，应当采取的保障义务包括，消除危险，使之不能发生；使未成年人与该危险隔绝，使其无法接触这个危险；采取其他措施，保障不对儿童造成损害。结合本案实际，上诉人莆田某店、某物业服务企业在儿童活动领域不仅没有尽到最高的安全保障义务，而且放任电梯扶手旁连接缝仅以薄木板覆盖的危险状态长期存在，最终导致木板被上诉人黄某踩断，发生本案事故。对此上诉人莆田某店、某物业服务企业负有主要责任。结合本案实际情况，酌定上诉人莆田某店承担本案55%的赔偿责任，上诉人某物业服务企业承担本案35%的赔偿责任，由于上诉人黄某的监护人未能像一个谨慎的、合理的人那样积极履行其监护职责，尽可能地防止损害发生，故其对本案事故的发生亦存在过错，酌定其承担本案10%的责任。

法条链接

《中华人民共和国侵权责任法》

第六条 第一款行为人因过错侵害他人民事权益，应当承担侵权责任。

第十六条 侵害他人造成人身损害的，应当赔偿医疗费、护理费、交通费等为治疗和康复支出的合理费用，以及因误工减少的收入。造成残疾的，还应当赔偿残疾生活辅助具费和残疾赔偿金。造成死亡的，还应当赔偿丧葬费和死亡赔偿金。

第三十七条 第一款宾馆、商场、银行、车站、娱乐场所等公共场所的管理人或者群众性活动的组织者，未尽到安全保障义务，造成他人损害的，应当承担侵权责任。

《中华人民共和国特种设备安全法》

第十五条 特种设备生产、经营、使用单位对其生产、经营、使用的特种设备应当进行自行检测和维护保养，对国家规定实行检验的特种设备应当及时申报并接受检验。

第四十二条 特种设备出现故障或者发生异常情况，特种设备使用单位应当对其进行全面检查，消除事故隐患，方可继续使用。

【案例评析】

本案中，负有安全保障义务的莆田某店作为商场经营者应该按照《消费者权益保护法》的规定采取一切必要措施保障消费者的人身不受损害，同时其作为特种设备的使用管理人更应按照《中华人民共和国特种设备安全法》的规定履行安全管理义务。

根据《中华人民共和国特种设备安全法》第十五条的相关规定，特种设备（含电梯）的使用单位应对其使用的特种设备负有进行维护保养的法定义务，同时该法第四十二条也明确了在特种设备出现故障或异常时，使用单位应当消除隐患。莆田某店作为电梯使用者在明知电梯长期有故障的情况下未能采取必要的安全保障措施，也未能消除安全隐患，且在物业服务企业已经告知电梯存在安全隐患的前提下仍未做出整改，物业服务企业在知道安全隐患的前提下仍以薄木板覆盖，两者对于本案的发生均存在过错，应该承担侵权责任。

值得注意的是，本案一审法院酌定黄某监护人承担55%的责任，二审法院酌定改判黄某监护人承担10%的责任，体现了人民法院对特种设备使用人坚持从严的苛责原则；同时物业服务企业亦应注意，国家标准化管理委员会已经出台多类国家标准确保儿童的安全，例如标准号为《无动力类游乐设施、儿童滑梯》GB/T 27689-2011的国家安全标准专门规范小区中最常见的儿童游乐设施滑梯；标准号为《标准中特定内容的起草 第1部分：儿童安全》GB/T 20002.1-2008的国家安全标准亦统一规范多数日常生活中儿童可能面临的安全问题的规范措施，因此建议物业服务企业在小区内设置针对特定人群（包括老人、儿童）的娱乐、健身等设施时，应从源头上确保设施设备符合国家安全标准，在日常物业服务过程中尽到审慎注意义务，在管理资源的分配上予以倾斜照顾，避免老人、儿童等特殊人群受到伤害。

2.3 外墙砖脱落致车辆损坏，物业服务企业应否赔偿

【案情介绍】

钱某系某宝马牌轿车的所有人。自2013年7月1日起，某物业服务企业据《委托物

业服务合同》为某公寓小区提供物业服务，负责包括户外墙面在内的共用部位的日常维修、养护和管理。2014年3月4日，钱某将其轿车停泊在某公寓小区外的公共道路上，该道路沿某公寓小区外墙铺设有较为狭窄的人行步道，钱某的轿车侧贴某公寓小区外墙停靠，约一半车身在人行步道内。该公共道路未标记停车位，亦未设立禁止停车标志。当日，×公寓2号楼约20层处的若干外墙墙砖脱落，部分墙砖砸中钱某的轿车，造成该车前机盖、车顶、后挡风玻璃、天窗、右侧车窗等多处损坏。

事发后，某物业服务企业向钱某支付了38180.5元。该款项原系某物业服务企业获得的公众责任险赔款。为修复车辆，钱某共花费54387元。双方就赔偿数额发生争议，钱某诉至法院请求判令某物业服务企业支付维修费16206.5元并承担本案诉讼费。

【焦点问题】

1. 某物业服务企业是否对钱某的财产损害承担侵权责任?
2. 受害人钱某是否存在过错?
3. 本案损害赔偿范围的如何确定?

【法院判决】

一审法院认为：建筑物、构筑物或者其他设施及其搁置物、悬挂物发生脱落、坠落造成他人损害，所有人、管理人或者使用人不能证明自己没有过错的，应当承担侵权责任。本案中，某物业服务企业系某公寓的物业管理人，对小区内的楼宇外墙负有维护义务，其未能证明其作为管理人对墙砖脱落造成损害没有过错，某物业服务企业应就墙砖脱落造成的损害承担侵权责任。至于钱某未在正规车位停车的事实，车辆停放的规章旨在规范交通秩序，即便钱某违规停车，亦仅应受相关行政处罚，其行为与车辆在公共道路被砸之间并无法律上的因果关系，不应作为减轻某物业服务企业侵权责任的事由。故某物业服务企业应就车辆损失承担全部赔偿责任。

某物业服务企业应赔偿钱某因事故遭受的实际损失，其获得的公众责任险赔款由保险公司单方估算且未经钱某确认，不应作为对钱某进行赔偿的依据。某物业服务企业未能举证证明维修地点的收费标准明显不当，亦无理由限制钱某在“4S店”进行维修，故对钱某维修车辆的各项支出予以确认，某物业服务企业应据此予以赔偿。

二审法院判决驳回上诉，维持原判。

法条链接

《中华人民共和国侵权责任法》

第二十六条 被侵权人对损害的发生也有过错的，可以减轻侵权人的责任。

第八十五条 建筑物、构筑物或者其他设施及其搁置物、悬挂物发生脱落、坠落造成他人损害，所有人、管理人或者使用人不能证明自己没有过错的，应当承担侵权责任。所有人、管理人或者使用人赔偿后，有其他责任人的，有权向其他责任人追偿。

【案例评析】

《中华人民共和国侵权责任法》第八十五条规定："建筑物、构筑物或者其他设施及其搁置物、悬挂物发生脱落、坠落造成他人损害，所有人、管理人或者使用人不能证明自己没有过错的，应当承担侵权责任。"该条规定确立了我国侵权民事责任的过错责任推定原则。本案系建筑物致人财产损害的侵权赔偿纠纷，应适用过错推定原则。

过错推定原则，是指在法律有特别规定的情况下，从损害事实本身推定赔偿义务人有过错，并据此确定赔偿义务人承担损害赔偿责任的归责原则。在适用过错推定责任原则的侵权纠纷案件的诉讼过程中，受害人能够举证证明损害事实、违法行为和因果关系三个要件的情况下，如果赔偿义务人不能证明自己对损害发生没有过错，法官就可推定赔偿义务人对损害的发生有过错，并判令其承担赔偿责任。故本案中，物业服务企业作为公寓的物业管理人，对小区内的楼宇外墙负有维护义务，其未能证明其作为管理人对墙砖脱落造成损害没有过错，应就墙砖脱落造成的损害承担侵权责任，故应对涉案损失承担相应的赔偿责任，同时车主未在规定车位停车的事实与车辆受损并不具备法律上的因果关系，不能证明车主在此次车辆受损事件中存在过错，故物业服务企业应对涉案损失承担全部的赔偿责任。

2.4 高空抛物致人死亡，物业服务企业应否承担赔偿责任

【案情介绍】

2006年5月31日17时40分左右，小学生钟某（化名）与同学放学后相约一起回家，在走至深圳市南山区南山大道和海德二路交界处的好来居大厦（大厦玻璃颜色为绿色）北侧的人行道时，钟某被一块从高空坠落的白色玻璃砸伤头部后被立即送至医院急救，经抢救无效后钟某于当日死亡。深圳市南山区公安分局刑警中队对事发现场进行现场勘验，公安机关未能给出致害玻璃是从具体哪一业主家掉落的结论，随后钟某的法定代理人向深圳市南山区人民法院提起诉讼，将好来居大厦北侧二楼以上73户业主及小区物业服务企业告上法庭，要求赔偿损失。

【焦点问题】

1. 高空抛物与高空坠物有何种区别？物业服务企业应分别承担何种法律责任？
2. 物业服务企业的安全保障义务包括哪些内容？

【法院判决】

一审法院认为：最高人民法院《关于民事诉讼证据的若干规定》第2条规定："当事人对自己提出的诉讼请求所依据的事实或者反驳对方诉讼请求所依据的事实有责任提供证据加以证明。没有证据或者证据不足以证明当事人的事实主张的，由负有举证责任的当事人承担不利后果。"原告依据《民法通则》第126条主张权利，必须举证证明明确的侵权人、损害后果、损害后果与侵权行为之间的因果关系，再由被告举证证明自己是否有过错，举证责任的确定不能因为原告无法举证而免除其举证责任。原告在无法完成举证证明具体侵权人的情况下，要求全体业主作为共同侵权人承担赔偿责任，没有法律依据，本院不予支持。被告物业服务企业作为涉案建筑的物业管理者，未能证明其及时履行了物业管理人的职责，故应该对原告的损害承担一定的赔偿责任，最终由本院酌定承担30%的赔偿责任。

二审法院判决撤销了一审判决，改判由好来居北面74户使用人每户补偿受害人家属4000元人民币。

法条链接

最高人民法院《关于民事诉讼证据的若干规定》

第二条 当事人对自己提出的诉讼请求所依据的事实或者反驳对方诉讼请求所依据的事实有责任提供证据加以证明。

没有证据或者证据不足以证明当事人的事实主张的，由负有举证责任的当事人承担不利后果。

《中华人民共和国民法通则》

第一百二十六条 建筑物或者其他设施以及建筑物上的搁置物、悬挂物发生倒塌、脱落、坠落造成他人损害的，它的所有人或者管理人应当承担民事责任，但能够证明自己没有过错的除外。

《中华人民共和国侵权责任法》

第八十七条 从建筑物中抛掷物品或者从建筑物上坠落的物品造成他人损害，难以确定具体侵权人的，除能够证明自己不是侵权人的外，有可能加害的建筑物使用人给予补偿。

【案例评析】

本案案发时《侵权责任法》尚未出台，作为本案一审裁判依据的《民法通则》已经实施二十余年，法律的滞后使人民法院在一审判决时备受困扰，且由于在案发时本案属于新型侵权案件，故具有一定的代表性，诸多学者、律师、媒体均有评析、报道本案，如本案二审代理律师刘长森曾《物业纠纷新型案例教程》一书中充分论述其作为二审律师的代理观点。

刘长森律师认为：首先，本案不属于民法通则第126条关于建筑物或者其他设施以及建筑物上的搁置物、悬挂物坠落造成他人损害的案件，本案在当时应属于高空抛物致人损害案件，因为已有证据证明致害玻璃不属于建筑物上的搁置物；其次，物业服务企业已经尽到安全保障义务，物业服务企业的义务仅限于制止及报告义务，本案中物业服务企业已经尽到合同义务，故无须承担赔偿责任；最后，除具有免责事由外，由各业主应当承担相应的法律责任符合公平的基本原则。

笔者认为，本案厘清各方责任的前提是确定本案系高空抛物还是高空坠物，两者之间的根本区别在于高空抛物往往由具体的侵权行为人故意实施侵权行为，而高空坠物则是由于建筑物使用人、管理人的不当行为导致侵权行为的发生，其主观上不存在故意。物业服务企业作为建筑物的管理人在两种情况下应当承担不同的法律责任：在高空抛物情形下，应当首先由具体侵权行为人承担侵权责任，在无法确定侵权行为人的前提下物业服务企业承担相应的责任，在高空坠物的情形下，物业服务企业没有尽到对房屋及配套设施的管理义务，应承担过错责任。在《侵权责任法》出台之前，高空抛物案件属于新型侵权案件类型，法律适用方面存在空白，在《侵权责任法》出台后，该法第八十七条统一规范了高空抛物与高空坠物侵权行为的法律责任，弥补了这一空白。

物业服务企业作为建筑物的管理人，其负有法定的安全保障义务，具体范围包括两个方面:(1)“物”的安全保障义务，主要是指对小区公共设施、设备的维护、维修、保养，避免业主的人身及财产安全受到损害；(2)“人”的安全保障义务，主要是指采取必要措施保障业主的人身安全不受侵害。即物业服务企业是否采取必要的措施制止侵权行为的发生是物业服务企业免于承担侵权责任的前提条件，如物业服务企业应对公共区域设施、设备及时进行维修保养，避免建筑物上物品坠落给他人造成损害，物业服务企业也需要采取相应的措施避免高空抛物的情况发生，包括对业主采取进行安全警示教育等措施。

2.5 物业服务企业在小区施工导致他人受伤，应承担何种责任

【案情介绍】

某物业服务企业于2012年8月30日对事发小区化粪池进行清理施工。当日7时56分，徐某走路时摔到下水道内，腿部受伤，浑身沾有下水道内的异物。后徐某被送至威海市立医院治疗，经诊断为左侧第7、8、9肋骨骨折、左下肢软组织擦伤。徐某共住院治疗16天，花销医疗费14155.62元。2012年9月28日，徐某委托威海威明司法鉴定所对其伤情进行了鉴定，鉴定意见为徐某的损伤构成十级伤残，其外伤后需一人陪护3个月（含住院期间）。因双方对赔偿事宜协商未果，徐某于2012年10月25日诉至法院，要求某物业服务企业赔偿医疗费14155.62元、护理费11400元、交通费100元、住院伙食补助费480元、残疾赔偿金11396元、鉴定费1300元、精神损害抚慰金2000元，共计40831.62元。

【焦点问题】

物业服务企业在物业管理区域内施工过程中的安全保障义务是什么?

【法院判决】

一审法院认定，徐某自身作为完全民事行为能力人，其在经过某物业服务企业施工的场地时，应当对于自身安全负有注意义务，其疏于注意导致损害事实的发生，依法应减轻某物业服务企业的赔偿责任，综合本案案情，以某物业服务企业赔偿徐某各项合理经济损失的90%为宜，判决某物业服务企业支付医疗费、护理费、误工费、交通费、住院伙食补助费、残疾赔偿金、鉴定费、精神损害抚慰金。

二审法院认定，某物业服务企业对化粪池的疏通及安全负有管理义务，但其疏于管理，未保障化粪池井盖的安全性，也没有在井盖周围设置警示标志，现徐某摔入化粪池而受伤，某物业服务企业对此存有过错，应当赔偿徐某的损失。一审根据事发经过及双方的过错程度确定某物业服务企业承担徐某90%的损失并无不当，故判决维持了原判。

法条链接

《中华人民共和国侵权责任法》

第三条 被侵权人有权请求侵权人承担侵权责任。

第六条 行为人因过错侵害他人民事权益，应当承担侵权责任。

根据法律规定推定行为人有过错，行为人不能证明自己没有过错的，应当承担侵权责任。

第十五条 承担侵权责任的方式主要有：

（一）停止侵害；

（二）排除妨碍；

（三）消除危险；

（四）返还财产；

（五）恢复原状；

（六）赔偿损失；

（七）赔礼道歉；

（八）消除影响、恢复名誉。

以上承担侵权责任的方式，可以单独适用，也可以合并适用。

第十六条 侵害他人造成人身损害的，应当赔偿医疗费、护理费、交通费等为治疗和康复支出的合理费用，以及因误工减少的收入。造成残疾的，还应当赔偿残疾生活辅助具费和残疾赔偿金。造成死亡的，还应当赔偿丧葬费和死亡赔偿金。

第二十二条 侵害他人人身权益，造成他人严重精神损害的，被侵权人可以请求精神损害赔偿。

第二十六条 被侵权人对损害的发生也有过错的，可以减轻侵权人的责任。

【案例评析】

第一，物业服务企业作为施工方，应该在施工过程中尽到安全保障义务。根据《侵权责任法》第九十一条的规定“在公共场所或者道路上挖坑、修缮安装地下设施等，没有设置明显标志和采取安全措施造成他人损害的，施工人应当承担侵权责任。窨井等地下设施造成他人损害，管理人不能证明尽到管理职责的，应当承担侵权责任。”结合《建设工程安全生产管理条例》、《建筑工程施工现场标志设置技术规程》的规定，施工中的安全保障义务应包括以下几个方面：首先，设置的警示标志必须在距离危险源位置、安全颜色等方面足够明显，足以引起他人的注意；其次，警示标志应在施工期间持续存在，且施工人需负责对警示标识进行维护和管理；再次，设置警示标志不足以保障他人的安全的，还应当采取必要的安全保障措施，如设置保护设施等。安全警示标志还应在消防标识、距离危险源位置、安全颜色等方面符合国家标准。本案中，化粪池井盖施工区域属于法定需设置安全标识的场所，但物业服务企业作为施工责任方，未设立任何的警示标志，表明其在施工中未尽到安全保障的法定义务。

第二，物业服务企业作为物业服务的提供方，依据物业服务合同应承担安全保障义务。清理小区下水道是物业服务企业履行物业服务合同义务的行为，物业服务企业在小区进行施工时间应尽到安全提示义务，并采取有效安全防范措施，防止安全事故的发生，但物业服务企业并未在小区的任何地方就施工事项作出必要的提示和告知，也未设置和安装任何安全设施。综上，物业服务企业对于本次事故的发生具有重大过错，故在本案中承担了较重的赔偿责任。

本案例的意义在于，物业服务企业对小区公共设施进行施工、维修等工作时，对于公共设施的安全防范措施应有比平常更高的标准，应及时履行通知和警示义务，做好安全防范工作，否则一旦发生事故，将承担较重的法律责任。

2.6 车辆在小区内被盗，物业服务企业应否赔偿

【案情介绍】

孟某居住在某小区某号，位于该小区的西北角，该住宅小区由某物业服务企业提供物业管理服务。业主在办理入住手续时，物业服务企业与各业主签订并发放了《车辆行驶停放管理规定》等管理制度。在《车辆行驶停放管理规定》中某物业服务企业要求：进出小区的机动车辆要领取车辆出入卡，机动车辆停放必须接受管理人员的引导，保证小区消防通道畅通等。但某物业服务企业自始并未按此规定对该小区除汽车以外的其他住户自备车辆及进出车辆实施登记和出入卡管理制度。

2004年3月14日，原告购买了二轮摩托车一辆，价格为8000元。2005年8月17日早晨9时许，孟某向公安机关报案，称其摩托车停放在楼下被盗，车辆全部行车手续及发票等材料随车一并丢失。孟某在公安机关立案未破的情况下，对丢失车辆进行登报挂失、支付登报服务费200元，并补办了驾驶执照、支付办照培训费18元。

2005年7月14日，孟某向某物业服务企业交纳了2005年7月至12月的物业管理费264.9元。因公安机关对盗窃案侦破未果，孟某遂以物业服务企业对小区的安全管理有疏漏为由，于2005年9月 26日提起诉讼要求某物业服务企业赔偿丢失摩托车损失9000元。

另查，与该小区全部物业一并交付给被告管理使用的小区共用监控、录像设备，当时未正常使用，亦未予录像，当晚值班保安人员对小区安全监控情况未作记载。法院对该小区的监控、录像设施现场勘验查明，小区的值班保安不能正常操作使用监控、录像设备，录像设备未曾使用过，监控器及监控探头不能完全正常使用，只能对小区东侧和东南侧的物业、道路、大门等实施监控，而对小区北侧、西侧的范围无法实施监控，设备上多数功能按钮失灵，无法正常使用。

【焦点问题】

1. 对事发前丢失车辆是否停入了小区车棚的事实，应由谁承担举证责任？
2. 物业服务企业应否承担赔偿责任以及赔偿标准？

【法院判决】

一审法院认为，孟某对摩托车系在某小区被盗这一事实，已经穷尽了举证能力。某物业服务企业并未对除汽车以外进出、停放小区的其他车辆采取任何可以确认车辆停入事实的管理措施，或给孟某发放过任何车辆进出凭据，某物业服务企业作为创设该举证条件的一方，应对"案发当晚原告车辆是否停入小区"的事实承担举证责任，其不能提供反证，故应当推定摩托车在小区内丢失的法律事实。孟某作为业主与某物业服务企业之间已建立了事实上的物业服务法律关系，某物业服务企业应依法履行对小区物业共用部位和物业共用设施设备的日常维护和管理义务，以及对其物业管理区域内公共秩序、安全防范的协助管理等义务。某物业服务企业在履行义务时存在疏漏和瑕疵，由此给孟某造成的财产损失应依法承担相应的赔偿责任，综合各方面因素某物业服务企业承担孟某全部损失的60%较为适当。

二审法院驳回上诉，维持原判。

法条链接

《物业管理条例》

第三十六条　第二款 物业服务企业未能履行物业服务合同的约定，导致业主人身、财产安全受到损害的，应当依法承担相应的法律责任。

【案例评析】

1. 对事发前丢失车辆是否停入了小区车棚的事实，应由谁承担举证责任

庭审中，原告提供了如下证据：公安机关接收案件回执单、摩托车立案（未破）证明以及当晚两位值班保安"苏××号摩托车在小区停放被盗"内容的证言，上述证据的内容之间能够相互印证；而被告未能举证证明其对孟某的摩托车丢失已经尽到了合理地安全防范义务。被告作为该小区的物业服务企业，具有对车辆进出进行管理的责任，但其并未就孟某摩托车进出、停放小区的行为实行过相关的管理措施，或给孟某发放过任何凭据，致使孟某无法提供"案发当晚摩托车已停入小区"的直接证据。因此从原被告双方庭审的举证情况可以发现，让孟某对此问题承担举证责任将会显失公平。同时，依据生活常识，孟某作为在该小区居住的业主，在其向物业服务企业交纳了物业管理费后，即有理由相信其会将车辆停回其居住的小区。故法院认为某物业服务企业是创设该举证条件的一方，其对创设该举证条件负有义务，所以应由其对“案发当晚孟某车辆是否停入小区”的事实承担举证责任的认定是非常正确，且彰显公平。

2. 物业服务企业应否承担赔偿责任

物业服务企业在此案中是否应承担责任，关键在于其是否尽到了安全管理义务。本案中，某物业服务企业从未按规定对车辆采取过登记或出入卡等相关管理措施，未及时维护小区监控器、探头等物业共用安全防范设施，未利用物业共用录像设备，未记载每日监控录像设备的运行情况和安全监控状况，在法院对小区进行现场勘验时，值班人员不会操作监控设备，无法对小区实行正常监控。某物业服务企业未能全面、恰当地履行对小区物业管理服务的义务，在小区车辆管理、安全防范和保卫上均存在疏漏，履行管理维护共用设施、协助管理公共秩序、安全防范等义务时是有瑕疵的，因此其应对孟某车辆被盗造成的损失承担相应的赔偿责任。

2.7 小区发生火灾事故，如何确定责任承担主体

【案情介绍】

2013年12月2日5时00分许，罗湖区某小区××楼302房发生火灾，火灾蔓延至××楼402房住户原告许某家中，许某在疏散逃生过程中被烧伤。各方当事人确认火灾最后由××楼住户及现场人员（包括××物业服务企业工作人员张某）扑灭，消防车在火灾扑灭前未到现场。被告胡某、汪某系302号房产权登记所有人，两被告于2000年购买该套房屋，其自述该房屋初始装修时间为1994年，购买房屋后未再重新装修。被告李某自2007年10月开始租赁该房并一直居住至本案火灾事故发生时，李某在承租该房屋后未再重新装修。被告××物业深圳分公司系涉案小区的物业管理公司。火灾发生时，该公司未安排值班人员晚上值班。××物业深圳分公司委托案外人深圳市××消防工程有限公司对小区的消防设施进行专门的维修保养，包括消防水池、消防管道阀门、室内消火栓等。

原告起诉各被告连带赔偿原告住院医疗费30628.07元，伙食补助费1750元，护理费7800元，交通费4460.2元，营养费5000元，精神损失费10000元。

【焦点问题】

1. 本案应适用何种归责原则?

2. 本案各被告是否应承担对许某的损害赔偿责任?

3. 许某损失诉求的合理范围是什么?

【法院判决】

一审法院认为：从我国立法精神和公平正义原则出发，涉案建筑物发生火灾造成他人损害的，被告汪某、胡某作为产权所有人及管理人、被告李某作为使用人，适用过错推定原则，被告××物业深圳分公司适用一般侵权的过错责任原则。参照2013年度人身损害赔偿计算标准，判决原告许某的可得损失总额为40224.07元，该损失应当由被告汪某、胡某、李某承担连带赔偿责任，××物业深圳分公司及被告××物业服务企业无须对本案许某的损失承担赔偿责任。

二审法院认为：根据我国《侵权责任法》的规定，适用过错推定原则和无过错责任的前提是法律的明确规定。而我国《民法通则》和《侵权责任法》并未将火灾事故纳入特殊侵权行为范畴，亦未规定火灾事故应适用过错推定或无过错责任的归责原则。在无法律明确规定的情况下，涉案事故应适用一般侵权的过错责任。对于各方当事人的过错程度认定，应在确定火灾发生的具体原因的情况下，分析各方当事人对于该原因是否有能力和责任进行控制、管理或避免进行综合认定。

李某作为该房屋的占有人和实际使用人，应当在确保安全的情况下合理使用该房屋，且李某承租涉案房屋长达6年之久，对于房屋的安全管理义务，理应较之汪某、胡某有更高的要求。本案中位于起火点电器均系李某自行购置并摆放，其对此具有直接且完整的管理职责。在无法排除电器故障导致火灾发生的情况下，李某作为房屋管理人和电器使用人，应当对火灾的发生承担责任。

涉案房屋的业主汪某、胡某作为出租方，应当确保房屋在出租时符合安全使用的标准，包括电线、电路的安全。××物业深圳分公司作为涉案小区的物业管理单位，应当善尽管理职责，确保小区内出现的危险因素在第一时间得到发现、控制或避免。××物业深圳分公司无论从发现火灾、疏导住户免受损失、还是对扑灭火灾的促进作用上，均存在管理过错。而该过错是造成火灾的非同层住户许某受伤的重要因素。

许某对于火灾的发生没有过错，因火灾受到的损害，与逃生脱险的方式方法是否得当并无必然关联。

据此，二审法院认定许某因本案所受损失为40224.07元，李某应在本判决生效之日起5日内赔偿上诉人许某损失40224.07元，汪某、胡某应在该损失的40%即16089.63元范围内承担补充清偿责任。××物业深圳分公司应在该损失的60%即24134.44元范围内承担补充清偿责任。××物业服务企业对××物业深圳分公司的赔偿义务承担补充清偿责任。

法条链接

《中华人民共和国侵权责任法》

第六条 行为人因过错侵害他人民事权益，应当承担侵权责任。

根据法律规定推定行为人有过错，行为人不能证明自己没有过错的，应当承担侵权责任。

第七条 行为人损害他人民事权益，不论行为人有无过错，法律规定应当承担侵权责任的，依照其规定。

第十二条 二人以上分别实施侵权行为造成同一损害，能够确定责任大小的，各自承担相应的责任；难以确定责任大小的，平均承担赔偿责任。

第十六条 侵害他人造成人身损害的，应当赔偿医疗费、护理费、交通费等为治疗和康复支出的合理费用，以及因误工减少的收入。造成残疾的，还应当赔偿残疾生活辅助具费和残疾赔偿金。造成死亡的，还应当赔偿丧葬费和死亡赔偿金。

【案例评析】

根据《中华人民共和国侵权责任法》的相关规定，侵权责任的归责原则包括四种：过错责任、过错推定责任、无过错责任、公平责任。过错责任是侵权责任法的一般归责原则；过错推定责任仍属于过错责任，但将举证责任倒置由侵权人承担；无过错责任只有在法律明文规定的情况下才能适用，公平责任则适用于双方均没有过错，但基于公平的基本原则，衡量双方的利益。具体而言：过错责任是指《中华人民共和国侵权责任法》第六条规定的情形，过错推定责任是指《中华人民共和国侵权责任法》第八十五至九十一条规定的情形；无过错责任是指《中华人民共和国侵权责任法》第七条规定的情形，并散见于该法第五章、第八章、第九章、第十章；公平责任是指《中华人民共和国侵权责任法》第二十四条之规定的情形。根据《中华人民共和国侵权责任法》的相关规定，侵权责任的具体归责原则应依法确定，一审法院错误将过错推定责任适用于案件审理属于适用法律错误，二审法院及时予以纠正，保证了法律的正确实施。

就物业服务企业而言，维护业主人身、财产安全不受侵害属于法定的安全保障义务。具体到本案中，如物业服务企业已经建立值夜班及消防应急处理制度，并做到安全巡查工作，且在事发后及时组织人员灭火，防止损失进一步扩大，则物业服务企业在本案中的过错责任依法可以被减轻，甚至免责。实践中，部分物业服务企业安全制度不健全，物业管理人员欠缺相应资格与能力，尤其在处理突发事件过程中未能采取有效措施防止损失进一步扩大，致使物业服务企业被法院判决承担侵权责任，究其原因，多数是制度缺失、安全意识缺失。

2.8 商铺消防未通过验收发生火灾，开发商和物业服务企业是否应承担责任

【案情介绍】

某商贸公司系成都市某机电城某区的修建方。2003年4月25日，某商贸公司申请成都市公安消防支队对某机电城竣工的16~31栋和48~49栋进行消防验收，成都市公安消防支队验收意见为基本合格，提出两点整改意见：（1）地下室消火栓井盖应改为金属盖，并增加标识；（2）市场应划行规市定位相应的消防管理。竣工后，某商贸公司未办理集贸市场的登记，将部分房屋陆续出售给其他单位和个人。某机电城某区21栋未经规划验收，也未办理产权登记。

钱某系成都市某区20栋24号铺面的业主。2010年12月28日，成都市某区的某机电城发生火灾，造成某区20栋、21栋火灾，直接财产损失36154205.8元，一人死亡。2011年12月16日成都市公安消防支队对此次火灾作出事故认定书，查明起火原因为：位于某区21栋19、20号铺面内夹墙上的插座与插头接触不良发热，引燃可燃物成灾。胥某某系某区21栋19、20号铺面的经营者，个体工商户字号为某商贸部。某物业服务企业系某商贸公司选聘的某机电城某区的物业管理企业。

火灾事故发生后，钱某诉至一审法院，请求判决某商贸公司、胥某物业管理有限公司承担赔偿责任。

【焦点问题】

本案中火灾事故的赔偿责任主体的如何确定？

【法院判决】

一审法院认定，胥某某作为某区21栋19、20号铺面的使用人，因其疏于对铺面内夹墙上的插座、插头使用情况进行检查及管理，从而导致插座与插头接触不良发热并引燃可燃物引起火灾，应对火灾事故造成的损失承担赔偿责任。某商贸公司作为某机电城某区建筑的建设单位，发生火灾的某区21栋未办理规划以及产权手续，某商贸公司将未经消防验收合格的房屋交付使用存在过错，故应当对此次火灾造成的损失承担赔偿责任。某物业服务企业服务区域内的货物堆放多已构成消防隐患，某物业服务企业对此未尽管理义务，故某物业服务企业应承担相应的赔偿责任。火灾发生时某机电城室外消火栓无水，某物业服务企业作为物业服务企业，应当对物业共有部位、共用设施进行查验，在发生安全事故时，应当采取应急措施并及时向有关行政管理部门报告并协助做好救助工作，故某物业服务企业应对此承担相应的赔偿责任。酌情确定某商贸部承担40%的赔偿责任，某商贸公司承担30%的赔偿责任，某物业服务企业承担30%的赔偿责任。

一审判决：（1）胥某赔偿钱某各项损失费用93769.26元；（2）某商贸公司赔偿钱某各项损失费用70326.9元；（3）某物业服务企业钱某各项损失费用70326.9元；（4）驳回钱某的其他诉讼请求。

宣判后，某商贸公司不服原审判决，提起上诉。

二审法院认定：本案应适用一般侵权的过错责任归责原则。某商贸公司作为某机电城的建设单位和开办人，整个某机电城市场并未整体通过消防验收，并且某商贸公司将开办的某机电城分割销售，发生火灾的两栋建筑物经营未划行规市，消防验收时提出的“市场应划行规市定位相应的消防管理”整改意见落实不到位，增加了火灾隐患，同时某商贸公司在选定具有消防管理职责的服务企业时未尽到必要的审查义务，故需承担赔偿责任。

关于损失问题。由人民法院参照相同地段、同等面积商铺的租金进行认定，酌情认定相同地段铺面的中间价格，以铺面为例年租金12万元的标准较为恰当该损失由某商贸部承担40%的赔偿责任，某商贸公司承担30%的赔偿责任，某物业服务企业承担30%的赔偿责任。

二审判决：（1）维持一审判决第四项，即“驳回钱某某的其他诉讼请求”；（2）变更一审判决第一项“胥某赔偿钱某各项损失费用93769.2元”为：某商贸部赔偿钱某某77022.8元；（3）变更一审判决第二项“某商贸公司赔偿钱某各项损失费用70326.9元”为：某商贸公司赔偿钱某某57767.1元；（4）变更一审判决第三项“某物业服务企业赔偿钱某有限公司各项损失费用70326.9”为：某物业服务企业赔偿钱某57767.1元。

法条链接

《中华人民共和国民法通则》

第一百零六条　公民、法人违反合同或者不履行其他义务的，应当承担民事责任。

公民、法人由于过错侵害国家的、集体的财产，侵害他人财产、人身的，应当承担民事责任。

没有过错，但法律规定应当承担民事责任的，应当承担民事责任。

《中华人民共和国侵权责任法》

第六条　行为人因过错侵害他人民事权益，应当承担侵权责任。

根据法律规定推定行为人有过错，行为人不能证明自己没有过错的，应当承担侵权责任。

第十二条　二人以上分别实施侵权行为造成同一损害，能够确定责任大小的，各自承担相应的责任；难以确定责任大小的，平均承担赔偿责任。

《物业管理条例》

第二十八条　物业服务企业承接物业时，应当对物业共用部位、共用设施设备进行查验。

第二十九条　在办理物业承接验收手续时，建设单位应当向物业服务企业移交下列资料：

（一）竣工总平面图，单体建筑、结构、设备竣工图，配套设施、地下管网工程竣工图等竣工验收资料；

（二）设施设备的安装、使用和维护保养等技术资料；

（三）物业质量保修文件和物业使用说明文件；

（四）物业管理所必需的其他资料。

物业服务企业应当在前期物业服务合同终止时将上述资料移交给业主委员会。

第四十七条 物业服务企业应当协助做好物业管理区域内的安全防范工作。

发生安全事故时，物业服务企业在采取应急措施的同时，应当及时向有关行政管理部门报告，协助做好救助工作。

物业服务企业雇请保安人员的，应当遵守国家有关规定。保安人员在维护物业管理区域内的公共秩序时，应当履行职责，不得侵害公民的合法权益。

【案例评析】

本案中法院采用一般侵权的过错责任归责原则，按照开发商、物业服务企业、直接引发火灾的商户各自的过错程度确定各方应该承担的责任。作为物业服务企业来说，本案具有的参考意义在于一审法院对物业服务企业过错的认定。根据一审法院的判决意见，物业服务企业的过错在于：（1）某物业服务企业服务区域内的货物堆放多已构成消防隐患，某物业服务企业对此未尽管理义务；（2）火灾发生时某机电城室外消火栓无水，某物业服务企业作为物业服务企业，对物业共有部位、共用设施未尽到维护和查验的义务；（3）在发生安全事故时，某物业服务企业未做好应急措施并及时向有关行政管理部门报告并协助做好救助工作。故二审法院依据一审认定的事实，最终判决物业服务企业需承担30%的责任。

本案中值得注意的地方有两点：一是某小区的整体消防并未通过验收，二是火灾时作为重要消防设施的消火栓无水。首先，开发商作为建设单位，有义务做好消防验收工作，物业服务企业在承接物业时应尽到查验义务，根据国家住房和城乡建设部颁布的《物业承接查验办法》第十一条的规定："实施承接查验的物业，应当具备以下条件：（一）建设工程竣工验收合格，取得规划、消防、环保等主管部门出具的认可或者准许使用文件，并经建设行政主管部门备案……"第三十九条的规定："物业服务企业擅自承接未经查验的物业，因物业共用部位、共用设施设备缺陷给业主造成损害的，物业服务企业应当承担相应的赔偿责任"，因此物业服务企业在入驻新的物业服务区域之前，应注意对相关消防验收文件进行查验核实，否则可能因为物业承接查验的问题承担相应责任。其次，对消防设施进行维护和管理是物业服务企业的法定义务，根据《中华人民共和国消防法》第十八条第二款的规定，住宅区的物业服务企业应当对管理区域内的共用消防设施进行维护管理，提供消防安全防范服务，同时基于与业主物业服务合同关系，物业管理公司对业主的人身和财产安全也应尽到安全保障义务，做好消防方面的安全防范工作。

综上，物业服务企业在消防方面的义务体现在三个方面：（1）物业服务企业入驻新的物业时，必须加强对消防文件的查验工作，降低法律风险；（2）物业服务企业应注意及时对物业服务区域的消防设施进行养护和维修，并加强消防检查工作，及时发现消防设施、设备及其他公共场所存在的问题，对火灾隐患进行及时排除；（3）发生火灾等安全事故时，物业服务企业应及时采取应急措施的，做好救助工作，同时应当及时向有关行政管理部门报告，尽到及时通知的义务。

2.9 消防设施保修案中举证责任如何承担

【案情介绍】

2009年××置业公司开发××商务广场项目，对外广告为精装潢酒店式公寓。2010年12月28日开始交房，2011年6月18日办理竣工验收备案，2013年3月A区业主成立业主大会并选举产生业主委员会，随后业委会以小区消防设施不合格、不完整为由，起诉至人民法院，请求判令：交付消防验收报告、恢复消防通道、修缮消防设施等。

原告A区业委会为证明其主张提供证据包括：（1）2010年5月28日泰州市公安消防支队“关于江苏××置业有限公司一期配套建设工程A、B区土建消防验收合格的意见”的《建设工程消防验收意见书》各1份，证明涉案项目存在需要整改的消防问题；（2）××商务广场A区地下室的消防设施、设备和安全出口、消防通道照片29张，证明相关消防设施已损坏的事实；（3）2013年6月26日靖江市某物业管理有限公司统计清单1份，证明消防应急设备损坏缺失情况；（4）《住宅质量保证书》和《住宅使用说明书》各1份，证明自动消防设施、设备保修期限按酒店式公寓工程合理使用年限为40年。

被告××置业公司抗辩称其无需承担任何责任，为证明其主张提供下列证据：（1）2008年11月18日××置业公司与××安装有限公司签订的消防《合同文件》及附件房屋建设工程房屋质量保修书各1份，证明消防设施、设备约定保修期为两年，即从2010年5月28日消防验收意见书起算到2012年5月28日保修期届满；（2）2009年4月21日××置业公司与××装饰工程有限公司签订的广场幕墙工程《建设工程施工合同》及附件工程质量保修书各1份、2010年6月幕墙工程质量验收报告1份，证明幕墙约定保修期为一年，从2010年3月31日工程实际竣工之日或验收日期起算；（3）2011年6月18日靖江市住房和城乡建设局同意××商务广场项目竣工验收备案意见。

【焦点问题】

A区业委会是否已提供充分证据证明××置业公司负有修缮、新建消防设施的法律责任?

【法院判决】

一审法院认为:第一,建设主管部门根据××置业公司提交的备案资料办理了××商务广场A区建筑工程竣工验收备案,A区业委会主张××置业公司未落实整改,没有提供证据,应认定××置业公司完成整改消防存在的问题。

第二,关于消防设施、设备缺失、损坏事宜。根据××置业公司提供的证据显示消防工程已消防验收合格,其后××置业公司陆续交付商品房,消防设施、设备作为共用设施、设备的所有权转移归业主共有,根据《江苏省消防条例》的规定,保修期内维修费用由建设单位承担,保修期满后的维修、更新和改造费用,可以纳入共用设施设备专项维修资金开支范围,由于A区业委会起诉时已经超过建设单位承担的二年保修期间,A区业委会也无证据证明××置业公司在交接消防设施、设备时即有损坏、缺失现象,或者××置业公司其他侵权行为造成,也不能排除他人损害、使用不当等诸多可能性,故A区业委会要求××置业公司维修、更换和添置损坏缺失的消防设施、设备,不予支持。

第三,A区业委会并无证据证明××商务广场被封闭的地下安全出口系××置业公司所为,且××置业公司已经移交商品房,不具有管理义务,A区业委会要求××置业公司排除封闭妨害缺乏依据。

综上,一审法院驳回了业委会的全部诉讼请求。

二审法院认为一审法院认定事实清楚,适用法律正确,依法维持了一审判决。

法条链接

《中华人民共和国物权法》

第七十二条 业主对建筑物专有部分以外的共有部分,享有权利,承担义务;不得以放弃权利不履行义务。

业主转让建筑物内的住宅、经营性用房,其对共有部分享有的共有和共同管理的权利一并转让。

《建设工程质量管理条例》

第四十一条　建设工程在保修范围和保修期限内发生质量问题的，施工单位应当履行保修义务，并对造成的损失承担赔偿责任。

《物业管理条例》

第三十一条　建设单位应当按照国家规定的保修期限和保修范围，承担物业的保修责任。

《最高人民法院关于民事诉讼证据的若干规定》

第二条　当事人对自己提出的诉讼请求所依据的事实或者反驳对方诉讼请求所依据的事实有责任提供证据加以证明。

没有证据或者证据不足以证明当事人的事实主张的，由负有举证责任的当事人承担不利后果。

【案例评析】

本案的争议焦点为：A区业委会对于其诉讼请求是否已尽到其证明责任，即证明××置业公司对缺失、损坏的消防设施、设备负有法律责任。结合目前我国建筑物保修制度的相关规定，即《房屋建筑工程质量保修办法》第七条之规定，在正常使用条件下，房屋建筑工程相关设施的最低保修期限为：电气管线、给排水管道、设备安装为2年，装修工程为2年，其他项目的保修期限由建设单位和施工单位约定。房屋建筑工程保修期从工程竣工验收合格之日起计算。本案中A区业委会提交的证据证明小区消防设施于2010年5月28日经验收合格，被告××置业公司提交的消防《合同文件》及附件房屋建设工程房屋质量保修书证明消防设施、设备约定保修期为两年，即从2010年5月28日消防验收意见书起算到2012年5月28日保修期届满，据此，在A区业委会提出权利主张时，已经超过了保修期限，A区业委会主张××置业公司承担法律责任应当举证证明××置业公司在设施交接时保修期内消防设施、设备处于缺失、损毁的状态，本案中A区业委会未能举证证明其主张，因此一审、二审法院驳回其诉讼请求并无不当。

经对本案业主委员会诉求、证据组织及法院的判决综合分析可以发现，当事人提出诉讼请求应就其诉讼请求所依据的事实承担举证责任，否则应当承担不利法律后果，因此小区物业服务企业或业委会在履职过程中，要重视工作记录及工作内容的保全工作，尤其文件交接时应该作相应的记录，本案中A区业委会之所以会败诉，主要是未能举证证明在保修期内上述消防设施、设备不完整或已损毁，在保修期满后再向建设单位主张法律责任于法无据。

2.10 车位承租人是否对车位有优先购买权

【案情介绍】

2005年1月8日，唐某、杨某与开发商房地产公司A签订房屋买卖合同，购买了位于成都某区小区商品房一套，毛某同系该小区业主。物业服务企业A为小区前期物业服务企业。房地产公司A与物业服务企业A签订小区地下车位经营管理协议，委托物业服务企业A统一经营管理该小区地下车位。2008年起物业服务企业A将B16号车位出租给唐某、杨某使用，双方未签订书面租赁合同，唐某、杨某按月或按季度在交纳车位租赁费。唐某、杨某租用车位为固定车位B16号，毛某租用车位为固定车位B67号。2011年10月24日，毛某将车辆停放在B16号车位，并表示其已购买了B16号车位，并出示了其与房地产公司A之间签订的B16号车位的买卖合同，要求在唐某、杨某租赁期届满后不能将车停放在该车位，遂与唐某、杨某发生争议。后唐某、杨某诉至法院要求确认其对位于小区的B16号车位享有同等条件下的优先购买权，并确认房地产公司A与毛某所签的小区B16号车位的买卖合同无效。

【焦点问题】

1. 唐某、杨某对诉争车位是否有优先购买权？
2. 房地产公司A与毛某所签的车位买卖合同是否有效？

【法院判决】

一审法院认为：根据《中华人民共和国合同法》第二百一十五条、第二百三十六条之规定，从唐某、杨某使用B16号车位的时间、租金交纳方式可以认定唐某、杨某与房地产公司A之间系不定期租赁关系。房地产公司A在出卖车位时应在合理期限内，通过明确有效的方式告知唐某、杨某，只要其未做出放弃优先购买权的表示，房地产公司A就不得在这个期限内出卖给毛某，故唐某、杨某对于小区B16号车位享有同等条件下优先购买权。但房地产公司A与毛某所签的车位买卖合同无效的诉讼请求与本案并非同一法律关系，不予处理。判决确认唐某、杨某对于小区地下停车场B16号车位享有同等条件下的优先购买权。

二审法院认定：唐某、杨某与房地产公司A之间形成了不定期租赁合同关系。但因毛某与房地产公司A于2011年10月24日签订《商品房买卖合同》，购买本案诉争车位，支付了价款128000元，并于2012年12月27日取得了诉争车位的产权证书，毛某按公开市场价格购买了诉争车位，并办理了权属登记，已经符合司法解释中承租人优先购买权的限制情形，故唐某、杨某主张对位于小区B16号车位享有同等条件下优先购买权的诉讼请求于法无据，不予支持。关于买卖合同效力的问题，本案现有证据不能证明该合同存在《中华人民共和国合同法》第五十二条规定的无效情形，且根据最高人民法院《关于审理城镇房屋租赁合同纠纷案件具体应用法律若干问题的解释》第二十一条的规定，唐某、杨某要求确认房地产公司A与毛某签订的诉争车位买卖合同无效的诉讼请求于法无据，二审撤销原判，驳回唐某、杨某的诉讼请求。

法条链接

《中华人民共和国合同法》

第五十二条　有下列情形之一的，合同无效：

（一）一方以欺诈、胁迫的手段订立合同，损害国家利益；

（二）恶意串通，损害国家、集体或者第三人利益；

（三）以合法形式掩盖非法目的；

（四）损害社会公共利益；

（五）违反法律、行政法规的强制性规定。

第二百一十五条　租赁期限6个月以上的，应当采用书面形式。当事人未采用书面形式的，视为不定期租赁。

第二百三十条　出租人出卖租赁房屋的，应当在出卖之前的合理期限内通知承租人，承租人享有以同等条件优先购买的权利。

第二百三十六条　租赁期间届满，承租人继续使用租赁物，出租人没有提出异议的，原租赁合同继续有效，但租赁期限为不定期。

《中华人民共和国民法通则》

第六十五条 第二款书面委托代理的授权委托书应当载明代理人的姓名或者名称、代理事项、权限和期间，并由委托人签名或者盖章。

《最高人民法院关于审理城镇房屋租赁合同纠纷案件具体应用法律若干问题的解释》

第二十一条 出租人出卖租赁房屋未在合理期限内通知承租人或者存在其他侵害承租人优先购买权情形，承租人请求出租人承担赔偿责任的，人民法院应予支持。但请求确认出租人与第三人签订的房屋买卖合同无效的，人民法院不予支持。

第二十四条 具有下列情形之一，承租人主张优先购买房屋的，人民法院不予支持：

（一）房屋共有人行使优先购买权的；

（二）出租人将房屋出卖给近亲属，包括配偶、父母、子女、兄弟姐妹、祖父母、外祖父母、孙子女、外孙子女的；

（三）出租人履行通知义务后，承租人在十五日内未明确表示购买的；

（四）第三人善意购买租赁房屋并已经办理登记手续的。

【案例评析】

优先购买权又称先买权，是指特定人依照法律规定或合同约定，在出卖人出卖标的物于第三人时，享有的在同等条件优先于第三人购买的权利。我国民法上规定了租赁合同关系中承租人的优先购买权、不动产按份共有人的优先购买权、有限责任公司股东之间的优先购买权等法定类别。

本案所称优先购买权指的是租赁合同关系中的优先购买权。合同法第二百三十条确认了承租人的优先购买权。根据该规定，开发商在出售或出租车位、车库时负有提前告知义务，如在这段时间内，业主主张优先权应当予以支持，故一审法院以此为由支持徐某诉求。

对于违反车位承租人优先购买权的买卖合同效力的问题，参照1988年出台的最高人民法院《关于贯彻执行〈中华人民共和国民法通则〉若干问题的意见（试行）》第118条规定：出租人出卖出租房屋，应提前3个月通知承租人。承租人在同等条件下，享有优先购买权；出租人未按此规定出卖房屋的，承租人可以请求人民法院宣告该房屋买卖无效。也就是说，原来的司法实践中，侵犯承租人优先购买权的买卖合同一般被认定为无效。但最高人民法院于2008年12月18日公布的《关于废止2007年底以前发布的有关司法解释（第七批）的决定》中，以最高人民法院《关于贯彻执行〈中华人民共和国民法通则〉若干问题的意见（试行）》第118条与物权法相冲突为由，已将其予以废止。同时2009年出台的最高人民法院《关于审理城镇房屋租赁合同纠纷案件具体应用法律若干问题的解释》第二十一条规定："出租人出卖租赁房屋未在合理期限内通知承租人或者存在其他侵害承租人优先购买权情形，承租人请求出租人承担赔偿责任的，人民法院应予支持。但请求确认出租人与第三人签订的房屋买卖合同无效的，人民法院不予支持。"可见，自从2008年最高人民法院《关于贯彻执行〈中华人民共和国民法通则〉若干问题的意见（试行）》第118条被宣布废止以后，司法实践中法院对于侵犯承租人优先购买权的买卖合同一般不再认定为无效。同时最高人民法院《关于审理城镇房屋租赁合同纠纷案件具体应用法律若干问题的解释》第二十四条亦规定了第三人的善意取得制度，本案中业主实际上于二审判决之前将车库过户，二审法院根据该司法解释进行了改判，一方面表明2007年以后《物权法》颁布以后，法院对于物权法定原则的适用，即在法律未规定承租人的优先购买权为物权的情形下，该权利不应认定为物权，承租人优先购买权应为债权，不具有对抗第三人的效力；另一方面也体现出法院对于市场交易秩序稳定方面的考虑。

作为物业服务企业来说，对于此类争议问题，在对车位进行管理过程中，注意明确车位的合法产权人，确定管理对象，并注意对合法产权人的利益保护，避免因为租赁车位的优先购买权纠纷问题而承担相关法律责任。

2.11 大暴雨致车库被淹，物业服务企业能否以不可抗力为由免责

【案情介绍】

胥某系某小型轿车的车主，居住在武汉市某小区。某房地产公司为小区的建设单位。某物业服务企业系由某小区业主委员会聘请，为该小区提供物业管理服务。胥某向某物业服务企业支付了2012年8月1日～2013年10月31日期间机动车车位租金、泊车服务费，但未与某物业服务企业、某房产公司签订书面车位租用协议和泊车服务协议。2013年7月6日，胥某将其轿车停放在某小区地下车库的停车位上。当天夜晚，武汉市发生大暴雨天气，该小区因雨量过大而发生地面积水向小区地下车库倒灌现象。某物

业服务企业采取了沙袋堵水等措施，但未及时通知车主车库积水情况。该小区地下车库内因积水不能及时排出，胥某的轿车因泡水受损，用去拖车费及清晒费1100元、修理费53840元。2013年7月底，某物业服务企业退出某小区，不再为该小区提供物业管理服务。

在损失发生后，双方就赔偿事宜未能协商一致，故胥某诉至一审法院，请求某物业服务企业、某房产公司连带赔偿机动车停泊被淹后的牵拖费1100元、车辆维修费53840元、应退泊车租用费816元、应退泊车服务费320元，共计56076元。

胥某提交了拖车费及清晒费收据、汽车维修费手填发票、维修费结算等证据。

【焦点问题】

1. 大暴雨导致业主车辆受损，物业服务企业该承担何种法律责任？
2. 极端天气是否构成不可抗力？

【法院判决】

一审法院认定：（1）关于本案中大暴雨是否构成不可抗力的问题。虽然本案中2013年7月6日夜晚发生大暴雨，但并不构成法律上的不可抗力情形。（2）本案的法律关系问题。胥某与某房产公司之间成立事实上的车位租赁合同，与某物业服务企业间成立事实上的泊车服务合同。某物业服务企业未能及时采取免灾的预防措施或通知业主迁车避险等避险措施，造成胥某财产损失，故某物业服务企业应向胥某承担一定的赔偿责任。胥某作为车主，其对于自有车辆负有保管责任的主要义务，也应注意自然天气可能对自己财物的影响，其自身对于车辆受损存有重大过错。综合案情，一审法院酌定某物业服务企业对胥某的损失承担20%的赔偿责任。因某房产公司作为开发单位，其虽然提供车位，但并不对地下车库进行控制和管理，因此对胥某要求某房产公司赔偿的诉讼请求，一审法院不予支持。（3）胥某的损失问题。根据胥某提交的车辆维修清单和票据，其损失为54940元（维修费53840元+拖车及清晒费1100元）。判决某物业管理有限公司向胥某赔偿10988元。

二审法院判决驳回上诉，维持原判。

法条链接

《中华人民共和国合同法》

第一百二十二条　因当事人一方的违约行为，侵害对方人身、财产权益的，受损害方有权选择依照本法要求其承担违约责任或者依照其他法律要求其承担侵权责任。

第二百一十六条　出租人应当按照约定将租赁物交付承租人，并在租赁期间保持租赁物符合约定的用途。

《中华人民共和国侵权责任法》

第六条　行为人因过错侵害他人民事权益，应当承担侵权责任。

根据法律规定推定行为人有过错，行为人不能证明自己没有过错的，应当承担侵权责任。

第十五条　承担侵权责任的方式主要有：

（一）停止侵害；

（二）排除妨碍；

（三）消除危险；

（四）返还财产；

（五）恢复原状；

（六）赔偿损失；

（七）赔礼道歉；

（八）消除影响、恢复名誉。

以上承担侵权责任的方式，可以单独适用，也可以合并适用。

第十九条　侵害他人财产的，财产损失按照损失发生时的市场价格或者其他方式计算。

《中华人民共和国民事诉讼法》

第六十四条　第一款当事人对自己提出的主张，有责任提供证据。

第一百四十二条　法庭辩论终结，应当依法作出判决。判决前能够调解的，还可以进行调解，调解不成的，应当及时判决。

【案例评析】

不可抗力是指不能预见、不能避免并不能克服的客观情况。不可抗力具有不可预见性、不可避免性、不可克服性、履行期间性四个要件，缺一不可。根据《中华人民共和国民法通则》第一百五十三条及《中华人民共和国合同法》第一百一十七条第二款的规定，以及各国民法上通行的规定，不可抗力主要分为三类：（1）自然灾害，如地震、洪水等；（2）政府行为，如政府干预、禁令等；（3）社会异常事件，如战争、骚乱等。在我国司法实践中，特大暴雨一般并不被认为具备不可预见性，比如本案中二审法院的认定："夏季暴雨导致雨水倒灌进入地下车库的情况并非首次发生"，也就是说，本案中的天气灾害情形，并非属于法定不可抗力的范围，物业服务企业不能以不可抗力免责。

从目前的司法实践来看，不可抗力有严格的适用条件，物业服务企业在物业管理过程中，发生暴雨、火灾等导致业主财产受损的情形，物业服务企业作为管理人，一般很难免除其赔偿责任。但对于责任划分比例的问题上，一般法院会根据物业服务企业在安全保障方面履行相关义务的程度，来确定物业服务企业应当承担的责任。因此作为物业服务企业一方面需在安全设施的维护方面（比如地下车库的排水设施完善）投入更多成本，发生事故时需及时履行通知义务，并及时采取避险措施；另一方面需在物业服务合同中，关于地下车库中的车辆管理事项，对相关的风险责任条款进行更为明确的约定，并以此作为车辆管理的重要依据，有效降低法律风险。

第3章

房屋及设施设备维护管理篇

本章综述

房屋和设施设备管理服务是物业管理的重要组成部分，主要包括物业项目房屋及配套设施设备的维修保养，以及对于房屋和设施设备技术档案资料的管理等。房屋和设施设备管理是一个技术含量较高的工作板块，也是风险较大的工作内容，在物业管理服务作业中，极易因为操作不慎或工作某个环节的疏忽，导致他人的人身和财产的损失，给物业企业带来究责风险。由此，本章从电梯作业、房屋渗漏水、道路设施破损、发生火灾紧急避险等方面筛选一些具代表性的案例，通过案例的分析和法条的链接，让我们做到如何“防患于未然”，在发生意外事件或事故时，如何合理的应对和妥善的处理，从而有效降低企业管理风险。

3.1 地下车位、消防通道被改造，业主如何维权

【案情介绍】

上海A地产置业有限公司（以下简称“A地产”）是“××花苑”项目的开发商。2001年9月，A地产与广州市好××百货商业广场有限公司（以下简称“好××公司”）签订租赁协议，将××花苑地下停车库和地上商业用房出租给好××公司。合同在“租赁房屋配套要求”一节，特别约定A地产交付的房屋，须符合好××公司要求，对房屋进行全面加固和补强等。A地产按照好××公司的要求，对地下停车库和消防通道进行改造，安装超市自动扶梯并加建通信机房，致使停车位比竣工验收设计图中设计的停车位减少近10个。2003年2月，A地产取得××花苑地下停车库和地上商业用房的产权。2003年9月，A地产与好××公司签订补充协议，确认租赁合同项下好××公司的权利义务由上海S百货商业有限公司（以下简称“S百货”）承继。2005年9月。A地产将上述房地产权利登记至被告上海B有限公司（以下简称“B集团”）名下。2005年7月，上海市黄浦区××花苑业主大会（以下简称“H业主大会”）经黄浦区房屋土地管理局备案成立。H业主大会成立后，未与B集团、A地产、S百货及好××公司就各业主之间如何使用停车位进行过协商，认为A地产、B集团、S百货及好××公司改变车库用

途和消防通道通行方式的行为，严重影响小区业主车辆停放，造成小区安全隐患，故诉请法院判令A地产、B集团、S百货及好××公司按照竣工图恢复停车位和消防通道。

【焦点问题】

1. 在何种情况下可以对建筑物区分所有权人的行为进行限制？

2. 本案中业主大会是否有权要求A地产、B集团、S百货及好又多按照竣工图恢复停车位和消防通道？

【法院判决】

一审法院认为，业主对其建筑物专有部分享有占有、使用、收益和处分的权利。业主行使权利不得危及建筑物的安全，不得损害其他业主的合法权利。A地产将该地下车库出租给被告好××公司、被告S百货和将房地产权利转让给B集团，符合法律规定。由于A地产所建造的房屋设计标准，不符合好××公司开设大型超市的使用要求。双方在签订《商业房屋租赁合同》时，约定出租方须对原有房屋进行全面的结构加固和补强。该结构加固和补强工程占用了原××花苑地下车库交通设施设计方案中的停车位，导致停车位减少近10个。A地产对上述经规划审批和竣工验收的内容的改变，形式上看系对其专有部分进行改造，目的为达到符合承租方的使用要求。但地下车库为小区规划配套设施之一，属于建筑区划内按规划要求配置的停放机动车的车库。《物权法》第74条第1款对此已有规定：建筑区划内，规划用于停放汽车的车位、车库应当首先满足业主的需要。该规定决定了车位的设置本质上是小区整体环境内容的组成部分，属服务于整个小区业主居住便利而建造的公共配套设施，故必须保障设置规定数量的停车设施。虽然H业主大会，未与B集团、A地产、S百货及好××公司就停车位使用数量和部位有过协商，但作为房屋权利人和承租人无权擅自改作他用，挤占规划设置规定数量的停车位。据此，对H业主大会要求B集团、A地产、S百货及好××公司按经竣工验收的××花苑一期《地下室平面图》恢复停车位之诉请，法院予以支持，同理，系争议的消防通道，作为该地下停车库必备的安全疏散通道，其虽包含在A地产（B集团）建筑物专有部分之中，但仍未改变其作为该幢建筑物附属建筑物共有特征。作为房屋权利人或承租人，有义务保证该消防通道畅通。根据小区总平面图可见，该小区由多幢高层建筑构成，且有多处通道与地下停车库相连通，而该消防通道系唯一与一层地面通道相连通的消防通道。由于现状已改变了该消防通道通行方式，一旦发生火警，客观上将延缓人员逃离时间，确实存在消防隐患。对H业主大会要求B集团、A地产、S百货、好××公司按经竣工验收的××花苑一期《地下室平面图》恢复消防通道之诉请，法院予以支持。实施恢复停车位、消防通道所发生的费用，应由A地产、B集团、好××公司、S百货共同承担；对于以上的费用的分摊，可依据当事人间的合同协商解决，协商不成可另行主张权利。综上，依照《中华人民共和国民法通则》第一百三十四条第一款第（二）项、《中华人民共和国物权法》第七十一条、第七十四条第一款、第二款之规定，判决如下：上海A有限公司、上海A地产置业有限公司、广州市好××百货商业广场有限公司、上海S百货商业有限公司成于本判决生效之日起六十日内按××花苑一期《地下室平面图》恢复七单元处的停车位和消防通道。

二审法院经审理认定原审法院确认的事实属实，并认为，作为建筑物专有部分的权利人，业主负担不得损害其他业主合法权益的义务。业主专有部分所有权的行使，又要受到其他建筑物专有部分所有人的制约。否则，其他业主可要求其停止侵害、排除妨碍、恢复原状、赔偿损失。A地产作为地下停车库的产权人（后将房地产权利转让给B集团），其将该地下车库出租给好××公司、S百货双方在《商业房屋租赁合同》中约定，出租方须对原有房屋进行全面的结构加固和补强，双方对该约定的履行导致目前现状与经竣工验收的××花苑一期《地下室平面图》、《七单元底板结构平面图》有所改变，与原设计减少近10个停车位，改变了规划设置规定数量的停车位，致使小区业主居住便利受到影响，同时，目前现状也改变了消防通道通行方式，对小区业主安全确实存在隐患。原审法院对H业主大会要求A地产、B集团、好××公司、S百货按经竣工验收的××花苑一期《地下室平面图》恢复消防通道之诉请予以支持，并无不当，实施恢复停车位、消防通道所发生的费用，应由A地产、B集团、好××公司、S百货共同承担。依照《中华人民共和国民事诉讼法》第一百五十三条第一款第（一）项之规定，判决：驳回上诉，维持原判。

法条链接

《中华人民共和国物权法》

第七十条 业主对建筑物内的住宅、经营性用房等专有部分享有所有权，对专有部分以外的共有部分享有共有和共同管理的权利。

第七十一条 业主对其建筑物专有部分享有占有、使用、收益和处分的权利。业主行使权利不得危及建筑物的安全，不得损害其他业主的合法权益。

第七十二条 业主对建筑物专有部分以外的共有部分，享有权利，承担义务；不得以放弃权利不履行义务。

业主转让建筑物内的住宅、经营性用房，其对共有部分享有的共有和共同管理的权利一并转让。

第七十三条 建筑区划内的道路，属于业主共有，但属于城镇公共道路的除外。建筑区划内的绿地，属于业主共有，但属于城镇公共绿地或者明示属于个人的除外。建筑区划内的其他公共场所、公用设施和物业服务用房，属于业主共有。

第八十三条 业主应当遵守法律、法规以及管理规约。

业主大会和业主委员会，对任意弃置垃圾、排放污染物或者噪声、违反规定饲养动物、违章搭建、侵占通道、拒付物业费等损害他人合法权益的行为，有权依照法律、法规以及管理规约，要求行为人停止侵害、消除危险、排除妨害、赔偿损失。业主对侵害自己合法权益的行为，可以依法向人民法院提起诉讼。

【案例评析】

本案具有比较典型的特点，可从两个方面对本案进行更深一步的评析：

1. 专有部分权利人使用权的限制

区分所有相邻关系在内容上，包括两个方面：（1）对专有部分的使用而产生的相邻使用关系。各区分所有人的专有部分之间以及专有部分与共有部分之间紧密相连，无法分割。这些特点决定了区分所有人在维护或者改良自己的专有部分或者共有部分时，必然要使用其他所有人的专有部分或者共有部分。基于此，区分所有人可以在必要限度内，请求使用其他区分所有人的专有部分或者非由自己占有使用的其他共有部分，被请求人没有正当理由不得拒绝。（2）对全体区分所有人共同利益的维护。区分所有建筑物的各专有部分在构造上相互关联，物理上相互连接，形成密切的立体的相邻关系，业主对自己所属专有部分的使用、收益或处分应受彼此间强力的约束，必须要考虑到全体业主的共同利益。业主应按照建筑物的使用目的或规约使用专有部分并负有维护建筑物牢固和完整的义务，不得损害或随意改变建筑物的结构，即使形式上属于行使其专有部分所有权权能的行为，也不被允许。

2. 全体业主“共同利益”的判断标准

对“共同利益”的判断标准还没有定论。《物权法》第71条是对区分所有建筑物整体安全利益和全体业主共同利益的规定。该条是对区分所有相邻关系特有的“共同利益”的概括性表述，并突出了对建筑物整体安全利益的关注。本案中，A地产为满足承租方好××公司的经营要求，擅自对其专有部分进行改造的行为，应认定为对

《物权法》第71条的违反。一方面，四被告对地下停车库和消防通道进行了改造，改变了建筑物原有的规划设计，对建筑物的整体安全造成潜在威胁；另一方面，虽然四被告与其他业主之间就车位的使用没有特别约定，但该案中争议的车位在空闲时由其他业主使用，四被告也默认了这种行为，车位的变动对其他业主的使用造成了影响。基于区分所有相邻关系对专有部分的使用限制，因此，最终法院判决四被告将变动部分恢复原状。

3.2 业主私自占有使用建筑物公共部分，共有权人怎样维权

【案情介绍】

马某某是佛山市禅城区××花园湖晖楼26楼A房权属人，系2008年2月通过二手房交易购买所得，建筑面积为119.66m^2，其中含公共分摊面积18.03m^2。洪某某、李某系佛山市禅城区××花园湖晖楼27楼B房权属人，系2000年7月向S公司购买所得，建筑面积118.75m^2，其中套内建筑面积97.13m^2、阳台建筑面积4.38m^2、公用分摊建筑面积17.24m^2。

湖晖楼内部结构为：2部电梯、2个人行楼梯，每层有A、B、C、D、E、F6个单元。其中A、F单元为26层，其他单元为32层。A、B单元左右相邻。马某某所有的26楼A 房系顶楼，上为屋顶天台。洪某某、李某所有的27楼B房外有一走廊与屋顶天台相通。洪某某、李某的“房地产权证”中房屋平面图上载明，该走廊为公用走道。

2000年6月30日洪某某、李某与S公司签订“商品房购销合同”一份，约定洪某某、李某向S公司购买湖晖楼27楼B房，建筑面积共114.37m^2；按实得建筑面积计算，该商品房总金额为360000元等。S公司在合同附件27楼B房平面图上的26楼A房上的屋顶天台处注明“27B单位专用平台”，并注明洪某某、李某对该天台有使用权，洪某某、李某有责任维护、保养天台。合同签订当日，洪某某、李某向S公司支付360000元购房款。

洪某某、李某收楼后，将原设的自有房屋大门封闭，将门口向北移至与屋顶天台门口相接处，将走廊与天台间原设门口向走廊内斜向移动至二人新设自有房屋大门口外，并安装防盗门，将部分走廊面积及屋顶天台封闭，独自占有、使用。同时，洪某某、李某在屋顶天台与走廊及27楼B房相连接处自建房屋一间，并进行了装修装饰；在屋顶天台其余部位中央设有一水泥构架，周围种植花草、树木；在马某某卧室上方建

鱼池一个，内设假山，并安装有水泵、供氧机。

2009年2月23日佛山市禅城区城市管理行政执法局以禅执石处字（2009）37号行政处罚决定书认定：洪某某、李某在未取得“建设工程规划许可证”的情况下，于2001年～2007年间在佛山市禅城区××花园湖晖楼27B房东侧公共平台上擅自实施建设行为。截至2008年12月3日经我局勘验确认，该工程为搭建一铁架简易结构棚屋，建筑面积18.85m^2，工程已完工……当事人的上述行为违反《中华人民共和国城乡规划法》第四十条第一款的规定，属于违法建设的行为……依据《中华人民共和国城乡规划法》第六十四条的规定，决定如下：限当事人在行政处罚决定书送达之日起25日内无条件自行拆除上述违法搭建的棚屋。因洪某某、李某拒收，佛山市禅城区城市管理行政执法局于2009年2月20日留置送达该行政处罚决定书于洪某某、李某住处。

马某某认为，洪某某、李某每日使用水泵及鱼池内假山跌宕流水声产生噪声，对睡眠有一定影响；树木花草招引飞虫蚂蚁，刮风下雨时天台上的枯枝败叶偶有随风飘入自己家中现象，对生活造成了一定影响，并且双方一直未就解决事宜达成一致，马某某遂将洪某某、李某诉至法院。

【焦点问题】

1. 洪某某、李某对涉案天台专有使用及占有27楼B房前走廊部分面积是否侵犯了其他业主的共有权？

2. 马某某作为相邻业主要求洪某某、李某停止侵害、恢复原状应否支持？

3. 关于涉案天台与走廊的性质与权属问题如何判定？

【法院判决】

一审法院经审理认为：业主对建筑物内的住宅、经营性用房等专有部分享有所有权，对专有部分以外的共有部分享有共有和共同管理的权利。专有部分其意是指构造上能够明确区分，具有排他性且可独立使用的作为区分所有权之标的的建筑物部分。其所具备的三个要件：一是构造上的独立性；二是使用上的独立性；三是通过登记予以公示并表现出法律上的独立性。洪某某、李某的产权证面积内不包含诉争天台；其在购买27楼B房时虽开发商将该诉争天台约定给洪某某、李某专有使用，但诉讼中洪某某、李某亦未能举证证明该屋顶平台规划上即专属于27楼B房或洪某某、李某专有使用已经过全体共有权人同意；且屋顶平台从其物理属性上属于建筑物的基本结构，功能用途上具有公共性、非排他使用性。因此诉争天台属于建筑物共用部分。洪某某、李某与开发商间关于专有使用诉争天台的约定违法。27楼B 房前走廊在洪某某、李某产权证上明确载明为公用走廊，故其亦属于建筑物共用部分。《物权法》第九十五条规定：共同共有人对共有的不动产或者动产共同享有所有权。即共同共有人对共有财产平等地、不分份额地享有占有、使用、收益和处分权。任何一个共有人对共有财产都不享有超过其他共有人的权利。据此，马某某作为湖晖楼业主之一，对该共用部分享有共有权利，洪某某、李某将诉争天台封闭、独占使用及占用部分公用走廊面积侵害了马某某在内的众共有人的共有权，马某某要求停止侵害、拆除水泥构架及鱼池和铲除花草树木、恢复公用走廊及诉争天台原状，予以支持。依照相关法律规定，判决洪某某、李某于判决发生法律效力之日起10日内，停止占用佛山市禅城区××花园湖晖楼26楼A房屋顶天台及27楼B房前公用走廊行为，并于判决发生法律效力之日起10日内恢复佛山市禅城区××花园湖晖楼27楼B房前公用走廊原状；洪某某、李某于判决发生法律效力之日起10日内恢复佛山市禅城区××花园湖晖楼26楼A房屋顶天台除搭建的18.85m^2棚屋之外的部位的天台原状。

二审法院经审理认为：专有部分是指构造上能够明确区分，具有排他性且可独立使用的作为区分所有权之标的的建筑物部分。共有部分一般包括建筑物的基本构造部分、建筑物的共有部分及附属物、仅为部分区分所有人所共有的共有部分等。本案中，洪某某、李某共有的湖晖楼27B 房地产权证上明确载明诉争走廊为公用分摊建筑面积组成部分，故诉争走廊应属于建筑物公用部分。至于诉争天台，湖晖楼27B产权证面积内不包含诉争天台，且天台属于建筑物的基本构造部分，具有公共性及非排他性，并不具备专有部分的构成要件，因此，诉争天台应属于建筑物的共用部分。虽然洪某某、李某与开发商签订合同时已明确约定诉争天台为27楼B单位的专用平台，但无法证明诉争天台在规划上专属于27楼B房或经法定数量的共有权人同意其专有使用，故基于诉争天台为建筑物共用部分的性质，洪某某、李某以上述约定不能对抗依照法律规定其他业主在诉争天台所享有的合法权益。本案中，虽然洪某某、李某作为业主对诉争天台及走廊亦享有使用权，但该使用权的行使并不具排他性，应是指一般情况的正常使用，不能因自身的使用而排除、妨碍其他业主的正常使用，否则构成侵权并承担相应责任。现洪某某、李某对诉争天台独占使用及占有部分公用走廊面积，明显侵犯了包括马某某在内的其他业主的共有权，损害了他人的合法权益，故维持原审判决判令洪某某、李某停止占有诉争天台及走廊并对相关部分恢复原状，以达到消除妨碍其他业主正常使用的效果。

法条链接

《中华人民共和国物权法》

第七十条 业主对建筑物内的住宅、经营性用房等专有部分享有所有权，对专有部分以外的共有部分享有共有和共同管理的权利。

第八十条 建筑物及其附属设施的费用分摊、收益分配等事项，有约定的，按照约定；没有约定或者约定不明确的，按照业主专有部分占建筑物总面积的比例确定。

第八十三条 业主应当遵守法律、法规以及管理规约。

业主大会和业主委员会，对任意弃置垃圾、排放污染物或者噪声、违反规定饲养动物、违章搭建、侵占通道、拒付物业费等损害他人合法权益的行为，有权依照法律、法规以及管理规约，要求行为人停止侵害、消除危险、排除妨害、赔偿损失。业主对侵害自己合法权益的行为，可以依法向人民法院提起诉讼。

第八十四条 不动产的相邻权利人应当按照有利生产、方便生活、团结互助、公平合理的原则，正确处理相邻关系。

【案例评析】

近年来，随着经济的发展，人们对居住要求的提高，房地产交易日益频繁。实践中，房地产开发商出售房屋时，有时会出现诸如“赠送露台、花园”等销售承诺，购买者往往只关注专有部分的权益，对共有部分或缺乏约定，或者忽略其存在，对所谓的赠送部分是否列入房屋产权面积缺乏足够的注意。因此，造成了共有部分和专有部分模糊，被开发商任意处置，致使造成大量纠纷。

本案中，争议的焦点问题事实上就是物权中的建筑物区分所有权。《中华人民共和国物权法》实施后，对建筑物区分所有权进行了规定，本案中的天台和走廊应为业主的共有部分，具有公共性及非排他性，任何业主均不能独占使用。

洪某某、李某作为该小区的业主之一有权对上述天台和走廊进行合理使用，但应是一般情况的正常使用，不能因自身的使用而排除、妨碍其他业主的正常使用，其对天台进行封闭，设置为“私家花园”，从而独占使用及占有部分共用走廊的行为，明显侵犯了包括马某某在内的其他业主的共有权，损害了他人的合法权益。为了恢复天台和走廊具备的公共消防等功能，一、二审法院判令洪某某、李某停止占有诉争天台及走廊并对相关部分恢复原状的处理结果无疑是正确的。天台、走廊设计的主要功能是作为整幢楼宇的消防使用，这种特殊功能决定了它是整幢楼宇的全体业主共同共有、共同使用，除非在房屋规划时经有关部门审批，或者是经全体业主同意，由部分业主专有。因此，购买商品房的业主需要注意，购房虽然是一种平等、自愿的交易行为，但仍需严格遵守法律规定。对于买顶楼送露台、买底层送花园这种“天上掉下来的大馅饼”的好事，需要尽到足够的审查义务，查清楚商品房规划时是否明确将露台的所有权和使用权附随，商品房划归部分业主专有使用，以及在房屋买卖合同中是否注明露台的产权问题，开发商没有取得露台作为专有部分的规划批准，却在卖房时私自将露台送给业主专有使用的行为因违反法律的强制性规定而无效。消费者在购买房屋时应注意识别开发商名目繁多的销售承诺，审慎地进行交易行为，切实保护好自己的合法权益。

3.3 物业服务企业停水停电，权利人可否索赔

【案情介绍】

深圳市L发展有限公司（以下简称：L公司）系××花园的开发商。2005年开始L公司将××花园项目的住宅及部分商铺出售，剩余14569.47m^{2}商铺自用。2011年8月10日，深圳市F物业发展有限公司（以下简称：F物业服务企业）与××花园第二届业主委员会签订《深圳市物业服务合同》，约定由F物业服务企业向××花园提供物业管理服务。2011年8月16日，F物业服务企业作为物业管理服务单位进驻××花园，但L公司未将自有商铺的物业管理权及小区游泳池移交给F物业服务企业，并且对地下停车场自行管理并收取停车费，双方因此发生纠纷。2012年F物业服务企业起诉L公司，要求L公司支付拖欠的物业管理费、本体维修基金、并移交××花园的停车场、商铺及游泳池的物业管理权。深圳市中级人民法院于2014年5月14日作出（2013）深中法房终字第1126号民事判决，判令L公司支付F物业服务企业14569.47m^{2}自有商铺的物业管理费及本体维修基金（物业管理费按每月4.6元/m^{2}的标准，本体维修基金按每月0.25元/m^{2}的标准，自2011年8月16日起计算至判决生效之日止），并将小区停车场的管理权移交给F物业服务企业。该判决已经发生法律效力。

L公司因自有商铺被停水停电，遂起诉F物业服务企业要求F物业服务企业排除妨

害，恢复××花园商铺的正常水电供给，并赔偿经济损失490万元。

【焦点问题】

1. L公司是否有权以自有商铺未移交物业管理权为由拒交管理费？
2. 物业管理公司何种情况下停止供应水电可以规避法律索赔责任？

【法院判决】

一审法院经审理认为：用水用电是物业所有人或使用人的基本权利，物业所有人或使用人拖欠管理费，物业管理单位可另循法律途径解决，但物业管理单位无权以不供应或切断供水供电的方式要求用户交纳管理费。F物业服务企业对L公司部分自有商铺停水停电，属于侵权行为，应当依法承担侵权责任。F物业服务企业除应停止侵害，恢复涉案商铺的水电供应外，还应对L公司的损失进行赔偿。

L公司诉请的损失主要是指因F物业服务企业停水停电导致其商铺无法出租的损失。但在确定L公司损失时应考虑以下几个因素：（1）L公司是否已将自有商铺出租完成，且L公司诉请F物业服务企业赔偿损失应限于已真实出租的商铺。（2）涉案商铺是否是在出租状态下因F物业服务企业停水停电而导致租赁合同终止，事实上涉案商铺大多处于招租过程中，尽管停水停电必然使其无法出租，但即使未停水停电，L公司商铺能否出租也存在不确定性，因此不应将所有商铺可能获得的租金收益直接等同于F物业服务企业侵权行为造成的损失。（3）虽然F物业服务企业停水停电构成侵权行为，但事情的缘由却是L公司拒交管理费引起，根据已经生效的（2013）深中法房终字第1126号民事判决书，L公司拒交管理费是错误的，L公司对纠纷的产生负有一定责任。（4）对于损害的发生，受损害的当事人也应尽量减少损失的扩大，未尽减损义务的应当对损失的扩大承担责任。F物业服务企业对L公司的部分商铺停电停水是因L公司拖欠管理费所致，而管理费仅为每月租金的10%左右，如L公司宁可商铺无法出租也不交管理费，其对损失的扩大负有责任。综合以上因素，可酌情按照涉案商铺6个月租金的40%来确定F物业服务企业应承担的赔偿金额。故一审法院判决，F物业服务企业恢复L公司自有××花园商铺的供水供电并赔偿L公司损失1823458.24元。

二审法院经审理认为：根据已经生效的（2013）深中法房终字第1126号民事判决书，可以确认L公司存在拖欠F物业服务企业物业管理费的事实。该判决调整的是L公司与F物业服务企业在履行物业管理合同中的民事法律关系，属合同之债；而本案系F物业服务企业因侵犯L公司合法权益而产生的赔偿纠纷，属侵权之债。两者不属于同一法律关系，自无互为前提或减少责任比例的适用余地。况且在上述拖欠物业管理费的合同纠纷中，深圳中院已对F物业服务企业的诉求进行了司法救济，在此情况下，F物业服务企业并无通过擅自控制涉案商铺水、电供应的方式对其物业管理费的追讨实施自力救济的事实基础。国务院《物业管理条例》第四十五条亦规定了物业管理区域内的供水、供电等单位应当向最终用户收取相关费用，物业服务企业仅具有接受委托代收费用的权限，并不具有控制甚至截断用户的水、电供应以救济其管理费权益的权限。故此，即使L公司存在拖欠管理费的违约行为，亦不构成影响F物业服务企业过错程度的法定理由，原审将L公司拒交管理费的情形作为与有过失，并以此为由降低F物业服务企业侵权赔偿比例，没有法律依据。虽然L公司未在F物业服务企业实施侵权行为之初即向其主张权利、对损失的扩大存在一定的过错，但原审已经将侵权时间酌定为6个月，客观上体现了L公司的过失自担的程度。且F物业服务企业除否定其实施侵权行为外，亦未对原审酌定的损失数额及计算标准提出上诉，据此，L公司所受损失数额为4566614.4元。

法条链接

《中华人民共和国侵权责任法》

第六条 行为人因过错侵害他人民事权益，应当承担侵权责任。

根据法律规定推定行为人有过错，行为人不能证明自己没有过错的，应当承担侵权责任。

第十五条 承担侵权责任的方式主要有：

（一）停止侵害；

（二）排除妨碍；

（三）消除危险；

（四）返还财产；

（五）恢复原状；

（六）赔偿损失；

（七）赔礼道歉；

（八）消除影响、恢复名誉。

以上承担侵权责任的方式，可以单独适用，也可以合并适用。

第二十条 侵害他人人身权益造成财产损失的，按照被侵权人因此受到的损失赔偿；被侵权人的损失难以确定，侵权人因此获得利益的，按照其获得的利益赔偿；侵权人因此获得的利益难以确定，被侵权人和侵权人就赔偿数额协商不一致，向人民法院提起诉讼的，由人民法院根据实际情况确定赔偿数额。

【案例评析】

本案的案情背景介绍中，尽管L公司以其持有产权的商铺及停车场自行管理为由，拒绝缴纳物业管理服务费用，但法院还是判决其要按照物业服务合同的标准缴纳物业服务费用，这是涉及物业管理单一权的问题。按照《物业管理条例》第34条："一个物业管理区域由一个物业服务企业实施物业管理"。因此，L公司不能以自己持有商铺和停车场产权为由，对在一个红线范围内的物业项目实施分割管理。

物业管理公司究竟在何种情况下可以对业主共有部分或专有部分实施停水、停电、停气，而不用担心有赔偿风险，笔者认为应当具备以下几种情形之一的，物业企业可以停止供应水电气：（1）经供水、供电、供气等公用事业单位授权；（2）业主授权；（3）司法、行政机关基于执法需要授权；（4）具有水管破裂、火灾等对业主或者公共财产造成重大损失的紧急情形。当然，对于停止供应水电后的法律后果，则由授权的相关当事人承担，物业企业可有效规避法律究责风险。

3.4 物业服务企业紧急避险造成的损失，谁来担责

【案情介绍】

周某某系位于北海市北部湾西路××大厦1002、1003的业主，其平时将该房交由岳父周连××进行居住管理，而周连××于2012年4月13日将1003房租赁给蒋某某居住。2012年6月12日6时45分，蒋某某的朋友黄某某女士夜间在1003号房间吸食K粉后卧床吸烟未将香烟熄灭就睡着了，导致香烟将床单引燃引起火灾。火灾发生后，R物业服务企业的值班人员立即进行了报警并利用了大厦内的灭火器等消防器材进行灭火，直到消防官兵到场后才将火情完全扑灭。此次消防部门在灭火时，因消防水倒灌引起电梯门板机烧坏，造成了××大厦电梯门机控制器损坏的后果，R物业服务企业为此花费11000元更换了两台电梯变频器及花费990元购买及灌装了灭火器，并于2012年7月12日通知周某某承担该损失，但遭到周某某拒绝，双方为此产生纠纷。

【焦点问题】

1. 由于紧急避险引起的财物损坏如何分配责任?

2. 物业企业在抢险救灾中应担注意的法律风险有哪些?

【法院判决】

一审法院认为，北海市北部湾西路的××大厦1003发生火灾的主要原因是周某某的租户蒋某某带回的人员黄某某女士夜间吸烟不慎引起，消防抢救系防止损害扩大的紧急措施，由此引起的电梯等损坏非救火行为人的故意。R物业服务企业对救火过程中引起的财产损坏垫资进行了修复，该行为属R物业服务企业作为物业服务企业对全体业主履行的物业服务合同行为，周某某作为1003房的户主，是接受物业服务及实施消防灭火的直接受益人，理应向R物业服务企业补偿因救火修复财产而垫资的费用。上述费用由周某某向R物业服务企业补偿后，周某某有权就该费用向引起本次火灾的直接过错人行使追索权追索该费用。因本案不属共同侵权关系，故蒋某某无须承担连带赔偿责任。

二审法院经审理认为，依照《最高人民法院关于审理物业服务纠纷案件具体应用法律若干问题的解释》第四条的规定“业主违反物业服务合同或者违反法律、法规、管理规约，实施妨害物业服务与管理的行为，物业服务企业请求业主承担恢复原状、停止侵害、排除妨害等相应民事责任的，人民法院应予支持”及第十二条的规定“因物业的承租人、借用人或者其他物业使用人实施违反物业服务合同以及法律、法规或者管理规约的行为，引起的物业服务纠纷，人民法院应当参照本解释关于业主的规定处理”，R物业服务企业有向相关责任人主张赔偿经济损失的权利。本案火灾发生后，R物业服务企业利用消防器材进行灭火，并请求消防部门来对火灾进行彻底扑灭，是对物业管理的恰当行为，并无过错。火灾后，为恢复电梯正常使用和公共安全，R物业服务企业花费了电梯维修费及购买灌装灭火器，R物业服务企业有权对造成火灾损失的相关人主张赔偿。依照《物业管理条例》第五十四条第二款的规定“专项维修资金属业主所有，专项用于物业保修期满后物业共有部位、共用设施设备的维修和更新、改造，不得挪作他用”，本案的经济损失由火灾造成，电梯维修及灭火器更新不属于物业保修期满后物业共有部位、共用设施设备的维修和更新、改造的范围，故经济损失亦不应在专项维修资金中支付。本案火灾是由周某某所有的××大厦1003房屋引起，火灾危及公共安全，R物业服务企业施救灭火无不当行为，周某某是施救灭火行为的受益人，一审判决依据侵权责任法判决补偿经济损失给R物业服务企业并无不当，周某某向R物业服务企业补偿后，可向引起本次火灾的过错人追索该费用。

法条链接

《最高人民法院关于审理物业服务纠纷案件具体应用法律若干问题的解释》

第四条　业主违反物业服务合同或者违反法律、法规、管理规约，实施妨害物业服务与管理的行为，物业服务企业请求业主承担恢复原状、停止侵害、排除妨害等相应民事责任的，人民法院应予支持。

第十二条　因物业的承租人、借用人或者其他物业使用人实施违反物业服务合同以及法律、法规或者管理规约的行为，引起的物业服务纠纷，人民法院应当参照本解释关于业主的规定处理。

《民法通则》

第一百二十九条　因紧急避险造成损害的，由引起险情发生的人承担民事责任。如果危险是由自然原因引起的，紧急避险人不承担民事责任或者承担适当的民事责任。因紧急避险采取措施不当或者超过必要的限度，造成不应有的损害的，紧急避险人应当承担适当的民事责任。

【案例评析】

在物业管理企业的实际工作中，会存有各种紧急避险的情形，物业企业应当正确理解紧急避险的法律规定，不必担心抢险救灾时损坏他人财产有索赔风险便缩手缩脚，错过实施抢险的最佳时机。并且，如由此造成业主人身财产损失，物业服务企业就会有可能因为应急不够迅速，现场措施不够得当而被追究相应的法律责任，才是真正得不偿失。当然，在抢险救灾时，物业企业要注意采取措施的适当性和合理性，如超出必要的限度造成不必要的损害，也可能由此承担一定的民事责任。

3.5 物业相邻关系中渗漏水造成财产损害，该谁担责

【案情介绍】

陆某与陈某原系上下相邻的邻居关系，陆某系上海市松江区新桥镇×××路501弄

97号401室房屋的所有人，陈某原系上海市松江区新桥镇×××路501弄97号501室房屋的所有人。

2007年12月24日夜陈某家中大面积漏水，并下渗至陆某家中，致使房屋内多处渗水、受损，经双方协商后，于2008年1月16日达成房屋修缮补偿 协议：（1）陈某一次性赔偿人民币3000元整用于陆某室内受损天花板以及墙面的维修。（2）房屋维修期间陆某一家外出住宿等费用，由陈某一次性补偿人民币2000元整。（3）对于餐厅和主卧床头两处地板、主卧空调机，从表面无法判断是否受损，故特此双方约定，陈某一次性补偿人民币1000元整。（4）进行赔偿后无论因为何种原因再造成地板开裂等质量问题，陈某都不用承担任何责任。双方并约定：陆某房屋受损补偿费用总计人民币6000元整，由陈某于2008年1月19日前一次性付清，此后发生或连带发生的一系列房屋问题，与陈某不产生任何责任关系。协议签订后，陈某已向陆某支付补偿款6000元。

2009年7月30日及8月1日～4日，因天降大雨，陆某房屋外的楼道内产生积水，房屋外部四周被水浸泡，屋内天花板及厨房、书房、主卧出现不同程度漏水，致使陆某房屋内餐厅平顶和墙面有渗水痕迹，木地板局部变形，门套底部受潮霉变，书房和东南卧室平顶局部有渗漏水痕迹等损坏现象。陆某认为漏水原因是陈某位于露台的地漏堵塞导致雨水无法顺畅排除而流进室内，进而渗漏至陆某家中而引起，因陈某拒绝协商，故涉讼。

陈某某于2010年3月9日将房屋转让，新业主对房屋进行了重新地装修。

【焦点问题】

1．陆某某与陈某某于2007年12月24日签订的赔偿协议是否有效？

2．对于2009年7月30日大雨导致陆某某房屋被泡等问题，谁来承担责任？

3．对于房屋出现渗漏水导致相邻方造成损害的，物业企业如何采取合理的措施，以保护各方的权益？

【法院判决】

一审法院认为，民事活动应当遵循自愿、公平、等价有偿、诚实信用的原则。陆某某、刘某某房屋第一次受损后，陆某某、刘某某与陈某某双方自愿达成了补偿协议，系双方真实意思的表示，于法不悖，双方当事人也已经履行完毕，表示陈某某认可了陆某某房屋的受损与陈某某之间存在因果关系，陈某某承担赔偿责任。而陆某某房屋的再次受损，虽从原因上看，因陈某某房屋的转让及重新装修而难以确定，但根据陆某某房屋受损情况中存在自上而下的渗水痕迹的实际情况，法院推定陆某某房屋的受损是由于陈某某所引起，故陈某某应当承担赔偿责任。因陆某某的房屋在第一次受损并得到补偿后，陆某某、刘某某并未对受损部位进行修复，故陈某某本次所应当承担的赔偿金额为本次房屋受损修复工程的造价减去陆某某、刘某某第一次所收取陈某某的赔偿款项。

二审法院经审理认为，原审法院根据实际情况和房屋质量检测结论，依法所作的判决并无不妥，依法应予维持。

法条链接

《中华人民共和国物权法》

第七十一条　业主对其建筑物专有部分享有占有、使用、收益和处分的权利。业主行使权利不得危及建筑物的安全，不得损害其他业主的合法权益。

第八十四条　不动产的相邻权利人应当按照有利生产、方便生活、团结互助、公平合理的原则，正确处理相邻关系。

第八十五条　法律、法规对处理相邻关系有规定的，依照其规定；法律、法规没有规定的，可以按照当地习惯。

第八十六条　不动产权利人应当为相邻权利人用水、排水提供必要的便利。

对自然流水的利用，应当在不动产的相邻权利人之间合理分配。对自然流水的排放，应当尊重自然流向。

《民法通则》

第八十三条　不动产的相邻各方，应当按照有利生产、方便生活、团结互助、公平合理的精神，正确处理截水、排水、通行、通风、采光等方面的相邻关系。给相邻方造成妨碍或者损失的，应当停止侵害，排除妨碍，赔偿损失。

【案例评析】

本案虽然案情并不复杂，但是该类案件在物业管理的实际工作中，却是经常发生的典型案例。物业项目中相邻方出现渗漏水的情况，作为物业服务企业，会时常被夹在中间，如处理不妥，业主便迁怒与物业管理处，物业服务企业出力而不讨好。如何保护各方的权益，物业服务企业首先要做到“不推诿，不揽责”，要去积极地做好协调和沟通。当然，为了避免出现法律诉讼的“证据风险”，这里需要重点注意：其一，物业服务企业要建议受损业主做好受损财产的及时清点，除了拍照、录像之外，最好与责任方业主能就损害原因及损害财产类型、受损状况等进行书面的确认；如本案的当事人一样，在2007年第一次渗漏水后达成协议，当两年后再次发生渗漏水的事件，便起到了重要的证据作用。其二、对于损害物品价值较大的，建议受损业主及时做好第三方权威机构的损害价值评估以及相关证据的保全，如协商不成进行法律诉讼时，便可以有证据证明受损的价值以及原因，否则，就有可能因为证据不足而导致通过诉讼索赔时，处于不利的地位。

3.6 如何合理行使和维护社区公共资源及共有权利

【案情介绍】

王某系K小区业主，湖南L物业管理有限公司（以下简称“L物业服务企业”）系该小区物业管理公司。在L物业服务企业对小区进行物业管理期间，L物业服务企业有许可和利用小区共同共有的场地和道路用于停放汽车，并向业主和其他进入小区停车的人收取停车费的行为；有对外开放小区内的游泳池，允许小区业主和住户以外的人进入小区游泳池游泳，并收取费用的行为。L物业服务企业在行上述行为时并未向小区业主公布详细账目。王某作为业主将L物业服务企业诉至法院。

【焦点问题】

1. L物业服务企业许可和利用小区共同共有的场地和道路用于外来停放汽车并收取费用的行为是否合法？
2. L物业服务企业许可非小区住户进入小区游泳池游泳并收取费用的行为是否合法？
3. 业主在物业管理的法律关系中，诉讼主体权利该如何区分？

【法院判决】

一审法院认为，第一，小区建筑区划内规划用于停放汽车的车位、车库应当首先满足业主的需要，故而在满足小区业主需要的前提下，L物业服务企业许可外来车辆停放应无问题。对于收费问题，L物业服务企业收费的依据系《长沙市物业管理公共性服务收费标准》及批文，故L物业服务企业按照该标准收取停车管理费并无不当。但L物业服务企业在许可车辆进入小区停车时，应当首先满足小区业主的停车需要，并且保证进入小区车辆总数不超过小区规划车位数量，同时应对进入小区的车辆的规范停放进行有效管理。第二，小区业主对于小区内属于小区业主共同共有的游泳池享有共同管理的权利，故L物业服务企业在没有得到全体业主或业主委员会授权的情况下应当停止将小区游泳池对外开放。第三，小区内设置游泳池的目的在于提升小区居住条件，满足小区业主的需求，但游泳池的开放与管理显然需要成本，L物业服务企业并无合同约定或法律规定有义务维护游泳池对小区业主的免费开放，故L物业服务企业在基于对游泳池的开放与管理而收取一定的费用属合法行为。第四，因小区游泳池系小区业主共有，故L物业服务企业应当将收费及小区游泳池经营过程中水费、电费开支的详细账目情况向小区业主公布。

二审法院经审理认为，王某以L物业服务企业侵犯小区业主共同权利而提起的诉讼，王某的诉请中包含了停止侵权、公开账务、赔礼道歉和损害赔偿等请求，故本案案由应为物权保护纠纷，一审仅定为财产损害赔偿纠纷欠妥。对于L物业服务企业未经包括王某在内的小区业主同意，擅自许可和利用小区公共场地和道路停放机动车辆牟利以及利用小区游泳池牟利的侵权行为而提起的诉讼，权利人应为K小区全体业主，该事项属于小区业主涉及共有和共同管理的重大事项，应当由符合法律规定数量的业主共同决定并通过业主大会和业主委员会主张权利，王某在小区业主没有作出公共决定的情况下以个人名义提起本案物权保护纠纷诉讼没有法律依据，起诉不符合条件，人民法院不应受理。

法条链接

《中华人民共和国物权法》

第七十条 业主对建筑物内的住宅、经营性用房等专有部分享有所有权，对专有部分以外的共有部分享有共有和共同管理的权利。

第七十四条 建筑区划内，规划用于停放汽车的车位、车库应当首先满足业主的需要。

建筑区划内，规划用于停放汽车的车位、车库的归属，由当事人通过出售、附赠或者出租等方式约定。

占用业主共有的道路或者其他场地用于停放汽车的车位，属于业主共有。

《最高人民法院关于审理建筑物区分所有权纠纷案件具体应用法律若干问题的解释》

第十四条 建设单位或者其他行为人擅自占用、处分业主共有部分、改变其使用功能或者进行经营性活动，权利人请求排除妨害、恢复原状、确认处分行为无效或者赔偿损失的，人民法院应予支持。

【案例评析】

本案通过一审、二审折射出目前物业管理中出现的许多业主关注的争议问题。一审关注的是物业服务企业的行为是否侵犯了业主的权利，停车资源利用的问题、社区公共资源的开放与收费问题、经营账目公开的问题等，一审判决虽然在诉讼主体资格认定上有误，但就争议问题判决的观点和依据，还是比较准确和客观的。这也告诉我们，无论作为业主还是物业企业，都要合理的行使应有的权利，而不能滥用社区的公共资源和共有的物权。

二审针对诉讼主体是否适合进行了裁决：一审原告主体不适合，法院应当不予受理。即作为单个的业主，不可以“代表”全体业主或业主大会就社区管理中出现的问题进行诉讼，属于小区业主涉及共有和共同管理的重大事项，应当由符合法律规定数量的业主共同决定并通过业主大会和业主委员会主张权利。现在物业管理的许多诉讼中，都出现了单个业主对共有物权保护进行诉讼的情形，其实也是诉讼资源的一种浪费和滥用。因此，作为物业管理的法律关系中，物业企业、业主大会、业委会以及业主都应当合理的行使法律的武器，不能出现越位。

3.7 路面排水箅子塌陷，路人摔伤谁担责

【案情介绍】

A发展有限公司（以下简称“A公司”）系D购物中心的产权人。2007年4月18日，A公司（甲方）与F会社（乙方）签订《房屋租赁合同》，约定甲方将D购物中心出租给乙方，双方对租赁物业的管理制定了《物业管理项目分工表》，该分工表载明：道路工程和室外排水工程由甲方负责维修维护、日常维护保养和管理操作；室外照明工程由

甲方负责维修维护（含大修中修、设备更新更换），由乙方负责日常维护保养和管理操作，并备注：乙方仅负责日常消耗品的更换和因其使用不当引起的维修。

2008年9月23日，经A公司同意，F会社将其在《房屋租赁合同》中的全部权利义务转让给其全资子公司F2公司。2011年9月1日，F2公司又将《房屋租赁合同》中的全部权利义务转让给G商业管理有限公司。G商业管理有限公司北京昌平分公司（以下简称G2分公司）系G商业管理有限公司为经营D购物中心而设立的分公司。

2011年11月30日，A公司（甲方）与B物业发展有限公司C分公司（以下简称C市分公司）（乙方）签订《物业管理服务委托合同》，约定：甲方聘请乙方作为租赁物业的物业管理服务公司，乙方按照法律法规及本合同中《物业管理项目分工表》规定应由甲方承担的物业管理工作和合同所规定的所有管理服务的要求提供物业管理服务，并行使物业管理服务公司的所有职权和职责。

2012年，G2分公司（甲方）与H物业服务企业（乙方）签订《管理业务委托合同书》，约定甲方委托乙方对D购物中心进行物业管理服务，H物业服务企业与B物业发展有限公司C分公司的物业管理项目分工执行上述《物业管理项目分工表》。

2013年7月4日晚9时40分左右，冯某某驾驶自行车自西向南行驶至位于北京市昌平区北清路1号院1号楼D购物中心东北角的路段时，因路面排水井篦子塌陷，导致冯某某摔倒受伤，冯某某将B物业发展有限公司G2分公司、B物业管理（深圳）有限公司、H物业服务有限公司、G商业管理有限公司G2分公司诉至法庭。

【焦点问题】

1. 路面排水井篦子塌陷，冯某某有权向哪些主体主张权利?

2. 对于建筑物有抛物、坠物或物业设施悬挂物坠落、塌陷风险，物业企业如何规避法律风险?

【法院判决】

法院经审理认为，建筑物、构筑物或者其他设施及其搁置物、悬挂物发生脱落、坠落造成他人损害，所有人、管理人或者使用人不能证明自己没有过错的，应当承担侵权责任。所有人、管理人或者使用人赔偿后，有其他责任人的，有权向其他责任人追偿。根据本案查明的事实，冯某某在夜晚光线不佳、路灯未正常发挥功能的情况下骑行至事发地点时，因排水井篦子塌陷，致使冯某某摔倒受伤。C分公司作为商城产权人委托的物业管理服务企业，未能对事发路段的排水设施进行有效的维护和修缮；H物业服务企业作为商城承租人委托的物业管理服务企业，未能举证证明其对事发路段的路灯进行了职责范围内的日常维护保养和管理，二者对冯某某损害后果的发生均有过错，均应承担相应的侵权责任。考虑对造成冯某某损害后果的原因力大小等因素，法院酌情确定C分公司、H物业服务企业各应承担的责任比例为80%、20%。因C分公司不具有法人资格，故由B物业服务企业承担付款责任，G2分公司作为商城承租人及H物业服务企业的物业管理服务委托方，未能对其承租的物业及对H物业服务企业的物业管理服务尽到有效的管理责任，故应与H物业服务企业承担连带责任。

法条链接

《中华人民共和国侵权责任法》

第八十五条 建筑物、构筑物或者其他设施及其搁置物、悬挂物发生脱落、坠落造成他人损害，所有人、管理人或者使用人不能证明自己没有过错的，应当承担侵权责任。所有人、管理人或者使用人赔偿后，有其他责任人的，有权向其他责任人追偿。

【案例评析】

本案是物业管理工作中比较典型的侵权类案件，在物业项目中，时不时会发生高空抛物、坠物或建筑物及物业设施悬挂物坠落、塌陷导致他人人身财产损失的案例，对于此类案件，《侵权责任法》明确了举证责任由物业项目或设施的所有人、管理人或者使用人来承担，也就是说所有人、管理人或者使用人不能证明自己没有过错的，就应当承担侵权责任。作为物业服务企业，发生此类案件，要想在通过举证规避法律责任，日常的管理举措不可忽视，例如：按时做好物业及设施的检查巡视记录；对于存有高空抛物、坠物或建筑物、物业设施悬挂物坠落、塌陷风险的状况及时告知相关业主使用人消除隐患；对于存有隐患的部位，在物业管理职责内尽到整改和修缮义务；同时，对以上的工作，要做好书面的记录和相应证据的采集，从而在发生类似案件时，才能尽到举证责任，有效的降低或规避法律风险。

3.8 电梯事故致人重伤，物业服务企业和维保单位谁应担责

【案情介绍】

某物业服务企业为一小区提供物业管理，电梯公司与物业服务企业签订了一份有电梯维护保养合同，合同服务期限自2013年1月1日起，2013年12月31日止。2013年2月3日上午10时15分许，小区2号楼×号电梯发生故障，物业服务企业即向电梯公司报修，电梯公司接报后即派公司维保人员前往维修。同日11时05分许，业主盛某在一楼进入该电梯时，电梯在层门和轿门开启的情况下突然发生向上移动，盛某被上升的电梯轿厢绊倒，上半身扑倒在轿厢内，下半身悬挂在轿厢外，随着电梯轿厢的继续上升，盛某下半身被挤在轿厢地板和一楼层门的门楣之间，盛某因此受伤。盛某受伤后即被送往医院进行救治，经诊断：骨盆及双侧下肢多发伤等。电梯事故发生后，质监局就该事故出具《电梯事故调查报告》，认定该电梯事故主要原因为："电梯公司维保工作不到位，在执行《电梯使用管理与维护保养规则》中有关电梯制动器保养要求存在一定缺失；"次要原因为"物业服务企业在履行电梯安全管理主体责任上存在一定缺失。"关于该电梯事故的责任，该报告认定"电梯公司的维保工作不到位，对本起事故负主要责任"。

【焦点问题】

业主受伤，物业单位与电梯单位的责任如何分配？

【法院判决】

法院经审理认为，电梯公司作为有资质的专业电梯维修保养单位，未能切实履行其保障乘客安全的义务，导致盛某进入未正常运行的电梯并因此受伤，其对本案事故的发生存在主要过错，应承担侵权赔偿责任。物业服务企业作为小区2号楼的物业管理单位，应对其实施物业管理范围内的配套设施、设备等的安全性负有相应义务，其委托电梯公司对故障电梯进行维修，应对电梯公司维修电梯的行为进行监督和管理，但物业服务企业负责电梯安全管理的人员未到修理现场实施对电梯维修工作的监督，也没有采取树立警示标志等防护措施来保障乘坐电梯人员的安全，故物业服务企业对本案损害的发生亦存在一定的过错。根据物业服务企业与电梯公司对本案损害发生的过错程度，酌情确定电梯公司、被告物业服务企业分别按照70%、30%的责任比例对原告的损失承担赔偿责任。

法条链接

《中华人民共和国合同法》

第一百二十二条 因当事人一方的违约行为，侵害对方人身、财产权益的，受损害方有权选择依照本法要求其承担违约责任或者依照其他法律要求其承担侵权责任。

《中华人民共和国侵权责任法》

第三十七条 宾馆、商场、银行、车站、娱乐场所等公共场所的管理人或者群众性活动的组织者，未尽到安全保障义务，造成他人损害的，应当承担侵权责任。

因第三人的行为造成他人损害的，由第三人承担侵权责任；管理人或者组织者未尽到安全保障义务的，承担相应的补充责任。

【案例评析】

本案是一起电梯安全事故引发的人身损害赔偿纠纷案件，焦点问题是物业服务企业、电梯维保单位应否负担赔偿责任。因为本案属于一般侵权案件，判断行为人应否承担赔偿责任主要分析其有无过错。

1. 物业服务企业存在过错

首先，质监局出具的《电梯事故调查报告》证实"电梯制动器保养存在缺失"，说明电梯管理不到位。

其次，本案中物业服务企业聘请电梯公司作为电梯维保单位对电梯进行日常维修保养，但电梯维保工作不到位，作为委托者的物业服务企业难逃监督管理责任。

再次，物业服务企业对事故电梯没有设置警示标志提醒乘梯人，也没有派人盯守防范事故发生。

总之，物业服务企业不能证明其采取了合理的措施、履行了法律规定的义务来预防事故的发生，事故发生后即应承担侵权责任。

2. 电梯公司存在过错

电梯公司为本案小区电梯的维护保养单位，依法应当"在维护保养中严格执行国家安全技术规范的要求，保证其维护保养的电梯的安全技术性能，并负责落实现场安全防护措施，保证施工安全。对其维护保养的电梯的安全性能负责。接到故障通知后，应当立即赶赴现场，并采取必要的应急救援措施”。

在本案中，电梯公司对事故的发生存在过错，应承担侵权赔偿责任。电梯公司存在如下过错：

（1）未尽维保义务，电梯制动器维保不到位。依据为质监局出具的《电梯事故调查报告》，该电梯事故主要原因为：“被告电梯公司维保工作不到位，在执行《电梯使用管理与维护保养规则》中有关电梯制动器保养要求存在一定缺失。”

（2）接到物业服务企业故障通知后，未采取必要的应急救援措施。事故的发生显然是由于电梯公司未作有效维修，未彻底排除安全隐患。此种情况下，电梯公司

既没有采取紧急停梯作进一步排查，也没有建议物业服务企业与其共同采取必要的防范措施。

（3）电梯公司未完全履行与物业服务企业签订的《电梯维保合同》约定的义务。

3. 业主、业委会、消防部门不存在过错

本案中，被告电梯公司主张原告、业委会、消防人员等对本案损害的发生亦存在过错。电梯公司认为，业主委员会明知电梯老化严重未及时更换电梯也存在一定过错；消防人员救援不及时加重了原告的损伤；原告在搭乘电梯过程中本身也未尽到安全注意义务。

业委会作为业主大会执行机构，其无权直接决定更换电梯，也不具备判断电梯是否老化严重到更换的程度。从技术角度看，应当由电梯维保单位和物业服务企业提出相关建议。此外，更换电梯依法应当动用住宅专项维修资金，而日常保养的费用由物业服务企业收取的物业费中支付。本案发生事故，物业公告报修，电梯公司出现场维修，结果还是发生了事故，应当认定电梯公司维保不到位。因此，认为业委会存在过错并应当承担赔偿责任缺乏法律依据。

原告在搭乘电梯时如无违反乘梯要求的行为，不能认为其未尽到安全注意义务。《特种设备安全法》的规定未明确救援响应时间。因此，主张原告和消防部门存在过错也缺乏事实和法律依据。

3.9 房屋被泡水，事故谁之过

【案情介绍】

2011年2月2日晚至2011年2月3日凌晨，河口区海盛路综合市场西侧南属第一个

通道南侧沿街商品房三楼楼道的东墙南头的消防栓发生跑水事故。水由张某所租赁的胡某某所有的三楼流至刘某某租赁的二楼及一楼内，后东营市××物业服务有限公司（以下简称××物业）工作人员关闭了消防栓水源。涉案楼房南半部分共三个消防栓，全部位于三楼楼道内，一个位于南头，两个位于北头。2008年1月1日，东营市××物业服务有限公司与东营市祥××地产开发有限责任公司签订物业管理服务协议，由东营市××物业服务有限公司负责河口区海盛路综合市场的物业管理。

刘某某称其存放在房间内的大量电器被水浸泡，造成了损失。故请求法院依法判令张某、胡某某、××物业共同赔偿刘某某因消防设施跑水造成的损害电器及其他物品损失。

【焦点问题】

1. 刘某某的损失该如何认定？
2. 关于水浸案件中如何做好证据采集？

【法院判决】

一审法院经审理认为，刘某某主张消防栓漏出的水浸泡了其电器，由此造成的损失，张某、胡某某、××物业虽认可消防栓发生漏水，但不认可对刘某某的财物造成了损失。刘某某对其主张的损失价值，委托东营市河口区价格认证中心进行认证，该中心作出东河价认字（2011）9号价格认证结论。该认证结论对其损失价值分为三类：一类为报废返厂电器，并载明报废家电是由委托方与厂家联系确定，而刘某某未能提供厂家的认定证据，且刘某某自述厂家未向其出具任何材料；第二类为待处理电器，对于该部分待处理的电器，刘某某须提供未处理电器的实物；第三类为已处理泡水电器，刘某某亦未能提供其处理电器的实物。该认证结论载明是依据刘某某自己提供的资料等作出价格认定，因张某、胡某某、××物业对此认定经过、结论及刘某某无受损财物等为由提出异议，刘某某提供的其他证据也无法佐证价格认证结论书中电器为跑水事故中所受损财物。同时由于原告主张的受损财物已经处理灭失，进行重新鉴定已经客观不能，因而该鉴定结论书不能单独作为有效证据使用。依据最高人民法院《关于民事诉讼证据的若干规定》第二条第二款规定，“没有证据或者证据不足以证明当事人的事实主张的，由负有举证责任的当事人承担不利后果”。因此应当由对在本次事故中所受直接经济损失负有举证责任的原告承担举证不能的法律后果。

二审法院经审理认为，在财产损害赔偿纠纷案件中，刘某某应当对自己所有的家电受到损害及损失价值进行举证。刘某某在一审中提交了东营市河口区价格认定中心做出的价格认证结论书，该结论书将电器分为三类进行了价格认证。第一，关于报废返厂的电器。结论书中第五项价格认证依据载明：委托方（即刘某某）提供了被泡电器返厂数量明细表。第九项价格认证限定条件第3条载明：对报废家电的确定受专业条件限制，由委托方（刘某某）负责。刘某某亦自述称报废返厂电器由其与相关厂家自行联系委托，但对于返厂电器的标准、数量、种类、返厂时间、涉及厂家及处理结果等，未提供任何证据予以证明。第二，关于已处理电器。刘某某自述其经营的家电均是在东营市河口区三联家电、国美家电进行销售，结论书中已处理家电当时重点放在国美家电进行了降价处理，但没有通过商场进行销售，销售记录仅有其自己书写的收款票据，无其他证据予以认证。第三，关于待处理电器。刘某某自述称该部分电器在一审前就已经处理完毕，实物早已不存在。东营市河口区价格认定中心在对河口区法院的回复中称，这部分电器是将返厂和已处理电器去除后剩余的部分制作了待处理电器清单，又参照已处理商品价格占商品零售价的比例，确定其损失折扣率确定损失价值。该结论书是诉前刘某某自行委托有关部门作出，且结论书中明确载明认证依据包括：委托方提供的资料，并在认证限定条件中载明：（1）本结论书的价格认证结论依据了委托方提供的资料；（2）委托方提供的资料客观真实。二审中，刘某某虽然提交了东营市河口区价格认定中心的情况说明，但该说明仅是东营市河口区价格认定中心就价格认证过程的说明，对本案事实并无证明力。综上，该报告书只是对电器作出了价格认证，并不能证明刘某某因为消防栓泡水造成了财产损失，亦不能证明刘某某的实际损失价值。因此二审法院认为，原审法院认定刘某某提交的报告书不能单独作为有效证据使用，其提供的其他证据也无法佐证价格认证结论书中电器为泡水事故中所受损财物，应当由其承担举证不能的法律后果的事实清楚，适用法律正确，依法维持原判。

法条链接

《关于民事诉讼证据的若干规定》

第二条　没有证据或者证据不足以证明当事人的事实主张的，由负有举证责任的当事人承担不利后果。

《民事诉讼法》

第六十四条　当事人对自己提出的主张，有责任提供证据。

【案例评析】

《价格认证结论书》是刘某某在一审起诉前自行委托河口区价格中心作出的，二审法院认为，《价格认证结论书》只是对电器作出了价格认证，并不能证明刘某某因为消防栓跑水造成了财产损失，亦不能证明刘某某的实际损失价值，刘某某应当承担举证不能的不利后果。这个案例给我们的警示是，在物业项目中发生水浸类的侵权纠纷时，对于财产损失的价值评估和确认是保障损失得到救济的有效手段，首先，无论是物业服务企业还是业主，首先要有证据采集的意识，例如：事发过程的书面确认资料、事发现场的视频、照片、无利害关系第三方的证人证言等；同时，要注重证据采集方法、证据的效力以及所证明的内容不要出现偏离，否则在通过诉讼方式维护自身权利时，就会遭遇如本案一样承担举证不能的法律后果。

3.10 房屋产权有争议，妨碍水泵房使用无依据

【案情介绍】

1992～1994年，湖南省S市人民政府驻上海联络处（以下简称“S市联络处”）当时的代管单位S市物资局与湖南省物资厅签订了两份联建协议，约定由S市物资局提供上海市南山路某号土地，双方联建三栋办公宿舍两用楼，工程款由湖南省物资厅出资，拆迁等费用由S市物资局与湖南省物资厅按40%、60%的比例分担。1995年。湖南省物资厅将其中50%房屋交付给S市联络处，将余下房屋即上海市闸北区南山路某弄某号楼共计24套住宅（以下简称“系争房”）产权登记在其下属的上海Y物资公司（以下简称“Y公司”）名下。后S市政府发文收回S市物资局对S市联络处的管理，S市物资局则在转制为公司后宣告破产。S市联络处遂与湖南省物资厅就后续动迁费用、办公楼建造等发生争议，并曾于1996年以房屋联建合同纠纷诉至法院。法院于1998年判决上述联建协议无效，对该联建协议的无效后果未作处理。该判决已生效。当时，建成的上述两栋住宅楼配有简易水泵房，能够正常用水。1999年，S市联络处自行出资建设办公楼。因原有供水系统无法满足三栋楼的用水需求，S市联络处于同年向上海市××自来水公司申请扩容，并向××自来水公司承诺，扩容后三栋楼用水自S市联络处总表接入，三栋楼各用户水费由该联络处代收。在征得××自来水公司同意后，S市联络处出资建

造了新的水泵房，完成了扩容工程。该水泵房至今一直在S市联络处控制、管理之下。1999年至2009年期间，系争房用水情况正常，所发生的水费（按工业用水标准）由S市联络处收取后再一并向××自来水公司缴纳。

2008年10月，湖南省某县人民法院裁定宣告Y公司破产。2009年11月18日，湖南省某县人民法院委托湖南省M拍卖有限公司拍卖了系争房，上海Y置业有限公司（以下简称“Y公司”）以人民币（以下币种均为人民币）2005万元的价格购得系争房。在拍卖之前，Y公司破产管理人及拍卖公司分别向参与拍卖的各竞买人出具了《拍卖标的瑕疵情况说明》、《拍卖标的的特别声明》，告知S市联络处在南山路某弄1号、某号楼中间单方违章搭建了水泵房供水，系争房水电与联络处共用，将来能否正常供水供电，委托人及拍卖人均不能保证。2010年1月6日，系争房产权过户至Y公司名下。系争房共计24套房屋，均为公寓，建筑面积均在49.98～70m^{2}内。

2009年10月至2010年1月期间，S市联络处破坏了相关的阀门等设施，使得系争房无法用水。Y公司遂于2010年5月向××自来水公司申请提供系争房用水，××自来水公司沪北供水管理所回复称S市联络处的水表供水范围包括了系争房。2010年6月2日，Y公司委托律师致函S市联络处，要求排除妨碍，恢复供水，并赔偿断水导致的损失。

2010年8月，Y公司以S市联络处擅自关闭系争房的供水管线，侵害其作为业主对共用设施的合法权利，给其造成巨大损失为由，诉至法院，请求判令S市联络处恢复供水并赔偿房屋空置损失费。

案件审理中法院曾向××自来水公司沪北供水管理所征询意见，该所表示：（1）根据当时的供水设计以及S市联络处的承诺，系争房应当由现存的水泵房供水；（2）如有可能，居民楼与办公楼应当分别建立单独的供水系统分别供水；（3）根据现场条件及可行性研究，应申请新建配套一座水泵房单独供应办公楼用水，原有水泵房为居民楼供水，但因改变了用水性质，应由房屋管理单位向××自来水公司申请对小区室外管道、每单元楼宇进水管道和每套室安装独用嵌墙水表的改造安装，以上供水系统的改造分割，须由明确的用水申请主体单独向××自来水公司申请办理。

【焦点问题】

1. 可否因为产权争议且自建水泵房排除其他业主的使用权？
2. 水泵房的功能性质有哪些？

【法院判决】

一审法院经审理认为，Y公司购得系争房产权之时，现有水泵房已经存在，且已多年向系争房正常供水，系争房产权过户至Y公司名下后，Y公司作为业主即享有对水泵房的共同使用和管理的权利和义务。S市联络处不能因与湖南省物资厅存在联建纠纷及担心以后的水费收取和水泵房养护等问题，而切断系争房供水。鉴于供水设施设备应由小区业主共同使用和管理，非S市联络处一家独有，故S市联络处损坏原有供水设施，致系争房断水，已构成侵权，Y公司排除妨碍、恢复原状之诉请，应予支持。况且，S市联络处曾明确向××自来水公司承诺扩容后两栋住宅楼的用水自该联络处总表接入。因此，S市联络处应修复供水设施，使得系争房恢复正常用水。根据本市物业管理相关规定，物业全体共有部分所需维修、更新、改造和养护费用，应由全体业主按照各自拥有的房屋建筑面积比例共同承担。因此，S市联络处及Y公司应按照各自拥有的房屋建筑面积比例共同承担本案系争水泵房的维修养护费用。系争房无法正常用水，确会导致损失。但是，S市联络处系因此前的联建纠纷及水费纠纷而破坏系争房供水设施设备，而Y公司在购买系争房前已明知系争房在供水上存在纠纷、有断水的可能性，故Y公司主张的在法院判决S市联络处修复供水设施的履行期限届满前所发生损失的赔偿诉请法院不予支持。如S市联络处在法院判决修复供水设施的履行期限内仍不能自觉履行，则S市联络处应在履行期限届满后按照系争房市场租金标准向Y公司赔偿损失。

二审法院经审理认为，Y公司购得系争房产权之时，现有水泵房已经存在，且已多年向系争房正常供水。S市联络处曾明确向××自来水公司承诺扩容后两栋住宅楼的用水自该联络处总表接入，现S市联络处不能因系争房屋的产权变化而改变原来承担的义务。因此，S市联络处应根据承诺修复供水设施，使得系争房的供水状态恢复到断水状态之前。如S市联络处在法院判决修复供水设施的履行期限内仍不能自觉履行，则S市联络处应在履行期限届满后按照系争房市场租金标准向Y公司赔偿损失，故维持原判。

法条链接

《中华人民共和国物权法》

第七十条 业主对建筑物内的住宅、经营性用房等专有部分享有所有权，对专有部分以外的共有部分享有共有和共同管理的权利。

第七十一条 业主对其建筑物专有部分享有占有、使用、收益和处分的权利。业主行使权利不得危及建筑物的安全，不得损害其他业主的合法权益。

第七十二条 业主对建筑物专有部分以外的共有部分，享有权利，承担义务；不得以放弃权利不履行义务。

业主转让建筑物内的住宅、经营性用房，其对共有部分享有的共有和共同管理的权利一并转让。

【案例评析】

建筑区划内的其他公共场所、公用设施和物业服务用房，属于业主共有。业主对专有部分以外的共有部分享有共有和共同管理的权利。业主转让建筑物内的住宅、经营性用房，其对共有部分享有的共有和共同管理的权利一并转让。南山路某弄小区的水泵房系小区的公用设施，不论水泵房由谁出资建造，其公用设施的性质不变，依法应由全体业主共同使用和管理。对于水泵房的维护费用，法院判决S市联络处及Y公司应按照各自拥有的房屋建筑面积比例共同承担本案系争水泵房的维修养护费用于法有据。当然，如S市联络处及Y公司此后分别将所拥有的房屋转让，受让业主亦应按照上述原则承担水泵房的维修养护费用。

3.11 商业大厦中业主加建电梯其他业主能否共用

【案情介绍】

2004年10月，P建设开发投资有限公司（以下简称“P公司”）通过竞拍买受位于××市××中街的G大厦0001幢主楼除2、3、6层以外的全部房产，该大厦主楼第2、3层相继由张某某在2005年通过竞拍买受。上述房产均已在××市房地产管理局办理房屋产权登记，其中大厦第6层属W股份有限公司××中心支公司所有。产权移交时大厦主楼预留有电梯通道但尚未安装电梯，仅有楼梯作为上下各层的进出通道。2008年3月，P公司在对大厦进行装修改造时为主楼安装了电梯，电梯安装完成后，P公司向张某某出具费用分摊表，要求张某某按分摊表上记载的费用金额分摊包括电梯使用费、建安费、水电费在内的各项费用，张某某认为分摊表记载的费用过高不同意支付。P公司遂将电梯设置为不能在张某某所在的主楼第2、3层停留，使其不能从电梯通道通行。张某某经同P公司协商交涉无果诉至法院。

【焦点问题】

1. P公司是否有权排除张某某使用电梯的权利?

2. 张某某是否有权对使用电梯的分摊费用提出异议?

【法院判决】

一审法院经审理认为，业主对建筑物内的共有部分享有共有和共同管理的权利。G大厦的电梯通道系大厦业主进出大厦各层的共有设施，张某某作为大厦的业主依法享有在该电梯通道通行的权利，P公司关于张某某对该电梯通道不享有通行权利的主张于法无据，对张某某要求被告P公司不得妨碍其电梯通行权的主张予以支持。但业主对建筑物共有部分在享有权利的同时必须履行义务。G大厦0001幢主楼电梯安装的费用已由P公司支付，张某某不能无偿使用电梯，应当向P公司支付电梯安装分摊费用。张某某、P公司双方可通过协商或另行提起诉讼解决电梯分摊费用问题.据此判决天P公司在本判决生效后即排除对原告张某某使用G大厦0001幢主楼电梯通行的妨碍。

二审法院经审理认为，G大厦0001幢主楼在张某某与P公司等竞买前预留有电梯通道，但尚未安装电梯，仅有楼梯作为上下各层的进出通道，从双方所提供的房产权证的登记情况看，房产权证上并未记载有关电梯通道权属的内容，在双方均未提供证据证明该电梯通道属于其中一方所有的情况下，应推定该电梯通道属于所有业主的共有部分。2008年3月，P公司在对大厦进行装修改造时因经营的需要为主楼安装了电梯，在安装前双方没有就有关费用的分摊及电梯的使用、维修达成协议，电梯安装完成后，P公司即向张某某出具费用分摊表，要求张某某按其分摊表上记载的项目支付费用，张某某认可支付合理的费用，但认为分摊表上的费用过高而不同意按该分摊表支付，P公司遂将电梯设置为不能在主楼2、3层停留，使欲进入2、3层的被上诉人及客户不能从电梯通道上通行，此做法侵害了张某某的通行权。原审法院对张某某要求享有通行权的诉讼请求予以支持，并就有关电梯安装的费用分摊问题建议双方通过协商或诉讼方式解决是正确的。原审判决认定事实清楚，适用法律正确，应予维持。

法条链接

《中华人民共和国物权法》

第七十条 业主对建筑物内的住宅、经营性用房等专有部分享有所有权，对专有部分以外的共有部分享有共有和共同管理的权利。

第七十二条 业主对建筑物专有部分以外的共有部分，享有权利，承担义务；不得以放弃权利不履行义务。

业主转让建筑物内的住宅、经营性用房，其对共有部分享有的共有和共同管理的权利一并转让。

【案例评析】

本案涉及两个争议的权利，其一，作为业主，张某某是否拥有电梯的通行使用权；这得到了法院的支持，毫无疑问，由于电梯通道属于主楼的公共通道，亦属于大厦业主进出大厦各层的共有设施，张某某作为大厦的业主享有合理利用该电梯通道的权利，P公司控制电梯在2、3层不停留的做法侵犯了张某某的通行权。其二，对于电梯使用分摊的费用，张某某认可支付合理的费用，但认为分摊表上的费用过高而不同意按该分摊表支付。因此，在没有就电梯维护和使用费用分摊达成协议的情况下，张某某有权对分摊费用提出异议。如果P公司分摊费用希望得到法律的支持并予以保障，需要对其分摊费用的金额和标准承担主要的举证义务，否则，费用标准的如何认定将成为P公司能否收到相应费用的法律障碍。

3.12 管道堵塞导致业主损害物业服务企业是否需要赔偿

【案情介绍】

徐汇区桂林东街×弄×号202室房屋产权人为杨某某、虞某。2012年9月2日，上海市徐汇区××业主大会与上海J物业管理有限公司（以下简称“J物业服务企业”）签订《物业服务合同》，约定由J物业服务企业为徐汇区桂林东街×弄×号~21号物业提供物业管理。物业服务费为高层人民币（下同）1.95元/（月·m^2）。其中公共部位费用为0.1元/（月·m^2）。附件四约定共用部位、共用设备设施日常运行、保养、维修服务标准，其中管道、排水沟、屋顶的运行、保养、维修服务标准为每季一次对屋面泄水沟、楼内外排水管道进行清扫、疏通、保障排水畅通。

2014年1月8日晚，系争房屋厨房内水斗反水，污水自水斗中溢出后沿着橱柜的台面流到厨房的地面，并蔓延至餐厅的木地板上。由于杨某某、虞某在事故发生时未在家，J物业服务企业无法上门修理。次日，J物业服务企业工作人员撬开餐厅、客厅几处地板，发现地板下都有水。

案件审理过程中，经杨某某、虞某申请，上海市高级人民法院委托上海联合工程监理造价咨询有限公司就系争房屋漏水修复工程进行鉴定，鉴定结果为：无争议项10309元，争议项32403元。

双方经业委会调解，未能达成调解协议，杨某某、虞某遂起诉要求J物业服务企业承担杨某某、虞某房屋损失、误工费、交通费损失及因房屋被污水损坏导致无法居住期间的房屋空置损失。

【焦点问题】

1. 物业服务企业关于管道疏通的责任如何界定?

2. 法院酌情判决是否合理?

【法院判决】

一审法院经审理认为，杨某某、虞某是系争房屋的业主，J物业服务企业是该小区的物业管理单位。J物业服务企业作为物业管理服务单位，应当按照物业服务合同的约定，对共用设施、设备的维修、养护、运行和管理，包括：共用的上下水管道、落水管、污水管、共用照明等。现杨某某、虞某的房屋因共用管道堵塞，引起系争房屋水斗泛水，造成损失。J物业服务企业提供证据证明其已经按照物业服务合同的约定履行每季度疏通一次公共管道的义务，并且在事故发生后及时进行了维修。杨某某、虞某认为J物业服务企业未能按照《上海市住宅物业服务分等收费标准》履行每月一次对排水管道进行疏通，构成违约。法院认为该标准系管理性规定而非强制性规定，J物业服务企业与××业主大会签订的《物业服务合同》中已经将疏通管道的时间予以变更，并不违反法律法规，为有效约定，J物业服务企业行为不构成违约，故杨某某、虞某按照合同之诉要求J物业服务企业承担相应的民事赔偿责任，原审法院不予认可。然基于公平原则，法院根据损失的实际情况酌情判处。

二审法院经审理认为，2014年1月8日晚，杨某某、虞某居室的厨房内水斗反水，污水从水斗中溢出后沿着橱柜的台面流到厨房的地面，并蔓延至餐厅的木地板上，居室被污水浸泡，致居室中家具受损。杨某某、虞某认为J物业服务企业的不作为（未疏通公用管道）构成违约，由此起诉要求J物业服务企业赔偿其相应经济损失。一审法院审理后，根据在案证据认定J物业服务企业已经履行物业合同相关义务而不构成违约并无不当。原审法院同时根据鉴定结论，适用公平原则，酌情判令J物业服务企业给予杨某某、虞某适当补偿，该处理已对杨某某、虞某的损失予以了充分考量，故亦属妥当。由此，原审判决并无不当，本院予以维持。

法条链接

《中华人民共和国民法通则》

第四条 民事活动应当遵循自愿、公平、等价有偿、诚实信用的原则。

《中华人民共和国合同法》

第五条 当事人应当遵循公平原则确定各方的权利和义务。

第八条 依法成立的合同，对当事人具有法律约束力。当事人应当按照约定履行自己的义务，不得擅自变更或者解除合同。

依法成立的合同，受法律保护。

【案例评析】

作为物业管理服务单位，应当按照物业服务合同的约定，对共用设施、设备的维修、养护、运行和管理，包括：共用的上下水管道、落水管、污水管、共用照明等。在发生管道堵塞导致的业主索赔案件中，物业服务企业需要提供证据证明其已经按照物业服务合同的约定的频次和周期履行了疏通公共管道的义务，并且在事故发生后及时进行了维修。如物业服务合同没有具体约定，则可按照行业的管理标准和规范来界定是否履行合理疏通公共管道的管理义务。只要物业服务企业举证充分，就可以对于管道堵塞导致的各种水浸意外有效规避或降低赔偿风险。

在本案中，人民法院本着公平合理的原则，酌情判决物业服务企业给予适当的赔偿，主要是法院对于自由裁量权的一种运用，也是对受损业主遭受财产损失的一种救济方式。

3.13 工程施工影响相邻楼盘，建设方是否担责

【案情介绍】

吴某、商某系夫妻，上海市××街38弄甲号1611室系吴某、商某共有的房产，竣工日期为1994年。2004年，H置地（上海）有限公司经上海市城市规划管理局和上海市

建筑业管理公司许可，在吴某、商某所有的上述房屋的对面建造了“L花园”物业。现吴某、商某房屋的墙体、屋顶、门框等多处开裂。经上海房屋质量检测站检测鉴定并出具《房屋质量检测报告》，检测结论为：（1）被检测房屋斜向开裂主要与温差变形等因素有关。（2）被检测房屋墙面粉刷龟裂主要与基层和抹灰处理不当等因素有关。（3）被检测房屋平顶开裂主要与混凝土材料干缩变形等因素有关。（4）根据《董家渡5—1地块项目基础工程信息化施工检测报告》，被检测房屋检测点在L花园项目施工期间，竖向位移均较小。结合现场检测结果，被检测房屋目前存在的墙面和平顶开裂等损坏现象与L花园项目施工无明显因果关系。

2006年1月H置地（上海）有限公司与吴某、商某的房屋所在的上海市×××街道的街道办事处、××小区的业主代表签订《共建协议书》、《赔/补偿协议书》，H置地（上海）有限公司通过街道办事处支付××小区业主委员会100万元，并就L花园项目，对××小区房屋以及环境所造成的影响支付上海市××街38弄甲号、乙号的房屋权利人总额为110万元作为一次性的赔/补偿，其中，H置地（上海）有限公司同意给付吴某、商某11250元，但吴某、商某未接受。

2008年6月20日，吴某、商某诉讼至法院，请求判令H置地（上海）有限公司赔偿房屋损害费10万元；判令H置地（上海）有限公司因对二人居住房屋之日照、通风、采光、噪声、间距、环保造成的妨碍、影响，赔偿2万元；判令H置地（上海）有限公司赔偿二人精神损害赔偿5000元。

【焦点问题】

1. 吴某、商某所居住房屋的墙面和平顶开裂等损坏现象与L花园项目施工是否存在因果关系？

2. 吴某、商某是否享有赔偿请求权？

【法院判决】

一审法院经审理认为，吴某、商某房屋墙体、屋顶、门框等多处开裂确系事实，但H置地（上海）有限公司所建造“L花园”物业系经相关部门许可建造的合法建筑，且根据《房屋质量检测报告》的鉴定结论，吴某、商某房屋的损坏与“L花园”施工项目无因果关系，吴某、商某要求H置地（上海）有限公司赔偿其房屋损害费10万元的诉讼请求，缺乏依据，法院不予支持。不动产的相邻权利人应当按照有利生产、方便生活、团结互助、公平合理的原则，正确处理相邻关系。H置地（上海）有限公司所建造的“L花园”项目，虽与吴某、商某房屋开裂之损害结果无因果关系，但相较L花园建造以前，L花园的建造确实对吴某、商某的日照、通风等方面造成了一定影响，只是该影响尚不至于妨碍吴某、商某的生活。纵观上海土地使用的现状以及城市发展的要求，吴某、商某作为现代的城市人应对H置地（上海）有限公司的建设行为具有一定的容忍度。吴某、商某要求H置地（上海）有限公司因建造“L花园”之物业，对其居住房屋之日照、通风、采光、噪声、间距、环保造成的妨碍、影响赔偿2万元的诉讼请求，法院不予支持。另，吴某、商某要求H置地（上海）有限公司支付精神损害赔偿的诉讼请求，于法无据，法院也不予支持。

二审法院经审理认为，损坏国家的、集体的财产或者他人财产的，应当恢复原状或者折价赔偿。当事人对于自己提出的诉讼请求所依据的事实或者反驳对方诉讼请求所依据的事实有责任提供证据加以证明。没有证据或者证据不足以证明当事人的事实主张的，由负有举证责任的当事人承担不利后果。上海房屋质量检测站系具备鉴定资质的鉴定机构，且鉴定程序并无不当之处，鉴定结论应予以采信。该鉴定报告认为，吴某、商某居住使用的房屋中存在的墙面和平顶开裂等损坏现象与H置地（上海）有限公司的施工项目无明显因果关系。因此原审法院对吴某、商某请求判令H置地（上海）有限公司承担损害赔偿责任的诉请不予支持，并无不当。吴某、商某诉请被H置业（上海）有限公司赔偿其精神损害，缺乏依据。

法条链接

《中华人民共和国民事诉讼法》

第七十六条　当事人可以就查明事实的专门性问题向人民法院申请鉴定。当事人申请鉴定的，由双方当事人协商确定具备资格的鉴定人；协商不成的，由人民法院指定。

当事人未申请鉴定，人民法院对专门性问题认为需要鉴定的，应当委托具备资格的鉴定人进行鉴定。

第七十七条　鉴定人有权了解进行鉴定所需要的案件材料，必要时可以询问当事人、证人。

鉴定人应当提出书面鉴定意见，在鉴定书上签名或者盖章。

【案例评析】

本案虽然属于地产施工过程中导致的相邻楼盘业主索赔案件。但在物业管理工作中，业主会因存有房屋出现的各种质量瑕疵或工程施工瑕疵，在向房地产商索赔的同时，也会变相要求物业服务企业承担相应的连带责任，尤其是超过保修期的物业项目，在向施工单位索赔无果的情况下，甚至以拖欠管理服务费用来要求物业服务企业承担超出物业维护责任能力的修缮和整改工作。作为物业服务企业，规避维护和修缮责任的模糊和责任不清，需要在物业服务合同中明确物业及设备维保责任的范围，当出现不合理的工程整改或赔偿诉求时，可以依据物业管理行业法律规范和物业服务合同的约定来界定相关的责任。

第4章

物业环境管理篇

本章综述

物业环境管理服务是物业管理的常规组成部分，主要包括物业项目清洁、保洁、消毒以及绿化环境维护等工作内容。就行业特点来讲，从事环境管理工作的服务工作者其大多年龄较大，文化知识比较单薄，在作业的过程中，缺乏必要的法律常识，容易产生作业过程中的一些意外事件与安全隐患。由此，本章从清洁作业、噪声管理、绿化改造等方面筛选一些具代表性的案例，通过案例的分析和法条的链接，让物业服务的从业人员能在作业过程中，了解到如何及时的识别风险，如何进行业主的告知，如何采取防范措施，合理的履行安全保障义务，从而有效降低和规避从事基础物业服务工作带来的法律风险。

4.1 业主由于大堂水渍摔伤，物业服务企业为何担责

【案情介绍】

朱某某系深圳市××区某城彩虹之岸×栋××房业主，深圳A物业服务企业管理有限公司（下称A物业服务企业）系该小区物业服务企业，由深圳A物业服务企业B管理处具体负责该小区的物业管理工作。

2013年3月21日早上7点左右，朱某某自其家中乘坐电梯下楼，因B管理处的清洁人员拖地后导致地面湿滑，且未摆放警示标志，朱某某走出电梯后摔倒，当时由于没人看见，朱某某自行走出大厅走后，遇一名外围清洁工，该清洁工看到后，便扶住朱某某，并称拖地的清洁工刚刚离开，朱某某因摔倒后脚部疼痛，在外围清洁工的帮助下回到家中。2014年2月26日，广东中一司法鉴定所出具粤中一鉴（2014）临鉴字第0068号《法医临床司法鉴定意见书》，鉴定意见为：（1）被鉴定人朱某某伤残程度为拾级伤残；（2）其左踝关节创伤性骨性关节炎尚需理疗及药物治疗。朱某某因医疗费用及精神损害赔偿与A物业服务企业公司、B管理处协商不成，向法院提起诉讼。

【焦点问题】

1. 原告在其居住的小区楼下大堂摔伤A物业服务企业是否为此担责？

2. 清洁作业时如何有效地规避可能出现的意外法律风险？

【法院判决】

一审法院认为，朱某某在其居住的小区大厅摔倒，不慎摔伤造成伤害，朱某某未注意自身安全，对损害的发生自身负有过错；B管理处作为涉案小区的物业管理单位，在未采取其他有效防滑措施的情况下，没有设置安全警示标志，未完全尽到安全保障义务，应当承担相应的侵权民事责任。根据本案案情，法院酌定朱某某本人承担70%的责任，B管理处承担30%的赔偿责任。由于B管理处隶属于A物业服务企业，因此，B管理处与A物业服务企业应连带赔偿责任。

二审法院认为，本案为侵权责任纠纷。管理处清洁工拖地后留下过多水渍，制造了危险源，又没有即时清理，也无证据证明有采取设置警示牌或者将有水渍的地方圈起来等措施，因此管理处存在过错。关于因果关系，不作为与损害结果是否存在因果关系的检验标准是，如果管理处尽到责任做出了应做的行为，也即拖干了地面，或者设置了警示牌、将有水渍的地方圈起来，就不会发生摔倒的结果。本案朱某某是因管理处未尽到上述责任而摔倒，故管理处的不作为与朱某某的损害结果存在因果关系，故管理处的不作为构成了侵权。

关于管理处是否可以减轻责任，根据《中华人民共和国侵权责任法》第二十六条“被侵权人对损害的发生也有过错的，可以减轻侵权人的责任”的规定，如果朱某某对损害的发生也存在过错，可根据朱某某和管理处各自的过错大小以及对发生损害结果的作用进行损失分担。本案地面的水渍可以看得见，住户也知道清洁的时间和清洁后可能存在水渍，故住户应当注意避免滑倒，原审法院酌定朱某某承担70%的过错责任，并无不当。

法条链接

《中华人民共和国侵权责任法》

第十六条　侵害他人造成人身损害的，应当赔偿医疗费、护理费、交通费为治疗和康复支出的合理费用，以及因误工减少的收入。造成残疾的，还应当赔偿残疾生活辅助具费和残疾赔偿金。造成死亡的，还应当赔偿丧葬费和死亡赔偿金。

第二十六条 被侵权人对损害的发生也有过错的，可以减轻侵权人的责任。

第三十七条 宾馆、商场、银行、车站、娱乐场所等公共场所的管理人或者群众性活动的组织者，未尽到安全保障义务，造成他人损害的，应当承担侵权责任。

【案例评析】

关于本案中侵权责任的构成，管理处对在其清洁范围内的地面的水渍的清理义务存在两种情形，第一种情形是地面的水渍是由他人造成的，第二种情形是水渍由管理处的清洁工人拖地时遗留下来的。在前一种情形，管理处承担合理注意义务，在其知道或者应当知道水渍存在时有清理义务和告知业主谨慎注意的义务；在第二种情况，由于水渍是由管理处清洁工人造成，也即是管理处的行为制造了危险，管理处有义务采取清理水渍、设置警示牌或者将有水渍的地方圈起来等足以保障他人安全的措施。本案属于第二种情形，因此，两审法院最终判决物业服务企业承担相应的赔偿责任，也是基于管理处未能尽到足够的安全保障义务而导致。

无论是大堂清洁作业，还是在社区的主要人行通道实施环境维护，操作员工不可只顾埋头干活，对于一些存有安全隐患的区域，要优先及时处理和采取必要的措施，例如：可能致人滑到的香蕉皮，面积较大的水渍，可能划伤的尖锐物品垃圾等。只有及时处理或采取足以保障他人安全的措施，才能避免许多无谓的意外事件发生，从而降低的被纠责的法律风险。

4.2 员工作业高空坠落致伤谁之责

【案情介绍】

2011年12月27日，河南某有限责任公司C卷烟厂（以下简称“C卷烟厂”）作为甲方，郑州D物业管理有限公司（以下简称“D物业服务企业”）作为乙方，签订《“进站式保养”和“卫生保洁”服务协议》，主要约定：（1）甲方将动能车间、制丝车间和卷包车间进站式保养及卫生保洁项目交于乙方承包；（2）乙方应严格遵守安全管理规定，在保洁过程中，如登高作业等按要求穿戴安全保护用品。2012年5月26日，D物业服务企业作为甲方，郑州E家政服务有限责任公司（以下简称“E家政公司”）作为乙方签订《清洁公司开荒保洁合同》，主要约定：（1）保洁范围为C卷烟厂卷包车间屋顶钢架网、集成吊顶、钢架、管道及其钢架网附属设备；（2）甲方负责人有监督指导权，发现问题可督促乙方在限期内改正，甲方如对个别员工不满意可以用书面或口头形式通知乙方，招回该员工另行安排。岳洁作为乙方代表在该合同上签字。后E家政公司作为甲方，何某某作为乙方签订《清洁公司开荒保洁合同》一份，主要约定：（1）甲方承接了D物业服务企业开荒保洁项目，现由乙方负责，保洁范围为C卷烟厂卷包车间屋顶钢架网、集成吊顶、钢架、管道及其钢架网附属设备；（2）甲方负责人有监督指导权，发现问题可督促乙方在限期内改正，甲方如对个别员工不满意可以用书面或口头形式通知乙方，招回该员工另行安排。

孙某某通过E家政公司一名叫“小岳”的工作人员联系到C卷烟厂卷包车间进行保洁工作，2012年5月27日，孙某某在C卷烟厂的卷包车间对屋顶做保洁工作时，从高空坠落受伤。

【焦点问题】

1. 对于孙某某的摔伤，直接责任主体有哪些？
2. 对于员工作业过程中致伤的责任承担问题有哪些？

【法院判决】

一审法院认为，公民享有生命健康权，当身体健康遭受侵害时，受害人有权要求侵权人给予赔偿。孙某某在C卷烟厂进行保洁工作时从高空坠落受伤，其作为完全民事行为能力人，应当意识到在高空进行保洁工作具有一定的危险性，需要采取安全防护措施，但是由于其疏忽大意或者轻信能够避免危险，在未采取任何安全防护措施的情况下登上卷包车间的屋顶进行保洁，导致自身从高处坠落受伤，孙某某本人具有过错，应当对其损伤承担责任。C卷烟厂将动能车间、制丝车间和卷包车间进站式保养及卫生保洁项目交于D物业服务企业承包，D物业服务企业将C卷烟厂卷包车间屋顶钢架网、集成吊顶、钢架、管道及其钢架网附属设备的保洁项目交由E家政公司负责，根据当事人之间签订的合同，D物业服务企业以及E家政公司均对卷包车间的保洁项目有监督指导权，在孙某某进入C卷烟厂的卷包车间登高进行保洁时，D物业服务企业以及E家政公司应当保障安全的工作环境，提供必要的安全防护工具，提醒保洁人员严格遵守安全管理规定，穿戴安全防护用品，采取安全防护措施。在本次事故中，孙某某在对卷包车间的屋顶进行保洁时，D物业服务企业及E家政公司未尽到上述义务，对于孙某某受伤存在一定的过错，应当承担相应的责任。根据本案的实际情况，对孙某某的损失，法院酌定孙某某本人承担40%的责任，D物业服务企业承担30%的责任，E家政公司承担30%的责任。

二审法院审理认为，孙某某是在从事保洁工作时从屋顶处高空坠落受伤，对于形成该结果，孙某某本人应承担一定责任。关于在卷包车间屋顶从事保洁事项，根据C卷烟厂与D物业服务企业、D物业服务企业与E家政公司的合同，对于卷烟车间的保洁工作最终由E家政公司提供保洁人员进场进行保洁，而本案孙某某是通过E家政公司的介绍前往C卷烟厂服务。对于高空特定的环境从事保洁服务，D物业服务企业作为物业服务企业，有对现场风险的预侧、评估，为保洁人员提供必要的安全防护工具并监督指导的责任，但其未尽合理的谨慎义务，E家政公司对于家政人员未尽高空作业培训教育的义务，因此，对造成事故的发生，均存在过错。因此，原审法院对于责任的认定并无不妥。

法条链接

《中华人民共和国侵权责任法》

第六条 行为人因过错侵害他人民事权益，应当承担侵权责任。

第十六条 侵害他人造成人身损害的，应当赔偿医疗费、护理费、交通费等为治疗和康复支出的合理费用，以及因误工减少的收入。造成残疾的，还应当赔偿残疾生活辅助具费和残疾赔偿金。造成死亡的，还应当赔偿丧葬费和死亡赔偿金。

第二十二条 侵害他人人身权益，造成他人严重精神损害的，被侵权人可以请求精神损害赔偿。

第二十六条 被侵权人对损害的发生也有过错的，可以减轻侵权人的责任。

【案例评析】

本案判决的赔偿责任分配是由受伤员工、物业服务企业、家政公司按比例承担，看似合情的判决其实更体现合法与合理，也给到物业服务企业和从业员工很好的启示：首先，通过安全操作培训增强员工的安全防范意识和能力，尤其是涉及危险作业的安全意识和安防措施的学习不可缺少。物业管理行业的人员流动性较大，许多公司因为缺人，便将员工招之即用，缺乏对员工的岗前和在岗的培训教育，员工缺乏必要的安全意识，没有操作经验，因此员工上岗操作前其直属单位应明确安全操作注意事项，进行必要的安全培训或技术交底，员工岗位操作应严格遵守安全操作规程的要求作业。做好现场安全操作教育，尤其是操作危险系数较高的岗位，需要特别予以重视，由持有效操作证的人员进场作业，现场还应做好安全操作指导监督，否则发生意外，给他人或员工自身造成不必要的损害，也导致企业承担了巨额的赔偿责任风险。

物业服务企业在分包单位的管控方面，不要以为通过业务分包，就可以有效规避法律风险。在分包单位作业过程中，物业服务企业要做好监管，对于特殊的作业，需要对现场风险进行预测、评估，并为作业人员提供必要的安全防护工具和指导的责任，如果未尽到合理的谨慎和防范义务，同样要承担意外事故而致的赔偿责任。

4.3 噪声污染，业主能否主张精神损害赔偿

【案情介绍】

余某某、喻某系上海市嘉善路×××弄（J花苑）房屋产权人。上海G房地产发展有限公司（以下简称“G房产公司”）系J花苑之开发商，J花苑于1999年竣工并经验收合格，上海H物业有限公司（以下简称“H物业”）系该小区物业管理企业。余某某、喻某于2004年9月取得上述房屋产权后进行装修并实际入住，入住不久即发觉房间内有噪声，之后得知该房屋下方的地下室为小区的水泵房，内有小区两幢高楼的供排水系统。为此余某某、喻某与G房产公司、H物业多次交涉，要求解决房屋内的噪声问题，但未有结果。余某某、喻某遂于2008年6月诉至法院，要求G房产公司、J花苑业主委员会（以下简称“J花苑业委会”）停止水泵房的噪声污染、对噪音源予以整改，由H物业配合对噪音源整改，同时要求G房产公司赔偿精神损失费，J花苑业委会对此承担连带赔偿责任。

【焦点问题】

1．余某某、喻某要求被诉人G房产公司赔偿精神损失费是否具有法律依据？

2．解决噪音问题的责任主体如何界定？

【法院判决】

一审法院经审理认为，公民、法人的合法民事权益受法律保护。余某某、喻某作为上海市嘉善路××号房屋权利人，在买售房屋期间，理应对房屋状况及小区情况均有所了解。现余某某、喻某以购房后才得知小区水泵房位于其房屋下方并以噪声影响其生活为由，要求G房产公司赔偿精神损失费，J花苑业委会承担连带责任的诉请缺乏事实和法律依据。

二审法院经审理认为，本案系因水泵房噪音问题而引发纠纷。由于余某某、喻某通过二手房交易购房时对房屋状况及小区设施等相关情况有所了解，根据我国目前的法律法规，余某某、喻某主张精神损害赔偿的诉请，于法无据，不应予以支持。

法条链接

《最高人民法院关于确定民事侵权精神损害赔偿责任若干问题的解释》

第一条 自然人因下列人格权利遭受非法侵害，向人民法院起诉请求赔偿精神损害的，人民法院应当依法予以受理：

（一）生命权、健康权、身体权；

（二）姓名权、肖像权、名誉权、荣誉权；

（三）人格尊严权、人身自由权。

违反社会公共利益、社会公德侵害他人隐私或者其他人格利益，受害人以侵权为由向人民法院起诉请求赔偿精神损害的，人民法院应当依法予以受理。

第八条 因侵权致人精神损害，但未造成严重后果，受害人请求赔偿精神损害的，一般不予支持，人民法院可以根据情形判令侵权人停止侵害、恢复名誉、消除影响、赔礼道歉。

因侵权致人精神损害，造成严重后果的，人民法院除判令侵权人承担停止侵害、恢复名誉、消除影响、赔礼道歉等民事责任外，可以根据受害人一方的请求判令其赔偿相应的精神损害抚慰金。

【案例评析】

噪声引发争议在物业管理工作是屡见不鲜的问题。在应对噪声问题时，许多受扰的业主对噪声的理解和承受是有区别的。法律对于是否构成噪声，有相应分贝标准的规定。因此物业管理企业在面对噪声投诉或诉讼时，首先要依据法律法规和专业机构去识别或测试是否达到噪声的标准；再者，对于非管理原因造成的噪声，物业企业需要的是协调有关责任单位进行整改和消除工作，同时做好与业主用户的沟通和协调。对于尽心、尽力、尽责也确实无法直接解决的噪声问题，可以引导受影响的业主通过法律诉讼进行维护权益，无需担心纠责问题。

4.4 转包保洁工作，员工作业中受到伤害，物业服务企业是否担责

【案情介绍】

郑州某卷烟厂部分车间进站式保养及卫生保洁项目交于黄××物业服务企业承包，约定乙方应严格遵守安全管理规定，在保洁过程中，如登高作业等按要求穿戴安全保护用品。

后黄××物业服务企业作为甲方，将上述保洁工作交由阳光××公司并约定甲方负责人有监督指导权。岳某作为乙方代表在该合同上签字。

后阳光××公司作为甲方，又将此保洁工作交由何某，甲方负责人有监督指导权。

2012年5月26日，岳某带领孙某等六人去郑州某卷烟厂工作。次日，孙某在郑州某卷烟厂的卷包车间对屋顶做保洁工作时，从高空坠落受伤。后孙某因赔偿问题起诉黄××物业服务企业、阳光××公司要求赔偿。

【焦点问题】

黄××物业服务企业、阳光××公司是否应当承担侵权责任？

【法院判决】

一审法院认为，公民享有生命健康权，当身体健康遭受侵害时，受害人有权要求侵权人给予赔偿。孙某在郑州某卷烟厂进行保洁工作时从高空坠落受伤，其作为完全民事行为能力人，应当意识到在高空进行保洁工作具有一定的危险性，需要采取安全防护措施，但是由于其疏忽大意或者轻信能够避免危险，在未采取任何安全防护措施的情况下登上卷包车间的屋顶进行保洁，导致自身从高处坠落受伤，孙某本人具有过错，应当对其损伤承担责任。郑州某卷烟厂将动能车间、制丝车间和卷包车间进站式

保养及卫生保洁项目交于黄××物业服务企业承包，黄××物业服务企业将郑州某卷烟厂卷包车间屋顶钢架网、集成吊顶、钢架、管道及其钢架网附属设备的保洁项目交由阳光××公司负责，根据阳光××公司提交的《清洁公司开荒保洁合同》显示，其又将上述保洁项目全部交由何某负责。根据当事人之间签订的合同，黄××物业服务企业以及阳光××公司均对卷包车间的保洁项目有监督指导权，在孙某进入郑州某卷烟厂的卷包车间登高进行保洁时，黄××物业服务企业以及阳光××公司应当保障安全的工作环境，提供必要的安全防护工具，提醒保洁人员严格遵守安全管理规定，穿戴安全防护用品，采取安全防护措施。在本次事故中，孙某在对卷包车间的屋顶进行保洁时，黄××物业服务企业及阳光××公司未尽到上述义务，对于孙某受伤存在一定的过错，应当承担相应的责任。根据本案的实际情况，对孙某的损失，该院酌定孙某本人承担40%的责任，黄××物业服务企业承担30%的责任，阳光××公司承担30%的责任。

二审法院认为：对于高空特定的环境从事保洁服务，黄××物业服务企业作为物业服务企业，有对现场风险的预测、评估，为保洁人员提供必要的安全防护工具并监督指导的责任，但其未尽合理的谨慎义务，阳光××公司对于家政人员未尽高空作业培训教育的义务，因此，对造成事故的发生，均存在过错。原审法院判决黄××物业服务企业、阳光××公司承担侵权责任并无不妥。原审法院认定事实清楚，适用法律正确，应予维持。

法条链接

《中华人民共和国侵权责任法》

第六条 行为人因过错侵害他人民事权益，应当承担侵权责任。

根据法律规定推定行为人有过错，行为人不能证明自己没有过错的，应当承担侵权责任。

第七条 行为人损害他人民事权益，不论行为人有无过错，法律规定应当承担侵权责任的，依照其规定。

第二十二条 侵害他人人身权益，造成他人严重精神损害的，被侵权人可以请求精神损害赔偿。

第二十六条 被侵权人对损害的发生也有过错的，可以减轻侵权人的责任。

【案例评析】

根据《中华人民共和国合同法》第二百五十一条关于承揽合同的相关规定，郑州某卷烟厂与黄××公司签署的《“进站式保养”和“卫生保洁”服务协议》，黄××公司与阳光××公司之间签署的《清洁公司开荒保洁合同》均属于承揽合同法律关系，根据法律规定，除非制作人在选任承揽人存在过错外，制作人不需要承担法律责任。根据《中华人民共和国安全生产法》的相关规定，特种作业人员必须经国家有关规定经专门的安全作业培训，取得相应资格，方可上岗作业。《高处作业分级》GB/T 3608-2008将高处作业界定为：凡在坠落高度基准面2m以上（含2m）有可能坠落的高处进行的作业，故本案屋顶钢架网、集成吊顶、钢架、管道及其钢架网附属设备的保洁项目属于高处作业，相关从业人员需取得《中华人民共和国特种作业操作证》。本案中郑州某卷烟厂、黄××公司将高处作业的保洁业务承包给不具有合法资质的阳光××公司，在承揽人选任过程中存在过错，阳光××公司作为具体保洁工作的承揽人，其在未取得相关资质的前提下组织人员从事高空作业致使损害发生，亦存在过错，根据《中华人民共和国侵权责任法》及《最高人民法院关于人身损害赔偿司法解释》的相关规定，黄××公司与阳光××公司均应承担侵权责任。

实践中，不少物业服务企业存在转包工程的情况，然而却在转包过程中存在资质审查不严和分包方监管不到位的情况，导致大量风险。根据《中华人民共和国安全生产法》的相关规定，特种作业人员必须持有资格证书方可上岗，根据《特种作业人员安全技术培训考核管理规定》规定，特种作业目录包括：电工作业、压力焊作业、高处作业、制冷与空调作业、煤矿安全作业、金属非金属矿山安全作业、石油天然气安全作业、冶金（有色）生产安全作业、危险化学品安全作业、烟花爆竹安全作业及安全监管总局认定的其他作业，因此，物业服务企业在实际选聘承揽人承揽特种作业过程中应当严格审查相关资质，并完善分包方监管措施，避免出现法律风险。

4.5 噪声污染的侵权责任如何界定

【案情介绍】

2009年4月28日，黄某某与某县开发区经济技术开发总公司（以下简称“开发总公司”）签订商品房买卖合同，购买阳光嘉园××室商品房一套，此后，黄某某向某县开发区经济技术开发总公司H分公司（以下简称“H分公司”）缴纳了全部房款后于2010年年底取得该房，黄某某对该房屋进行了装修并于2011年4月份入住上述房屋。此后，因设置在该住宅楼内一层的变压器产生的低频噪声通过墙体向上传导，影响了该住宅楼内部分住户的生活，自2011年10月31日始，包括黄某某在内的部分业主陆续找开发总公司、供电公司反映上述情况，要求对变压器进行处理以彻底解决低频噪声问题，开发总公司也曾书面向供电公司提出申请要求解决上述问题，但一直未能得到解决。

2012年8月22日，黄某某晨起时跌倒致头部着地受伤，后被家人送往海安县人民医院住院就诊，次日行颅内血肿清除术及去骨瓣减压术，同年10月6日好转出院。2013年1月5日，海安县环境监测站接受黄某某一方的委托，至黄某某所居住的阳光嘉园2幢405室西南侧卧室内的结构传播固定设备噪声进行了监测。根据监测报告，频率为250赫兹，夜间监测数据为43.7分贝。因对于居民楼内的电梯、水泵和变压器等设备产生环境噪声问题，目前尚未有相应的国家标准和地方标准，故该监测报告中未作评价，该站依法告知黄某某可向法院提起诉讼。

案件审理过程中，黄某某申请法院委托鉴定机构进行司法鉴定，经鉴定，南通市第一人民医院司法鉴定所于2013年8月7日作出司法鉴定意见书，鉴定意见为：（1）黄某某因突发头昏跌倒至颅脑外伤，右额颞叶挫裂伤伴脑内血肿，蛛网膜下腔出血，现遗有脑外伤后智能损害（轻度），脑外伤后综合征，构成人损八级伤残；（2）黄某某伤后休息期为六个月，护理期为三个月，护理人数住院期间为二人，非住院期间为一人，营养期为三个月；（3）黄某某“长期失眠、反复头痛头晕与受低频噪声影响有因果关系，其突然跌倒受伤”与所受噪声污染的因果关系无法确定。

2008年9月9日，开发总公司与G实业有限公司（以下简称“G公司”）就案涉10kV电力增容工程的施工、部分设备及总装置性材的采购料项目等事项签订施工合同，该合同约定的承包方式为，电缆由甲方代购，其他材料设备（干变、高低压柜、户外环网柜由开发总公司指定生产厂家生产并附设备采购委托书和生产厂家报价单）由G公司供应。G公司负责整体电气工程施工调试，该合同中双方就合同的价款、付款方式、开竣工日期及双方的其他权利义务进行了约定。此后，G公司按上述合同约定进行了实际施工调试。

【焦点问题】

1. 本案中是否存在噪声污染，如存在，噪声污染与黄某某的损害结果之间是否存在因果关系？

2. 噪声污染的侵权责任是如何界定？

【法院判决】

一审法院经审理认为，关于低频噪声对人的生理造成的直接影响，虽然没有高频噪声那么明显，但是近年来国内从事低频噪声研究的专家指出，低频噪声由于可直达人的耳骨，而且会使人的交感神经紧张，心动过速，血压升高，内分泌失调，人被迫接受这种噪声，容易烦恼激动、易怒，甚至失去理智。相关文献资料也有记载，低频噪声对人体具有长期潜在性影响（包括功能性、器质性、精神性损害），一般认为，如长期生活在低频噪声环境中，可出现头昏、头痛、失眠等神经官能症状。《社会生活环境噪声排放标准》的制定目的是为了防治环境噪声污染，保护和改善生活环境，保障人体健康，具有一定的科学依据。虽然案涉变压器低频噪声超过了该规定标准，但由于该规范不适用于居民楼内为本楼居民日常生活提供服务而设置的设备噪声评价，故案涉纠纷不适用于上述标准，从而不具违法性，但不能据此否认其具有危害性。开发总公司、H分公司系案涉商品房的房地产开发企业，是该小区公共服务设施的建设者，其应承担住宅建筑的隔声、防噪义务，应避免在住宅建筑内布置锅炉房、变压器室及其他有噪声振动源等设备用房。如受条件限制需要布置时，应符合现行的建筑防火、建筑隔声及有关专业规范的规定。《住宅设计规范》和《民用建筑隔声设计规范》可视为住宅建筑的质量标准，由于开发商不合理设置变压器致小区公共设施噪声未达到上述规范所要求的标准，作为开发商的开发总公司、H分公司应承担相应的责任。据此可以确认开发总公司、H分公司系噪声源的建设者，即污染者，其所布置的变压器排放的低频噪声具有致害性，故开发总公司、H分公司存在环境污染行为。H分公司系由开发总公司依法设立并领取了营业执照，可以作为独立的民事诉讼主体参与诉讼并承担民事责任。因H分公司不具有法人资格，其设立公司开发总公司也应当承担民事责任。本案中，案涉10kV电力增容工程的施工、部分设备及部分装置性材料的采购项目，系由开发总公司委托给G公司，双方在施工合同中约定，电缆由开发总公司提供，其他材料设备（干变、高低压柜、户外环网柜由开发总公司指定生产厂家生产并附设备采购委托书和生产厂家报价单）由G公司供应，G公司负责整体电气工程施工调试。上述电力增容工程的设计单位是南通某电力设计咨询有限公司。黄某某要求承担赔偿责任是基于开发总公司、H分公司是开发商，是小区公共服务设施的建设者，即使存在施工不当或管理不当，开发总公司、H分公司可依据双方之间的合同关系主张相应的权利，黄某某选择要求开发总公司、H分公司承担侵权责任并无不当。开发商没有合理设置小区公共服务设施，而致该住宅未达到相应的住宅设计规范要求和民用建筑设计规范要求，且事后也未采取有效的隔声降噪措施是造成小区公共服务设施噪声污染的原因。由于低频噪声对人的生理会产生一定的影响，长期受到低频噪声袭扰，容易造成神经衰弱、失眠、头痛等各种神经官能症。鉴定意见也表明，黄某某“长期失眠、反复头痛、头晕”与受低频噪声影响有因果关系，但同时认为黄某某“突然跌倒受伤”与所受噪声污染的因果关系无法确定。根据侵权责任法及相关规定，因污染环境发生纠纷，污染者应当就其行为与损害之间不存在因果关系承担举证责任。

二审法院经审理认为，开发总公司与H分公司作为案涉小区的开发商，其应当按照国家规定以及行业通常标准，向购房户提供房屋，还应当提供符合社会通常标准的供电服务设施。本案中，供电设施中的变压器产生的低频噪声，经检测已经超出了《社会生活环境噪声排放标准》规定的标准。尽管该规定并不适用于本案所涉环境，但是居民楼作为百姓日常居住生活场所，其对噪声防范的要求亦较一般环境为高。按照社会通常认知，案涉的变压器在出于对环境噪声要求较高居住场所时，亦难言不存在危害性。关于案涉的噪声污染以及黄某某的损害结果之间是否存在因果关系的问题，根据相关法律规定，环境污染行为和损害结果之间是否存在因果关系的举证责任在于污染者。根据南通市第一人民医院司法鉴定所司法鉴定意见书，黄某某突然跌倒受伤与其所受噪声污染的因果关系无法确定。在此情形下，法院无法排除两者之间存在因果关系的可能性。开发总公司与H分公司如不承担责任，其应当举证证明噪声污染与损害结果之间不存在法律上的因果关系。

法人分支机构在领取了营业执照的情况下，其有权以自己的名义作为民事诉讼的当事人，并且可以以自己直接管理、经营的财产承担民事责任。在其自身财产不足以承担民事责任的前提下，其民事责任由设立分公司的法人依法承担。

本案中，黄某某与开发总公司签订了商品房买卖合同，开发总公司应依照法律和合同约定向黄某某提供房屋以及相应的公用设施。开发总公司与H分公司作为开发商向黄某某提供的供电设施具有危害性，已经构成违约。我国合同法规定，当事人一方的违约行为，侵害对方人身、财产权益的，受害方有权按照本法要求其承担违约责任或依照其他法律要求承担侵权责任。本案中，黄某某有权要求按照侵权法律关系要求两人承担相应的赔偿责任。即使有关供电设施系开发总公司与H分公司委托他人完成，且他人在履行两人的委托事务过程中存在设计、施工不当的问题，亦应在两人承担赔偿责任后，再由其依法向他人另行主张，而不能作为开发总公司与H分公司在本案中可以直接减轻和免除责任的抗辩理由。

法条链接

《中华人民共和国侵权责任法》

第七条　行为人损害他人民事权益，不论行为人有无过错，法律规定应当承担侵权责任的，依照其规定。

第六十五条　因污染环境造成损害的，污染者应当承担侵权责任。

第六十六条　因污染环境发生纠纷，污染者应当就法律规定的不承担责任或者减轻责任的情形及其行为与损害之间不存在因果关系承担举证责任。

【案例评析】

本案例是属于民事侵权中的特殊侵权情形，按照《中华人民共和国侵权责任法》第六十六条：因污染环境发生纠纷，污染者应当就法律规定的不承担责任或者减轻责任的情形及其行为与损害之间不存在因果关系承担举证责任。该规定标明受侵害者客观上只需要证明存有损害事实即完成了举证义务，凸显了对于包括噪声在内的污染环境发生的诉讼纠纷中，制造噪声及其他环境污染的单位，在生产经营中首先要重视对环境保护和人身健康权的保护。

物业管理企业的管理服务中，自身工作中并不存在太多的环境污染类的作业，更多的由于管理的项目中，设施设备的缺陷或其他单位作业导致噪声而引发的争议和诉讼，物业企业只要尽到合理防范、告知整改，积极沟通的义务，则尽到了管理的职责。

4.6 行人驾电动车滑倒摔伤，物业服务企业是否担责

【案情介绍】

2014年5月4日18时20分许，事故当天天气情况为雨天。夏某某驾驶未依法登记的电动自行车在上海市浦东新区宣桥镇宣中路西侧非机动车道内由北向南行驶至宣中路×××号门口处时，倒在表面覆盖有一层油污渍的宣中路西侧非机动车道内，造成夏某某受伤及车辆损坏。交警部门对交通事故进行调查，对当时的道路基本情况确认如下：事发地位于宣中路西侧边上，属某房地产开发公司所有的商铺，该商铺长期用于

出租给居民办酒席，上海Q物业管理有限公司（以下简称“Q物业服务企业”）为某房地产开发公司的下属公司，负责商铺的管理及商铺门前上街沿的保洁工作，酒席产生的污水在排放过程中漫延到宣中路上，日积月累，宣中路西侧非机动车道内覆盖一层面积较大的油污渍，宣中路的保洁工作由上海Y物业管理有限公司（以下简称“Y物业服务企业”）负责。交警部门因夏某某倒地的原因不明，事故成因无法查清，故出具沪公（浦）交证字（2014）第0003号《道路交通事故证明》。由于就夏某某人身损害的赔偿事宜不能达成一致意见，故夏某某诉至法院，要求Q物业服务企业和Y物业服务企业各自按照50%的比例承担其医疗及诉讼费用。

【焦点问题】

1. 夏某某驾驶的电动自行车倒地的原因不明，Q物业服务企业和Y物业服务企业是否应当承担赔偿责任？

2. 对于夏某某损害后果的责任如何分配？

【法院判决】

一审法院审理认为，本起交通事故中，导致电动自行车倒地的原因可能存在雨天路滑、驾驶不当、车速过快等多方面因素，但综合本案目前的在案证据案情，并结合物理作用的基本常识，即便不能确认地面油污是造成电动自行车倒地进而导致夏某某受伤的唯一原因，也足以确定事故现场的油污是重要因素。宾馆、商场、银行、车站、娱乐场所等公共场所的管理人或者群众性活动组织者，未尽到安全保障义务，造成他人损害的，应当承担侵权责任。本案中，Q物业服务企业是宣中路×××号商铺及商铺店门前街沿的管理人和保洁负责人，Y物业服务企业是宣中路×××号商铺门前人行道和非机动车道的保洁负责人。事故现场由于宣中路×××号商铺长期出租给居民举办酒席产生的污水在排放过程中漫延到宣中路上，日积月累，宣中路西侧非机动车道内覆盖一层面积较大的油污渍。一方面，Q物业服务企业作为宣中路×××号商铺的管理者，对居民举办酒席过程中污水如何排放有一定的管理职责；另一方面，每次举办酒宴后商铺及街沿的最后保洁责任人是Q物业服务企业，Q物业服务企业作为专门的保洁公司和商铺最后的保洁负责人，有责任做好最后的保洁工作，不应放任污水漫延到街沿外。而Y物业服务企业作为人行道和非机动车道的保洁负责人，即便安排了工作人员对事故现场按时进行了清扫，但非机动车道上地面大面积油污渍的形成是不争的事实，Y物业服务企业在对保洁地面进行清扫时，对油污的处理主观上有无奈，客观上有疏忽。故对涉案地面油污的形成，Q物业服务企业和Y物业服务企业均具有不可推卸的责任，考虑到油污的形成源头系宣中路×××号商铺用于出租举办酒席引起，Q物业服务企业的过错要大于Y物业服务企业的过错。受害人对损害的发生也有过错的，可以减轻侵权人的责任。就夏某某而言，首先，涉案事故发生的地点为公共道路，不同于其他公共场所，在公共道路上行驶的任何人本身都负有更多的安全行驶、行走、避让危险的注意义务。其次，涉案事故发生的时间天色尚未全黑，视野尚可，即使地面有一摊油污，亦非不能发现、不能避让。再次，地面的油污系日积月累形成，而非突然出现，事故发生地点又系夏某某从单位下班回家的经过之路，夏某某对附近的路况应当熟悉，当天天气为雨天，路面本身湿滑，夏某某自身行驶过程中应当对可能存在的危险（如已经形成的大面积的地面油污）提高警惕小心慢速骑行，或者绕过湿滑区域骑行，予以主动避让。综上所述，夏某某自身疏忽，不注意安全行驶亦是导致摔倒受伤重要原因。综合前述因素，酌定由Q物业服务企业对夏某某的人身损害承担25%的赔偿责任，Y物业服务企业对夏某某的人身损害承担15%的赔偿责任，其余损失由夏某某自负。

二审法院审理认为，Q物业服务企业作为事发地段（宣中路×××号）商铺的出租者，对承租者具有法定的管理责任。宣中路×××号商铺平时用于出租给居民办酒席之用，在居民办理完酒席收拾走大的垃圾后，Q物业服务企业应将商铺及街沿打扫干净。故一方面，Q物业服务企业作为宣中路×××号商铺的管理者，对居民举办酒席过程中污水如何排放有一定的管理职责；另一方面，每次举办酒席后商铺及街沿的最后保洁责任人是Q物业服务企业，即便居民在办理酒席过程中污水垃圾处理不到位，Q物业服务企业作为专门的保洁公司和商铺最后的保洁负责人，都有责任做好最后的保洁工作，不应放任污水漫延到街沿外。即便Q物业服务企业和其他承租户之间就物业和保洁存在其他约定的，也不具备抗辩夏某某的效力。另外，受害人对损害的发生也有过错的，可以减轻侵权人的责任。夏某某作为一个完全民事行为能力人，自述事发地点系从单位下班回家途中，应对周围环境熟悉，而地面油污并非一天形成，夏某某应提高警惕小心慢速骑行，或者绕过湿滑区域骑行，故夏某某自身疏忽，不注意安全是导致摔倒受伤的主要原因，一审法院据此判决夏某某承担主要责任并无不当。

法条链接

《中华人民共和国侵权责任法》

第六条　行为人因过错侵害他人民事权益，应当承担侵权责任。

根据法律规定推定行为人有过错，行为人不能证明自己没有过错的，应当承担侵权责任。

第十六条 侵害他人造成人身损害的，应当赔偿医疗费、护理费、交通费等为治疗和康复支出的合理费用，以及因误工减少的收入。造成残疾的，还应当赔偿残疾生活辅助具费和残疾赔偿金。造成死亡的，还应当赔偿丧葬费和死亡赔偿金。

被侵权人对损害的发生也有过错的，可以减轻侵权人的责任。

【案例评析】

在目前物业管理区域由于环境油污、水渍、丢弃垃圾等造成行人摔伤的案例层出不穷，作为法院的大多判例来看，物业服务企业、保洁公司、受伤者共同分担损害的后果的情形较多。由此，大家可能就会想，反正都是要赔，物业服务企业对此就不必太过于费心，有了损害责任，再找保险公司理赔亦可。其实，这是对于物业管理在作业过程中的安全防范义务的不当理解。无论怎样的作业，我们都要面对可能造成的意外风险，是否尽到及时查看巡视义务、是否尽到及时维护和整改义务、是否尽到告知用户谨慎注意的义务、是否采取有效的风险排除和避免措施，都可能影响法院在依法判决时的结果。因此，物业管理风险虽说层出不穷，但只要我们恪守以上的“四个是否”，就会有效的避免发生意外的纠责风险。

4.7 绿化被擅改，造成行人死亡，应如何定责

【案情介绍】

重庆市A开发有限责任公司（以下简称“A公司”）系秀山县某的建设单位，该工程于2008年11月、2008年12月、2009年10月竣工验收备案登记。2010年9月1日秀山B区业主委员会与D物业服务企业（以下简称“D物业服务企业”）签订《物业服务合同》。

2014年6月5日0时30分左右，赵××从秀山县B区朋友家出来，在小区车库上方由北往南走，从车库出入口左侧上方摔落下来，于当日死亡。赵××摔落的车库上方系绿化地带，车库左侧上方铺有一条石板小路。小路尽头安装有自来水龙头并插有“保护环境　人人有责”字样的标牌。小路的尽头是车库出入口左侧的上方，车库周围无

防护栏。

赵某某于2014年10月22日向法院提起诉讼，请求判令D物业服务企业、A开发公司公司连带赔偿因赵××死亡产生的死亡赔偿金、丧葬费、被扶养人生活费、精神损害抚慰金。

【焦点问题】

1．本案适用的法律问题是什么？

2．D物业服务企业对赵××死亡是否应当承担民事赔偿责任，若承担，比例如何分配？

【法院判决】

一审法院经审理认为，本案中，虽然事发地点本是绿化地，但因小区业主在绿化地上铺设了石板、安装了水龙头，有人在此处取水、通行，从而改变了绿化地的原有用途。且沿石板路往车库出入口上方看与沿主干道往车库出入口上方看存在视角差异，在光线较弱的夜晚，可能让人判断错误而从此处通行。D物业服务企业本应按照《物业服务合同》的约定保持本物业的共用设施的使用功能，对小区业主在绿化地铺设石板路、安装水龙头的行为予以制止，保持绿化地原有的用途。在改变绿化地的原有用途后本应在此处设置警示标志或采取安全防护措施但未采取任何措施，若在事发地点设置了警示标志或者采取了安全防护措施，即便行人存在判断失误，也能降低事故发生的概率，其行为与赵××的死亡后果之间存在一定的因果关系。D物业服务企业作为物的管理人存在维护、管理瑕疵，不能证明自己没有过错，应当承担赔偿责任。A开发公司承建的工程已经竣工验收并交付业主，没有过错且非物的所有人或管理人，不应承担赔偿责任。《中华人民共和国侵权责任法》第二十六条规定，被侵权人对损害的发生也有过错的，可以减轻侵权人的责任。本案中，赵××来朋友家时就应当知道事发地点是车库，不能走出小区，且在雨夜路滑的情况下本应选择旁边的主干道行走而选择走石板小路，自己也存在一定的过错，可以减轻D物业服务企业的赔偿责任，酌情由D物业服务企业承担30%的责任。

二审法院经审理认为，本案应适用《侵权责任法》第三十七条的规定，“宾馆、商场、银行、车站、娱乐场所等公共场所的管理人或者群众性活动的组织者，未尽到安全保障义务，造成他人损害的，应当承担侵权责任”。D物业服务企业系B区聘请的物业管理公司，负有对小区物业的维护管理之责，由于D物业服务企业对业主的违规行为未及时制止，当存在安全隐患的情况下，未在绿化地边沿与车库出口处安装防护栏杆，而设置的一块“保护环境人人有责”标牌，尚不足以对存在的安全隐患起到安全警示提醒作用，造成本案事故发生，D物业服务企业有一定过错，应当承担相应的民事责任。赵××作为完全民事行为能力人，在夜间通行小区时，擅自从绿化地上铺设地板砖的“小路”通行，造成坠落身亡，自身应负主要责任。因此，二审维持一审判决结果。

法条链接

《中华人民共和国侵权责任法》

第三十七条 宾馆、商场、银行、车站、娱乐场所等公共场所的管理人或者群众性活动的组织者，未尽到安全保障义务，造成他人损害的，应当承担侵权责任。

因第三人的行为造成他人损害的，由第三人承担侵权责任；管理人或者组织者未尽到安全保障义务的，承担相应的补充责任。

第八十五条 建筑物、构筑物或者其他设施及其搁置物、悬挂物发生脱落、坠落造成他人损害，所有人、管理人或者使用人不能证明自己没有过错的，应当承担侵权责任。所有人、管理人或者使用人赔偿后，有其他责任人的，有权向其他责任人追偿。

【案例评析】

该案中，法院认为：D物业服务企业本应按照《物业服务合同》的约定保持本物业的共用设施的使用功能，对小区业主在绿化地铺设石板路、安装水龙头的行为予以制止，保持绿化地原有的用途。在改变绿化地的原有用途后本应在此处设置警示标志或采取安全防护措施但未采取任何措施，其行为与赵××的死亡后果之间存在一定的因果关系。由此，判决D物业服务企业承担相应的法律责任。目前，许多物业服务企业在对社区环境的维护中，不仅未能对社区中业主违规搭建和违反规约的行为进行制止，甚至会对社区配套和绿化环境的一些盲目的改造，其实，这就是对业主共有权利的一种潜在侵犯，不仅未必能达到改造效果，在产生意外事件时，反而会有纠责风险。物业服务企业本质应当是致力于做好服务，而不是对硬件环境的管理与改造，恪守物业服务企业的本质，在原有的环境和配套下，提供更符合业主用户需求的服务，才是物业服务企业经营之本。

4.8 小区枯树砸坏车辆，业主应向谁来索赔

【案情介绍】

2007年7月30日晚上10点40分左右，王先生三人所居住的小区一棵枯死的大树倒下，将王先生、芦先生和宗先生三人的车辆砸坏。为此，王先生花去修车费46556元。由于车辆受损，还导致王先生的直接经济损失12333元。芦先生和宗先生也分别花费了1120元和4600元的修车费。

王先生、芦先生和宗先生认为，物业服务企业、街道办事处、园林局和停车场管理公司对小区的树木疏于管理，导致枯死树木倒下砸坏他们的车辆。故诉至法院，要求几方共同承担赔偿责任。

【焦点问题】

1. 在没有直接侵权人时，本案中应该承担责任的主体是谁?
2. 对于此类事件，物业服务企业如何做好防范措施?

【法院判决】

法院审理后认为，王先生所有的车辆发生毁损系小区内一棵大树倒下所致，物业服务企业负责管理该小区，对小区的树木亦应负有管理维护之责。物业服务企业承认于2005年已经发现该树存在问题，但此后未能采取有效措施，终致大树倒下，对该损害导致王先生所花费的合理费用应承担赔偿责任。

园林局依据其职责对涉案区域内的树木负有监管之责，对大树的倒下有监管不力的责任，此后应加强监管措施避免此类事件的发生，但尚不构成园林局承担赔偿责任的理由。

街道办事处对树木没有管理职责，在损害事实上亦不存在过错，不应承担责任。停车场管理公司虽负责小区车辆的管理，但对树木没有管护责任，对树木的倒下这一侵权事实不存在过错，不应承担责任。

法条链接

《中华人民共和国侵权责任法》

第六条 行为人因过错侵害他人民事权益，应当承担侵权责任。

第十五条 承担侵权责任的方式主要有：

（一）停止侵害；

（二）排除妨碍；

（三）消除危险；

（四）返还财产；

（五）恢复原状；

（六）赔偿损失；

（七）赔礼道歉；

（八）消除影响、恢复名誉。

以上承担侵权责任的方式，可以单独适用，也可以合并适用。

【案例评析】

以上案例在物业管理项目中，应当是屡见不鲜。作为物业服务企业，与业主建立了物业服务合同关系，对于业主和物业使用人的人身和财产应当履行必要的安全防范和保障义务。对于物业项目中的绿化树木，物业服务企业要按照合同约定和服务标准做好日常的修剪和维护；对于一些可能产生枯死或日渐老化的树木，应需要采取必要的维护或加固措施，防止因为老化和枯死出现树枝掉落，发生导致他人人身、财产损害的情形；同时，在可能出现台风和暴雨时，对于存有隐患的树木之下，需要做好一些警示、告知或围护的措施，提醒业主和车主谨慎停放车辆；对于风雨过后导致的树木断裂和脱落，要及时巡视检查，排除隐患；物业服务企业做好了以上的管理举措，在发生类似案件时，就可以通过相关的证据证明物业企业尽到了合理的安全保障义务，从而实现规避法律赔偿的风险。

4.9 物业楼顶架设通信设备，权利如何界定

【案情介绍】

2010年2月15日，中国×网络通信有限公司M市分公司（以下简称“M市分公司”）与杨某某签订了2009年WCDMA工程预安排租赁（使用）合同，约定杨某某将1栋3单元702号出租给M市分公司作为移动通信站用房，同时提供该楼宇楼顶供其安装无线发射

设备、提供楼宇通道供光缆、天馈线及市电线路等的安装和敷设。M市分公司随后在杨某某所有的702号房屋及其楼顶建立了移动通信基站。

严某、吴某某所居住的小区为×县×苑一期一栋，与杨某某出租给M市分公司的房屋属同一栋楼，该小区业主有42户。2012年5月17日，严某、吴某某向法院提起诉讼，称M市分公司下属的×县营业厅在未经过小区业主允许的情况下在楼顶安装了移动通信基站请求法院判令M市分公司立即拆除楼顶的移动通信基站并将经营该基站所得收益用于补充小区专项维修资金，并赔偿二人的损失。

【焦点问题】

1. M市分公司租用杨某某的房屋后，在杨某某室内建设基站及在楼顶架设发射天线等行为是否构成侵权？

2. 严某、吴某某能否主张M市分公司将经营该基站所得收益用于补充小区专项维修基金？

【法院判决】

一审法院经审理认为，本案涉及国家对电信行业的特许权问题。M市分公司作为国家批准的电信经营企业中国×网络通信集团有限公司×省分公司的分支机构，根据《中华人民共和国电信条例》第四十七条的规定，可以视通信需要选择在民用建筑物上附挂电信线路或者设置小型天线，移动通信基站等公用电信设施，但应当事先通知建筑物产权人或者使用人，并按照相关规定向该建筑物的产权人或者其他权利人支付使用费。涉案楼宇的楼顶及外墙面均属于银光苑一期一栋全体业主的共有区域。对共有区域的使用应当遵从法律法规的规定合理利用。M市分公司可以根据《中华人民共和国电信条例》的规定在民用建筑物上附挂电信线路或设置小型天线、通信基站。因此，M市分公司依据与杨某某签订的租赁合同将案涉的房屋用作开展通信业务有合法依据，虽然占用了严某、吴某某房屋的共有部位，在楼顶架设天线基站，但其架设的天线基站是屋内基站设备的附属部分，且是为不特定多数公众服务的公共利益，因此，架设天线基站的行为属于对公共部分的合理使用，当部分业主个人利益与公共利益产生冲突时，部分业主应负容忍义务。同时，经南充市环境监测中心站监测，案涉楼顶基站设备运行时，对周围环境电磁辐射影响并未超过国家标准，未妨碍小区居民生活。依据《最高人民法院关于审理建筑物区分所有权纠纷案件具体应用法律若干问题的解释》第四条的规定，允许基于特定使用功能的合理需要，可以无偿利用屋顶、外墙面等共有部分。M市分公司的行为不构成侵权。严某、吴某某诉请判令M市分公司将经营该基站所得收益用于补充小区专项维修基金缺乏法律依据，法院不予支持。

二审法院经审理认为，案涉M市分公司的移动基站天线，架设于整栋楼房共同的楼顶，并非杨某某的顶层屋顶花园，该楼顶为此栋楼房全体业主共有。

关于是否需要共有业主同意问题。《中华人民共和国物权法》第八十八条规定："不动产权利人因建造、修缮建筑物以及铺设电线、电缆、水管和煤气管线等必须利用相邻土地、建筑物的，该土地、建筑物的权利人应当提供必要的便利。"其含义是指不动产权利人非经过相邻人的土地、建筑物不能安设电线、电缆、水管和煤气管线，而此管线系社会公众所必须，则该不动产权利人有权通过相邻人的土地或者建筑物安设，但应选择损害最小的处所及方法安设，如果仍有损害的，应支付补偿金。这就是说，通信营业企业为了公众利益，在小区设置移动基站，小区居民应尽配合义务，提供必要便利。该法第七十七条："业主不得违反法律、法规以及管理规约，将住宅改变为经营性用房。业主将住宅改变为经营性用房的，除遵守法律、法规以及管理规约外，应当经有利害关系的业主同意。"所指的"经营性用房"，是指将居民住宅改变为歌厅、餐厅、加工场等，使城市规划建设中原本用于民用的房屋改为商用。但是，移动基站设在居民小区内，将"居民住宅"改变为"通信机房"性质，与"居民住宅"改变为"经营性用房"的性质完全不同。1992年《邮电部、建设部关于在城市建设中进一步搞好通信设施及管线配套建设的联合通告》中明确："城市通信建设及室外通信管线配套建设，均应纳入城市规划。"因此在小区设置移动基站与小区居民之间的关系不属于擅自设置或者擅自改变房屋用途的行为，而是属于公用电信设施与居民之间的"相邻关系"的法律关系。国务院颁布的《物业管理条例》第五十二条："供水、供电、供气、供热、通讯、有线电视等单位，应当依法承担物业管理区域内相关管线和设施维修、养护的责任。"这里并没有规定通信营业企业在建设公用电信设施时，必须经业主委员会和物业管理企业同意，因为这种建设、维修和养护行为，本身就是属于社会公共利益的需要。《中华人民共和国电信条例》第四十七条："基础电信业务经营者可以在民用建筑上附挂电信线路或者设置小型天线、移动通信基站等公用电信设施，但是应当事先通知建筑物产权人或者其他权利人支付使用费。"旨在让移动通信营运企业负有依法向社会大众提供电信普及服务的责任，因为移动基站具有公用设施的属性，该条规定应视为行政法规赋予电信企业公权力。因此，《物权法》第八十八条与《电信条例》第四十七条的规定是一致的。按照《电信条例》第四十七条的规定，电信营业企业对移动基站的设立，应当"事前通知"和"适当补偿"。由于规定的是"事前通知"，而非取得共有业主的"同意"，故本案中M市分公司虽未事先通知业主，但对严某、吴某某请求拆除楼顶移动通信基站的上诉请求不予支持。

关于在共有部位设置天线是否属基于对专有部分的合理使用问题。《最高人民法院关于审理建筑物区分所有权纠纷案件具体应用法律若干问题的解释》第四条规定："业主基于对住宅、经营性用房等专有部分特定使用功能的合理需要，无偿利用屋顶以及与其专有部分相对应的外墙面等共有部分的，不应认定为侵权。但违反法律、法规、管理规约的，损害他人合法权益的除外。"对该条所规定可以无偿利用屋顶以及与其专有部分相对应的外墙面等共有部分的合理需要的界定，其标准应包括该使用行为应与房屋本身的使用性质相符合，本案中，M市分公司租用处于顶楼的杨某某房屋为住宅房屋，在属于该栋楼房全体业主共有的楼顶设置天线，其设置天线的行为，不属于前述规定中无偿利用屋顶的合理需要，一审判决以此认定M市分公司可以无偿利用屋顶不当。电信企业应根据《电信条例》第四十七条的规定给予适当补偿。鉴于该费用应属对楼顶享有共有权的全体业主共同享有，部分业主无权单独主张，故法院对此不予处理。

法条链接

《最高人民法院关于审理建筑物区分所有权纠纷案件具体应用法律若干问题的解释》

第四条　业主基于对住宅、经营性用房等专有部分特定使用功能的合理需要，无偿利用屋顶以及与其专有部分相对应的外墙面等共有部分的，不应认定为侵权。但违反法律、法规、管理规约，损害他人合法权益的除外。

《中华人民共和国物权法》

第七十条　业主对建筑物内的住宅、经营性用房等专有部分享有所有权，对专有部分以外的共有部分享有共有和共同管理的权利。

第八十八条　不动产权利人因建造、修缮建筑物以及铺设电线、电缆、水管、暖气和燃气管线等必须利用相邻土地、建筑物的，该土地、建筑物的权利人应当提供必要的便利。

《物业管理条例》

第五十条　物业管理区域内按照规划建设的公共建筑和共用设施，不得改变用途。

业主依法确需改变公共建筑和共用设施用途的，应当在依法办理有关手续后告知物业服务企业；物业服务企业确需改变公共建筑和共用设施用途的，应当提请业主大会讨论决定同意后，由业主依法办理有关手续。

第五十二条 供水、供电、供气、供热、通迅、有线电视等单位，应当依法承担物业管理区域内相关管线和设施设备维修、养护的责任。

【案例评析】

本案的二审判决对于联通公司的通信设施使用业主屋顶的合法性给予了认可，但同时判决需要对于使用也要支付合理的费用，体现了公益性使用和合理补偿相结合的原则，彰显公平和客观。在物业管理工作实践中，楼宇屋顶架设天线的情形非常普遍，许多业主就以侵犯业主共有权或业主健康权为由进行投诉或提起诉讼，而对于共有权益的侵害，单个业主实际并没有权利提起诉讼。因此，作为物业企业，要考虑业主的需求，与通信企业做好沟通，在尽量合理的区域架设天线；而作为业主，同样要懂得尊重公益性的需求，不要主观认为侵犯了个人的权利，动辄提起诉讼，这是对于诉讼权利的一种滥用，也是诉讼成本的一种浪费。

当然，依据《物业管理条例》第55条规定："利用物业共用部位、共用设施设备进行经营的，应当在征得相关业主、业主大会、物业服务企业的同意后，按照规定办理有关手续。业主所得收益应当主要用于补充专项维修资金，也可以按照业主大会的决定使用。"严某、吴某某可以主张M市分公司将经营该基站所得收益用于补充小区专项维修基金。

4.10 顾客在商场卫生间滑倒，物业服务企业是否担责

【案情介绍】

2013年5月7日下午15：00，张某与其朋友韦某某、韦×等人在一起吃饭午餐后，驾车来到由广州A物业服务企业酒店管理有限公司B分公司（以下简称"A物业服务企业B分公司"）经营管理的E商业广场准备消费购物，张某等人抵达后张某与韦某某二人一起到商场二楼的卫生间小便。小便过程中，张某不慎在蹲厕隔间内摔倒，头部由此撞击地面造成重伤，遂被送往××市红十字会医院抢救。入院后初步诊断为：重型

颅脑损伤。由于张某病情严重，××市红十字会医院建议张某家属将其转上一级医院进一步治疗，张某家属签字同意后，张某遂于2013年5月20日转往广西壮族自治区人民医院继续治疗。广西壮族自治区人民医院对张某的入院诊断为：（1）重型颅脑损伤：1）右额颞枕部硬膜下血肿；2）右侧大脑半球脑挫伤；3）外伤性蛛网膜下腔出血；4）颅骨、颅底骨折；（2）肺炎；（3）纵隔气肿；（4）心律失常。由于张某住院时间较长，已超过30天，且颅内感染、肺炎控制不理想，病情危重，预后较差，广西壮族自治区人民医院多次向张某家属说明病情、预后及ICU治疗费用后，其家属表示理解，要求将张某转回当地医院继续治疗。2013年7月3日，张某死亡，并于2013年7月4日在荥阳市殡仪馆火化。张某在上述××市红十字会医院住院治疗13天，共产生医疗费109397.5元；在广西壮族自治区人民医院住院治疗40天，共产生医疗费267188.3元。

中国人民财产保险股份有限公司广西分公司对本案事发当日与张某同行的韦某某、韦×的查勘记录中，两人均陈述事发前张某喝了酒，事发后现场有积水划痕。

张某与孙某某系夫妻关系，两人夫妻关系存续期间生育有一子张××，张××于2011年9月~2013年7月期间在××实验小学就读。张×聚为张某父亲，潘某某为张某母亲，张×聚与潘某某生育有两子张×成、张某。A物业服务企业B分公司系A物业服务企业公司开办的内资企业法人分支机构，系非法人企业；A物业服务企业公司为有限责任公司。

2014年7月11日，经A物业服务企业B分公司申请，一审法院委托广西某司法鉴定中心对张某所患的急性胰腺炎、两肺炎症、纵膈气肿与其摔倒是否存在因果关系及其治疗费用进行鉴定。2014年8月16日，该鉴定中心作出（2014）桂公明司鉴法检字第243号法医学鉴定意见书，鉴定意见为：（1）张某未患急性胰腺炎，但存在继发性（严重创伤）胰腺损伤改变；（2）张某的治疗费用均与其摔倒导致的损伤相关。鉴定意见书在分析说明中阐述：继发性胰腺损伤系严重创伤的病人因创伤引起全身炎症反应综合征导致；张某入院时查体心、肺、腹未及（见）明显异常，其肺部出血、纵隔气肿的病理改变符合系因肺部、纵隔损伤所致，双肺炎症是在肺部损伤的病理基础上发展、转化所致。

【焦点问题】

1. A物业服务企业B分公司对张某的人身伤害是否存在过错，应否承担赔偿责任？
2. 若A物业服务企业B分公司对承担责任，责任比例应如何划分？

【法院判决】

一审法院经审理认为，本案中，张某到A物业服务企业B分公司经营的商场内停车并使用厕所，A物业服务企业B分公司应当保障其人身、财产安全。张某在商场厕所小便的过程中，不慎摔倒，张某事发时已喝过酒，虽然结合证人的陈述及监控视频的录像均证实其未达到醉酒的程度，但饮酒对其反应能力的影响也是客观存在的。从生活常理来看，公共厕所存在相对的湿滑的可能是正常的情形，常人进入公厕时自己亦应有审视地面情况、防范地面湿滑的意识，并非必需警示标志的提醒才有此意识，张某进入公厕时，保洁人员正在其中拖地，拖地可能造成地面湿滑，常人应可预见并更加提高防范意识。结合上述，张某进入公厕后向后摔倒，并导致头部着地，其未尽到防范地面湿滑的审慎义务，亦未能在摔倒时及时作出适当的防范头部遭受撞击的动作，此极大可能系由于其饮酒后导致的反应能力下降所造成的，故张某对其死亡应负主要责任。A物业服务企业B分公司管理本案事发的厕所虽没有违反法律、法规的法定注意义务，但并无证据显示其保洁人员当时在对厕所进行保洁工作时，放置了“小心地滑”的警示牌，或是在进行保洁工作时暂停该厕所的使用，故其未尽到审慎管理人的注意义务，亦应当对张某的损害后果承担相应的侵权赔偿责任。此外，在张某损害发生后，A物业服务企业B分公司的管理人员均积极、及时地参与救助张某的活动，亦无证据证实其存在延误张某救治时机的情形。综上，A物业服务企业B分公司未尽到审慎管理人的注意义务，其应对张某的损害承担30%的赔偿责任。法院判决A物业服务企业B分公司向张*聚、潘某某、孙某某、张××支付医疗费、丧葬费、死亡赔偿金（含被扶养人生活费）、护理费、住院伙食补助费、精神损害抚慰金若干，A物业服务企业B分公司无法清偿上述债务时，由A物业服务企业公司负责清偿。

二审法院经审理认为，A物业服务企业B分公司提交的证据不足以证实张某在其管理的卫生间摔倒当时其已对卫生间地面湿滑作出警示，故一审判决认定其作为E商业广场的管理人未尽法定安全保障义务正确；而张某作为完全民事行为能力人对其进入的公共卫生间地面湿滑未提高防范意识，其在一狭窄空间摔倒却未作出适当的反应以致头部遭受重创，因此张某的饮酒与其摔伤有直接因果关系，一审判决认定张某承担70%责任、A物业服务企业B分公司承担30%责任理由充分，本院予以维持。

法条链接

《中华人民共和国民法通则》

第一百零六条 公民、法人违反合同或者不履行其他义务的，应当承担民事责任。

公民、法人由于过错侵害国家的、集体的财产，侵害他人财产、人身的，应当承担民事责任。

没有过错，但法律规定应当承担民事责任的，应当承担民事责任。

第一百一十九条 侵害公民身体造成伤害的，应当赔偿医疗费、因误工减少的收入、残废者生活补助费等费用；造成死亡的，并应当支付丧葬费、死者生前扶养的人必要的生活费等费用。

《中华人民共和国侵权责任法》

第三十七条 宾馆、商场、银行、车站、娱乐场所等公共场所的管理人或者群众性活动的组织者，未尽到安全保障义务，造成他人损害的，应当承担侵权责任。

因第三人的行为造成他人损害的，由第三人承担侵权责任；管理人或者组织者未尽到安全保障义务的，承担相应的补充责任。

【案例评析】

依据《中华人民共和国侵权责任法》第三十七条的规定，商场等公共场所的管理人对进入其经营活动的领域内的相对人的人身和财产安全均负有法定的安全保障义务，管理人未尽到该安全保障义务且由此造成他人损害的，应当承担侵权责任。但从公平合理的角度出发，公共场所管理人所负的安全保障义务是有合理限度的，通常以法定的注意义务和审慎管理人的应尽义务为限。作为公共场所的管理者，为了规避意外事件的法律风险，在实施作业时，除了法定的规范义务要遵守之外，作为审慎管理人，要尽到谨慎注意的义务。对于可能存有危险隐患区域或设备，要做好通行、使用的警示和告知，并采取充分和必要的保护措施，否则，就有可能在发生意外事件时，承担赔偿的法律风险。

4.11 排水管道铺设侵犯个体业主权利，业主如何维权

【案情介绍】

2010年9月9日，郑州Y置业有限公司（以下简称“Y置业公司”）与马×森、马某、张某某签订了《地下室购买协议书》一份，协议约定：郑州Y置业有限公司将位于郑

东新区×园×号楼东二单元负一楼西户的地下室出让给马×森、马某、张某某（编号098），地下室的使用权归马×森、马某、张某某拥有（同马×森、马某、张某某居住的一楼住房产权使用年限相同），马×森、马某、张某某可随意支配、使用；马×森、马某、张某某所购买的地下室与楼上面积相对应，套内面积为107m^2（误差不得大于3m^2），装修标准为内墙顶棚罩白，地面水泥砂抹平，地下室的楼梯设施应完备（与一楼住房接轨）；价款为171200元，Y置业公司在马×森、马某、张某某所购房屋交付使用的同时将该地下室交付使用；此协议书即为马×森、马某、张某某无偿拥有该地下室使用权的证明，Y置业公司不再负责为马×森、马某、张某某办理其他权属证书。协议落款处有马×森、马某、张某某签字捺印及被告印章予以确认。2010年4月24日，马×森、马某、张某某与W建筑工程公司（以下简称“W建筑公司公司”）签订《房屋拆迁补偿安置协议》一份，协议载明：被拆迁房屋建筑面积119.38m^2，套内建筑面积107.55m^2，W建筑公司公司按马×森、马某、张某某拆迁房屋套内建筑面积1∶1比例安置到熊儿河路南侧阿卡迪亚西侧的原公司×园内，W建筑公司公司协助办理住房进住手续。协议落款处有马×森、马某、张某某签字捺印及W建筑公司公司盖章予以确认。另外，争议房屋所占用的土地系W建筑公司公司的土地，拆迁之后Y置业公司取得该土地的开发权。涉案楼盘于2010年12月由天津市G建筑设计股份有限公司完成图纸设计，于2011年3月8日开工建设。2013年1月22日，Y置业公司建设的位于郑州市郑东新区熊儿河路南、黄河东路西垂钓园项目经勘查、设计、施工、监理、建设单位验收合格，并于2013年3月15日在郑州市郑东×区管理委员会竣工验收备案。涉案房屋所在小区名称为泊×小区，本案争议的地下室位于该小区六号楼二单元西户101室下方。

2013年7月11日，法院会同马×森、马某、张某某、Y置业公司双方依法对涉案的泊×小区五号楼一单元、六号楼二单元、六号楼一单元相对应的负一层进行现场勘验，勘验笔录载明：五号楼一单元、六号楼二单元、六号楼一单元相对应的负一层设计建造结构不一致，五号楼一单元负一层均为小隔间，小隔间门锁闭，从小隔间走廊上看到有排水管道横贯；六号楼二单元101室对应的负一层建筑结构与一层相对应，结构大致相同，负一层有四根排水管道，在楼顶处南北横贯；六号楼一单元负一层有四根排水管道横贯走廊；上述单元对应的负二层均为地下车库。本案审理过程中，马×森、马某、张某某申请对位于郑东新区垂钓园六号楼东二单元负一楼西户地下室的四根污水管道的拆除、移位到该建筑负二层的可行性进行评估鉴定，经依法委托，河南国是司法鉴定中心于2013年9月25日作出豫国是司鉴中心［2013］建质鉴字第2013092501号司法鉴定意见书，载明：对安装在司法鉴定申请方地下室的四根聚氯乙烯排水管的拆除、移位到该建筑物负二层，须经过天津市G建筑设计有限公司的同意，并重新设计、变更方可进行拆除、移位。

马×森、马某、张某某于2013年4月24日诉至法院，请求依法判令Y置业公司拆除位于郑东新区×园×号楼东二单元负一楼西户地下室的四根污水管道，排除妨碍，消除危险并支付赔偿金。

【焦点问题】

1. Y置业公司的行为是否构成侵权？

2. 马×森、马某、张某某请求支付赔偿金的诉请能否得到支持？

【法院判决】

一审法院经审理认为，马×森、马某、张某某购买Y置业公司的房屋及地下室系原房屋拆迁补偿所得，双方签订的《地下室购买协议书》明确约定地下室的楼梯设施应完备（与一楼住房接轨），该购买协议签订在涉案楼盘图纸设计及建设之前，Y置业公司完全可以按照双方协议的约定对马×森、马某、张某某房屋所在单元的排水管道作出特别设计建造，以满足双方协议对地下室的约定，现交房后，马×森、马某、张某某发现Y置业公司将排水管道安装在其所购买的地下室，必定对自身正常使用地下室造成妨碍，侵害了马×森、马某、张某某的合法权益。司法鉴定机构对四根排水管所作的结论是“须经过天津市G建筑设计有限公司的同意，并重新设计、变更方可进行拆除、移位。”而Y置业公司明确表示不同意重新设计变更及对申请方地下室四根排水管进行拆除、移位。现涉案楼盘已交付并投入使用，本案涉及的马×森、马某、张某某要求拆除、移位的四根排水管系由六号楼二单元整个单元多户人家所共用，在没有设计部门以及建设部门协调组织下擅自拆除移位，势必会影响其他业主的正常使用，故对马×森、马某、张某某有关要求排水管拆除移位的请求不予支持。但Y置业公司应采取技术措施停止或减少对原告的侵害后果，如果对马×森、马某、张某某造成经济损失，还应承担相应的赔偿责任。对于马×森、马某、张某某要求赔偿损失的请求，因本案涉及的排水管道影响三人对地下室的正常的装修和使用，也没有及时消除影响，排除妨碍，被告应给予原告一定的经济补偿，考虑本案实际情况，酌定该项损失五万元。

二审法院经审理认为，郑州Y置业有限公司应按双方于2010年9月9日签订的《地下室购买协议书》中的约定，合理设计建造地下室，以实现协议约定的由马×森、马某、张某某随意支配、使用该地下室的目的，而Y置业公司在该地下室安装的排水管道事实上妨碍了马×森、马某、张某某对地下室的合理使用，侵害了三人的使用权，原审法院根据客观情况酌定Y置业公司赔偿马×森、马某、张某某一定的经济损失，合法有据，应予维持。原审判决认定事实清楚，实体处理适当，应予维持。

法条链接

《中华人民共和国民法通通则》

第八十三条 不动产的相邻各方，应当按照有利生产、方便生活、团结互助、公平合理的精神，正确处理截水、排水、通行、通风、采光等方面的相邻关系。给相邻方造成妨碍或者损失的，应当停止侵害，排除妨碍，赔偿损失。

《中华人民共和国侵权责任法》

第七条 行为人损害他人民事权益，不论行为人有无过错，法律规定应当承担侵权责任的，依照其规定。

第十九条 侵害他人财产的，财产损失按照损失发生时的市场价格或者其他方式计算。

第四十三条 因产品存在缺陷造成损害的，被侵权人可以向产品的生产者请求赔偿，也可以向产品的销售者请求赔偿。

【案例评析】

本案中，马×森、马某、张某某要求拆除、移位的四根排水管系由六号楼二单元整个单元多户人家所共用，在没有设计部门以及建设部门协调组织下擅自拆除移位，势必会影响其他业主的正常使用。法院的判决是本着维护公众利益和共有权利的角度，对于拆除管道的诉求不予支持完全正确。同时，法院认为，郑州Y置业有限公司应按双方于2010年9月9日签订的《地下室购买协议书》中的约定，合理设计建造地下室，以实现协议约定的由马×森、马某、张某某随意支配、使用该地下室的目的，而Y置业公司在该地下室安装的排水管道事实上妨碍了马×森、马某、张某某对地下室的合理使用，侵害了三人的使用权；判决保护了案件中原告的合理索赔的权利，马×森、马某、张某某得到一定的经济损失，合情合理。

第5章

物业服务劳资关系篇

本章综述

我国物业管理行业经过三十多年的发展，已形成一定规模，但总体而言，绝大多数物业管理企业仍属于劳动密集型企业，行业目前正处于转型升级阶段。随着社会经济的发展，物业管理行业也在悄然地进行人力资源的整合，各大企业愈发重视人才的发掘、培训与管理。但是，由于物业管理企业自身的局限性、我国劳动立法的快速发展和劳动者法律意识不断增强，物业管理企业的劳动纠纷数量迅速增长，尤其是2008年《劳动合同法》出台后的一段时期，劳动纠纷呈井喷式增长，严重影响了物业管理企业的正常经营。本章试图从一些典型的劳动纠纷判例入手，深入分析物业服务企业存在的劳动纠纷根源，并从法官与律师的视角为化解物业服务企业的劳资纠纷提供参考方案。

5.1 物业服务企业因举证不能承担不利后果

【案情介绍】

北京市某物业管理公司员工王某在离职数月后，于2012年8月24日以公司未足额支付工资、违法解除劳动关系等多项事由向北京市丰台区劳动争议仲裁委员会申请仲裁。王某任职该公司期间，曾于2011年6月18日在下班途中发生交通事故受伤，北京市丰台区人力资源和社会保障局于9月3日作出《认定工伤决定书》，对被告发生交通事故所受伤害认定为工伤。王某在该公司实际工作至2012年2月26日。北京市丰台区劳动争议仲裁委员会支持了王某的各项请求。

2012年11月，物业公司不服劳动仲裁裁决起诉王某至一审法院并诉称：（1）原告已按被告实际出勤天数支付其相应工资，且工资发放时有被告签字认可，故原告不需要向其支付工资；（2）因被告自2012年2月27日起擅自离职，双方自此不存在劳动关系，因此原告无须承担被告离职后生活费；（3）被告为公司行政主管，负责与员工签署劳动合同，现其未进行该项工作，非原告过错，不应支付其双倍工资；（4）被告于2011年6月10日入职原告处，2011年6月属于试用期，其试用期加班应按试用期底薪结算加班费用，原仲裁裁决加班基数错误。

一审法院经审理认为：（1）原告主张被告自行离职，但就其关于通知被告到岗而被告拒绝到岗的主张未提交任何证据，且被告提交证据证明其确实因伤病情况进行治疗，故此原告关于被告自行离职的主张，不予采信。仲裁委员会参照《停工留薪期目录》及被告受伤情况，认定被告的停工留薪期为2011年6月19日～2012年12月18日，并无不妥，予以维持，原告应当支付被告此停工留薪期间工资。被告2011年12月19日开始正常出勤工作，故原告应按照被告的出勤情况向其支付工资；（2）2012年2月27日～2012年8月23日期间，原告未提交证据证明其为被告安排工作，根据《北京市工资支付规定》的相关规定，原告应支付被告基本生活费；（3）原告未与被告签订劳动合同，亦未提交证据证明签订劳动合同系被告职责范围，故原告应当支付被告2011年8月24日～2012年6月9日期间未签订劳动合同二倍工资24029.31元；（4）根据原告提交的被告签字的2011年6月工资明细表，被告该月工资标准为2800元，故对被告关于该月工资标准为试用期工资2800元的主张，予以采信。后原被告均不服一审判决，又上诉至北京市第二中级人民法院，二审法院依法作出终审判决。

【焦点问题】

1. 员工离开工作岗位未办理离职手续是否应认定为已终止劳动关系？
2. 员工自身工作失职，导致自己与用人单位未签订劳动合同，责任如何承担？

【法院判决】

本案经过劳动仲裁支持了员工的各项请求，在一审中法院以物业公司举证不能判决物业公司应当担责，同时考虑到员工有一定的过错，因此只支持了部分请求。北京市第二中级人民法院受理双方上诉请求后对全案进行了审查，认为物业公司虽主张在通知王某到岗，而王某拒绝到岗，但未提交任何证据；同时认为物业公司与王某超过法定时间未签订合同应支付员工双倍工资，于是二审法院驳回物业公司上诉，维持原判。

法条链接

《中华人民共和国民事诉讼法》第一百七十条第一款第（一）项

《劳动合同法》

第十条 建立劳动关系，应当订立书面劳动合同。

已建立劳动关系，未同时订立书面劳动合同的，应当自用工之日起一个月内订立书面劳动合同。

用人单位与劳动者在用工前订立劳动合同的，劳动关系自用工之日起建立。

【案例评析】

1. 员工离开工作岗位未办理离职手续是否应认定为已终止劳动关系?

本案的用人单位主张员工擅自离职，公司也多次催促其办理离职手续，在员工逾期未办理离职手续的情况下就主观地认定劳动关系已解除，由于自身的认定过于武断导致在仲裁与诉讼中处于不利地位。企业与员工终止劳动关系应遵循法律规定，并依照合同约定办理终止劳动关系的手续。

本案给物业公司的启示是在终止劳动合同时规范操作，具体的操作流程如下:

第一、确定员工擅自离职原因;

第二、通过邮政快递向员工发出催促其限期到岗上班的通知并告知员工逾期不到岗应承担的后果;

第三、在员工逾期到岗、企业向员工发出解除劳动关系通知的同时应知会企业的工会部门。

2. 员工自身工作失职，导致自己与用人单位未签订劳动合同，责任如何承担?

第一、按照我国《劳动合同法》的规定，企业与员工自建立劳动关系一个月内应签订书面劳动合同，逾期企业应支付双倍工资。

第二、本案中虽然是员工过错导致未签订劳动合同，但是用人单位在管理中疏于管理，在仲裁和诉讼中没有相应的证据支持自己的主张，因此企业被判支付员工双倍工资。

第三、本案的教训给企业的启示是在劳动合同管理中除了遵守法律之外还要做到规范管理，有效地规避风险。

5.2 物业服务企业不当解除劳动关系有什么风险

【案情介绍】

北京某物业管理有限责任公司员工刘某负责冷热站维修、病房设备及各机房设备的维修工作。2012年4月27日，刘某在安装温度表时，因设备故障，温度表直管意外跑水，压力过大，把刘某从工作梯上冲下致其受伤。后刘某被认定为工伤，达到职工工伤与职业病致残等级标准九级。后刘某向北京市海淀区劳动人事争议仲裁委员会提出仲裁申请，要求该物业公司支付停工留薪期工资及差额、医疗费、护理费、交通费、未休年假工资、加班工资、未签订劳动合同二倍工资差额等费用。仲裁裁决作出后，刘某不服仲裁裁决向一审法院诉请支付上述费用。

物业公司主要反诉理由为：（1）已实际向刘某支付停工留薪期工资至2013年5月25日（13个月），无需再支付停工留薪期工资及工资差额。（2）刘某在工伤后，一直未到物业公司履职，双方在合同期满后未形成事实劳动关系，因此双方劳动关系已于2013年4月底终止，无需支付原告其他费用。（3）刘某在工伤前已享受年假，工伤后其一直处于离职状态，无需支付未休年假工资；（4）刘某已向社会保险部门申请报销相关的医疗费并将费用交付原告。部分票据因不合规定被社会保险部门拒付；（5）刘某的其他费用主张缺乏法律依据。

一审法院认为：关于停工留薪期工资，物业公司提供证据证明其向原告支付停工留薪期工资至2013年5月25日（13个月），该期限超过法律规定的6个月的停工留薪期，应视为双方就停工留薪期达成一致意见。但刘某提供了医院出具的休假证明，证明其在2013年6月至8月需要休假，故物业公司应当按照法律规定支付刘某2013年5月26日至2013年8月25日期间的生活津贴；由于双方未实施解除或终止劳动关系的行为，故双方的劳动关系存续。据此，物业公司应当支付2013年8月26日～2013年10月25日期间的基本生活费；关于停工留薪期的工资支付标准，应补足刘某2012年5月1日～2013年4月30日停工留薪期工资差额；关于未签订劳动合同的二倍工资差额，刘某在2013年5月26日～2013年8月25日期间休病假，故物业公司理应支付刘某上述期间未续签劳动合同二倍工资差额。2013年8月26日～2013年9月30日期间，刘某未实际向物业公司提供劳动，故其要求物业公司支付未续签劳动合同二倍工资差额的诉讼请求，亦缺乏法律依据，法院不予支持。判决作出后，双方均不服一审判决提起上诉至二审法院。

【焦点问题】

1．员工超过停工留薪期后未实际向企业提供劳动，企业是否要员工支付生活费？

2．双方未实施解除或终止劳动关系的行为，劳动关系是否存续？

【法院判决】

本案经过劳动仲裁、一、二审法院审理，二审法院终审判决：（1）刘某与北京市某物业管理公司的劳动合同期限自2010年10月10日～2012年10月10日，刘某受伤后，双方就停工留薪期约定至2013年5月25日，现刘某未能提供证据证明其在2013年5月25日之后应当延长停工留薪期的情况，故其支付2013年5月1日～2013年10月25日期间停工留薪期工资的请求，无事实及法律依据，本院不予支持；（2）刘某向法院提供的医院出具的病假证明证明其在2013年6月～8月需要休病假，故物业管理公司应向其支付2013年5月26日～2013年8月25日期间的病假工资；（3）2012年10月11日～2013年9月30日系在双方之间的劳动合同续延期间，刘某要求北京市某物业管理有限公司向其支付2010年10月10日～2013年9月30日期间未签订劳动合同二倍工资差额的请求，缺乏法律依据，本院不予支持；（4）据法律规定，停工留薪期的工资福利待遇不变，物业公司扣除夜班补助和餐补的行为违反上述规定，故其应补足刘某上述停工留薪期的工资差额。

法条链接

《中华人民共和国劳动合同法》第四十二条第一款 第二项
《中华人民共和国劳动合同法》第四十五条
《中华人民共和国民事诉讼法》第一百七十条第一款第二项
《工伤保险条例》

第三十一条 职工因工作遭受事故伤害或者患职业病需要暂停工作接受工伤医疗的，在停工留薪期内，原工资福利待遇不变，由所在单位按月支付。停工留薪期一般不超过12个月。伤情严重或者情况特殊，经设区的市级劳动能力鉴定委员会确认，可以适当延长，但延长不得超过12个月。工伤职工评定伤残等级后，停发原待遇，按照本章的有关规定享受伤残待遇。工伤职工在停工留薪期满后仍需治疗的，继续享受工伤医疗待遇。生活不能自理的工伤职工在停工留薪期需要护理的，由所在单位负责。

【案例评析】

1. 超过停工留薪期后员工未实际向企业提供劳动，企业是否要向员工支付生活费?

停工留薪期是《工伤保险条例》规定的一个概念，是指职工因工作遭受事故伤害或者患职业病需要暂停工作接受工伤医疗的，在停工留薪期内，原工资、薪水、福利、保险等待遇不变，由所在单位按月支付。一般不超过12个月，伤情严重或者情况特殊，经设区的市级劳动能力鉴定委员会确认，可以适当延长，但延长不得超过12个月。工伤职工评定伤残等级后，停发其停工留薪期工资待遇，按照有关规定享受伤残待遇。工伤职工在停工留薪期满后仍需治疗的，继续享受工伤医疗待遇。生活不能自理的工伤职工在停工留薪期需要护理的，由所在单位负责。

2. 双方未实施解除或终止劳动关系的行为，劳动关系是否存续?

劳动关系的终止有提前解除和到期解除，企业若想解除劳动关系应当履行一定手续，企业怠于行使解除手续会导致劳动关系继续存续，企业因此仍向员工支付工资。本案给企业的启示是在终止劳动合同时不可随意操作，应当在正确理解法律规定的前提下正确采用适当措施，切不可因处置不当而承担不必要的损失。

5.3 企业与员工之间的劳动关系如何认定

【案情介绍】

邹某于2012年8月10日前后入职广州某物业管理有限公司，双方未签订劳动合同。2012年9月24日，邹某在工作时受伤。2013年9月6日，广州市黄埔区人力资源和社会保障局作出了一份《工伤认定决定书》认定：邹某所受到的伤害为工伤，用人单位为广州市某物业管理有限公司，工作岗位为轮胎工。2013年11月11日，经广州市劳动能力鉴定委员会鉴定，邹某的工伤等级为五级，停工留薪期从2012年9月24日～2013年5月11日。停工留薪期满后，邹某未回到物业管理公司上班。后双方因是否存在劳动关系和邹某的工资标准发生争议。邹某主张，其入职物业管理公司时，双方口头约定每月工资不低于4000元，一段时间后双方口头约定工资调整为每月5000元。本案经过劳动仲裁、一审程序，广州市某物业管理有限公司不服一审判决向二审法院提出上诉，后经上诉法院依法审理并作出终审判决。

【焦点问题】

1. 争议双方之间是否存在劳动关系?
2. 用人单位对员工的工资情况是否有举证责任?

【法院判决】

二审法院经依法审理，基于广州市某物业管理有限公司在劳动仲裁中并未否认作为用人单位这一事实，因此二审法院认定了邹某与广州某物业管理有限公司存在劳动关系。对于工资标准问题，由于用人单位掌控相关资料，再加上无相反证据支持自己的主张，基于此事实，二审法院支持了员工邹某在工资补偿方面的请求。

法条链接

《中华人民共和国民事诉讼法》第一百七十条第一款第（一）、（二）项

《中华人民共和国劳动合同法》

第十条 建立劳动关系，应当订立书面劳动合同。已建立劳动关系，未同时订立书面劳动合同的，应当自用工之日起一个月内订立书面劳动合同。

用人单位与劳动者在用工前订立劳动合同的，劳动关系自用工之日起建立。

【案例评析】

1. 争议双方之间是否存在劳动关系?

劳动关系应该在员工入职时起建立，除了劳动合同以外还有其他形式证明劳动关系的存在。本案中广州物业管理有限公司一方面不承认与邹某存在劳动关系，但是在劳动仲裁、一审和二审诉讼中并未否认作为用人单位这一事实，又提不出相反的证据支持自己的主张，因此上诉再次被驳回也在意料之中。本案的启示是企业在应对劳动纠纷在起初应正确理解法律的规定，制定相应的应对机制，如明确劳动关系与其他民事关系的区别，在发生纠纷之前就应想好应对措施做到有的放矢，同时借助法律专业人员做好预防措施，诉讼中才不至于被动。

2. 用人单位对员工的工资情况是否有举证责任?

本案的另一焦点是工资标准问题，在解决劳动纠纷中遵循谁掌握证据谁负举证责任。本案由于用人单位掌控相关资料，再加上无相反证据支持自己的主张，基于此事实，二审法院支持了员工邹某在工资补偿方面的请求。给企业的启示是企业应规范工资制度，做好风险防范，例如在纠纷之前与劳动者约定工资标准。

5.4 劳务派遣中用人单位有哪些风险

【案情介绍】

杨某由上海某物业公司进行直招面试，被上海某物业推向人才服务中心，于2007年11月1日杨某与人才服务中心签订劳动合同，形成劳务派遣关系，在上海某物业公司工作期间，任司炉工。后上海某物业公司以2013年6月12日杨其在工作区域内饮酒，严重违反公司管理制度为由，要求与杨某解除劳动关系。2013年6月21日，人才服务中心向杨某发出解除劳动合同通知书。

2014年7月，杨某起诉至法院主张自己在工作期间未饮酒，上海某物业管理公司违法解除劳动关系，要求人才服务中心支付违法解除劳动关系的赔偿金、2013年6月22日～2013年7月21日工作期间工资、未提前30天通知解除劳动合同的代通知金、未休年休假工资、法定休假日加班工资及休息日加班工资、延时加班工资、未缴纳社会保险补偿金等。

【焦点问题】

1. 劳务派遣的用工方式，各方的权利义务是什么？
2. 劳务派遣的用工方式，用人单位解除劳动关系应具备的条件是什么？

【法院判决】

一审法院根据各项证据认定杨某存在在工作区域饮酒的行为，人才公司与杨某解除劳动合同的行为符合法律规定，并根据其他证据认定杨某的其他诉讼请求于法无据，判决驳回杨某的诉讼请求。

二审法院经审理后，认定杨某未能提交证据证明其主张，人才公司解除劳动合同的行为符合法律要求，依法驳回了杨某关于工资及额外经济补偿金、未休年休假工资、加班工资的请求。

法条链接

《中华人民共和国民事诉讼法》第一百七十条第一款第（一）项

《劳务派遣暂行规定》

第十二条　有下列情形之一的，用工单位可以将被派遣劳动者退回劳务派遣单位：

（一）用工单位有劳动合同法第四十条第三项、第四十一条规定情形的；

（二）用工单位被依法宣告破产、吊销营业执照、责令关闭、撤销、决定提前解散或者经营期限届满不再继续经营的；

（三）劳务派遣协议期满终止的。

被派遣劳动者退回后在无工作期间，劳务派遣单位应当按照不低于所在地人民政府规定的最低工资标准，向其按月支付报酬。

第十三条 被派遣劳动者有劳动合同法第四十二条规定情形的，在派遣期限届满前，用工单位不得依据本规定第十二条第一款第一项规定将被派遣劳动者退回劳务派遣单位；派遣期限届满的，应当延续至相应情形消失时方可退回。

《劳动合同法》

第三十九条 劳动者有下列情形之一的，用人单位可以解除劳动合同：

（1）在试用期间被证明不符合录用条件的；

（2）严重违反用人单位的规章制度的；

（3）严重失职，营私舞弊，给用人单位造成重大损害的；

（4）劳动者同时与其他用人单位建立劳动关系，对完成本单位的工作任务造成严重影响，或者经用人单位提出，拒不改正的；

（5）因本法第二十六条第一款第一项规定的情形致使劳动合同无效的；

（6）被依法追究刑事责任的。

【案例评析】

1. 劳务派遣的用工方式，对于用工单位能提供哪些帮助?

随着《劳动合同法》的实施，“劳务派遣”这种用工方式受到了前所未有的重视。一方面，《劳动合同法》以法律的形式正式认可了此前曾经存在巨大争议的“劳务派遣”；另一方面，随着《劳动合同法》对于用人单位提出了更严格、更规范的要求，“劳务派遣”也成为用人单位降低成本，减少风险的一种重要途径。整体而言，劳务派遣将在以下几方面对于用工单位提供帮助：

（1）有利于降低用人成本。在劳务派遣关系中，虽然用工单位需要向劳务派遣单位缴纳一定的费用，但与此同时，包括招聘、培训、发放工资在内的大量工作都可以交由劳务派遣单位负责。而且由于劳务派遣具有较强的灵活性，用工单位可以更好地按照岗位实际需求使用劳动力，避免在这方面的资源浪费，从而实际上产生降低成本的效果。

（2）有利于人力资源管理。这些被劳务派遣的劳动者，其人事档案将由劳务派遣单位集中管理，从而降低用工单位人力资源部门在这方面投入的精力。除此之外，包括缴纳社会保险在内的一系列程序工作，也将由劳务派遣单位进行操作，帮助用工单位的人力资源部门可以将精力集中在其他方面，从而提高人力资源管理的效率。

（3）有利于实行激励机制。如果劳务派遣方式运用得好可以在用工单位内部形成良好的激励机制。一方面，对于用工单位自己的员工来说，劳务派遣职工的到来将对他们形成一定的竞争压力，从而促进他们更珍惜自己的工作岗位；另一方面，对于那些表现出色的劳务派遣职工，用工单位也可以在合乎法律规定的情况下向他们提供劳动合同，从而建立起更为长期稳定的劳动关系。

（4）有利于合法裁减人员。在《劳动合同法》实施的大背景下，用工单位如果由于生产经营需要做出裁员决定，尤其是大规模裁员的决定，可能需要经历较为复杂的程序以及付出较高的赔偿成本。而在使用劳务派遣职工的过程中，如果用工单位不需要对方提供劳动服务，可以选择将其退回劳务派遣单位，所需要支付的成本相对较低。

（5）有利于转移法律风险。与用工单位相比，劳务派遣单位通常具有更为丰富的人事管理经验，并且对于劳动法律法规更为熟悉。因此一旦未来与劳务派遣职工发生争议，用工单位可以获得来自劳务派遣单位的配合与帮助，并且依法转移部分法律风险，从而更好地解决有关劳动争议。

2. 劳务派遣的用工方式，用人单位解除劳动关系应具备哪些条件？

依据《劳动合同法》有关规定，被派遣劳动者有以下情形之一的，用工单位可以将其退回劳务派遣单位，劳务派遣单位可按本法有关规定与其解除劳动合同：

（1）在试用期间被证明不符合录用条件的；

（2）严重违反用工单位的规章制度的；

（3）严重失职，给用工单位造成重大损害的；

（4）营私舞弊，给用工单位造成重大损害的；

（5）被派遣劳动者同时与其他用人单位建立劳动关系，对完成本用工单位的工作任务造成严重影响，或者经用人单位或用工单位提出，拒不改正的；

（6）因被派遣劳动者以欺诈、胁迫的手段或者乘人之危，使劳务派遣单位在违背真实意思的情况下订立或者变更劳动合同，致使劳动合同无效的；

（7）因被派遣劳动者以欺诈、胁迫的手段或者乘人之危，使用工单位在违背真实意思的情况下与其建立用工关系的；

（8）被依法追究刑事责任的；

（9）被派遣劳动者患病或者非因工负伤，在规定的医疗期满后不能从事原工作，也不能从事由用工单位另行安排的工作的；

（10）被派遣劳动者不能胜任工作，经过培训或者调整工作岗位，仍不能胜任工作的。

依据《劳务派遣暂行规定》有关规定，有以下情形之一的，用工单位可以将被派遣劳动者退回劳务派遣单位：

（1）劳务派遣用工关系建立时所依据的客观情况发生重大变化，致使劳务派遣用工无法进行，用工单位提出退回的；

（2）用工单位依据企业破产法规定进行重整，需退回被派遣劳动者的；

（3）用工单位生产经营发生严重困难，需退回被派遣劳动者的；

（4）用工单位转产、重大技术革新或者经营方式调整，需退回被派遣劳动者的；

（5）其他因劳务派遣用工关系建立时所依据的客观情况发生重大变化，致使劳务派遣用工无法进行，需退回被派遣劳动者的；

（6）用工单位被依法宣告破产、吊销营业执照、责令关闭、撤销、决定提前解散或者经营期限届满不再继续经营的；

（7）劳务派遣协议期满终止的。

被派遣劳动者退回后在无工作期间，劳务派遣单位应当按照不低于所在地人民政府规定的最低工资标准，向其按月支付报酬。

被派遣劳动者有劳动合同法第四十二条规定情形的，在派遣期限届满前，用工单位不得依据上述第（1）~（5）情形将被派遣劳动者退回劳务派遣单位；派遣期限届满的，应当延续至相应情形消失时方可退回。

5.5 退休返聘人员与企业存在劳动关系吗

【案情介绍】

杜某是郑州某物业公司职工，因该公司作为郑州某集团有限责任公司辅业单位改制，2008年12月30日包括杜某在内的26名职工解除与郑州某集团所签订的劳动合同，之后杜某与郑州某物业公司建立劳动关系，双方未签订书面劳动合同。改制实施方案的批复第五条载明：郑州某物业管理有限公司的债权债务应由改制后的企业承继，2013年9月杜某年满50岁，河南省人力资源和社会保障厅审批同意其退休。杜某因参加工作时间工龄和社保问题与郑州某物业公司产生纠纷。2014年10月27日杜某向郑州市中原区劳动争议仲裁委员会申请仲裁，因对该仲裁委员会作出的不予受理通知书不服，遂起诉至法院。此案经一审审理后杜某不服判决上诉到中级人民法院，二审法院经审理作出终审判决。

【焦点问题】

1. 劳动仲裁的时效是多少？
2. 企业改制中工龄的连续性问题是什么？
3. 员工退休返聘后与企业的关系是劳动关系还是劳务关系？

【法院判决】

二审法院经审理，认为关于参加工作时间与工龄问题的认定，是人力资源和社会保障行政部门的法定职责，杜某要求按照实际参加工作时间计算工龄，不属于人民法院受理民事诉讼的范围。关于杜某上诉请求“追索应享受的生育保险待遇，要求按有关规定给予补偿”。由于杜某没有享受相关生育保险待遇，并非郑州某物业公司原因造成，杜某该项诉讼请求，没有法律依据。最终法院判决驳回杜某的上诉请求。

法条链接

《中华人民共和国民事诉讼法》第一百七十条第一款第（一）项

《劳动争议调解仲裁法》

第二十七条　劳动争议申请仲裁的时效期间为一年。仲裁时效期间从当事人知道或者应当知道其权利被侵害之日起计算。

前款规定的仲裁时效，因当事人一方向对方当事人主张权利，或者向有关部门请求权利救济，或者对方当事人同意履行义务而中断。从中断时起，仲裁时效期间重新计算。

因不可抗力或者有其他正当理由，当事人不能在本条第一款规定的仲裁时效期间申请仲裁的，仲裁时效中止。从中止时效的原因消除之日起，仲裁时效期间继续计算。

劳动关系存续期间因拖欠劳动报酬发生争议的，劳动者申请仲裁不受本条第一款规定的仲裁时效期间的限制；但是，劳动关系终止的，应当自劳动关系终止之日起一年内提出。

《中华人民共和国劳动法》

第二条 中华人民共和国境内的企业、个体经济组织、民办非企业单位等组织（以下称用人单位）与劳动者建立劳动关系，订立、履行、变更、解除或者终止劳动合同，适用本法。

国家机关、事业单位、社会团体和与其建立劳动关系的劳动者，订立、履行、变更、解除或者终止劳动合同，依照本法执行。

【案例评析】

1. 劳动仲裁的时效是多少?

根据《劳动争议调解仲裁法》的规定，仲裁的时效遵循以下规则：

（1）劳动争议申请仲裁的时效期间为一年。

（2）仲裁时效期间从当事人知道或者应当知道其权利被侵害之日起计算。

案例：一职工与单位因工作岗位问题发生争议，单位让职工回家等消息。一是工作岗位问题没有得到解决。职工找到单位，单位给他一份除名决定书。职工拿着除名决定书申请劳动仲裁，请求撤销除名决定书。劳动仲裁委员会一看除名决定书上的日期是一年前，认为超过仲裁时效，劳动仲裁委员会无权受理。职工起诉到法院。法院判决，劳动仲裁委员会不予受理是正确的。这个职工的除名纠纷，再也无法获得法律救济了。

《劳动争议调解仲裁法》规定“仲裁时效期间从当事人知道或者应当知道其权利被侵害之日起计算”，实质上是延长了劳动者申请仲裁的时效。

（3）前款规定的仲裁时效，因当事人一方向对方当事人主张权利，或者向有关部门请求权利救济，或者对方当事人同意履行义务而中断。从中断时起，仲裁时效期间重新计算。

劳动者与单位发生劳动争议，单位经常用研究研究，下个月给你答复等手段拖延时间，或者是先答应劳动者的要求，最后以领导不批准为由拒绝执行。劳动者再想申请仲裁，已经过了时效。《劳动争议调解仲裁法》规定了时效中断制度。与单位协商解决的时间不计算在仲裁时效当中。协商破裂后，重新计算时间。保护了劳动者申请仲裁的权利。

（4）因不可抗力或者有其他正当理由，当事人不能在本条第一款规定的仲裁时效期间申请仲裁的，仲裁时效中止。从中止时效的原因消除之日起，仲裁时效期间继续计算。

不可抗力是指地震、洪水、暴乱等当事人无法控制的原因。其他正当理由，是指因病住院，因涉嫌案件被羁押，因地址变更无法取得联系等情况。因不可抗力或者有其他正当理由，不能按时申请劳动仲裁的，情况消除以后，仲裁时效期间继续计算，而不是撤销计算。例如：一劳动者与单位发生劳动纠纷，10个月后，因为涉嫌犯罪被羁押，7个月后被释放。从释放之日起，两个月内申请劳动仲裁不算超过仲裁时效。

（5）劳动关系存续期间因拖欠劳动报酬发生争议的，劳动者申请仲裁不受本条第一款规定的仲裁时效期间的限制。

2. 企业改制中工龄的连续性问题?

工龄是计算劳动关系经济补偿金的关键依据之一。目前，工龄一词已经失去它原有的功用和意义了，原国有企业依据工龄分配福利的制度必然会慢慢退去。可是，工龄作为用人单位支付经济补偿金的计算依据的功用并不会减少。相反，根据劳动法及劳动合同法的规定，计算经济补偿金主要依据之一就是工龄，工作满一年需支付一个月工资作为解除劳动关系的经济补偿金。因个人原因到新单位工作，工龄不得连续计算。众所周知，劳动者辞职之后进入新的工作单位，其工龄不能连续计算。这也是工龄这个词语与先前劳动制度下“工龄”截然不同的地方。实际上，目前，工龄一词本质上是指劳动者在单位工作的年限，计划经济体制下不同单位之间工龄的转接已经不复存在了。新单位与原单位在法人主体资格上的独立性决定了劳动者一般情形下不得连续计算工龄。

3. 员工退休返聘后与企业的关系是劳动关系还是劳务关系?

退休返聘人员与公司之间不存在劳动关系，而是劳务关系。主要理由是：第一、劳动关系的成立，要求用人单位和劳动者必须符合法律、法规规定的主体资格，即主体双方必须具备劳动权利能力和劳动行为能力。法律上的劳动行为能力，对劳动者一方，就是要符合法定劳动年龄和具有劳动能力。退休返聘人员已超过法定劳动年龄，不具有法律上的劳动行为能力，因而不符合劳动法律关系的主体资格条件，不属于《劳动法》规定的劳动者范围。退休返聘人员与公司并未成立劳动关系，双方之间的用工关系应当按照劳务关系对待。第二、从社会保险关系上看也是如此，员工退休后即无须继续缴纳社保费，并开始享受养老保险待遇，社保机构不接受退休返聘人员一面享受养老保险，一面又继续购买工伤保险。因此，退休返聘人员与公司之间不成立劳动关系，不受《劳动法》及其他劳动法规调整，只成立民法意义上的劳务关系。因此，退休返聘人员与公司之间是劳务关系而非劳动关系。

5.6 连续旷工是否构成严重违纪

【案情介绍】

卫某自2004年4月2日起应聘至合肥某物业管理有限责任公司从事管理工作，双方自2005年12月1日起先后签订四份劳动合同，其中最后一份劳动合同期限自2009年1月1日～2011年12月31日。2011年12月12日双方签订劳动合同变更协议，将合同期限变更为2009年1月1日～2012年12月31日；2012年11月1日，双方又签订一份劳动合同变更协议，约定将劳动合同期限变更为2009年1月1日～2015年12月31日。

2014年3月18日，卫某到合肥市第一人民医院就诊，MRI检查报告单显示结论为腰椎生理曲度平直，腰椎间盘变性伴突出。医嘱建议休息两周。3月19日，卫某持病例、疾病诊断书等向合肥某物业公司请病假，未获准许，卫某此后即未再上班。2014年4月9日，合肥某物业公司以卫某连续旷工15天为由解除双方之间的劳动关系，并向卫某发出解除劳动合同通知书。卫某随后向合肥市蜀山区劳动争议仲裁委员会申请劳动仲裁。合肥市蜀山区劳动争议仲裁委员会于2014年9月15日作出仲裁裁决。卫某不服仲裁裁决，向法院起诉，后经二审法院作出终审判决。

【焦点问题】

1．连续旷工是否构成严重违纪行为?

2．关于规章制度的效力问题是什么?

【法院判决】

二审法院经审理认为：劳动者严重违反劳动纪律，用人单位有权解除双方劳动关系。本案中卫某未经用人单位准假即擅自连续多日不上班的旷工行为，属于严重违反用人单位劳动纪律的行为，故判决对于卫某要求支付解除劳动合同经济补偿金的请求，不予支持。

法条链接

《中华人民共和国劳动合同法》

第三十八条　第一款 未按照劳动合同约定提供劳动保护或者劳动条件

的，劳动者可以解除劳动合同。

第三十九条　第二款 劳动者严重违反用人单位的规章制度的，用人单位可以解除劳动合同。

第四十二条　劳动者有下列情形之一的，用人单位不得依照本法第四十条、第四十一条的规定解除劳动合同：

（一）从事接触职业病危害作业的劳动者未进行离岗前职业健康检查，或者疑似职业病病人在诊断或者医学观察期间的；

（二）在本单位患职业病或者因工负伤并被确认丧失或者部分丧失劳动能力的；

（三）患病或者非因工负伤，在规定的医疗期内的；

（四）女职工在孕期、产期、哺乳期的；

（五）在本单位连续工作满十五年，且距法定退休年龄不足五年的；

（六）法律、行政法规规定的其他情形。

第四十六条　有下列情形之一的，用人单位应当向劳动者支付经济补偿：

（一）劳动者依照本法第三十八条规定解除劳动合同的；

（二）用人单位依照本法第三十六条支付宝向劳动者提出解除劳动合同并与劳动者协商一致解除劳动合同的；

（三）用人单位依照本法第四十条规定解除劳动合同的；

（四）用人单位依照本法第四十一条第一款规定解除劳动合同的；

（五）除用人单位维持或者提高劳动合同约定条件续订劳动合同，劳动者不同意续订的情形外，依照本法第四十四条第一项规定终止固定期限劳动合同的；

（六）依照本法第四十四条第四项、第五项规定终止劳动合同的；

（七）法律、行政法规规定的其他情形。

《中华人民共和国民事诉讼法》

第一百七十条　民事诉讼法第一百零六条第三项规定的情况紧急，包括：

（一）需要立即停止侵害、排除妨碍的；

（二）需要立即制止某项行为的；

（三）追索恢复生产、经营急需的保险理赔费的；

（四）需要立即返还社会保险金、社会救助资金的；

（五）不立即返还款项，将严重影响权利人生活和生产经营的。

【案例评析】

1. 连续旷工是否构成严重违纪行为？

《劳动合同法》第39条第（二）项规定，劳动者严重违反用人单位的规章制度，企业可以解除劳动合同。但企业要应用这一条款，还需具备两个条件：一是企业必须具有完善的规章制度；二是员工违反规章制度的行为是否达到了“严重”的程度，需要在制度中界定其标准。如果缺少上述两个条件或其中一个条件，即使员工有不当行为，企业也无法进行有效的处理。下面结合案例谈谈“严重”违纪行为如何界定。

例：甲、乙两个企业分别以员工A、B旷工三天为由，解除了与两个员工的劳动合同。A、B均不服，分别将各自的单位告上仲裁庭。经审理查明，A和B都未履行请假手续，都连续旷工三天。甲、乙两企业的《员工手册》都规定，连续旷工三天为严重违纪，即可解除劳动合同。但是，仲裁委员会裁决维持甲企业解除A劳动合同的决定，却撤销了乙企业解除B劳动合同的决定。为什么会出现这样的情况？原来，仲裁庭作出上述裁决是有原因的。

解读：A未履行请假手续，连续三天未到公司上班。第四天上班后，被书面告知A，由于其未履行请假手续，三天未上班，已构成旷工，公司将按规定处理。A在告知书上写明未上班的理由。称其因突发心绞痛，没来得及履行请假手续，表示可以提供医院诊断证明。人事经理同意了A的请求，要求A在一周内出示诊断证明，办理补假手续。一周以后，A未向公司提交医院证明，经人事部门多次催要，A始终未能提供补假的相关证明，甲企业遂作出解除与A劳动合同的决定。B的情况则与A不同。B虽然也没有履行请假的手续，三天未来上班，但在上班的第一天就拿着自己就医证明到人事部门办理补假手续，但人事经理告诉他，公司已经做出了解除与B劳动合同的决定。因为乙企业规定，不论何种假期，员工都要事先履行请假手续，否则，事后不论何种理由，企业一律不予补假，以旷工论处。甲、乙两企业解除A、B劳动合同依据的都是《劳动合同法》第39条第（二）项的规定，即劳动者严重违反用人单位规章制度的，企业可以解除劳动合同。但何为“严重违反”，法律并没有明确界定，实务中何谓“严重违反”，只能依据用人单位的规章制度或劳动合同约定判断。于是，有的企业往往运用自己在制定规章制度时的“主动权”，把“严重违纪”规定的较为严格。如本案中乙企业规定的，无论何种原因未履行事前请假手续，连续旷工三天视为旷工，构成严重违纪。

依照法律规定，虽然企业有制定规章制度的权利，但规章制度的内容不能与劳动法律法规的宗旨相违背。我们不能说甲乙两企业关于连续旷工三天即为严重违纪，企业可以解除与员工劳动合同的规定是违法的，但是，很显然这样的规定对于员工较为苛刻，与劳动法律法规保护劳动者合法权益的“倾向性”立法宗旨相违背。就本案而言，虽然A旷工三天，但甲企业给予了补假的机会，而且多次催促A补假，但在长达一个多星期的时间里，A始终未能提供办理补假的相关证明。在这种情况下，A的主观恶意就大大增加了，仲裁委员会作出的维持甲企业解除与A的劳动合同决定的裁决就不足为奇了。乙企业的做法显然过于教条，本案中B旷工三天，事出有因，突然生病是无法提前办理请假手续的，主观上B并没有过错，而事后B也在积极的履行补假手续，避免矿工后果的发生，显然B的行为尚未达到“严重违纪”的程度，若就此解除与B的劳动合同，于情于理皆是不合适的。规范员工的行为，对违规者施以惩戒，这是企业管理必须面对的问题，上述案例给我们的其实非常深刻。为此，建议如下：

（1）在制定规章制度时，尽量列明员工在本企业可能发生的违纪行为。

企业有权根据自己的实际情况制定相应的规章制度。若规章制度不够完善，企业就无法对员工的不当或错误行为进行处理，换句话说，“法无明文规定不处罚”的原则也适用于企业对员工的处理。所以，企业在制定规章制度时，要针对本单位的生产经营特点，尽可能列举员工可能存在的违纪情形，并规定相应的处罚标准。员工一旦违反，即可照章处理。当然，企业在制定规章制度时，还要注意程序方面的问题，否则可能会导致制度无效。

（2）根据员工违反企业规章制度的主观恶性、行为方式及造成的客观后果，合理确定“严重”的标准。

在判断员工的不当行为是否达到“严重”程度时，必须坚持以下三个原则：第一、在判断员工是否违纪的标准上贯彻员工主观过错原则；第二、在判断违纪行为严重程度上体现渐进性原则；第三、在具体运用时要表现出批评教育性原则。而三个原则的有机结合，恰好可以说明企业在保护员工合法权益的前提下，合法有效的事实对员工的管理。这样做，既体现了企业规章制度的严肃性，也体现了企业管理的人性化。

上述三个原则应当贯彻在企业规章制度的制定中，例如，违纪行为，企业可以按照严重程度，分为轻微违纪行为、一般违纪行为和严重违纪行为。当员工的违纪行为发生时，企业就可以对号入座，很容易对员工做出处理，这是通行的对违纪行为的“三分法”。

（3）先调查取证，后做出处理，讲究战术策略，以免造成不可挽回的局面。

实务中，对于员工的违纪行为，企业往往过于震怒而情绪化，甚至实行“零时间离职制度”，而这样做的直接后果，是把员工推向仲裁诉讼的道路，其结果往往是以企业败诉告终。因此，当员工违纪时，建议企业采取下列步骤处理：第一、发现员工违纪后，应对员工的违纪行为进行法律论证，目的是确定该员工是否违纪，如果违纪，应当受到什么样的处罚；第二、针对将要对员工进行的处罚，搜集相关证据；第三、对搜集到得证据进行法律判断，目的是判定搜集到得证据能否足以证明该员工违纪，能否得到仲裁庭或法院的采信；第四、在上述三个环节的基础上，可分情况作出相应处理。

2. 关于规章制度的效力问题?

用人单位制定的规章制度要对劳动者具有约束力，必须满足一定的条件：

（1）内容必须合法，且无免除己方职责，排除对方权利之情形；

（2）符合民主程序，即涉及劳动者切身利益的规章应当与工会或职工代表协商确定；

（3）必须向劳动者公示，员工手册是比较好的公示手段，其依据为《劳动合同法》第四条：用人单位应当依法建立和完善劳动规章制度，保障劳动者享有劳动权利、履行劳动义务。用人单位在制定、修改或者决定有关劳动报酬、工作时间、休息休假、劳动安全卫生、保险福利、职工培训、劳动纪律以及劳动定额管理等直接涉及劳动者切身利益的规章制度或者重大事项时，应当经职工代表大会或者全体职工讨论，提出方案和意见，与工会或者职工代表平等协商确定。在规章制度和重大事项决定实施过程中，工会或者职工认为不适当的，有权向用人单位提出，通过协商予以修改完善。用人单位应当将直接涉及劳动者切身利益的规章制度和重大事项决定公示，或者告知劳动者。

此外，还应特别注意劳动合同无效的情况，根据《劳动合同法》第二十六条的规定，下列劳动合同无效或者部分无效：（1）以欺诈、胁迫的手段或者乘人之危，使对方在违背真实意思的情况下订立或者变更劳动合同的；（2）用人单位免除自己的法定责任、排除劳动者权利的；（3）违反法律、行政法规强制性规定的。对劳动合同的无效或者部分无效有争议的，由劳动争议仲裁机构或者人民法院确认。

5.7 非全日制员工解除劳动合同要承担经济补偿金吗

【案情介绍】

2007年5月25日，被告高某到原告大连某物业管理有限公司从事保洁工作，双方未签订劳动合同，原告也未给被告缴纳社会保险。双方口头约定每月工资500元，2011年11月调整为每月600元，2012年5月调整为800元。自2011年2月起，原告通过银行转账的方式按月支付被告工资原告没有对被告考勤。2013年4月下旬，被告请假回家建房，至2014年3月返回工作岗位。2014年3月12日，原告口头通知高某解除劳动关系。2014年12月17日高某向大连市中山区劳动人事争议仲裁委员会提起仲裁申请，要求大连某物业公司支付2008年1月～11月未订立书面劳动合同二倍工资、赔偿金、带薪年休假工资、工资及25%经济补偿金合计69，233元。2015年1月13日，该仲裁委作出仲裁裁决书。大连某物业管理有限公司不服，诉至法院一审判决，后经法院二审作出终审判决。

【焦点问题】

1．如何认定“非全日制用工”?

2．用人单位如何与员工合理解除劳动关系?

【法院判决】

一审法院经审理认为：（1）原告关于被告为非全日制用工的主张。原告主张被告每天工作两小时，但被告承担的工作量与原告主张的工作时间明显不符，且被告劳动报酬结算支付周期超过十五日，上述事实不符合《劳动合同法》规定的非全日制用工的情形，故认定原、被告之间存在全日制用工形式的劳动关系；（2）原告对其主张被告于2013年4月终止劳动关系的事实未能举证证明，故认定终止劳动关系的时间为2014年3月12日；（3）二倍工资的仲裁时效问题，支付二倍工资的请求属于劳动报酬问题，适用《中华人民共和国劳动争议调解仲裁法》第二十七条第三款的规定。终止劳动合同的时间为2014年3月12日，提起仲裁申请的时间为2014年12月17日，因此，该请求未过仲裁时效；（4）关于违法解除劳动合同的赔偿金，用人单位自用工之日起满一年不与劳动者订立书面劳动合同，视为用人单位与劳动者订立无固定期限劳动合同，原告在劳动关系存续期间无故解除与被告劳动关系，属于违法解除劳动关系，应支付被告违法解除劳动合同的赔偿金。

二审法院经审理认为，高某的岗位不属于非全日制用工，大连某物业管理有限公司以高某的岗位为非全日制用工而拒付解除劳动合同的经济赔偿金、工资差额的行为违法，但高某关于2008年1月～11月未订立书面劳动合同的二倍工资的请求超过仲裁时效，不予支持。

法条链接

《中华人民共和国民事诉讼法》第一百七十条第一款（二）项

《中华人民共和国劳动合同法》

第三十六条　用人单位与劳动者协商一致，可以解除劳动合同。

第四十条 有下列情形之一的，用人单位提前三十日以书面形式通知劳动者本人或者额外支付劳动者一个月工资后，可以解除劳动合同：

（一）劳动者患病或者非因工负伤，在规定的医疗期满后不能从事原工作，也不能从事由用人单位另行安排的工作的；

（二）劳动者不能胜任工作，经过培训或者调整工作岗位，仍不能胜任工作的；

（三）劳动合同订立时所依据的客观情况发生重大变化，致使劳动合同无法履行，经用人单位与劳动者协商，未能就变更劳动合同内容达成协议的。

第四十七条 经济补偿按劳动者在本单位工作的年限，每满一年支付一个月工资的标准向劳动者支付。六个月以上不满一年的，按一年计算；不满六个月的，向劳动者支付半个月工资的经济补偿。

劳动者月工资高于用人单位所在直辖市、设区的市级人民政府公布的本地区上年度职工月平均工资三倍的，向其支付经济补偿的标准按职工月平均工资三倍的数额支付，向其支付经济补偿的年限最高不超过十二年。

【案例评析】

1. 如何认定“非全日制用工”？

非全日制用工，是指以小时计酬为主，劳动者在同一用人单位一般平均每日工作时间不超过4小时，每周工作时间累计不超过24小时的用工形式。非全日制用工劳动报酬结算支付周期最长不得超过15日。企业在适用此种用工方式中要谨慎，不可因误读法律使得自己处于不利地位。本案中物业公司对非全日制用工认知不清，又无相应证据支持自己主张，因此被法院判决承担责任。

2. 用人单位如何与员工合理解除劳动关系？

（1）有下列情形之一的，用人单位可解除与员工的劳动合同并向其支付经济补偿：

第一、协商解除，用人单位依照《劳动合同法》第三十六条规定向劳动者提出解除劳动合同并与劳动者协商一致解除劳动合同的；

第二、预告解除，依据《劳动合同法》第四十条规定有如下情形，用人单位在提前三十日以书面形式通知劳动者本人或者额外支付劳动者一个月工资后，可解除劳动合同：

①劳动者患病或者非因工负伤，在其依据工龄等条件可以享受的停工医疗并发给病假工资的医疗期期满后劳动者就有义务进行劳动。如果劳动者由于身体健康原因不能胜任工作，用人单位有义务为其调动岗位，选择他力所能及的岗位工作。如果劳动

者对用人单位重新安排的工作也无法完成，说明劳动者履行合同不能，用人单位需提前三十日以书面形式通知其本人或额外支付劳动者一个月工资后，解除劳动合同。

②劳动者不能按要求完成劳动合同中约定的任务或者同工种，同岗位人员的工作量。用人单位可以对其进行职业培训，提高其职业技能，也可以把其调换到能够胜任的工作岗位上，这是用人单位负有的协助劳动者适应岗位的义务。如果单位尽了这些义务，劳动者仍然不能胜任工作，说明劳动者不具备在该单位的职业能力，单位可以在提前三十日书面通知的前提下，解除与该劳动者的劳动合同。

③劳动合同订立时所依据的客观情况发生重大变化，如自然条件、企业迁移、被兼并、企业资产转移等因不可抗力或出现致使劳动合同全部或部分条款无法履行的情况，使原劳动合同不能履行或不必要履行的。根据变化后的客观情况，经用人单位与劳动者协商，未能就变更劳动合同内容达成协议的，用人单位可解除劳动合同。

第三、经济性裁员，依据《劳动合同法》第四十一条，裁员的情形和要求包括以下几个方面：

①经济性裁员的法定情形：

依照企业破产法规定进行重整的；生产经营发生严重困难的；企业转产、重大技术革新或者经营方式调整，经变更劳动合同后，仍需裁减人员的；其他因劳动合同订立时所依据的客观经济情况发生重大变化，致使劳动合同无法履行。

②经济性裁员履行的法定程序：

依据上述经济性裁员的法定情形，用人单位需要裁减的人员二十人以上或裁减人员不足二十人但占企业职工总数百分之十以上的，应提前30日向工会或全体职工说明情况，听取工会或职工的意见后，裁减人员方案经向劳动行政部门报告，方可以裁减人员。

③裁员时优先留用人员：

与本单位订立较长期限的固定期限劳动合同的；

与本单位订立无固定期限劳动合同的；

家庭无其他就业人员，有需要抚养的老人或者未成年人的。

（2）经济补偿金的支付标准：

《劳动合同法》第四十七条规定，经济补偿按劳动者在本单位工作的年限，每满一年支付一个月工资的标准向劳动者支付。六个月以上不满一年的，按一年计算；不满六个月的，向劳动者支付半个月工资的经济补偿。

劳动者月工资高于用人单位所在直辖市、设区的市级人民政府公布的本地区上年度职工月平均工资三倍的，向其支付经济补偿的标准按职工月平均工资三倍的数额支付，向其支付经济补偿的年限最高不超过十二年。月工资是指劳动者在劳动合同解除或者终止前十二个月的平均工资。

（3）根据《劳动合同法》第三十九条，用人单位可即时解除劳动合同，无需承担赔偿经济补偿金情形包括：

第一、在试用期间被证明不符合录用条件的；

第二、严重违反用人单位的规章制度的；

第三、严重失职，营私舞弊，给用人单位造成重大损害的；

第四、劳动者同时与其他用人单位建立劳动关系，对完成本单位的工作任务造成严重影响，或者经用人单位提出，拒不改正的；

第五、《劳动合同法》第二十六条第一款第一项规定的情形，即劳动者以欺诈、胁迫的手段或者乘人之危，使对方在违背真实意思的情况下订立或者变更劳动合同，致使劳动合同无效的；

第六、被依法追究刑事责任的（包括被劳动教养的）。

（4）用人单位违法解除须承担的责任：

根据《劳动合同法》第四十八条的规定，用人单位违反本法规定解除或者终止劳动合同，劳动者要求继续履行劳动合同的，用人单位应当继续履行；劳动者不要求继续履行劳动合同或者劳动合同已经不能继续履行的，用人单位应当依照《劳动合同法》第四十七条规定的经济补偿标准的二倍向劳动者支付赔偿金。

5.8 物业服务企业违规未予劳动者缴纳社保有何风险

【案情介绍】

刘某原系六安市某建设工程有限公司的下岗职工，于2007年5月9日进入合肥市某物业管理有限公司从事保安工作。2008年1月1日，物业公司与刘某签订劳动合同，期限自2008年1月1日～2010年12月31日，工资标准为每月基本工资560元，加班工资240元，社保补贴100元，刘某在合同空白处手写“本人系外地户口，不办社保，因家中已办。”刘某在物业管理公司工作期间，物业管理公司一直没有给其办理社会保险，而由其原工作单位六安市某建设工程有限公司为其缴纳。2014年7月14日物业公司对刘某担任保安的岗亭进行调整，刘某即自行离职，双方并未就解除劳动关系事宜进行协商。

2014年7月29日，刘某以物业公司未缴纳社保、没有足额支付加班工资为由向物业公司邮寄了被迫解除劳动关系通知书，但物业公司拒绝签收。

离职后刘某作为申请人，以物业公司作为被申请人向合肥市蜀山区劳动争议仲裁委员会申请仲裁。刘某不服上述裁决诉至原审法院。后经二审法院作出终审判决。

【焦点问题】

1. 企业可以应员工请求，不帮员工缴纳社保吗?

2. 企业未给员工缴纳社保或不规范缴纳社保有何风险?

【法院判决】

二审法院经审理，认为刘某以调换其劳动条件和劳动环境产生了不正当的影响为由要求解除劳动关系，并且再未上班，属于自动离职，判决物业公司无需支付经济补偿金。刘某在与物业公司签订合同时书面同意不办理社会保险，刘某主张补办社会保险没有依据，故判决不予支持。

法条链接

《中华人民共和国民事诉讼法》第一百七十条第一款（一）、（二）项

《中华人民共和国社会保险法》

第五十八条　用人单位应当自用工之日起三十日内为其职工向社会保险经办机构申请办理社会保险登记。未办理社会保险登记的，由社会保险经办机构核定其应当缴纳的社会保险费。自愿参加社会保险的无雇工的个体工商户、未在用人单位参加社会保险的非全日制从业人员以及其他灵活就业人员，应当向社会保险经办机构申请办理社会保险登记。国家建立全国统一的个人社会保障号码。个人社会保障号码为公民身份号码。

【案例评析】

1. 企业可以应员工请求，不帮员工缴纳社保吗?

根据法律规定企业为员工办理社保关系，缴纳社保费用属于企业应尽的义务。但实践中企业经常会应员工请求，不帮员工缴纳社保，这会给企业带来不必要的风险，本案中，刘某通过劳动合同确认不缴纳社会保险，如果企业支付给员工的工资内包含

了社保金且劳资双方已签字确认，企业不存在过错，在员工要求企业补缴社保金时，企业也可以主张要求员工返还该笔钱款。给企业的启示是：在员工不愿购买社保时应保留相应的有效证据。

2. 企业未给员工缴纳社保或不规范缴纳社保有何种风险?

企业不给员工缴纳社保，存在着直接、间接、潜在三种法律风险。

（1）直接法律风险

企业面对的直接法律风险包括民事责任、行政责任和刑事责任。所谓的民事责任是指由于企业未按照法律规定为劳动者缴纳各项社会保险费，而应当对劳动者承担包括但不限于补缴或赔偿劳动者损失的责任。如劳动者可以提出被迫辞职，要求企业支付经济补偿；劳动者发生工伤事故的，企业要支付全额的工伤保险待遇等。行政责任是由于企业未按照法律规定为劳动者缴纳各项社会保险费，而应当承担的行政执法机关对其进行处罚的责任。《社会保险费》第八十四条规定，用人单位不办理社会保险登记的，由社会保险行政部门责令限期改正；逾期不改正的，对用人单位处应缴社会保险费数额一倍以上三倍以下的罚款，对其直接负责的主管人员和其他直接责任人员处五百元以上三千元以下的罚款。

（2）间接法律风险

间接法律风险包括由个案可能产生企业内部类似群体案件、进而导致企业外部风险，比方说，由于群体案件需支付大量资金时进而影响企业没有流动资金而无法订货，影响生产及经营，因而导致企业与其他单位的纠纷，这种法律风险以小型企业为常见。因此，在创业初期的企业，如果遇到此种问题，则将对公司正常运营造成极大的影响。

（3）潜在法律风险

潜在法律风险包括本文阐述间接法律风险部分的风险、刑事责任风险，还包括由于企业未按照法律规定为劳动者缴纳基本养老保险费，导致超过退休年龄的劳动者无法获取基本养老保险金，要求企业赔偿的群体性案件的法律风险，此种案例发生率也不低，而且法律风险很大。刑事责任是指由于企业未按照法律规定为劳动者缴纳各项社会保险费，企业和责任人可能要承担刑事处罚的责任，多是因为企业未按照法律规定为劳动者缴纳各项社会保险费、引发矛盾激化，从而转化成刑事案件，媒体上对此曾有报道，例如劳动者工伤或疾病，导致无法支付高昂医疗费或无力维持生活而与企业发生矛盾时，企业派员对劳动者或其亲属进行殴打致轻伤以上等构成刑事案件，这也属于潜在法律风险一种。

缴纳或不缴纳？相信企业主们已经利弊分明，企业未按规定为劳动者缴纳社会保险费，其目的是节省成本。但一旦劳动者申诉或投诉，企业不但要补缴费用或赔偿劳动者损失，而且还可能承担行政责任或刑事责任或经营上的法律风险，法律风险成本更高。因此，哪怕是初创型小微企业，也要自觉为劳动者缴纳社保，预防法律风险。

5.9 员工拒签劳动合同，企业有何风险

【案情介绍】

赵某于2007年9月28日进入重庆某物业公司工作，赵某的工资以现金形式发放，签字领取，以自然月为计薪周期，当月工资在次月25日左右发放。赵某与重庆某置业有限公司和重庆某物业公司系交替建立劳动关系。赵某在2014年与重庆某置业有限公司之间存在劳动关系。工作期间，重庆某置业有限公司和重庆某物业公司未为赵某缴纳失业保险，重庆某置业有限公司收取了赵某押金。

2014年7月16日，重庆某置业有限公司在重庆日报刊登通告：赵某因长期消极怠工，并拒绝与公司签订劳动合同，行为已经严重违反劳动法和公司制度，根据相关规定，我司已于2014年6月25日通过邮寄向你送达了解除劳动关系书，现我司再次告知已经与你解除了劳动关系，请你自本通告刊登之日起三日内回公司办理相关手续，逾期不办，后果自负，特此通告。

2014年8月12日，赵某向重庆市渝北区劳动人事争议仲裁委员会申请仲裁，要求重庆某置业有限公司和重庆某物业公司支付违法解除劳动关系的赔偿金、失业保险待遇，并要求重庆某置业有限公司和重庆某物业公司返还押金。2014年8月20日，重庆市渝北区劳动人事争议仲裁委员作出《超期未作出受理决定证明书》。赵某不服裁决，向法院提起诉讼，后因重庆某置业有限公司不服一审判决向二审法院提出上诉，经二审法院审理作出终审判决。

【焦点问题】

1. 企业能否向员工收取押金？
2. 员工拒绝签订书面合同，企业应采取的措施是什么？
3. 企业违法解除劳动关系应承担什么风险？

【法院判决】

二审法院经审理，认为企业收取员工押金属违法行为，同时认为员工若拒绝与企业签订劳动合同将承担不利后果。于是法院判决企业退还员工押金，支持企业在员工拒绝签订合同的前提下企业可以单方终止合同。

法条链接

《中华人民共和国民事诉讼法》第一百七十条第一款第（一）项

最高人民法院《关于民事诉讼证据的若干规定》

第二条 当事人对自己提出的诉讼请求所依据的事实或者反驳对方诉讼请求所依据的事实有责任提供证据加以证明；没有证据或证据不足以证明当事人事实主张的，由负有举证责任的当事人承担不利后果。

《中华人民共和国劳动合同法》

第八十四条 第二款 用人单位违反本法规定，以担保或者其他名义向劳动者收取财物的，由劳动行政部门责令限期退还本人，并以每人五百元以上二千元以下罚款，给劳动者造成损害的，应当承担赔偿责任。

【案例评析】

1. 企业能否收取员工的押金吗?

《劳动合同法》第八十四条第二款对企业收取员工的押金问题做了规定，如用人单位违反本法规定，以担保或者其他名义向劳动者收取财物的，由劳动行政部门责令限期退还本人，并以每人五百元以上二千元以下罚款，给劳动者造成损害的，应当承担赔偿责任。根据此项规定，用人单位不得向员工收取押金。

2. 员工拒绝签订书面合同，企业应采取的措施是什么?

实践中，企业应把握签订书面劳动合同的时间，做到在1个月内与员工签订书面劳动合同，如果员工拒签书面合同，应及时终止劳动关系。对超过1个月没有签书面合同的，应当向劳动者每月支付双倍工资，并补签书面合同，如果员工仍拒签书面合同，应当立即终止用工。企业应当完善劳动合同管理制度，明确签订书面合同也是劳动者的义务，避免出现事实劳动关系的情形。

3. 企业违法解除劳动关系应承担什么风险?

违法解除劳动合同，不同于依法解除劳动合同，违法解除劳动合同的赔偿，不同于依法解除劳动合同的经济补偿。劳动合同当事人解除劳动合同，必须符合法律规定的条件，履行法律规定的程序，不得随意解除劳动合同。现实中，不少用人单位凭借自己的强势地位，随意或武断地解除劳动合同，严重损害了处于弱势地位的劳动者的合法权益。

（1）用人单位违法解除劳动合同的现状及其产生原因

劳动合同是劳动者与用人单位确立劳动关系、明确双方权利和义务的协议。但不少用人单位无视法律的规定，随意或武断地解除劳动合同，严重损害了劳动者的合法权益。

1）用人单位违法解除劳动合同的主要表现

滥用关于试用期的单方解除权。在没有约定试用期，或者试用期的约定违法，或者已过了试用期的情况下，仍以试用期内不符合录用条件为由，解除与劳动者的劳动合同。

滥用关于违反劳动纪律或用人单位规章制度的单方解除权。在没有企业规章制度，或者规章制度违法，或者规章制度没有公示，或者违纪行为轻微的情况下，以劳动者严重违反劳动纪律或用人单位规章制度为由，解除与劳动者的劳动合同。

滥用经济性裁员的单方解除权。在不符合经济性裁员条件和程序的情况下，解除与劳动者的劳动合同。

滥用工资奖金分配权和劳动用工管理权。随意对劳动者调岗、降职、减薪，如果劳动者不服从安排或一两天不上班，用人单位就以劳动者不服从安排或旷工为由予以辞退，或者逼迫劳动者自动离职。

滥用关于劳动者不能胜任工作的单方解除权。随意调动劳动者工作岗位或提高定额标准，借口劳动者不能胜任工作而解除与劳动者的劳动合同。

随意辞退“三期”女职工和在医疗期内的劳动者。许多用人单位觉得处于孕期、产期、哺乳期的女职工和处于医疗期内的劳动者对单位是一种负担，总是千方百计找借口辞退或者强行辞退。

辞退劳动者不出具任何书面通知或决定。当争议发生后，这些用人单位往往不承认是单位辞退劳动者，而称是劳动者自动离职。用人单位违法解除劳动合同的表现形式还有许多，如滥用关于严重失职，对单位利益造成重大损害的单方解除权；滥用关于“客观情况”发生重大变化的单方解除权等。甚至不以任何理由，只根据老板及个别领导的好恶，或打击报复，或因人际关系，强行辞退老板或个别领导看“不顺眼”

的劳动者。

2）产生上述情况的主要原因

市场经济条件下企业竞争日益激烈，不少企业为减少人工成本，不惜牺牲劳动者利益，违法辞退劳动者，以保护企业利益。

某些企业主或高层管理者，劳动法律意识和履约意识淡薄，不重视《劳动法》不遵守劳动合同。

某些企业主或高层管理者，错误理解企业的工资资金分配权和用工自主权，认为企业有权根据经营状况和管理需要随意裁减员工或调岗、降职、减薪。

不少企业对企业规章制度的合法性、合理性及其效力产生错误认识，认为劳动者必须遵守企业的规章制度，而不问企业规章制度是否合理合法、向劳动者公示与否，动不动就以严重违反劳动纪律和企业规章制度为由辞退轻微违纪的劳动者。

劳动法律法规、规章存在缺陷、不足和冲突，一些用人单位故意钻法律空子解除劳动合同，且不给或少给劳动者经济补偿或赔偿，有时劳动监察部门、劳动争议仲裁委员会和人民法院也感到无所适从，无可奈何。

（2）完善用人单位违法解除劳动合同法律责任规定的建议

规定用人单位承担违法解除劳动合同法律责任的形式和方式。其中经济责任的方式主要包括以付违约金、赔偿损失和继续履行劳动合同。

规定违约金的性质、数额范围和适用范围。为体现对违法行为的惩罚，建议将违约金定性为惩罚性违约金，违约金的数额可以大于劳动者的实际经济损失；为体现违约金的合理性，并根据劳动合同不同于经济合同的性质，对违约金的约定规定一个合理范围。规定只要用人单位解除劳动合同不符合法律的规定和劳动合同的约定，即构成违法违约，劳动者即有权要求违法的用人单位支付违约金。

对代通知金问题作出明确规定。除双方协商一致解除劳动合同外，用人单位解除无过失劳动者的劳动合同，未提前一个月通知劳动者的，均应支付劳动者一个月工资作为赔偿。

规定协商解除劳动合同必须有明确的书面协议。为免用人单位与劳动者就是否协商解除及由谁先提出解除劳动合同发生争议，应规定协商解除劳动合同必须有明确的书面协议，协议应明确由谁先提出解除劳动合同。如果用人单位与劳动者未就劳动合同的解除达成属于协商一致解除的书面协议，劳动争议仲裁委员会和人民法院均不能认定劳动合同是双方协商一致解除。

5.10 第三人侵权赔偿与工伤赔偿机制是否可以并行

【案情介绍】

2009年4月，杜某到武汉某物业公司工作。2009年5月1日，双方签订书面劳动合同，约定杜某的工作岗位为保洁。劳动关系存续期间武汉某物业公司没有为杜某缴纳社会保险。2011年1月30日，杜某发生交通事故受伤并由交通肇事方支付了赔偿金。2011年10月20日，武汉市人力资源和社会保障局作出工伤认定决定书，认定杜某在上述交通事故中所受伤害为工伤。2012年5月23日，杜某发出解除劳动关系通知书，以物业公司未办理社保、未签订劳动合同、未支付加班工资等为由，提出与武汉某物业公司解除劳动关系。

2012年5月29日，杜某向武汉市江岸区劳动人事争议仲裁委员会提出书面仲裁申请，请求裁决武汉某物业公司为其补缴养老保险并赔偿补偿款。武汉某物业公司不服裁决，认为杜某已由交通侵权方给予赔偿就不应认定为工伤，于是起诉至法院，一审法院经审理支持了杜某的请求。武汉某物业公司不服一审判决，向二审法院提起上诉，二审法院经审理作出终审判决。

【焦点问题】

1. 第三人侵权赔偿与工伤赔偿机制在法律上是否可以并行？
2. 员工是否能同时获得一次性伤残就业补助金和经济补偿金？

【法院判决】

二审法院经审理，作出终审判决。认为：第三人侵权赔偿与工伤赔偿机制在法律上是可以并行，判决不支持企业上诉请求。同时认定杜某能同时获得一次性伤残就业补助金和经济补偿金，判决不支持企业上诉请求。

法条链接

《中华人民共和国民事诉讼法》第一百七十条第一款第（一）项

《中华人民共和国安全生产法》第四十八条

最高人民法院《关于审理人身损害赔偿案件适用法律若干问题的解释》

第十二条 因第三人造成工伤的职工或其近亲属，从第三人处获得民事赔偿后，可以按照《工伤保险条例》第三十七条的规定，向工伤保险机构申请工伤保险待遇补偿。

【案例评析】

1. 第三人侵权赔偿与工伤赔偿机制在法律上是否可以并行？

最高人民法院在给武汉市人民法院的回复中的态度，值得我们关注。"关于因第三人造成工伤的职工或其亲属在获得民事赔偿后是否还可以获得工伤保险补偿问题的答复，你院《关于因第三人造成工伤死亡的亲属在获得高于工伤保险待遇的民事赔偿后是否还可以获得工伤保险补偿问题的请示报告》收悉。经研究，答复如下：原则同意你院审判委员会的倾向性意见。即根据《中华人民共和国安全生产法》第四十八条以及最高人民法院《关于审理人身损害赔偿案件适用法律若干问题的解释》第十二条的规定，因第三人造成工伤的职工或其近亲属，从第三人处获得民事赔偿后，可以按照《工伤保险条例》第三十七条的规定，向工伤保险机构申请工伤保险待遇补偿。"

2. 员工是否能同时获得一次性伤残就业补助金和经济补偿金？

一次性伤残就业补助金是法律规定由用人单位向与其解除劳动关系的五到十级工伤的职工一次性支付的费用，用于因工伤导致的就业能力损失的补偿。解除或终止劳动合同的经济补偿金是用人单位解除或终止劳动关系时，对符合法律规定情形，按照法律规定标准或约定标准向劳动者支付的经济补偿。只要符合法定支付经济补偿金的情形，用人单位就应当在劳动合同解除或终止时向劳动者支付相应的经济补偿金。法律并未限定获取经济补偿金的劳动者的范围，并未将工伤职工排除在获取经济补偿金的劳动者范围之外。故原审法院认定杜某属于因单位未缴纳社会保险等被迫提出解除劳动合同，物业公司应当支付杜某解除劳动关系经济补偿金符合法律规定。

5.11 劳动合同解除后员工是否可以反悔

【案情介绍】

2012年12月1日，黄某到重庆某物业公司从事保安工作。2013年1月31日，物业公司与黄某签订了《劳动合同》，双方约定：黄某的工作岗位为保安岗位；执行不定时工作制；试用期为2个月。劳动合同到期后，双方未续签劳动合同但黄某继续在物业公司上班。黄某在物业公司工作期间，书面向物业管理公司申请不办理社会保险，公司未为黄某参加失业等社会保险，2013年1月～2014年6月，物业公司以福利款的名义向黄某发放每月453元的社会保险补助费。2014年6月30日，物业公司以前期物业管理合同到期导致劳动合同履行发生实际困难为由，解除与黄某的劳动关系。

2014年7月30日，黄某向当地劳动争议仲裁委员会提出仲裁申请，请求裁决物业公司因其单方解除劳动关系等违法行为，向黄某支付代通知金、加班加点工资、违法解除劳动关系的赔偿金、失业保险赔偿金。2014年10月，该仲裁委裁决由物业公司向黄某支付失业保险赔偿金，但驳回了黄某的其他仲裁请求。黄某对此不服，于2014年10月31日诉至一审法院。随后，物业公司亦对劳动争议仲裁委员会作出的同一仲裁裁决不服，于2014年11月5日诉至一审法院，请求判令不予向黄某支付失业保险赔偿金。同年11月11日，一审法院裁定将物业公司诉黄某一案与前案合并审理。一审法院作出的判决后，黄某对加班工资提起了上诉。对其余部分诉讼请求，服从了一审法院判决的评判。二审法院依法审理作出终审判决。

【焦点问题】

1. 员工与企业达成解除劳动关系协议后，是否可以反悔？
2. 在不定时工作制中，员工是否可以主张加班费？

【法院判决】

二审法院认定企业用补助金代替社保属于违法行为，因黄某表示在本案中不再主张物业公司违法解除劳动关系、要求支付违法解除劳动关系赔偿金等请求事项，法院依法予以确认。二审法院认为，一审法院作出的判决后，黄某对加班工资提起了上诉。对其余部分诉讼请求，服从了一审法院判决的评判。本院对一审法院除加班工资部分以外评判，予以支持。

法条链接

《中华人民共和国民事诉讼法》第一百七十条第一款第（一）项

《关于贯彻执行〈中华人民共和国劳动法〉若干问题的意见》

第六十七条　经批准实行不定时工作制的职工，不受《劳动法》第四十一条规定的日延长工作时间标准和月延长工作时间标准的限制，但用人单位应采用弹性工作时间等适当的工作和休息方式，确保职工的休息休假权利和生产、工作任务的完成。”劳动部《工资支付暂行规定》第十三条对不同工作时间制度加班费的计算进行了规定，其最后一款规定：“实行不定时工时制度的劳动者，不执行上述规定。”

【案例评析】

1. 员工与企业达成解除劳动关系协议后，是否可以反悔？

用人单位和劳动者之间签订了解除劳动合同协议，属于双方协商一致的表示，如果一方反悔，应承担责任。但是双方签订了解除劳动合同协议违反了国家的相关规定，应按照法律法规的规定执行。

2. 在不定时工作制中，员工是否可以主张加班费？

劳动部《关于企业实行不定时工作制和综合计算工时工作制的审批办法》第六条：“对于实行不定时工作制和综合计算工时工作制等其他工作和休息办法的职工，企业应根据《中华人民共和国劳动法》第一章、第四章有关规定，在保障职工身体健康并充分听取职工意见的基础上，采用集中工作、集中休息、轮休调休、弹性工作时间等适当方式，确保职工的休息休假权利和生产、工作任务的完成。”

劳动部《关于贯彻执行〈中华人民共和国劳动法〉若干问题的意见》第六十七条：“经批准实行不定时工作制的职工，不受《劳动法》第四十一条规定的日延长工作时间标准和月延长工作时间标准的限制，但用人单位应采用弹性工作时间等适当的工作和休息方式，确保职工的休息休假权利和生产、工作任务的完成。”

劳动部《工资支付暂行规定》第十三条对不同工作时间制度加班费的计算进行了规定，其最后一款规定：“实行不定时工时制度的劳动者，不执行上述规定。”

给企业的启示：从国家出台的法律规定来看，并没有规定不定时工作制的加班情形，普遍认为不定时工作制是不计算加班时间和加班费的，只有在部分地区如上海、深圳的工资支付条例中规定，在法定假日加班，不定时工时制的人员也有加班费，按300%的日工资支付。劳动者可以与用人单位就加班问题在劳动合同中进行约定，以维护自己的权益。

5.12 工伤认定的标准是什么

【案情介绍】

王某于2011年2月15日进入六安市某物业总公司合肥分公司工作，双方未签订劳动合同，物业分公司亦未为王某办理社会保险。2012年12月13日王某值夜班时，在前往办公室卫生间打水烧开水途中摔倒导致其左脚受伤。物业总公司合肥分公司未支付王某医疗费及其他费用，亦未安排人员在王某住院期间进行护理。王某向当地人力资源和社会保障局申请工伤认定，经认定王某所受伤害属于工伤。合肥分公司向合肥高新技术产业开发区人民法院起诉请求撤销工伤认定决定书，法院经审理驳回其请求。

2014年5月30日，王某以六安市某物业总公司、合肥分公司为被申请人向当地劳动人事争议仲裁委员会申请仲裁，请求裁决：六安市某物业总公司、合肥分公司支付各类补助金、支付医药费等。物业合肥分公司不服仲裁裁决，向一审法院起诉，判决作出后，合肥分公司不服一审判决，向二审法院提出上诉。合肥分公司主张：（1）王某与其为劳务关系，且王某已达退休年龄，不应享受工伤保险待遇；（2）一审程序违法。一审法院在当事人未申请第三人参加诉讼的情况下，直接将六安市物业总公司列为案件第三人，且缺席判决，损害了我公司和第三人的合法权益。二审法院经审理依法作出判决。

【焦点问题】

1. 员工工伤认定的标准是什么?
2. 企业的分支机构的劳动用工主体资格问题是什么?

【法院判决】

一审法院认为：（1）王某在六安市某物业总公司合肥分公司工作时受伤，经劳动部门认定属于工伤，物业公司认为其与王某无劳动关系，王某不能认定为工伤，该意见与合肥市中级人民法院作出的（2014）合行终字第00011号行政判决书相悖，该院不予采信。因分公司未为王某缴纳社保，根据《工伤保险条例》第六十二条第二款，应由其支付王某相关工伤保险待遇；（2）关于六安市某物业总公司的责任。六安市某物业总公司与其合肥分公司系法人与分支机构的关系，分支机构的民事责任应由设立它的法人承担，鉴于分支机构经工商部门登记具有诉讼主体资格，具有一定的承担民事责任的能力，但其资格具有不完全性，不能与法人相比，故分支机构在无力承担所有责任的情况下，其责任依法可由法人进行补充。故法人对分支机构的债务承担补充清偿责任。

二审法院经审理认为，王某因工受伤以及被认定工伤之时已超过法定退休年龄，根据《安徽省实施〈工伤保险条例办法〉》第二十七条规定伤残职工按照规定办理退休手续的，不享受一次性工伤医疗补助金和一次性伤残就业补助金待遇。认定王某不应享受一次性工伤医疗补助金和一次性伤残就业补助金。关于一审程序问题，六安市某物业总公司虽然未提起诉讼，但是一审判决仍需对其应承担的责任进行审查，即一审判决与六安市某物业总公司具有法律上的利害关系，一审依职权追加其为第三人并无不当。

法条链接

《中华人民共和国民事诉讼法》第一百七十条第一款（一）、（二）项

《工伤保险条例》

第十五条 职工有下列情形之一的，视同工伤：

（一）在工作时间和工作岗位，突发疾病死亡或者在48小时之内经抢救无效死亡的；

（二）在抢险救灾等维护国家利益、公共利益活动中受到伤害的；

（三）职工原在军队服役，因战、因公负伤致残，已取得革命伤残军人证，到用人单位后旧伤复发的。

职工有前款第（一）项、第（二）项情形的，按照本条例的有关规定享受工伤保险待遇；职工有前款第（三）项情形的，按照本条例的有关规定享受除一次性伤残补助金以外的工伤保险待遇。

第十六条 职工有下列情形之一的，不得认定为工伤或者视同工伤：

（一）因犯罪或者违反治安管理伤亡的；

（二）醉酒导致伤亡的；

（三）自残或者自杀的。

【案例评析】

1. 员工工伤认定的标准是什么?

根据《工伤保险条例》，应当认定为工伤、视同工伤、不得认定为工伤的情形有以下几种情况：①在工作时间和工作场所内，因工作原因受到事故伤害的；②工作时间前后在工作场所内，从事与工作有关的预备性或者收尾性工作受到事故伤害的；③在

工作时间和工作场所内，因履行工作职责受到暴力等意外伤害的；④患职业病的；⑤因工外出期间，由于工作原因受到伤害或者发生事故下落不明的；⑥在上下班途中，受到机动车事故伤害的；⑦法律、行政法规规定应当认定为工伤的其他情形。

2. 企业的分支机构的劳动用工主体资格问题?

分支机构能否与劳动者签订劳动合同，就在于分支机构是否为劳动合同法意义上的用人单位，具体可从以下两个方面分析：

（1）如果该分支机构依法取得营业执照，具有用工主体资格，当然可以与劳动者签订劳动合同并受法律保护；

（2）用人单位的分支机构未依法取得营业执照，如果已经接受该用人单位的授权委托，也可以与劳动者签订劳动合同并受法律保护。

总之，用人单位的分支机构未依法取得营业执照也未接受该用人单位委托或者未接受委托事后也未被追认的，不具有与劳动者签订劳动合同的资格，因此而造成劳动者损失的，应当承担赔偿责任。另外要注意的是，假如企业本身就不符合用人单位的资质条件，那么其设立的分支机构也就不可能成为劳动合同法意义上的用工主体了。换言之，如果一个企业不是劳动合同法意义上的用人单位，其设立的分支机构也不可能成为用人单位。这也是为什么对于一个外国法人在中国境内设立办事处或分支机构的，该办事处或分支机构如果用工则必须通过劳务派遣方式才合法，否则即使与劳动者签订了劳动合同，该劳动合同也是无效的合同。

5.13 停工留薪期要支付员工工资吗

【案情介绍】

2012年12月12日，任某入职北京某物业公司，担任暖通主管，月工资标准为税前4500元。2013年6月5日，任某在工作中受伤，2013年10月9日，北京市海淀区人力资源和社会保障局认定任某为工伤。2013年11月6日，北京某物业公司告知任某停工留薪期为2013年6月5日～12月4日。后任某两次提出延长停工留薪期，经协商确定将任某的停工留薪期延长至2014年4月6日。物业公司实际支付任某停工留薪期工资至2014年7月31日。另，任某现未进行劳动能力鉴定。后任某因停工留薪期及停工留薪期的费用补助标准等问题与物业公司发生纠纷，并向北京市海淀区劳动人事争议仲裁委员会申请仲裁，后任某、物业公司均不服仲裁裁决，向北京市海淀区人民法院提起了诉讼。任某以要求物业公司支付停工留薪期的饭补、过节费和2013年年底双薪，以及停工留薪期延长至2014年8月的停工留薪期工资等为诉讼请求。一审判决后，双方均不服，向二审法院提出上诉，二审法院经审理作出终审判决。

【焦点问题】

1. 如何理解停工留薪期？
2. 实践中停工留薪期企业如何操作？

【法院判决】

一审法院审理认为，任某关于北京市某物业公司支付2014年8月的停工留薪期工资的请求没有法律依据，鉴于任某提供了医院出具的休假证明，故物业公司理应支付其当月的病假工资。物业公司关于支付员工双薪的规定不符合法律要求，故物业公司应补足任某年底双薪的差额。因任某未提供证据证明物业公司有过节费的约定，对其关于支付过节费的诉讼请求不予支持。

二审法院经审理认为，任某未能提交充分有效的证据证明其曾申请将停工留薪期延长至2014年8月，故其不能享受相应期间的停工留薪期待遇。职工在停工留薪期内，原工资福利待遇不变。北京市某物业公司认可任某受工伤之前的工资构成包括饭补，其主张以饭补的方式向任某支付住院期间伙食补助费，并以其公司在任某住院期间多支付的费用与住院伙食补助费冲抵，缺乏相应的事实与法律依据，本院不予支持。北京市某物业公司员工手册中关于年底双薪的规定与工伤保险条例中的相关规定不符，故应补足年底双薪的差额。任某未提供证据证明北京市某物业公司有过节费的约定，故其要求支付上过节费的诉讼请求，不能成立。

法条链接

《中华人民共和国民事诉讼法》第一百七十条第一款第（二）项

《中华人民共和国社会保险法》第三十八条、第三十九条

《工伤保险条例》

第三十一条 社会保险行政部门作出认定工伤的决定后发生行政复议、行政诉讼的，行政复议和行政诉讼期间不停止支付工伤职工治疗工伤的医疗

费用。

第三十三条 职工因工作遭受事故伤害或者患职业病需要暂停工作接受工伤医疗的，在停工留薪期内，原工资福利待遇不变，由所在单位按月支付。

停工留薪期一般不超过12个月。伤情严重或者情况特殊，经设区的市级劳动能力鉴定委员会确认，可以适当延长，但延长不得超过12个月。工伤职工评定伤残等级后，停发原待遇，按照本章的有关规定享受伤残待遇。工伤职工在停工留薪期满后仍需治疗的，继续享受工伤医疗待遇。

生活不能自理的工伤职工在停工留薪期需要护理的，由所在单位负责。

【案例评析】

1. 如何理解停工留薪期?

《工伤保险条例》第三十一条规定，“职工因工作遭受事故伤害或者患职业病需要暂停工作接受工伤医疗的，在停工留薪期内，原工资福利待遇不变，由所在单位按月支付。停工留薪期一般不超过12个月。伤情严重或者情况特殊，经设区的市级劳动能力鉴定委员会确认，可以适当延长，但延长不得超过12个月。工伤职工评定伤残等级后，停发原待遇，按照有关规定享受伤残待遇。工伤职工在停工留薪期满后仍需治疗的，继续享受工伤医疗待遇。生活不能自理的工伤职工在停工留薪期需要护理的，由所在单位负责。”根据上述规定，停工留薪期的期间应当自职工因工作遭受事故伤害或者患职业病暂停工作接受工伤医疗开始，至工伤职工伤残等级评定后结束。由于对于停工留薪期的计算方式的规定并不明晰，因此，在对该条的理解上形成了两种不同的观点。一种观点认为，停工留薪期应当截止于劳动能力鉴定结论作出之日，这一论点的依据在于《工伤保险条例》第三十一条规定“工伤职工评定伤残等级后，停发原待遇”，这种观点可简称为“鉴定截止论”。另外一种观点认为，停工留薪期应当截止于劳动者可以正常工作之日，这一论点的依据在于《工伤保险条例》第三十一条规定“需要暂停工作接受工伤医疗的，在停工留薪期内，原工资福利待遇不变”，这种观点可简称为“复工截止论”。

2. 实践中停工留薪期企业如何操作?

（1）停工留薪期的确定问题：停工留薪期一般不超过12个月。工伤职工停工留薪期满必须进行医疗终结诊断评定。停工留薪期满和工伤医疗终结诊断评定，是进行劳动能力鉴定的前提，停工留薪期满日期，也是作为经办机构核销医疗费的截止日期。因医疗和康复治疗需要，停工留薪期超过12个月以上、需要延长停工留薪期的，由用人单位或工伤职工提前30日报经市劳动能力鉴定委员会鉴定确认。

（2）对于用人单位或工伤职工因工伤停工留薪期发生争议如何解决：可以由当事人一方向市劳动能力鉴定委员会提出申请，由劳动能力鉴定委员会聘请医疗技术鉴定专家根据工伤职工的伤情、医疗康复状况、医疗时间及提供的病历资料等因素，鉴定确认停工留薪期。

（3）对于停工留薪期满后需要继续治疗的问题：停工留薪期满后需要继续治疗的问题，由市劳动能力鉴定委员会在伤残等级鉴定结论书上载明医疗依赖的期限。

5.14 劳动合同中试用期可以随意约定吗

【案情介绍】

2013年3月3日，刘某入职长沙某物业公司从事安防员工作。双方于当年7月31日订立《劳动合同》一份，约定劳动合同期限为两年，试用期为三个月。长沙某物业公司的规章制度及《员工手册》为合同附件，《员工手册》规定：公司每周工作六天。刘某的试用期工资为1500元，每月实发工资在1800元以上，离职前十二个月平均工资在2000元以上。2014年8月，物业公司通知刘某终止双方劳动关系，2014年9月29日，刘某向当地劳动仲裁委申请劳动仲裁，请求裁决认定试用期约定违法，物业公司应向其支付加班工资等，该仲裁委逾期未受理其申请，刘某遂诉至法院，诉讼请求：（1）按1500元每月计算试用期加班工资，此后的所有加班工资按1800元每月计算；（2）根据《中华人民共和国劳动法》的规定，劳动者每周应休两天，而刘某只休一天，因此物业公司应当支付其加班工资；（3）物业公司虽向其发放高温津贴但公司未足额发放，应当补发；（4）物业公司与刘某解除劳动关系属于违法解除，应当支付经济补偿；（5）刘某每天的工作时间都有8个小时，物业公司称只有7小时不符合客观事实。

一审法院作出判决后，物业管理公司不服一审判决，向二审法院提起上诉。二审法院受理后，依法组成合议庭公开审理了此案，现已审理终结。

【焦点问题】

1. 劳动合同中试用期如何约定才合法？
2. 支付法定节假日加班工资、休息日加班工资的标准是什么？

【法院判决】

二审法院经审理认为，物业管理有限公司在劳动合同中约定的试用期违法。根据法律规定，用人单位应保存工资支付记录两年以上备查。本案中，刘某存在每周休息日加班一天且法定节假日加班，而物业公司未能提供证据证明刘某具体加班的天数以及其离职前两年内公司已向其支付加班工资的记录，故应当承担举证不能的不利后果，又因刘某试用期后每月实发工资在1800元以上，故以1800元计算其试用期之后的加班工资。因长沙每年7～9月夏季气温均达到35度，而物业公司未举证证明刘某工作场所的温度以及其足额发放了高温补贴，因此该物业公司应承担举证不能的后果，补发未足额发放的部分。

法条链接

《中华人民共和国民事诉讼法》第一百六十八条

《中华人民共和国民事诉讼法》第一百七十条第一款第（一）项

《中华人民共和国劳动合同法》第十九条具体见案例评析

【案例评析】

1．劳动合同中试用期的如何约定才合法?

《劳动合同法》第十九条规定：（1）劳动合同期限三个月以上不满一年的，试用期不得超过一个月。（2）劳动合同期限一年以上不满三年的，试用期不得超过二个月。（3）三年以上固定期限和无固定期限的劳动合同，试用期不得超过六个月。（4）同一用人单位与同一劳动者只能约定一次试用期。（5）以完成一定工作任务为期限的劳动合同或者劳动合同期限不满三个月的，不得约定试用期。（6）试用期包含在劳动合同期限内。劳动合同仅约定试用期的，试用期不成立，该期限为劳动合同期限。（7）劳动者在试用期的工资不得低于本单位相同岗位最低档工资或者劳动合同约定工资的百分之八十，并不得低于用人单位所在地的最低工资标准。（8）在试用期中，除劳动者有本法第三十九条和第四十条第一项、第二项规定的情形外，用人单位不得解除劳动合同。用人单位在试用期解除劳动合同的，应当向劳动者说明理由。

2．支付法定节假日加班工资、休息日加班工资以及标准如何?

根据《全国年节及纪念日放假办法》（国务院令第513号）的规定，全体公民的节日假期由原来的10天增设为11天。据此，职工全年月平均制度工作天数和工资折算办法分别调整如下：

（1）制度工作时间的计算：

年工作日：365天-104天（休息日）-11天（法定节假日）=250天

季工作日：250天÷4季=62.5天/季

月工作日：250天÷12月=20.83天/月

工作小时数的计算：以月、季、年的工作日乘以每日的8小时。

（2）日工资、小时工资的折算

按照《劳动法》第五十一条的规定，法定节假日用人单位应当依法支付工资，即折算日工资、小时工资时不剔除国家规定的11天法定节假日。据此，日工资、小时工资的折算为：

日 工 资：月工资收入÷月计薪天数

小时工资：月工资收入÷（月计薪天数×8小时）

月计薪天数=（365天-104天）÷12月=21.75天

国家规定的加班费计算方法：平时晚上的加班费是本人工资的150%，双休日是200%，国家法定节假日是300%。

5.15 物业服务企业是否能随意变更劳动者的工作地点?

【案情介绍】

彭某于2012年4月1日起进入南京某物业公司，从事电工工作，工作地点为南京市某纺织品公司，双方建立劳动关系。2014年12月24日，物业公司口头告知彭某，将其工作地点变更为南京市某医院项目部，彭某不同意该变更事项，故于2014年12月25日起未至新工作地点上班。2014年12月，物业公司以彭某于2014年12月25日之后未到岗视为旷工为由，扣发工资。2014年12月29日，物业公司作出《关于对彭某旷工的处理决定》，以彭某旷工长达五天严重违纪为由解除双方之间的劳动关系，并于2015年1月8日寄发该书面决定，2015年1月9日，彭某签收该决定书。2015年1月19日，彭某向当地劳动人事争议仲裁委员会申请劳动仲裁，请求裁决物业公司向其支付经济补偿金、法定年休假工资、高温费。仲裁委员会在法定期限内未予受理，彭某遂于2015年1月26日诉至法院，诉讼请求：（1）双方之间的劳动关系于2015年1月9日解除，即收到解除劳动关系决定书的日期；（2）彭某收到物业公司变更工作地点的通知后，虽未去新工作地点报到，但仍然每天去原工作地点工作，不应视为旷工；（3）物业公司违法解除双方劳动关系，应支付违法解除劳动关系赔偿金。

南京某物业公司主张：（1）双方劳动关系应于物业公司作出解除劳动关系决定之日起终止，即2014年12月24日；（2）彭某未服从安排前往新工作地点工作，严重影响了该项目中的电力维修维护工作，应当视为旷工，属于严重违纪，用人单位可以解除劳动合同；（3）彭某要求物业公司支付2014年12月25日～2015年1月9日期间工资的请求，未经劳动仲裁前置程序，不应在本案中处理。

法院作出判决后，物业管理有限公司不服一审法院的判决，向南京市中级人民法院提起上诉，南京市中级人民法院依法审理并作出判决。

【焦点问题】

1. 企业是否能自主调整和变更员工的工作地点？
2. 未经过劳动仲裁前置程序的请求是否有可诉性？

【法院判决】

法院经审理认为，《中华人民共和国劳动合同法》第三十五条规定，用人单位与劳动者协商一致，可以变更劳动合同约定的内容。劳动地点属于劳动合同的重要内容，南京某物业公司在未与彭某协商一致的情况下，单方面变更原履行的劳动合同内容，违反了上述规定，故物业公司因此与彭某解除劳动关系的行为不符合法律规定，应支付违法解除劳动合同赔偿金。彭某要求物业公司支付2014年12月25日至2015年1月9日期间工资的请求，因该支付义务与用人单位调整工作地点、解除劳动合同行为的合法性相关，故该项诉请与本案讼争的劳动争议具有不可分性，可在本案中一并处理。一审法院判决：（1）南京某物业公司于判决生效之日起十日内一次性支付彭某经济赔偿金18113元；（2）南京某物业公司于判决生效之日起十日内一次性支付彭某2014年12月25日～2015年1月9日工资1609元；（3）物业公司于判决生效之日起十日内一次性补发彭某高温费1150元；（4）驳回彭某的其他诉讼请求。二审经审理后维持一审判决。

法条链接

《中华人民共和国民事诉讼法》第一百七十条第一款第（一）项

《中华人民共和国劳动合同法》

第三条 订立劳动合同，应当遵循合法、公平、平等自愿、协商一致、诚实信用的原则。

第十七条 劳动合同应当具备以下条款：

（四）工作内容和工作地点；

劳动合同除前款规定的必备条款外，用人单位与劳动者可以约定试用期、培训、保守秘密、补充保险和福利待遇等其他事项。

第三十五条 用人单位与劳动者协商一致，可以变更劳动合同约定的内容。变更劳动合同，应当采用书面形式。

第三十九条 劳动者有下列情形之一的，用人单位可以解除劳动合同：

（二）严重违反用人单位的规章制度的。

第七十九条 劳动争议发生后，当事人可以向本单位劳动争议调解委员会申请调解；调解不成，当事人一方要求仲裁的，可以向劳动争议仲裁委员会申请仲裁。当事人一方也可以直接向劳动争议仲裁委员会申请仲裁。对仲裁裁决不服的，可以向人民法院提起诉讼。

最高人民法院《关于审理劳动争议案件适用法律若干问题的解释》

第六条 人民法院受理劳动争议案件后，当事人增加诉讼请求的，如该诉讼请求与讼争的劳动争议具有不可分性，应当合并审理；如属独立的劳动争议，应当告知当事人向劳动争议仲裁委员会申请仲裁。

《中华人民共和国企业劳动争议处理条例》

第六条 劳动争议发生后，当事人应当协商解决；不愿协商或者协商不成的，可以向本企业劳动争议调解委员会申请调解；调解不成的，可以向劳动争议仲裁委员会申请仲裁。当事人也可以直接向劳动争议仲裁委员会申请仲裁。对仲裁裁决不服的，可以向人民法院起诉。

【案例评析】

1. 企业是否能自主调整和变更员工的工作地点？

用人单位原则上不享有单方面变更工作岗位和工作地点的权利。根据法律规定：工作地点是劳动者履行劳动合同的实际履行地，是劳动合同的核心内容，无论是劳动者还是用人单位都应该遵守劳动合同关于工作内容和工作地点的规定，全面、实际地履行劳动合同的约定，不得违反并不得随意变更。如果企业与劳动者协商一致的情况下，可以变更工作地点。但在不能达成一致的情况下，双方仍应按原先的合同约定履行。实践中企业可以在劳动合同中约定可以调换的工作地点，但是地点的选择要具有合理性，如在同一个城市进行工作地点调换。

2. 未经过劳动仲裁前置程序的请求是否有可诉性?

根据《中华人民共和国劳动法》第七十九条、《中华人民共和国企业劳动争议处理条例》第六条的规定，劳动争议仲裁是劳动争议诉讼的前置程序，即劳动争议发生后，当事人应申请劳动争议仲裁机构先行处理，对仲裁裁决不服的，才可以向人民法院起诉。那么，是否当事人的所有请求都必须经过劳动仲裁呢？根据最高人民法院《关于审理劳动争议案件适用法律若干问题的解释》第六条的规定，人民法院受理劳动争议案件后，当事人增加诉讼请求的，如该诉讼请求与讼争的劳动争议具有不可分性，应当合并审理；如属独立的劳动争议，应当告知当事人向劳动争议仲裁委员会申请仲裁。

根据上述规定，在诉讼程序中，劳动争议纠纷当事人增加诉讼请求的，判断其诉讼请求是否必须先经劳动争议仲裁机构裁决，主要是看当事人提出的诉讼请求是否与正在诉讼过程中的争议事项具有不可分性，这种不可分性，我们认为主要是指增加的诉讼请求与争议的事项是相关的，相互之间具有依附性，例如，本案中彭某要求物业公司支付2014年12月25日～2015年1月9日期间工资的请求，因该支付诉请与用人单位调整工作地点、解除劳动合同行为的合法性相关，故该项诉请与本案讼争的劳动争议具有不可分性，根据法律规定，应当在本案中合并审理。而彭某关于支付未签订书面劳动合同双倍工资差额的诉讼请求，因未经劳动仲裁前置程序，亦非与本案讼争的劳动争议具有不可分性，故对该项诉请，原审法院不予理涉。

第6章

物业财务管理篇

本章综述

财务管理是物业服务企业对物业管理资金获取和有效使用的管理，主要包括营业收入管理、成本和费用管理、利润管理以及代收代付的管理。实际工作中，因涉及多方利益主体，物业服务企业在资金的筹集和运行管理、物业服务费调价、专项维修资金的管理、使用、财务收支账务管理等方面容易面临法律风险，需要企业规范运作、正确记账、核算与财务监控，保管好库存现金、银行支票、发票等各种票据、账目和凭证，向业主定期公布项目收支情况，接受业主大会的监督。

本章从物业服务收费、欠费催缴、物业服务费调整、专项维修资金的筹集与使用、业主知情权、物业管理用房拆迁补偿款等方面选取了一些代表性的案例，通过案例分析和法条链接，阐明相关法律依据和实操启示，对提升法制意识、规范日常工作、避免法律纠纷，具有启迪和借鉴意义。物业服务企业应依法做好财务管理工作，及时了解物业服务费拖欠原因及物业产权变更情况，依法催缴、妥善处理，如涉及业主公共利益的收益和专项维修资金的筹集与使用，应根据法律法规和物业服务合同约定执行，依法管理、阳光管理，防范相关法律风险，有效保护物业服务相关各方的合法权益。

6.1 物业服务费如何催缴

【案情介绍】

2005年9月18日～2013年1月1日，青岛某物业服务企业作为受托方（乙方）每年与委托方某新苑业主委员会（甲方）签订为期一年的《物业服务合同》，约定乙方为青岛市某新苑小区提供物业管理服务。委托管理事项为：（1）房屋公用部位和共用设施的维修养护和管理，依照《青岛市城市房屋公用部位和共用设施维修管理暂行办法》执行；（2）公用绿地、花木、建筑物等的养护和管理；（3）小区公共环境卫生，包括公共场所、房屋公用部位的清洁卫生，生活垃圾的收集、清运；（4）负责搞好小区内公共秩序和安全巡查工作；（5）公共楼道、庭院公共照明及单元电子对讲门等公用设施的日常运行和养护；（6）管理与物业相关的工程图纸、住户档案与竣工验收资料；

（7）负责向业主和物业使用人收取公共性服务费并代收水费；（8）业主和物业使用人房屋自用部位、自用设施及设备的维修养护，在当事人提出委托时，乙方应接受委托并合理收费；（9）对业主和物业使用人违反业主公约的行为，针对具体行为并根据情节轻重，采取批评、规劝、警告、制止、依法起诉等措施。合同还约定物业服务费2005年9月18日～2006年9月18日按建筑面积每月每平方米0.30元收取；2006年9月19日～2011年9月18日按建筑面积每月每平方米0.35元收取；2011年9月19日～2014年1月1日按建筑面积每月每平方米0.45元收取。业主和物业使用人逾期交纳物业管理费的，从逾期之日起每天按 3‰所欠物业费比例交纳滞纳金。庭审中，青岛某物业服务企业起诉某新苑业主刘某欠缴2005 年9月10日～2013年12月10日物业服务费 3327元，计算方式为刘某所购物业建筑面积89.1m^2，2005年9月10～2011年9月10日按建筑面积每月每平方米0.35元收取，为0.35 元/m^2 × 89.1m^2 × 72=2245.32 元；2011年9月11日～2013年12月30日按建筑面积每月每平方米0.45元收取，为0.45元/m^2 × 89.1m^2 × 27=1082.57元，共计3327.89元，青岛某物业服务企业要求刘某支付3327元。青岛某物业服务企业并主张自2005年9月10日～2013年12月10日按照每日1元的标准计算滞纳金。2013年11月4日，小区业主委员会为青岛某物业服务企业出具证明一份，证明青岛某物业服务企业于 2002年9月18日起至2013年12月30日依据《物业服务合同》在小区内进行管理服务，各项服务基本达到合同规定标准，物业费收缴率达90%，对于长期拖欠物业费的业主，青岛某物业服务企业每年至少通过电话、书面通知催缴六次以上。刘某对此不予认可，称直到今年才知道业主委员会的存在，也没有接到过青岛某物业服务企业催缴物业费的通知，且记不清何时开始没交物业服务费，在法院指定的期限内未提交已交费凭证。刘某为佐证其抗辩主张，提交照片8张，称照片能够证明小区内道路不好、小区广场破损、树木已死、小区内建有违章房、草坪被毁、小区内超市占道经营、某些业主圈地种菜、楼道内到处是小广告及刘某楼下邻居与刘某闹矛盾将刘某家门砸破的事实。青岛某物业服务企业认为上述照片系打印件，其真实性无法确认，也无法证明小区现状；即使属实，有关小区公共部分的维修也需要业主首先缴纳相关费用，动用公共维修基金应当经业主大会决议，并经2/3以上业主的同意，这是物业服务企业无法单独决定的；树木死亡后，应当移除再栽，这需要一段时间，且照片无法确认现在是否已经移除；有关违章建筑，物业服务企业只能进行规劝，无权强制拆除；有关邻里纠纷，与物业服务企业无关，与本案也无关，物业服务企业只能进行劝解协调，无其他权利。

【焦点问题】

1. 本案中，刘某给付物业服务企业物业服务费的法律依据是什么？

2. 催缴物业服务费应注意哪些事项？

【法院判决】

一审法院审理查明，青岛某物业服务企业与刘某所在小区业主委员会签订的《物业服务合同》合法有效，对双方具有约束力，各方均应遵照执行。物业服务企业为刘某所在小区提供服务，刘某作为业主实际接受了物业服务企业的服务，根据权利义务对等原则，刘某应向物业服务企业支付物业服务费。虽然刘某抗辩主张物业服务企业未按约提供服务，称小区卫生状况差，绿地荒废，垃圾遍地，治安状况差，存在失窃现象等，但刘某提交的证据未能全面、系统地证明物业服务企业提供物业服务的全貌，故刘某以上抗辩主张法院不予支持。根据青岛某物业管理有限公司提交的2005年的《物业管理委托合同》，2005年9月～2006年9月的物业服务费应按照每月0.30元/m^2收取，青岛某物业管理有限公司主张2005年9月起按照0.35元计算物业服务费超出合同约定，原审法院不予支持。故刘某应支付青岛某物业管理有限公司2005年9月～2013年12月的物业服务费3274.43元。虽刘某主张滞纳金按照每日1元计算，但与合同中对违约金的约定不符，且双方签订的合同未约定物业费支付时间，青岛某物业管理有限公司主张滞纳金没有合同依据，原审不予支持。故判决：（1）刘某于判决生效之日起十日内给付青岛某物业管理有限公司2005年9月至2013年12月的物业服务费3274.43元；（2）驳回青岛某物业管理有限公司的其他诉讼请求。

一审后刘某不服上诉至法院要求改判，二审法院审理查明，某新苑小区业主委员会代表该小区业主，与被上诉人签订的物业服务合同真实有效，对各业主均具有约束力。上诉人刘某作为小区的业主，在享受物业管理公司的物业服务后，应及时交纳相应的物业费。刘某所称"某物业服务企业不履行服务职责，刘某不应交纳物业费"之理由，证据不足，本院不予采信。原审认定事实及适用法律正确，本院应予以维持。依照《中华人民共和国民事诉讼法》第一百六十九条、第一百七十条第一款（一）项之规定，终审判决：驳回上诉，维持原判。

法条链接

《物业管理条例》

第三十五条 业主委员会应当与业主大会选聘的物业服务企业订立书面的物业服务合同。

物业服务合同应当对物业管理事项、服务质量、服务费用、双方的权利义务、专项维修资金的管理与使用、物业管理用房、合同期限、违约责任等内容进行约定。

第三十六条 物业服务企业应当按照物业服务合同的约定，提供相应的服务。

物业服务企业未能履行物业服务合同的约定，导致业主人身、财产安全受到损害的，应当依法承担相应的法律责任。

第四十一条 物业服务收费应当遵循合理、公开以及费用与服务水平相适应的原则，区别不同物业的性质和特点，由业主和物业服务企业按照国务院价格主管部门会同国务院建设行政主管部门制定的物业服务收费办法，在物业服务合同中约定。

第六十七条 违反物业服务合同约定，业主逾期不交纳物业服务费用的，业主委员会应当督促其限期交纳；逾期仍不交纳的，物业服务企业可以向人民法院起诉。

《物业服务收费管理办法》

第十五条 业主应当按照物业服务合同的约定按时足额交纳物业服务费用或者物业服务资金。业主违反物业服务合同约定逾期不交纳服务费用或者物业服务资金的，业主委员会应当督促其限期交纳；逾期仍不交纳的，物业管理企业可以依法追缴。

【案例评析】

1. 本案中，刘某给付物业服务企业物业服务费的法律依据是什么？

根据《物业管理条例》第三十五条第二款“物业服务合同应当对物业管理事项、服务质量、服务费用、双方的权利义务、专项维修资金的管理与使用、物业管理用房、合同期限、违约责任等内容进行约定”；第四十二条第一款“业主应当根据物业服务合同的约定交纳物业服务费用”和第六十七条“违反物业服务合同约定，业主逾期不交纳物业服务费用的，业主委员会应当督促其限期交纳；逾期仍不交纳的，物业服务企业可以向人民法院起诉”的规定，本案中刘某应该按其住宅小区《物业服务合同》的约定支付物业服务费用。物业服务企业提供的物业服务具有公共服务的性质，关系到小区全体业主的切身利益，需要发挥业主自治与物业服务企业专业服务相结合的作用，共同创造和谐舒适的小区生活环境。这种和谐舒适的小区环境既来源于物业服务企业努力工作，不断提高服务能力，提供高品质的物业服务，也离不开小区业主的理解支持，这种理解支持很重要的一项就是正常交纳物业服务费用，以维持小区的正常运转和发展。所以，刘某提出的物业服务企业服务方面存在的不足，可采取投诉管理处、物业服务企业予以改正，甚至投诉相关行政主管部门，拒不改正的可收集证据后依法要求物业服务企业承担相应的违约责任，而物业服务企业，亦应主动接受业主的监督，提高服务质量，为业主营造舒适宜居的居住环境。

2. 催缴物业服务费应注意哪些事项?

物业服务费收费难，一直是一个困扰着物业管理行业的问题，虽然《物业管理条例》第六十七条和国家发改委和建设部共同颁布实施的《物业服务收费管理办法》第十五条，对欠费业主做出了“违反物业服务合同的相关约定，业主逾期不交纳物业服务费用，业主委员会应当督促其限期交纳；逾期仍不交纳的，物业管理企业可以向人民法院起诉”的规定，但物业管理企业一直缺乏有效的催缴手段，业主大会、业主委员会在目前阶段也难以发挥条例规定的作用，并且，物业管理企业催缴乏力滋长了一些不负责任业主的错误意识，给物业管理企业的收费工作造成更大的困难。欠交物业费，表面上看只是损害了物业管理企业的权益，而实质上最终受到伤害的是全体业主的权益，并且制约了物业管理行业尤其是住宅物业管理的良性发展。目前，由于各种因素导致住宅物业管理费收费标准偏低，相当部分物业管理企业、项目处于持平甚至亏损运营状态；假如业主再不交费，无疑是雪上加霜，必然导致物业管理企业、物业管理行业面临“无米之炊”、“无源之水”的尴尬境地。因此，采取有效手段追缴物业服务费欠费，不论是为物业管理企业、行业的发展，还是为维护广大业主的合法权益，都是一个必须迫切需要解决的问题。随着我国物业管理相关法规制度的完善、居民法律意识的逐步增强，通过法律诉讼催缴物业服务费已成为解决物业收费难问题的重要手段。对所辖小区部分长期无故欠费业主进行法律诉讼，尤其是一小部分，基本属于没有正当理由、比较典型的业主，通过诉讼途径催缴物业服务费，一方面可以通过法律手段将业主拖欠的物业服务费收取回来，更重要的是通过法院这个平台使双方能够心平气和地坐在一起把各自的想法、意见说出来，根据相关的法律、法规由法院做出公正、公平、令双方信服的裁决，并通过这种方式来教育引导业主转变意识观念，在物业管理区域内创造一个按时、按约交费的良好风气。实践证明，通过法律诉讼催缴物业服务费还是有一定成效的。催缴物业服务费应注意以下五个事项：

（1）要重视物业管理服务合同，明确双方的权利和义务。

随着市场经济的发展，物业管理法律法规的不断健全，业主的维权意识也在不断提高。物业服务合同是物业管理企业取得物业管理权的基础，业主与物业管理企业是建立在合同基础上的民事法律关系，物业服务合同是解决业主与物业管理企业纠纷的根本依据，是业主维护自身权益的基础，也是物业管理企业保护民事权益的基础。因此，物业管理企业一定要十分重视物业服务合同的签订，要通过合同合理有效地保护双方的正当权益，明确服务标准。也就是说，要从物业管理的源头上规避风险，这比在提供服务中采取一些防范措施、补救措施来规避风险，应该是更有效、更经济的。

（2）物业服务合同的制定宜细不宜粗、宜精不宜滥。

所谓“细”，就是合同中物业服务的内容与标准一定要细化，比如保安服务不能仅仅笼统地约定“负责辖区治安”、“协助公共秩序维护”等，而应细化到在小区哪几个出入口设几个岗、负责什么、是立岗还是坐岗，设几个巡逻保安、多长时间在辖区巡视一次，设哪几个巡视点、职责是什么……还包括所提供的物业服务不负责什么，也就是免责的部分。比如在合同中明确约定，物业服务不承担业主人身安全、家庭财产的保险和保管责任等。这样，一旦将来出现治安案件或其他风险问题，假如能够提供足够的证据，证实物业管理企业履行了合同约定的相应义务，即可以免责；所谓“精”，即是合同中该有的内容一定要有，不必要的内容就不要上，假如这些内容写多了将来释义合同时就有可能产生不必要的歧义，引起不必要的麻烦。

（3）要加强基础管理与服务工作，引入风险意识。

诉讼同样是有成本的，这种物业费诉讼的成本，包括诉讼费、代理费、鉴定费等各种直接费用，包括企业人员、时间、精力的投入，还有企业败诉后将面临的声誉风险、群体效应等。因此，在物业管理市场目前的情况下，通过诉讼来追缴物业费，只能是物业服务费收费工作的一项辅助手段。从实际经验来看，它的象征意义、引导作用、教育意义大于其追缴欠费的实质意义。目前，最有效、最经济的手段，还是要通过为业主提供满意的优质服务、亲情服务，甚至是感化业主，来促使业主积极交费。因此，物业管理企业在平时的物业管理服务中，要真正以业主为关注焦点，加强规范基础工作的管理手段，提升服务水平，提高业主满意率，在保证自身权益的前提下，最大化地满足业主提出的合理要求，尽量避免业主以对物业服务不满意为由拒交物业管理费。

（4）要遵循人性化服务，物业服务费催缴工作要循序渐进。

物业服务中的管理对象是物业，服务对象是人，物业服务遵循人性化服务是理所当然的，物业服务费催缴工作当然也不例外。以目前我国的法制环境及群众的法律意识，被起诉至法庭，绝对大部分业主会认为是一件比较“丢人”的事情。因此，物业服务费缴费工作一定要循序渐进地进行，不能操之过急。对于欠费业主，通常先采取电话催缴，了解欠费原因，并积极解决业主所提出的问题；假如仍不交纳，通常派工作人员登门走访沟通，并酌情向业主发送物业服务费催缴通知书并书面签收；假如业主仍继续拖欠，应再进一步向其发放物业催缴律师函，让业主做好将可能被起诉至法院的心理预备，同时也是给业主时间考虑是否交纳物业管理费；最后假如仍然不交费，再依法向法院申请支付令或提起诉讼。在这个过程中，要有礼有节，以理服人、以情感人，充分体现出人性化服务。

（5）要注意收集证据，在法庭上用事实说话。

法律是讲事实的，法庭上是用证据说话的，证据收集的成功与否在整个诉讼过程中占有很重要的地位，在开庭之前一定要充分做好有关材料、证据、法律文书等前期预备工作，这样诉讼成功的机会才会比较大，否则诉讼成功的机会就会大打折扣，甚至败诉。因此，在日常的物业管理服务工作中，要始终保持较高的法律意识，一方面注重做好各种文字、图片、实物等有效证据的建立和保存。比如，保留好和提供服务有关的各种合同、协议、通知通告、整改通知书、物业管理费催缴函、业主欠费原因说明书，各种工作记录、向相关行政主管部门提交的报告单等；另一方面，要依据物业管理相关法律法规、规范标准和《物业服务合同》约定做好各项物业服务工作，涉及业主公共利益的属于应公示内容的财务报表、账目、凭证等应妥善保管，阳光管理。在案件审理过程中，故意欠费的业主通常会说很多理由，而物业服务又是一种无形的产品，业主与物业服务企业需要针对问题拿出充分有效的证据。物业服务企业发催缴函的时候，可一并附上欠费原因说明单，请业主如实填写，物业服务企业既可以准确了解业主不交费的原因及时整改，又可以获得有效的证据，如果在法庭上针对这些原因举出足够的证据，对取得案件的胜诉就非常的有利。这些日常工作做好了，当以后涉及纠纷、诉讼时，就会做到有备无患。

6.2 业主可否以物业服务瑕疵拒交物业服务费

【案情介绍】

2001年4月5日，杨女士与某房地产有限公司签订《商品房买卖合同》，购买位于北京市海淀区××房屋一套，并于2001年9月21日办理入住手续。合同附件五约定：（1）卖方承诺，在卖方指定的物业服务企业管理期间，物业管理费按2.8元/（月·m^2）标准收缴；（2）物业收费有关标准：取暖费28元/（供暖季·m^2）。杨女士办理入住手续后，开发商指定某物业服务企业为该小区提供物业服务。某物业服务企业自述，该公司自2004年1月1日起，实际按照2.52元/（月·m^2）的标准收取物业管理费，自2003年开始，取暖费用以28元/（供暖季·m^2）标准收取。杨女士说小区业主大会已做出解聘某物业服务企业的决定，但尚未选聘好新物业服务企业，现仍由某物业服务企业提供物业管理服务。杨女士未交纳2006年1月1日～2014年6月30日物业管理费，及2006年11月15日～2014年3月15日供暖费。就未交费原因，杨女士主张某物业服务企业物业服务不合格，主要体现在：恶意将其家中供暖阀门关闭，导致无法正常供暖；物业服务企业工作人员多次对其进行骚扰、漫骂，恶意损坏其个人财物。杨女士就此提供大量照片、报警说明等。经法院与曙光派出所核实，双方确实多次发生冲突，2014年6月6日接警单显示，杨女士因家中停电，物业服务企业拒不让电力公司进入维修产生纠纷。杨女士还提出物业服务企业无供暖资质，不应收取供暖费用，但物业服务企业不予认可，提供了2010年11月5日北京市海淀区市政市容管理委员会出具的运行证，显示该公司被准予备案。原审法院按双方当事人陈述、开庭笔录、照片、商品房买卖合同、接警单、用户手册等证据材料认定上述事实的证据。

某物业服务企业多次催要杨女士拖欠的物业管理费和供暖费未果，诉讼至法院请求：（1）判令杨女士向物业服务企业支付2006年1月1日～2014年6月30日的物业管理费33584.52元、2006年11月15日～2014年3月15日供暖费31358.4元。（2）判令杨女士按欠款额每日千分之一的标准向物业服务企业支付至实际付清之日止的滞纳金。一审判决后，某物业服务企业同意判决。杨女士不服判决，提起上诉：请求撤销原审法院判决，驳回某物业服务企业的全部诉讼请求。上诉理由是：（1）本案存在程序重大问题。原审法院违反了立案审查程序，案由错误，传票无案号，传票只告知时间、地点，剥夺我的知情权。对我的调查取证申请置之不理。剥夺我反诉权利。拒绝让我在法庭上阐述和提供证据。（2）事实认定错误。法官的询问显失公平，我提交了大量的证据，但笔录和判决书把我的陈述和观点完全颠倒。我和某物业服务企业之间根本没有物业服务合同，对方无权起诉我，物业服务企业的收费属于强制服务、乱收费、高收费。（3）原审法院法律依据有误。

【焦点问题】

1．业主可否以物业服务瑕疵为由拒绝交纳全部物业服务费、供暖费吗？

2．物业服务企业以存在事实上的物业服务关系为由，请求业主支付物业服务合同权利义务终止后的物业服务费，是否合理？

3．业主大会作出解聘某物业服务企业决定，业主可否据此不交物业服务费？

【法院判决】

一审法院判决：（1）杨女士于判决生效后十日内，支付北京某物业管理有限公司2006年1月1日～2014年6月30日的物业服务费20000元、2006年10月15日～2014年3月15日的供暖费31358.40元；（2）驳回北京某物业管理有限公司的其他诉讼请求。如果未按判决指定的期间履行给付金钱义务，应当按照《中华人民共和国民事诉讼法》第二百五十三条之规定，加倍支付延迟履行期间的债务利息。

二审法院审理查明：杨女士提出的某物业服务企业侵占业主公共部位盈利等问题，与本案并非同一法律关系，不构成对交纳物业费的有效抗辩。杨女士在原审法院没有提交书面反诉状，庭审记录中亦未标明其提出反诉要求，杨女士如果坚持其主张，可另行诉讼解决，原审法院亦不存在剥夺限制当事人诉讼权利行使，进而影响其实体权利实现的重大程序问题存在。原审法院判决认定的证据真实有效，据此认定的事实无误，本案现有证据材料可以证实，双方在合同履行中确实存在矛盾冲突。导致此冲突的原因一方面由于某物业服务企业的服务意识有待提升，另一方面，杨女士长期欠费亦导致了矛盾激化。原审法院据此酌情减免杨女士应该交纳的部分物业费用，理由充分，酌减数额适当。依据《中华人民共和国民事诉讼法》第一百七十条第一款第（一）项之规定，终审判决：驳回上诉，维持原判。

法条链接

《中华人民共和国合同法》

第八条 依法成立的合同，对当事人具有法律约束力。当事人应当按照约定履行自己的义务，不得擅自变更或者解除合同。

依法成立的合同，受法律保护。

第六十条 当事人应当按照约定全面履行自己的义务。

当事人应当遵循诚实信用原则，根据合同的性质、目的和交易习惯履行通知、协助、保密等义务。

第一百零七条 当事人一方不履行合同义务或者履行合同义务不符合约定的，应当承担继续履行、采取补救措施或者赔偿损失等违约责任。

《最高人民法院关于审理物业服务纠纷案件具体应用法律若干问题的解释》

第六条　经书面催交，业主无正当理由拒绝交纳或者在催告的合理期限内仍未交纳物业费，物业服务企业请求业主支付物业费的，人民法院应予支持。物业服务企业已经按照合同约定以及相关规定提供服务，业主仅以未享受或者无需接受相关物业服务为抗辩理由的，人民法院不予支持。

第十条　物业服务合同的权利义务终止后，业主委员会请求物业服务企业退出物业服务区域、移交物业服务用房和相关设施，以及物业服务所必需的相关资料和由其代管的专项维修资金的，人民法院应予支持。

物业服务企业拒绝退出、移交，并以存在事实上的物业服务关系为由，请求业主支付物业服务合同权利义务终止后的物业费的，人民法院不予支持。

《物业管理条例》

第二条　本条例所称物业管理，是指业主通过选聘物业服务企业，由业主和物业服务企业按照物业服务合同约定，对房屋及配套的设施设备和相关场地进行维修、养护、管理，维护物业管理区域内的环境卫生和相关秩序的活动。

第七条　业主在物业管理活动中，履行下列义务：

（一）遵守管理规约、业主大会议事规则；

（二）遵守物业管理区域内物业共用部位和共用设施设备的使用、公共秩序和环境卫生的维护等方面的规章制度；

（三）执行业主大会的决定和业主大会授权业主委员会作出的决定；

（四）按照国家有关规定交纳专项维修资金；

（五）按时交纳物业服务费用；

（六）法律、法规规定的其他义务。

《最高人民法院关于适用〈中华人民共和国民事诉讼法〉的解释》

第九十条　当事人对自己提出的诉讼请求所依据的事实或者反驳对方诉讼请求所依据的事实，应当提供证据加以证明，但法律另有规定的除外。在作出判决前，当事人未能提供证据或者证据不足以证明其事实主张的，由负有举证证明责任的当事人承担不利的后果。

【案例评析】

1. 业主可否以物业服务瑕疵为由拒绝交纳全部物业服务费、供暖费吗?

业主认为物业服务企业提供的物业服务质量有瑕疵，可以以此抗辩，主张核减物业费，但需要充分举证。依据《最高人民法院关于适用〈中华人民共和国民事诉讼法〉的解释》第九十条规定“当事人对自己提出的诉讼请求所依据的事实或者反驳对方诉讼请求所依据的事实，应当提供证据加以证明，但法律另有规定的除外。在作出判决前，当事人未能提供证据或者证据不足以证明其事实主张的，由负有举证证明责任的当事人承担不利的后果”。本案中，杨女士主张物业服务存在瑕疵，依据其提供的相应证据及法院调查核实的相关情况，可以认定杨女士与物业服务企业人员多次发生冲突的情况，物业服务存在瑕疵的情况，某物业服务企业应在日后的物业服务中予以改进。同时，杨女士长期拖欠大量物业、供暖费用亦存在违约行为，一定程度上也是导致双方矛盾激化的原因。法院审理中考虑到某物业服务企业服务瑕疵情况，适当酌减了杨女士应缴物业费数额。关于供暖费用，因某物业服务企业实际提供了相应服务，杨女士未就供暖服务不合格提供充分有效的证据证明，故其理应足额交纳相应费用。关于滞纳金，因双方一直就物业服务质量等问题存在一定争议，故不属于杨女士恶意拖欠。所以，杨女士试图在根本上否认某物业服务企业物业服务的合法性进而免除交纳一切服务费用的请求与其自身已经享受物业管理、供暖服务的事实形成矛盾。因此，本案中，杨女士拒绝交纳全部物业服务费和供暖费的理由不成立。

2. 物业服务合同到期后，物业服务企业以存在事实上的物业服务关系为由，请求业主支付物业服务合同权利义务终止后的物业费和供暖费，是否合理?

根据《最高人民法院关于审理物业服务纠纷案件具体应用法律若干问题的解释》第六条规定“经书面催交，业主无正当理由拒绝交纳或者在催告的合理期限内仍未交纳物业费，物业服务企业请求业主支付物业费的，人民法院应予支持。物业服务企业已经按照合同约定以及相关规定提供服务，业主仅以未享受或者无需接受相关物业服务为抗辩理由的，人民法院不予支持”。本案中，杨女士与某房地产有限公司签订《北京市商品房买卖合同》，某物业服务企业作为开发商指定的物业服务企业，实际为杨女士所在小区提供了物业服务，与杨女士形成事实上的物业服务合同关系，双方应按照合同约定履行各自义务。物业服务合同系一种持续性合同，其内容包含着与物业服务相关的诸多项目，如保洁、保安、管道设备维护、公共区域的设施维护等。某物业服务企业与杨女士之间虽然没有签订物业服务合同，且杨女士对某物业服务企业的服务合法性提出了很多的质疑，但是，某物业服务企业在对小区持续性地服务过程中已经履行了相应的义务，杨女士也已经享受到了相关服务，因此，物业服务企业以存在事实上的物业服务关系为由请求业主支付物业服务费和供暖费是合理的。

3. 业主大会作出解聘物业服务企业的决定，业主据此不交物业服务费是否可行？

根据《最高人民法院关于审理物业服务纠纷案件具体应用法律若干问题的解释》第十条规定“物业服务合同的权利义务终止后，业主委员会请求物业服务企业退出物业服务区域、移交物业服务用房和相关设施，以及物业服务所必需的相关资料和由其代管的专项维修资金的，人民法院应予支持。物业服务企业拒绝退出、移交，并以存在事实上的物业服务关系为由，请求业主支付物业服务合同权利义务终止后的物业费的，人民法院不予支持”。根据该司法解释的规定，在不违反该条规定的情况下，法律承认事实物业服务关系的存在。一般而言，业主大会成立之前的前期物业管理阶段，开发商可以指定物业服务企业为小区提供前期物业服务，业主大会成立后，业主大会、业主委员会可以根据物业管理相关法律法规与《合同法》的规定，选聘相应的物业服务企业。但在业主大会、业主委员会另行选聘新的物业服务企业缔结物业服务合同之前，物业服务企业虽未与业主签订物业服务合同，但其事实上在小区提供了物业服务，法律对这种事实物业服务关系予以保护。故本案中，虽然业主大会作出了解聘某物业服务企业的决定，但过渡期的工作仍然由某物业服务企业负责，某物业服务企业为杨女士所在小区提供了物业服务，杨女士接受了某物业服务企业提供的物业服务，理应交纳相应的费用。至于过渡期何时结束，是否最终选聘了新的物业服务企业，某物业服务企业是否阻止新选聘的物业服务企业履职，在本案中均没有证据证明，也就是说案中现有证据不足以证明某物业服务企业有拒绝退出、移交的情形存在，所以某物业服务企业履行物业服务职责符合法律规定。

本案启示，业主以拒绝交纳物业服务费的方法作为对抗手段固然不可取，且对积极交费业主来讲也不公平，但如何有效保护业主与物业服务企业的合法权益，避免矛盾激化，应该成为立法机构及物业管理主管部门制订行业规范约束办法时考虑的内容，业主大会、业主委员会做出解聘原物业服务企业决定的同时，应该选聘好新物业服务企业，对过渡期及新旧物业交接事宜明确约定好。物业服务的目的涉及公共利益，法律必须维护多数业主的利益实现这一目的。同样，物业服务企业要维护自身权益确保物业管理费收缴及时到位，应该做到遵守法律法规、地方规章、行业标准和物业服务合同等约定的服务内容及标准，诚实守信、克尽职守，保障服务品质，面对业主投诉，耐心细致地沟通解决，积极整改存在的问题，及时化解与业主的纠纷隔阂与矛盾，才能更好地开展各项物业服务工作。

6.3 物业服务企业因业主欠费而强拆水表是否应承担侵权责任

【案情介绍】

上诉人刘某系武汉市某大厦×座×××室的业主。2008年11月8日，业主委员会与武汉Q物业服务企业签订了自2009年1月1日至2009年12月31日止的《物业管理委托合同》，约定由Q物业对某大厦实行物业管理，大厦共用部分及电梯间广告位所产生的收益归全体业主，大厦原业主委员会向Q物业支付一定比例的管理费。2010年4月30日，某大厦业主委员会将大厦委托案外人武汉P物业管理有限公司实行物业管理服务，并签订了自2010年6月1日至2012年5月30日的两年期《物业管理服务合同》，但武汉P物业管理有限公司并未实际进驻某大厦提供物业服务，某大厦仍由Q物业服务企业继续提供物业服务至今，业主共有部分仍由Q物业管理并收取相关费用。现该大厦无业主委员会，刘某因向Q物业主张业主知情权及物业服务费的收取问题与Q物业发生矛盾，Q物业于2014年6月9日将刘某的水表拆除，导致刘某无法居住。刘某于2014年6月4日至2015年6月3日承租了案外人杨某某位于武汉市××地的房屋居住，租金2200元/月。Q物业于2014年12月8日将拆除的刘某房屋的水表恢复。

刘某随后向法院提起诉讼，要求：Q物业立即向刘某返还水表，恢复原状，要求Q物业书面赔礼道歉，Q物业赔偿刘某拆除水表期间在外租房居住的全部租金损失，Q物业公布某大厦业主共有部分（2010年1月1日～2014年12月2日）的使用和收益情况，并要求查阅Q物业保管的某大厦业主共有部分收支账目等。一审宣判后，刘某不服，再次上诉，请求撤销原判并依法改判。事实与理由：（1）原审判决对租金损失认定错误，应计算至水表恢复之日；（2）被上诉人的行为对上诉人的人身健康权造成了损害，应当书面赔礼道歉。

被上诉人Q物业答辩称，刘某拖欠Q物业数年物业费未缴，因而采取断水措施，一审时我方已知道自己行为不当恢复供水，上诉人的上诉请求缺乏事实和法律依据，请求驳回上诉，维持原判。二审期间，双方当事人均未提交新的证据。

【焦点问题】

1. 物业服务企业因业主拖欠物业费而强拆业主水表应当承担侵权责任吗？

2. 本案中，上诉人刘某损失的计算时间、标准和知情权，法律依据是什么？

【法院判决】

一审法院判决：（1）Q物业将其拆除的刘某位于武汉市某大厦×座×××室房屋的水表恢复原状，并恢复供水；（2）Q物业赔偿刘某租金损失11000元；（3）Q物业在某大厦公告栏内或公共区域内张贴公布从2010年1月1日～2014年12月2日的某大厦共有部分的使用和收益情况，并协助刘某查阅该公司保管的某大厦业主共有部分收支账目（上述三项于判决书生效之日起十日内履行完毕）；（4）驳回刘某的其他诉讼请求。如果未按判决指定的期间履行给付金钱义务，应当依照《中华人民共和国民事诉讼法》第二百五十三条的规定，加倍支付迟延履行期间的债务利息。

二审法院认为，Q物业在与业主刘某因物业服务发生纠纷的情况下，未能采取合法的方式维护自己的合法权益，而是采用拆除水表的方式维权，导致刘某无法正常居住，侵害了刘某的合法权益，应当依法承担相应的责任。但Q物业的上述违法行为，侵害的是用益物权，而非人身权益或者名誉权，上诉人刘某主张的书面赔礼道歉的请求，缺乏事实和法律依据，本院依法不予支持。Q物业虽然于2014年12月8日将拆除的刘某房屋的水表恢复，但对其侵权行为发生期间（即2014年6月9日～2014年12月8日）给刘某造成的直接损失即租金13200元（2200元/月×6月）应当承担赔偿责任。综上，上诉人刘某的上诉请求部分成立，本院依法予以支持。原审判决认定事实不清，适用法律不当，应予纠正。依照《中华人民共和国民事诉讼法》第一百七十条第一款第（二）项之规定，终审判决如下：（1）维持一审判决第（3）、（4）项；（2）撤销一审判决第（1）项；（3）变更一审判决第（2）项为：武汉市Q物业管理有限公司于本判决生效之日起十日内赔偿刘某租金损失13200元。如果未按本判决指定的期限履行给付金钱义务，应当依照《中华人民共和国民事诉讼法》第二百五十三条之规定，加倍支付迟延履行期间的债务利息。

法条链接

《中华人民共和国物权法》

第四条　国家、集体、私人的物权和其他权利人的物权受法律保护，任何单位和个人不得侵犯。

《中华人民共和国侵权责任法》

第二条　侵害民事权益，应当依照本法承担侵权责任。

本法所称民事权益，包括生命权、健康权、姓名权、名誉权、荣誉权、肖像权、隐私权、婚姻自主权、监护权、所有权、用益物权、担保物权、著作权、专利权、商标专用权、发现权、股权、继承权等人身、财产权益。

第十五条 承担侵权责任的方式主要有：

（一）停止侵害；

（二）排除妨碍；

（三）消除危险；

（四）返还财产；

（五）恢复原状；

（六）赔偿损失；

（七）赔礼道歉；

（八）消除影响、恢复名誉。

以上承担侵权责任的方式，可以单独适用，也可以合并适用。

《最高人民法院关于审理建筑物区分所有权纠纷案件具体应用法律若干问题的解释》

第十三条 业主请求公布、查阅下列应当向业主公开的情况和资料的，人民法院应予支持：

（一）建筑物及其附属设施的维修资金的筹集、使用情况；

（二）管理规约、业主大会议事规则，以及业主大会或者业主委员会的决定及会议记录；

（三）物业服务合同、共有部分的使用和收益情况；

（四）建筑区划内规划用于停放汽车的车位、车库的处分情况；

（五）其他应当向业主公开的情况和资料。

【案例评析】

1. 物业服务企业因业主拖欠物业服务费而强拆业主水表应当承担侵权责任吗?

本案的争议焦点之一是上诉人刘某主张的书面赔礼道歉的请求是否有事实和法律依据？根据《中华人民共和国物权法》第四条的规定，私人的物权受法律保护，任何单位和个人不得侵犯，而《中华人民共和国侵权责任法》第二条是关于侵害用益物权应承担侵权责任的规定，本案中，刘某是大厦×座×××室的业主，其物权受法律保护，物业服务企业停水的违法行为侵害的是业主的用益物权，应承担赔偿损失的侵权责任，而赔礼道歉属于侵犯他人人格权或者名誉权时应承担的侵权责任。因此法院不支持业主要求物业服务企业道歉，而判物业服务企业拆除业主水表的行为不当，应承担侵权责任。本案启示，物业服务企业与业主的物业服务费纠纷，可以采取合法催缴物业服务费的方式保护自己的权益，而不能采取违法侵权的方式。

2. 本案中，上诉人刘某损失的计算时间、标准和知情权，法律依据是什么？

本案中，因Q物业拆除了刘某的水表，导致刘某无法正常居住而产生租金损失，属于刘某的直接损失，刘某提交的租赁合同虽比拆除水表的时间略有提前，但刘某的该项损失仍属必然发生的费用，故二审法院依据事实和《中华人民共和国侵权责任法》，判物业服务企业在其侵权行为发生期间（即2014年6月9日~2014年12月8日）给刘某造成的直接损失即租金13200元（2200元/月×6月）应当承担赔偿责任。

根据《最高人民法院关于审理建筑物区分所有权纠纷案件具体应用法律若干问题的解释》第十三条第一款第三项的规定，刘某作为业主，有权依法了解建筑区划内涉及业主共有权以及共同管理权相关事项的权利。业主知情权是业主基于其作为建筑区划内的区分所有人之地位享有的固有权利，主要表现为业主的查阅权。Q物业作为某大厦的实际物业服务方，在某大厦现无业主委员会的情况下，对有关材料负有保管义务，对业主正当行使知情权应予以协助，故法院对刘某的该项请求，予以了支持。

6.4 业主自主管理物业费用如何支付

【案情介绍】

2011年8月，上海××公寓原物业服务企业依法撤离小区物业管理，经该公寓业主大会表决通过，2011年9月起，小区实施自主管理。××公寓小区只有一个地下停车库，某实业公司是××公寓地下车库1600.27m^2、底层商场612.03m^2、二层商场562.89m^2、地下商场2731.34m^2、地下人防411.85m^{2}的产权人，建筑面积共计5918.38m^2。××公寓物业服务企业成立于2011年11月16日，注册资本3万元，××公寓物业服务企业成立后，向外开具小区收取或支出费用的发票。××公寓业委会、物业服务企业自认地下车库原车位37个，自2013年7、8月，车位增加至40个。

2011年8月20日，某实业公司致函××公寓业委会，表示地下车库由某实业自行管理，称地下车库有37个停车位，可以考虑对小区内居民开放，每位每月350元。地下车库

1,600m^{2}及地下一层的物业管理费0.8元/（m^2·月），一、二层物业管理费1.78元/（m^2·月）。2011年9月28日，××公寓业委会回复某实业，告知经全体业主投票决议，××公寓由业主自主管理，要求某实业向业委会支付物业管理费并通知某实业旗下业主，尽快至物业服务企业办理停车证手续。目前，地下车库停车费仍由××公寓业委会收取。

2013年2月19日某实业向××公寓业委会发函，表示其未经某实业公司同意委托物业给××公寓物业服务企业进行管理，侵害了某实业的知情权，并拒绝向某实业支付已收取的地下车库停车费。因此，某实业决定将地下车库收回自行管理，并向法院提起诉讼请求：（1）确认××公寓业委会、物业服务企业签订的物业管理合同无效。（2）由某实业自行管理××公寓地下车库。（3）××公寓物业服务企业向某实业支付2011年9月至判决生效之日止的地下车库停车费（计算方式为：40个车位×300元/月×0.75×实际月数，从2011年9月暂计至2013年3月，19个月，为17100元）。

【焦点问题】

1. 本案中，业主大会决定自主管理，业主大会可以开具自主管理发票吗？
2. 本案中，上海××公寓业主作出自行管理物业的决定应包括哪些内容？

【法院判决】

一审法院审理认为，为维护社会经济秩序，保护当事人的合法权益，××公寓业委会、物业服务企业之间未订立书面的物业服务合同，也无一方提供服务，另一方支付报酬的履约行为，因而无法认定××公寓业委会、物业服务企业之间存在物业服务合同关系，××公寓业委会、物业自认的物业服务企业代为开具发票的行为，显属不当。物业服务企业在公司没有收取或支出费用的情况下开具发票，也违反公司的财务管理原则，××公寓业委会、物业服务企业应予改正。某实业系××公寓地下车库所有权人，即使某实业存在重新划分使用用途的情况，仍不能免除实际使用人支付停车费的义务，某实业要求××公寓业委会支付停车费的诉讼请求，应予支持，根据民事调解书、信函及××公寓业委会、物业服务企业的自认，2011年9月～2013年6月按37个车位结算，从2013年7月至判决生效之日按40个车位结算。一审判决：（1）上海市××公寓业主委员会应于判决生效之日起十日内支付上海某实业总公司2011年9月至2013年6月的停车费人民币183150元，并按每月人民币9000元的标准支付上海某实业总公司自2013年7月至判决生效之日止的停车费。（2）驳回上海某实业总公司其余诉讼请求。如未按判决指定的期间履行给付金钱义务，应当依照《中华人民共和国民事诉讼法》第二百五十三条之规定，加倍支付迟延履行期间的债务利息。

一审判决后，××公寓业委会不服，向法院提起上诉，经二审法院审理查明，被上诉人某实业系本市××公寓地下车库经依法登记的产权人，业委会对某实业为本案系争地下车库产权人的事实予以否认，缺乏依据，法院不予采信。××公寓自2011年9月起由业主自主管理，并由业委会实际收取小区地下车库的停车费，按已查明的系争地下车库实际收费情况，判令由××公寓业委会向某实业公司支付相应的停车费并无不当。业委会主张原审违反“不告不理”原则，法院不予采信，至于系争地下车库的实际出租情况，业委会在原审中自认地下车库车位已从原来的37个增加至40个，可见小区车位存在供不应求的情况，且业委会在原审中并未提供证据证明系争地下车库存在空租或收费不足等情况，故原审根据某实业诉请并结合业委会自认的地下车库车位数判令业委会支付相应的停车费，亦无不当。综上，原审根据本案查明的事实所作判决并无不当。二审法院依照《中华人民共和国民事诉讼法》第一百七十条第一款第（一）项之规定，终审判决：驳回上诉，维持原判。

法条链接

《中华人民共和国物权法》

第三十九条　所有权人对自己的不动产或者动产，依法享有占有、使用、收益和处分的权利。

第七十四条　建筑区划内，规划用于停放汽车的车位、车库应当首先满足业主的需要。

建筑区划内，规划用于停放汽车的车位、车库的归属，由当事人通过出售、附赠或者出租等方式约定。

占用业主共有的道路或者其他场地用于停放汽车的车位，属于业主共有。

第七十八条　业主大会或者业主委员会的决定，对业主具有约束力。

业主大会或者业主委员会作出的决定侵害业主合法权益的，受侵害的业主可以请求人民法院予以撤销。

第八十一条　业主可以自行管理建筑物及其附属设施，也可以委托物业服务企业或者其他管理人管理。

对建设单位聘请的物业服务企业或者其他管理人，业主有权依法更换。

《上海市住宅物业管理规定》

第四十七条 经专有部分占建筑物总面积过半数的业主且占总人数过半数的业主同意，业主可以自行管理物业，并对下列事项作出决定：

（一）自行管理的执行机构；

（二）自行管理的内容、标准、费用和期限；

（三）聘请专业机构的方案；

（四）其他有关自行管理的内容。

电梯、消防、技防等涉及人身、财产安全以及其他有特定要求的设施设备管理，应当委托专业机构进行维修和养护。

业主大会可以委托具有资质的中介机构对管理费用、专项维修资金、公共收益等进行财务管理，根据委托财务管理合同开通专项维修资金账户，并应当向业主每季度公布一次自行管理账目。

业主自行管理物业的具体范围和实施办法由市人民政府另行制定。

上海市人民政府批转市住房保障房屋管理局关于实施《上海市住宅物业管理规定》（沪府发〔2011〕23号）若干意见

十三、物业的自行管理

规模较小且具备自行管理条件的住宅小区，经业主大会会议讨论通过，可在居民委员会、村民委员会的监督指导下，由业主自行管理。业主自行管理的，应当设定执行机构及其负责人，负责自行管理的组织实施并承担由此产生的相关责任。

业主大会聘请专业保洁、保安、绿化养护、设施设备保养维修单位的，应当与其签订专业服务合同。

业主大会采用民事雇佣方式聘请自然人进行公共区域清洁卫生、秩序维护、绿化养护，以及共用部位、共用设施设备的日常运行、保养及维修服务的，应当为其支付意外伤害等保险费用，由被聘用人员自行购买后报业主委员会备案。

业主大会决定开具自行管理发票的，业主委员会可持区、县住房保障房屋管理部门的证明材料，到物业所在地的税务部门申请代为开具。

【案例评析】

1. 本案中，业主大会决定自主管理，业主大会可以开具自主管理发票吗?

根据《中华人民共和国物权法》第八十一条，业主可以自行管理建筑物及其附属设施，也可以委托物业服务企业或者其他管理人管理，业主应共同决定选聘和解聘物业服务企业或者其他管理人，经专有部分占建筑物总面积过半数的业主且占总人数过半数的业主同意，业主可以自行管理物业。本案中，××公寓小区经业主大会表决确定小区的物业管理方式为业主自主管理，即使有个别业主不同意该决定，也应当尊重并执行该决定。××公寓业委会与物业服务企业之间因无事实上的服务与支付报酬行为，所以自认的代为开具发票行为显属不当。对于业主大会决定自主管理的物业小区，根据《上海市住宅物业管理规定》和上海市人民政府批转市住房保障房屋管理局关于实施《上海市住宅物业管理规定》若干意见的规定，业主大会可以委托具有资质的中介机构对管理费用、专项维修资金、公共收益等进行财务管理，根据委托财务管理合同开通专项维修资金账户，并应当向业主每季度公布一次自行管理账目，业主大会决定开具自行管理发票的，业主委员会可持区、县住房保障房屋管理部门的证明材料，到物业所在地的税务部门申请代为开具。

2. 本案中，上海××公寓业主做出自行管理物业的决定应包括哪些内容?

本案中，根据《上海市住宅物业管理规定》规定，业主决定自行管理物业，应同时对下列事项作出决定:（1）自行管理的执行机构;（2）自行管理的内容、标准、费用和期限;（3）聘请专业机构的方案;（4）其他有关自行管理的内容。电梯、消防、技防等涉及人身、财产安全以及其他有特定要求的设施设备管理，应当委托专业机构进行维修和养护。业主大会可以委托具有资质的中介机构对管理费用、专项维修资金、公共收益等进行财务管理，根据委托财务管理合同开通专项维修资金账户，并应当向业主每季度公布一次自行管理账目。同时，根据上海市人民政府批转市住房保障房屋管理局关于实施《上海市住宅物业管理规定》若干意见的规定，业主自行管理的，应当设定执行机构及其负责人，负责自行管理的组织实施并承担由此产生的相关责任。业主大会聘请专业保洁、保安、绿化养护、设施设备保养维修单位的，应当与其签订专业服务合同。业主大会采用民事雇佣方式聘请自然人进行公共区域清洁卫生、秩序维护、绿化养护，以及共用部位、共用设施设备的日常运行、保养及维修服务的，应当为其支付意外伤害等保险费用，由被聘用人员自行购买后报业主委员会备案。××公寓业委会应当按照上述规定对物业进行自行管理，承担相应职责。

6.5 物业服务企业可以依据开发商签订的合同提高服务费标准吗

【案情介绍】

2007年9月18日，某发展商与N物业服务企业签订自2007年9月18日起至2010年9月17日时止的《某商厦物业管理委托合同》，约定：某发展商将商厦委托于N物业服务企业实施物业管理服务；在业主委员会成立之前，负责制定业主临时公约并将其作为房屋租售合同的附件，要求业主和物业使用人遵守；严格按照与某发展商协定的收费项目及标准向业主或物业使用人收取相关物业服务和其他费用，各项收费标准必须经物价部门许可，不得擅自加价，或只收费不服务、多收费少服务；本物业每月管理服务费以建筑面积计，按商住办公为2. 8元/的标准向业主或物业使用人收取，费用标准必须报政府管理部门批准或备案，合同期内不得上浮。2009年5月3日，詹某与某发展商签订《商品房买卖合同》，约定物业管理区域业主大会选聘物业管理公司之前，小区物业管理服务由某发展商选聘物业管理公司提供，某发展商与选聘的物业管理公司签订书面的《前期物业服务合同》。该《商品房买卖合同》附件三为前期物业管理服务合同。同日，詹某与N物业服务企业签订《商厦物业管理合同》约定：本合同的履行期限与詹某实际使用物业的期限相同；管理费收费标准按照使用物业的建筑面积计算，写字楼为每月2.8元/m^2；管理费以及其他应缴费用按月结算，詹某须于每月7日前到N物业服务企业指定的地点缴交；N物业服务企业制定管理费的收费标准，可在超过二分之一物业所有权人或使用人同意的前提下根据市场变化情况对管理费收费标准进行调整，管理费以年度为期调整并按调整后的标准向詹某收取管理费。

2010年10月，某发展商进行前期物业管理招标，N物业服务企业参与了竞标并最终中标。房管部门对某发展商报送的商厦前期物业招标材料给予备案。同月，某发展商与N物业服务企业签订了《某商厦物业管理委托合同》，除原合同内容外还约定：委托管理期限为3年，自2010年12月1日起～2013年11月30日时止；本物业的每月管理服务费以建筑面积计，按商住办公为6元/m^{2}的标准向业主或物业使用人收取，上列各项费用标准必须报政府管理部门批准或备案，合同期内不得上浮。

商厦至今未成立业主委员会。詹某入住后一直按每月每平方米2.8元的标准向N物业服务企业交纳物业管理费至2011年2月。2011年3月，物业服务企业提升商厦的管理费，从原来的每月2.8元/m^{2}调升至每月6元/m^2。后詹某按每月每平方米6元的标准向N物业服务企业交纳了2011年3月和4月的物业管理费。詹某表示：我交纳2011年3月和4月的物业管理费时曾表示要求按照原标准交纳物业管理费，但由于物业管理费是连同其他水电等杂费一同交纳，N物业服务企业表示若不按照新标准交齐物业管理费则全部费用都不收取，由于担心水电费没有交纳有可能停水停电，考虑到我方将房屋出租，为了使租户正常使用，因此我方按照新标准交纳了2010年3月和4月的物业管理费。詹某上诉法院，请求判令：（1）N物业服务企业按照与詹某所签订的《商厦物业管理合同》约定继续履行合同；（2）N物业服务企业退还多收的2011年3月和4月的物业管理费290元（按每月145元标准计算）。

【焦点问题】

1. 调整前期物业服务费的程序和法理评析有哪些？
2. 法院对于“双过半”表决程序的审查标准有哪些？

【法院判决】

一审法院于2011年7月8日作出判决：驳回詹某的诉讼请求。宣判后，詹某向广州市中级人民法院提起上诉。

二审法院认为：詹某与N物业服务企业在2009年5月3日签订了《商厦物业管理合同》合法有效。双方当事人在物业服务合同中明确约定了调整物业管理收费标准的程序与要求。但是，根据《中华人民共和国物权法》第76条第1款、第2款之规定，物业服务收费标准显然属于“有关共有和共同管理权利的其他重大事项”，对于决定该类事项，应当经专有部分占建筑物总面积过半数的业主且占总人数过半数的业主同意。N物业服务企业的现有证据显然亦不符合物权法规定的上述要求。N物业服务企业未经征求案涉物业管理区域业主的意见，仅凭其与开发商在2010年10月16日重新签订的《商厦物业管理委托合同》中将物业管理费标准从原来的2.8元/（m^2·月）调高至6元/（m^2·月），要求詹某按照6元/（m^2·月）的标准缴纳物业管理费，依据不足。詹某要求N物业服务企业退还多收取的管理费有理，予以支持。综上所述，一审判决认定事实基本清楚，但适用法律不当，处理不妥，予以纠正。二审法院终审判决：撤销一审判决，N物业服务企业向詹某返还多收取的管理费290元；驳回詹某的其他诉讼请求。

法条链接

《中华人民共和国物权法》

第七十六条 下列事项由业主共同决定：

（一）制定和修改业主大会议事规则；

（二）制定和修改建筑物及其附属设施的管理规约；

（三）选举业主委员会或者更换业主委员会成员；

（四）选聘和解聘物业服务企业或者其他管理人；

（五）筹集和使用建筑物及其附属设施的维修资金；

（六）改建、重建建筑物及其附属设施；

（七）有关共有和共同管理权利的其他重大事项。

决定前款第五项和第六项规定的事项，应当经专有部分占建筑物总面积三分之二以上的业主且占总人数三分之二以上的业主同意。决定前款其他事项，应当经专有部分占建筑物总面积过半数的业主且占总人数过半数的业主同意。

《最高人民法院关于审理建筑物区分所有权纠纷案件具体应用法律若干问题的解释》

第七条 改变共有部分的用途、利用共有部分从事经营性活动、处分共有部分，以及业主大会依法决定或者管理规约依法确定应由业主共同决定的事项，应当认定为物权法第七十六条第一款第（七）项规定的有关共有和共同管理权利的“其他重大事项”。

【案例评析】

1. 调整前期物业服务费的程序和法理评析

前期物业管理物业服务合同价格和酬金是物业服务合同约定的主要内容，如对物业服务合同价格和酬金进行调整，就属于合同内容变更。根据《物业管理条例》之规定，前期物业服务合同是在业主、业主大会选聘物业服务企业之前，建设单位为小区选聘物业服务企业的合同。从这一规定可以看出，前期物业服务合同有两个显著的特征：一是签订主体是物业的建设单位与物业服务企业；二是发生在业主、业主大会选聘物业服务企业之前。而根据《最高人民法院关于审理物业服务纠纷案件具体应用法律若干问题的解释》之规定，前期物业服务具有特殊性，业主虽然不是合同的当事人，但是在买受房屋时就视为已经概括承受了开发商在前期物业服务合同中的权利义务，合同对其具有约束力。本案中，N物业服务企业辩称其与开发商重新约定的物业管理费标准对于业主具有约束力也正是依据的该理由。虽然理论上前期物业管理的合同是在售房时达成的协议，但因为业主与开发商相比，在缔约能力上处于弱势地位，基本上只要想买房就只能对开发商事先拟好的物业管理合同照单全收。加上我国物业管理还未完全进入建管分离的时代，所以开发商往往容易与物业管理企业串通，收取超出实际支出的物业管理费用或向业主转嫁应由开发商承担的物业管理费用，损害业主的利益。因此，业主虽然不是前期物业服务合同形式上的签订者，但其是物业服务合同项下权利义务的一方实际享有者和承担者。从法理的角度来说，真正的物业管理法律权利义务存在于业主与物业服务企业之间。因此，在业主大会尚未成立的情况下，物业服务企业就前期物业费的调整及调整范围等，应当与业主进行协商，只有业主参与协商重要条款的变更，这样达成一致后才能变更原有的合同关系。只有合法的主体，作出的决定才具有法律效力。

根据《中华人民共和国物权法》第76条规定，下列事项由业主共同决定：……（7）有关共有和共同管理权利的其他重大事项。决定前款其他事项，应当经专有部分占建筑物总面积过半数的业主且占总人数过半数的业主同意。依照上述法律规定可知，物业服务收费标准属于“有关共有和共同管理权利的其他重大事项”，对于决定该类事项，应当经专有部分占建筑物总面积过半数的业主且占总人数过半数的业主同意。前期物业服务合同期满但未成立业主大会的，物业服务企业如要调整收费标准则应需要征求小区业主意见，同时须符合如下两个条件：一是必须获得专有部分占建筑物总面积过半数的业主的同意；二是必须获得占总人数过半数的业主同意，即须经过“双过半业主”同意。本案中，N物业服务企业在没有经过“双过半业主”同意的程序下，直接与开发商在物业管理委托合同中将物业管理费标准进行了调整，显然不具备合法依据。

2. 法院对于“双过半”表决程序的审查标准

诉讼时，双方当事人往往会围绕是否经过了“双过半”表决程序的争议提供大量的证据材料，而法院对此应当采取形式审查还是实质审查则在理论上和实际中都存在争议。形式审查只审查表决程序是否符合法定形式和要求。实质审查的范围则不限于此，还包括表决所反映的事实是否真实有效。实践中，法院对于“双过半”表决过程是否真实、程序是否合法仅负责依照物业管理法律规定的要件进行形式审查的义务，理由如下：

（1）物业管理区域的选举、投票等活动系小区业主的自主管理行为，有关业主大会、业委会选举、表决等物业管理法律规定的立法目的是更好地保障小区业主的自主权利、使小区管理活动能够体现大多数业主的意愿，换言之，对于形成统计结果的有关表决等的真实性逐一进行核查，这已经超过了法院审查范围，并且从法院的实际工作情况考虑，也不可能挨家挨户对有关表决是否系业主本人的签名进行考证。

（2）由于实际中难免会出现“双过半”业主所作出的表决损害业主合法权益的情

况，如果个别业主对“双过半”业主所作出的表决程序提出异议，根据举证责任原则，则应当由提出异议者举证证明表决程序不符合相关规定。没有证据或证据不足以证明当事人的事实主张的，则由负责举证责任的当事人承担不利后果。

（3）采取异议登记作为救济方式。在司法实践中，如果法院认为表决程序可能存在作假问题，而业主一方由于举证能力有限无法提供充分的证据，这种情况下该如何保障业主的合法权利？对此，可采取异议登记作为救济方式，即法院可以通过在小区贴出公示的形式，告知广大业主如果对选票结果存在异议，可以在规定时间内向法院提出异议，法院可以组织双方当事人对特定业主的选票予以核对，从而辨别真伪，这样既能使法院调查工作成为可能，又能加强对相关权利人利益保护；既遵守了举证责任规定，又弥补了举证责任分配中存在的漏洞，兼顾了效率与公正。

目前，由于我国现有的法律、法规对于前期物业管理所引发各类纠纷的处理处于一种盲区和空白状态，特别是前期物业服务合同期满但未成立业主大会的情况下，物业管理费标准如何确定的问题法律没有明确规定，成为引发纠纷的主要原因，也是司法实践中的难点。前期物业管理费调整的案件处理对于小区物业费的涨跌具有示范作用且涉及多方主体的利益，使得这类案件的处理具有较强的敏感性，因此，把此类纠纷作为一种新的法律现象放在法律平台上认真地加以调查分析，研究总结，显得尤为必要亦尤为迫切。它不但对审判实践中司法统一有重要的意义，而且对于促进物业管理的立法完善也具有相当的借鉴作用。现行地方规范性文件对前期物业管理费调整的相关规定的总体概括和现状评析如下：

福州省物价局与省住房和城乡建设厅于2010年6月28日公布的《福州省物业服务收费管理办法》第8条规定，前期物业服务合同期满但未成立业主大会的，如服务内容和收费标准不变，由物业服务企业在合同期满前一个月在物业管理区域内的醒目位置进行公示，合同期届满后，物业服务企业仍提供不低于原先质量的服务，若无专有部分占建筑物总面积过半数的业主且占总人数过半数的业主（以下简称“双过半业主”）提出异议的，可继续适用原服务内容和收费标准；如要调整收费标准，则必须经过双过半业主同意，由物业服务企业与业主在公布的指导价范围内重新约定。合同履行期间，物业服务成本因政策性因素或服务项目和内容发生较大变动时，如要调整收费标准，物业服务企业应在物业管理区域内的醒目位置就物业服务成本变动情况进行公示，并经双过半业主同意，由物业服务企业与业主在公布的指导价范围内协商重新约定具体收费标准。

江苏省物价局和省住房和城乡建设厅于2010年1月4日公布的《江苏省物业服务收费管理办法》第9条规定：前期物业管理阶段，住宅物业的开发建设单位采取协议方式选聘物业服务企业的物业公共服务费，应当经价格主管部门核准。业主大会尚未成立，住宅物业公共服务费收费标准因成本变化等因素需要调整的，物业服务企业应采取公开方式，征询业主意见，经当地价格主管部门核准后执行。

广州市物价局于2012年11月22日对《关于进一步完善我市住宅物业服务收费管理的通知》和《关于广州市新建住宅前期物业服务收费政府指导价最高收费标准的通知》以及《关于印发广州市住宅物业服务收费参考标准的通知》等三个规范性文件进行了评估修订，并发出公告向社会公众征集意见。其中，对于前期物业管理费的调价规定如下：在业主大会成立之前，前期物业服务合同约定的收费标准执行期限届满或没有明确约定收费标准执行期限但原标准已执行超过三年，调价方案已经专有部分占建筑物总面积过半数的业主且占总人数过半数的业主同意等情况下，物业服务企业可以对物业服务收费标准进行调整。目前，修订后的正式规范性文件尚未出台。

纵观以上地方规范性文件对于前期物业管理费调整的相关规定，可以看出牵涉到广大业主和物业服务企业的物业服务收费等相关问题应当进行法规化的明晰和界定。由于物业服务费牵涉面广、涉及多方主体利益，是一个敏感性问题，物业服务费由物业服务企业随意调整，业主会有意见，并产生抵触情绪，容易引起业主与物业服务公司的纠纷，而目前也只有部分地方规范性文件对于前期物业服务费的调整作出了明确规定。但是，由于规范性文件不是法的渊源，不能直接适用，因此其所规定的各类与物业管理主体相关的权利和义务中的强制性条款和禁止性条款，是否必须遵守？是否不能违反？如违反，其法律效力如何确定？根据《中华人民共和国合同法》规定，只有违反法律和行政法规强制性的规定的行为才能认定无效，因此这就首先导致了地方规范性文件与合同法内容规定的冲突。其次，地方规范性文件不能在判决书主文之中直接引用，因此造成判决结果法出无门，成为空中楼阁。因此，对于前期物业管理方面的规范建议应由国家公权力介入，并由最高人民法院通过司法解释尽快统一。

6.6 物业服务企业直接以公告形式提高收费标准的行为是否有效

【案情介绍】

广州市某物业服务企业（以下简称“物业服务企业”）受某小区开发商的委托，自2005年3月1日入驻该小区提供物业管理服务至今。物业服务企业原一直按0.8元/

（m^2·月）的标准向业主收取物业服务管理费，被告刘某某、李某某于2005年10月8日收楼入住该小区，亦一直依约按此标准向物业服务企业交纳管理费。自2007年1月开始，物业服务企业通知全体业主物业管理费的标准改为按1.2元/（m^2·月）。初期刘某某、李某某按物业服务企业提高后的标准依约缴费，但自2008年8月开始，双方对于该缴费标准产生争议，刘某某、李某某拒绝继续按此标准向物业服务企业交纳管理费。

物业服务企业向人民法院提起诉讼要求刘某某、李某某支付2008年8月～2010年3月31日期间拖欠的物业管理费、水费、电费和垃圾费及物业管理费、水费、电费的滞纳金。

刘某某、李某某对物业服务企业主张每月水费金额及电费金额无异议，但其认为合同中并没有约定水电费的滞纳金，因此无须支付水电费的滞纳金。同时认为，物业服务企业原来按0.8元/（m^2·月）的标准收取管理费时，双方没有纠纷产生，刘某某、李某某一直依约支付物业管理费、水电费，在物业服务企业擅自将物业管理费调整为1.2元/（m^2·月）后，刘某某、李某某要求仍按0.8元/（m^2·月）的标准支付物业管理费，但物业服务企业拒绝收取，所以刘某某、李某某并非恶意不支付物业管理费，不应支付滞纳金。

【焦点问题】

1. 前期物业服务企业是否有权擅自提高物业管理费?
2. 物业服务企业未通过召开业主大会的形式提高物业服务费是否有效?

【法院判决】

一审法院经审理认为，该小区一直未能成立业主委员会，物业服务企业受开发商的委托为该小区提供物业管理服务，符合《物业管理条例》的规定，有权向该小区内的业主或房屋使用人收取物业服务费。刘某某、李某某作为该小区内房屋的使用人，在享受物业服务企业提供的物业管理服务后，理应支付物业服务费。双方对于物业管理费的交纳标准存在争议，但该收费标准是针对小区全体业主，并非只针对刘某一人，刘某某、李某某作为小区的房屋使用人，亦应按此标准缴纳物业管理费。故现物业服务企业要求刘某某、李某某按每月108.30元（90.21m^2×1.2元/（m^2·月））的标准交纳2008年8月1日～2010年3月31日期间的物业管理费合法有据，予以支持。物业服务企业要求刘某某、李某某支付2008年8月1日～2010年3月31日期间的水费、电费、垃圾处理费，因刘某某、李某某没有异议并表示同意支付，亦予以支持。

对于物业服务企业要求刘某某、李某某支付拖欠上述期间物业管理费、水费、电费、垃圾处理费的滞纳金诉请一项。该院认为，自2007年1月开始，物业服务企业按新的收费标准收取物业服务费，但由于此行为未能取得所有业主的支持与理解，导致包括本案刘某某、李某某在内的部分业主与物业服务企业产生争议，且包括刘某某、李某某在内的35户业主亦于2010年2月分别向本院提起诉讼，要求本案物业服务企业退回多收部分的物业管理费。可见双方对于管理费收费标准的分歧极大，当时情况下矛盾难以调和，故刘某某、李某某关于物业服务企业因其不愿按1.2元/（m^2·月）的标准交纳管理费而拒绝收取水电费、垃圾处理费及按0.8元/m^2/月先行交纳的管理费的陈述是合理可信的，予以采信，导致上述费用至今仍未交纳并不可完全归责于刘某某、李某某。综合以上案情，依照公平合理的民法原则，对于物业服务企业要求刘某某、李某某支付上述滞纳金的诉请，不予支持。

一审判决后，物业服务企业不服一审判决向广州市中级人民法院提起上诉，广州市中级人民法院经审理认为原审判决并无不当，驳回了物业服务企业的上诉请求。

法条链接

《物业管理条例》

第六条　房屋的所有权人为业主。

业主在物业管理活动中，享有下列权利：

（一）按照物业服务合同的约定，接受物业服务企业提供的服务；

（二）提议召开业主大会会议，并就物业管理的有关事项提出建议；

（三）提出制定和修改管理规约、业主大会议事规则的建议；

（四）参加业主大会会议，行使投票权；

（五）选举业主委员会成员，并享有被选举权；

（六）监督业主委员会的工作；

（七）监督物业服务企业履行物业服务合同；

（八）对物业共用部位、共用设施设备和相关场地使用情况享有知情权和监督权；

（九）监督物业共用部位、共用设施设备专项维修资金（以下简称专项维修资金）的管理和使用；

（十）法律、法规规定的其他权利。

第二十一条　在业主、业主大会选聘物业服务企业之前，建设单位选聘物业服务企业的，应当签订书面的前期物业服务合同。

【案例评析】

前期物业服务合同是在业主、业主大会选聘物业服务企业之前，建设单位与其选聘的物业服务企业之间签订的合同，该合同在实际履行中突破了“合同相对性”原则，具体体现在以下两个方面：一是签订合同的主体为建设单位（即开发商）与物业服务企业；二是业主不是合同签订的主体，但却是物业服务合同的权利享有者和义务承担者。这种权利义务关系形成的根本原因在于建设单位将其所有的“大产权”分割为若干“小产权”并进行了转让，在“小产权”转让时相关的权利义务一并转让。

本案中，物业服务企业要求提高物业费属于对物业服务合同条款的变更，应当与合同相对方协商一致，但鉴于前期物业服务合同的特殊性，即合同签订人和权利义务承担人并不一致，因此，物业服务企业实际上应与全体业主进行协商，协商的方式为由业主委员会召开业主大会投票决议，方可变更物业服务收费标准；没有成立业主委员会的小区，物业服务企业也应按照法定程序提请街道办事处，乡镇人民政府召开业主大会，由业主大会决定是否提高物业服务收费标准。就本案而言，物业服务企业没有完全按照前述程序提高物业费，却获得了法院的支持，究其根本原因，一方面在于其将收费标准由0.8元调整为1.2元时得到了大部分业主的支持，另一方面刘某某、李某某初期亦按照1.2元的标准缴纳了物业管理费，在一定程度上，可以将上述行为理解为业主默认了“物业服务费用调整”这一事项。

同时，笔者认为类似案件的判决结果可能会有地区差异。为了避免法律风险，物业服务企业调整物业服务费用仍以按照法定程序召开业主大会投票表决为最佳途径；对于业主而言，如果遇到此类物业服务企业单方调整费用的问题时，需要积极维护自己的合法权益，否则一旦形成事实，则会影响案件的判决结果。

6.7 合法筹集公共设备维修资金，个别业主不交费怎么办

【案情介绍】

上诉人陈某某系上海市某公寓6E室房屋产权人，该房建筑面积为131.74m^2。2009年8月7日，该公寓业主大会作出决定：（1）大楼给水排水二次改造工程总费用控制在人民币45万元，平均每户5000元（最终以每户面积大小收费），由业主委员会负责收

取；（2）由有资质并和自来水公司有关系的专业施工单位施工，保证水表分户到位；（3）争取在2010年元旦竣工，施工期间做好各方面协调工作，不影响各业主的日常生活；（4）本大楼共计90户，签名同意大修的共计64户。2010年8月22日某公寓小区业主委员会组织召开了业委会扩大会议，邀请了原临时工作小组成员和大楼组长一起参加，会后在小区张贴了会议公示，业委会扩大会议根据业主大会决议和国家工资政策性调整有关规定，特作如下决定：一、从告示之日起，即开始筹集大楼给水排水管线大修专项基金：（1）平均每户5000元，总共筹款45万元，收款时按照每户建筑面积摊收，即45万元/11228.72m^2（总面积）=40.08元/m^2，向每户收取的专项维修款项=40.08元/m^2×每户房屋建筑面积。（2）收款工作由（业主委员会协助）F物业代收，收据盖业主委员会财务专用章。（3）希望每户业主能一次交全，若个别业主家庭经济条件实在特别有困难，可提出申请分2～3次交全，但在1年内须交完。（4）专修基金筹集启动后，物业服务企业和自来水公司下属管线施工单位即可签订合同，经过业主委员会核签后即可进入施工，计划争取9月中下旬动工，年底前完成（大修管线，不包括各户室内管线置换）。（5）施工期间，为保证施工质量和进度，业主委员会人员多加督促，望广大业主能积极主动配合施工单位施工。同年9月29日，某公寓业主大会委托上海F物业管理有限公司（甲方）与上海某管道设备安装工程有限公司（乙方）签订《工程施工承包合同》，甲方将该公寓给水排水管道改造工程以工料双包方式发包给乙方，施工期限为2010年10月8日～2011年1月10日，工程承包合同价45万元。

2011年9月25日，某公寓业主大会形成决议，大楼给水排水二次改造工程专项维修基金共计90户业主，已有84户按规定缴清，尚余6户未缴。全体业主90户，其中73户同意对未缴费6户业主分别进入法律程序，讨回未缴款。该公寓业主大会委托业主委员会对未缴费6户业主分别进入法律程序，并做好前期准备工作。2012年2月15日，该公寓业主委员会委托律师发函给陈某某，要求陈某某在收函后十五日内至公寓业主委员会处交纳大修工程605室分摊费用5280.1元。陈某某未予支付，某公寓业主委员会遂起诉，一审后，陈某某不服判决，上诉法院请求撤销原判。

【焦点问题】

1．该公寓给水排水二次改造工程费用是否属于住宅专项维修资金筹集范围？

2．本案中，业主委员会执行的给水排水管道大修工程的决议程序是否合法？

3．本案中，陈某应付所分摊的公寓给水排水二次改造工程费，理由是否成立？

【法院判决】

某公寓业委会起诉，法院于2013年1月24日判决：（1）陈某于判决生效之日起十日内向某业委会支付工程改造费5280.1元；（2）驳回某业委会的其余诉讼请求。如果未按判决指定的期间履行给付金钱义务，应当依照《中华人民共和国民事诉讼法》第二百五十三条之规定，加倍支付迟延履行期间的债务利息。

陈某不服判决向法院提起上诉，请求判令撤销某公寓业主大会2009年8月7日作出的决议。法院于2013年3月26日作出一审判决：驳回上诉人该案诉请。

上述人陈某不服，再向中院起诉，二审法院于2013年5月14日作出终审判决：依照《中华人民共和国民事诉讼法》第一百七十条第一款第（一）项之规定，终审判决：驳回上诉，维持原判。

法条链接

《中华人民共和国物权法》

第七十二条　业主对建筑物专有部分以外的共有部分，享有权利，承担义务；不得以放弃权利不履行义务。

业主转让建筑物内的住宅、经营性用房，其对共有部分享有的共有和共同管理的权利一并转让。

第七十六条　下列事项由业主共同决定：

（一）制定和修改业主大会议事规则；

（二）制定和修改建筑物及其附属设施的管理规约；

（三）选举业主委员会或者更换业主委员会成员；

（四）选聘和解聘物业服务企业或者其他管理人；

（五）筹集和使用建筑物及其附属设施的维修资金；

（六）改建、重建建筑物及其附属设施；

（七）有关共有和共同管理权利的其他重大事项。

决定前款第五项和第六项规定的事项，应当经专有部分占建筑物总面积三分之二以上的业主且占总人数三分之二以上的业主同意。决定前款其他事项，应当经专有部分占建筑物总面积过半数的业主且占总人数过半数的业主同意。

第八十条　建筑物及其附属设施的费用分摊、收益分配等事项，有约定的，按照约定；没有约定或者约定不明确的，按照业主专有部分占建筑物总面积的比例确定。

《物业管理条例》

第十一条　下列事项由业主共同决定：

（一）制定和修改业主大会议事规则；

（二）制定和修改管理规约；

（三）选举业主委员会或者更换业主委员会成员；

（四）选聘和解聘物业服务企业；

（五）筹集和使用专项维修资金；

（六）改建、重建建筑物及其附属设施；

（七）有关共有和共同管理权利的其他重大事项。

第十二条　业主大会会议可以采用集体讨论的形式，也可以采用书面征求意见的形式；但是，应当有物业管理区域内专有部分占建筑物总面积过半数的业主且占总人数过半数的业主参加。

业主可以委托代理人参加业主大会会议。

业主大会决定本条例第十一条第（五）项和第（六）项规定的事项，应当经专有部分占建筑物总面积2/3以上的业主且占总人数2/3以上的业主同意；决定本条例第十一条规定的其他事项，应当经专有部分占建筑物总面积过半数的业主且占总人数过半数的业主同意。

业主大会或者业主委员会的决定，对业主具有约束力。

业主大会或者业主委员会作出的决定侵害业主合法权益的，受侵害的业主可以请求人民法院予以撤销。

《住宅专项维修资金管理办法》

第二条　商品住宅、售后公有住房住宅专项维修资金的交存、使用、管理和监督，适用本办法。

本办法所称住宅专项维修资金，是指专项用于住宅共用部位、共用设施设备保修期满后的维修和更新、改造的资金。

第三条　本办法所称住宅共用部位，是指根据法律、法规和房屋买卖合同，由单幢住宅内业主或者单幢住宅内业主及与之结构相连的非住宅业主共有的部位，一般包括：住宅的基础、承重墙体、柱、梁、楼板、屋顶以及户外的墙面、门厅、楼梯间、走廊通道等。

本办法所称共用设施设备，是指根据法律、法规和房屋买卖合同，由住宅业主或者住宅业主及有关非住宅业主共有的附属设施设备，一般包括电梯、天线、照明、消防设施、绿地、道路、路灯、沟渠、池、井、非经营性车场车库、公益性文体设施和共用设施设备使用的房屋等。

第四条 住宅专项维修资金管理实行专户存储、专款专用、所有权人决策、政府监督的原则。

第二十条 住宅共用部位、共用设施设备的维修和更新、改造费用，按照下列规定分摊：

（一）商品住宅之间或者商品住宅与非住宅之间共用部位、共用设施设备的维修和更新、改造费用，由相关业主按照各自拥有物业建筑面积的比例分摊。

（二）售后公有住房之间共用部位、共用设施设备的维修和更新、改造费用，由相关业主和公有住房售房单位按照所交存住宅专项维修资金的比例分摊；其中，应由业主承担的，再由相关业主按照各自拥有物业建筑面积的比例分摊。

（三）售后公有住房与商品住宅或者非住宅之间共用部位、共用设施设备的维修和更新、改造费用，先按照建筑面积比例分摊到各相关物业。其中，售后公有住房应分摊的费用，再由相关业主和公有住房售房单位按照所交存住宅专项维修资金的比例分摊。

《上海市商品住宅专项维修资金管理办法》

第十四条 （物业维修和更新的实施）

物业管理服务合同应当约定物业的日常维修、更新的范围、标准和实施程序等事项；合同未约定或者约定不明确的，按照下列规定实施：

（一）住宅共用部位、共用设备的维修、更新，应当事先征得业主小组书面同意；

（二）物业管理区域公共设施的维修、更新，应当事先征得业主大会书面同意。

发生危及房屋使用安全或者公共安全的紧急情况，物业服务企业应当立即组织物业维修、更新，并及时通知业主委员会。

住宅共用部位、共用设备和物业管理区域公共设施的维修、更新属于房地产开发企业保修责任范围的，应当由房地产开发企业或者其委托的物业服务企业负责实施。

第十六条（专项维修资金列支的范围和方式）

物业维修、更新完成后，物业服务企业应当将加盖企业公章的费用清单、发票原件提交业主委员会审核，并经业主委员会主任、副主任共同签章后，有关的费用方可在专项维修资金中列支。

物业维修、更新费用按照下列规定在专项维修资金中列支：

（一）住宅共用部位、共用设备的维修、更新费用，由该幢住宅的业主按照拥有住宅建筑面积的比例共同承担；其中，一幢住宅有两个或者两个以上门号的，每个门号内共用部位、共用设备的维修、更新费用，由该门号内的业主按照拥有住宅建筑面积的比例共同承担。

（二）物业管理区域公共设施的维修、更新费用，由全体业主按照拥有住宅建筑面积的比例共同承担；其中，属于两个或者两个以上物业管理区域的公共设施维修、更新费用，由各物业管理区域的全体业主按照拥有住宅建筑面积的比例共同承担。

【案例评析】

1. 该公寓给水排水二次改造工程费用是否属于住宅专项维修资金筹集范围？

住宅专项维修资金管理实行专户存储、专款专用、所有权人决策、政府监督的原则。依据《中华人民共和国物权法》第八十条规定“建筑物及其附属设施的费用分摊、收益分配等事项，有约定的，按照约定；没有约定或者约定不明确的，按照业主专有部分占建筑物总面积的比例确定”，《住宅专项维修资金管理办法》第二条第二款“本办法所称住宅专项维修资金，是指专项用于住宅共用部位、共用设施设备保修期满后的维修和更新、改造的资金”。本案中，公寓给排水系统属于共用设备，其保修期满后的二次改造资金应从业主大会依法筹集的住宅专项维修资金中开支，因此，本案中经过公寓业主大会决议，筹集的大楼给排水二次改造工程费用属于住宅专项维修资金筹集范围，业主委员会应依法执行。

2. 本案中，业主委员会执行的给水排水管道大修工程的决议程序是否合法？

根据《中华人民共和国物权法》第七十二条规定“业主对建筑物专有部分以外的共有部分，享有权利，承担义务；不得以放弃权利不履行义务”，由于业主陈某拒绝按业主大会决议支付工程改造费，故被业主大会提起诉讼，要求陈某支付该费用，于法不悖。根据《中华人民共和国物权法》第七十六条和《物业管理条例》第十二条均规定，业主大会决定“筹集和使用专项维修资金和改建、重建建筑物及其附属设施”的事项，应当经专有部分占建筑总面积2/3以上的业主用占总人数2/3以上的业主同意，该公寓给水排水管道改造工程是属于小区共有和公共管理的重大事项，经业主大会共同决定，且该决定经法定人数的业主同意，程序合法，业主大会或业主委员会的决定，对业主具有约束力。

3. 本案中，陈某应付所分摊的公寓给水排水二次改造工程费，理由是否成立?

根据《上海市商品住宅专项维修资金管理办法》第十六条规定，物业维修、更新费用按照下列规定在专项维修资金中列支:（1）住宅共用部位、共用设备的维修、更新费用，由该幢住宅的业主按照拥有住宅建筑面积的比例共同承担；其中，一幢住宅有两个或者两个以上门号的，每个门号内共用部位、共用设备的维修、更新费用，由该门号内的业主按照拥有住宅建筑面积的比例共同承担。（2）物业管理区域公共设施的维修、更新费用，由全体业主按照拥有住宅建筑面积的比例共同承担；其中，属于两个或者两个以上物业管理区域的公共设施维修、更新费用，由各物业管理区域的全体业主按照拥有住宅建筑面积的比例共同承担。本案中，业主大会通过对大楼给排水管线大修的资金筹集按每户建筑面积摊收，陈某某作为该小区业主，应当执行并承担相应的义务，给水排水管道工程改造后，陈某某也是实际使用人和受益人。因此，依据法律和事实情况，业主委员会要求陈某某支付工程费，法院予以了支持。

6.8 未经业主大会批准擅自使用物业维修资金要承担什么责任

【案情介绍】

2006年1月21日，上海某小区业委会与A物业服务企业的前身B物业服务企业签订《物业管理服务合同》，委托该公司对某小区进行物业管理，合同期限自2006年1月21日～2007年1月20日。2006年12月28日，某业委会与A物业服务企业签订与上述合同内容相同的《物业管理服务合同》，合同期限自2007年1月21日～2008年1月20日。合同约定，机动车、非机动车的停车费用，A物业服务企业提留25%作为管理费，其余75%进入某业委会的专项维修基金；关于维修基金的使用，合同约定，A物业按有关规定编制专项维修资金使用方案，经业主大会批准后实施，未经业委会批准或授权，A物业不得动用专项维修资金，专项维修资金使用方案经批准后，A物业未按使用方案实施的，所引起的经济损失及相应法律责任，由A物业承担；对A物业的权利义务，合同约定A物业应及时向业主公告管理区域内的重大服务事项，每六个月公布一次专项维修资金收支账目。2007年11月8日，某业委会向A物业服务企业发出《付款通知》，要求A物业服务企业将双方已经确认过的2006年1月～2007年6月的小区公共净收益64006.25元转入维修基金专用账户。2008年1月17日，某业委会向A物业服务企业发出《再次催款书》，要求A物业服务企业交付上述款项及代收的2007年7月～2008年1月的机动车停车费、非机动车库承包管理费、房屋出租费及饮水机管理费，A物业服务企业收到催款书后未向某业委会交付上述款项。后某小区业委会起诉要求A物业服务企业将上述款项交付给某小区业委会。A物业服务企业提出反诉，要求小区业委会支付绿化工程费用88374.75元以及小区的空调及垃圾桶的残值2000元。

【焦点问题】

物业服务区域内的绿化工程未经业主大会批准，费用如何承担？

【法院判决】

一审法院认定：根据物业管理法规的相关规定及双方当事人间《物业管理服务合同的约定》，A物业服务企业利用小区的共用部位、共用设施经营所得的收益，在扣除相应的费用后，应根据双方的约定交付某业委会进入专项维修基金，因此，某业委会要求A物业服务企业支付收取的机动车停车费等相关费用，理由充分，应予支持，但具体数额，应以A物业服务企业实际收取的为准。2007年6月底前A物业服务企业应支付的金额64006.25元，2007年7月至2008年1月的停车费63480元，房屋出租费5280元、非机动车承包管理费为2000元、饮水机管理费为600元，总计7880元。对于上述费用，在扣除税收后及A物业服务企业支付的费用后，A物业服务企业应按双方的约定支付某业委会。A物业服务企业要求某业委会给付绿化费用88374.75元，缺乏依据，不予支持。由于A物业服务企业无证据证明空调及垃圾桶为其所有，因此，其要求支付上述物品的残值2400元，亦不支持。

一审判决：（1）A物业服务企业应支付某小区业主委员会人民币84859.71元用于补充专项维修基金；（2）A物业服务企业应支付某业主委员会上述款项同期银行贷款利息；（3）驳回某业主委员会其他诉讼请求；（4）驳回A物业服务企业反诉请求。

一审判决后，物业服务企业A不服，提起上诉。

二审法院终审判决：驳回上诉，维持原判。

法条链接

《中华人民共和国合同法》

第六十条 当事人应当按照约定全面履行自己的义务。

当事人应当遵循诚实信用原则，根据合同的性质、目的和交易习惯履行通知、协助、保密等义务。

第一百零七条 当事人一方不履行合同义务或者履行合同义务不符合约定的，应当承担继续履行、采取补救措施或者赔偿损失等违约责任。

《物业管理条例》

第十二条 业主大会会议可以采用集体讨论的形式，也可以采用书面征求意见的形式；但是，应当有物业管理区域内专有部分占建筑物总面积过半数的业主且占总人数过半数的业主参加。

业主可以委托代理人参加业主大会会议。

业主大会决定本条例第十一条第（五）项和第（六）项规定的事项，应当经专有部分占建筑物总面积2/3以上的业主且占总人数2/3以上的业主同意；决定本条例第十一条规定的其他事项，应当经专有部分占建筑物总面积过半数的业主且占总人数过半数的业主同意。

业主大会或者业主委员会的决定，对业主具有约束力。

业主大会或者业主委员会作出的决定侵害业主合法权益的，受侵害的业主可以请求人民法院予以撤销。

第三十六条 物业管理企业应当按照物业服务合同的约定，提供相应的服务。

物业管理企业未能履行物业服务合同的约定，导致业主人身、财产安全受到损害的，应当依法承担相应的法律责任。

《上海住宅物业管理规定》

第十七条 业主大会会议可以采用集体讨论形式，也可以采用书面征求意见的形式。业主大会会议应当有物业管理区域内专有部分占建筑物总面积过半数的业主且占总人数过半数的业主参加。

业主大会作出决定，应当经专有部分占建筑物总面积过半数的业主且占总人数过半数的业主同意。业主大会决定筹集和使用专项维修资金，或者改建、重建建筑物及其附属设施的，应当经专有部分占建筑物总面积三分之二以上的业主且占总人数三分之二以上的业主同意。

【案件评析】

物业服务区域内的绿化工程未经业主大会批准，费用如何承担？

根据《中华人民共和国物权法》第七十六条和《物业管理条例》第十二条规定，业主大会决定“筹集和使用专项维修资金和改建、重建建筑物及其附属设施”的事项，应当经专有部分占建筑总面积2/3以上的业主用占总人数2/3以上的业主同意。本案中，小区的业主委员会与A物业服务企业双方签订了《物业服务合同》，合同中对双方权利义务做了明确约定，因此人民法院对双方间的权利义务范围以其所签订的《物业管理服务合同》的约定来认定，A物业服务企业在受托管理期间为小区实施了绿化工程并支付了相关费用，因该小区业主委员会对该事实不予认可，且该工程项目已超出了双方合同约定的物业服务企业应承担的绿化日常养护服务的范围，而A物业服务企业也并未能就该事实提供充分的证据，故法院对物业服务企业主张的上述事实难以确认。双方签订的《物业管理服务合同》就维修基金的使用，明确约定应按有关规定编制专项维修资金使用方案，经业主大会批准后实施。专项维修资金使用方案经批准后，物业服务企业未按使用方案实施的，所引起的经济损失及相应法律责任，由物业服务企业承担。A物业服务企业应当知道其主张的绿化工程费用，须从小区专项维修基金中支出，故如确需实施绿化工程，A物业服务企业应该根据合同约定编制物业专项维修基金使用方案，报业主大会批准后方能实施。因此，该绿化工程未经业主大会批准，而产生的法律后果根据合同约定和法律规定只能由物业服务企业自行承担。因此，物业服务企业要求小区业主委员会支付绿化费用88374.75元，法院未予支持，物业服务企业要求业主委员会支付空调及垃圾桶的残值2000元，亦缺乏依据，法院同样不予支持。

特别指出，物业专项维修资金的使用程序应按照相关法规和合同约定执行。物业专项维修资金制度的本质是业主通过筹集、使用和管理共有资金以实现物业共用部位和共用设施设备维修养护的目的，筹集、使用和管理维修资金既是业主享有的共同权利，也是业主应尽的共同义务，广大业主素质和能力是维修资金制度得以实施的重要社会基础。维修资金制度涉及的主体的多元和复杂，导致相关主体之间法律关系的多元和复杂。维修资金制度具有公私权关系混合的特征。在民事法律关系中，既包括业主、业主大会、业主委员会、售房单位、建设单位等相关主体之间的物权关系，也包括业主大会、业主委员会、物业服务企业、维修单位、代管部门、专户管理银行等相关主体之间的债权关系。在行政法律关系中，行政部门既要监管代管机构和专户管理银行的代管行为，也要监管物业服务企业和维修单位的使用行为，还要监管业主大会、业主委员会以及售房单位的自管行为。复杂的法律关系同样决定了法律规范的复杂，维修资金的法律制度中，既包括柔性的任意性规范和授权性规范，也包括刚性的强制性规范和禁止性规范。业主是维修资金的缴纳者和受益者，对维修资金拥有知情权和话语权，资金管理部门应通过公开程序，推动维修资金公开化、制度化，才能杜绝挪用、使用不规范和争议纠纷等现象。因此，政府监管部门、业主大会、业主委员会与物业管理公司都应该要加大透明度，细化完善操作流程与规范制度，推进物业专项维修资金使用过程在“阳光下”平稳运作。

6.9 按物业服务合同的约定使用维修基金合法吗

【案情介绍】

上海C大楼物业服务企业与上一届业主大会、业主委员会合法签订自2005年8月23日起至2008年8月22日止的《物业管理服务合同》，合同期满后，上海C大楼物业服务企业要撤出，但房管部门要求其管理到小区业主委员会改选后再撤出，故其服务至2010年3月底为止。合同第十三条约定，上海C大楼物业服务企业负责向业主和物业使用人收取下列费用：（1）物业管理费：0.40元/（m^2·月）；（2）保洁费：每户每月5.00元；（3）保安费：每户每月5.00元；（4）房屋设备运行费：0.55元/（m^2·月）；（5）维修养护费：详见补充条款。合同补充条款中“房屋设施设备维修养护费用”部分约定：（1）公用部位公共设施设备的电费：小区的公用部位的照明用电（如：路灯、层灯等），公共设施设备的电费，按幢按门牌按户分摊；（2）绿化养护费：每年每平方米2.00元；（3）水箱蓄水池清洗费：按照《关于水箱清洗和绿地养护收费标准的通知》（沪房地物［1996］872号）之规定，每年两次的水箱蓄水池清洗费用：20t水箱每只每次为224元，30t水箱每只每次为337元，30t以上的水箱（水池）每增加5t的，增加收费46元，每增加10t的，增加收费92元；（4）房屋避雷带测试费：每年一次，费用为每米1.50元；（5）房屋完好率普查费：每年一次，费用为每年每平方米建筑面积0.20元；（6）楼宇对讲系统的日常维修和保养费：维修和保养费每月每户2.00元，材料费按实结算；上述费用从房屋维修资金中分摊列支。如遇政策性调整，按规定与业委会协商后再调整。

上海市某公寓业主大会、业委会于2010年5月5日取得备案证，2010年11月1日，经该公寓三分之二以上业主签名确认，某公寓业委会于2010年12月诉至原审法院，要求判令：（1）C大楼物业服务企业返还违法使用的维修基金计人民币108389.14元，其中包括电梯年检费、限速器检测费、购置电梯对讲设备费、电费、绿化养护费、电控门养护费和清理水箱费；（2）C大楼物业服务企业归还代管的维修基金账目，即做账的各类凭证，支出各项费用的发票。

C大楼物业服务企业辩称，C大楼物业服务企业与原业主大会签订《物业管理服务合同》，从2000年12月～2010年3月底止为某公寓提供物业服务，双方物业服务合同已履行完毕。经原业主大会同意，小区内各项维修费用在维修基金中支出。在维修基金使用过程中，费用支出凭证一式二份，由业主委员会签字确认后将其中一份交还C大楼物业服务企业，某公寓业委会无权否认上述《物业管理服务合同》，维修基金账目已移交给上届业委会，C大楼物业服务企业在每次发生费用后，做出汇总报表并附相关凭证交给业主委员会，由业主委员会审核确认，业委会根据物业服务企业提供的维修基金使用的汇总表、明细表及维修哪些东西的项目、价格等具体单子进行审核，本案中争议款项也是经由原业委会审核确认过的，并提供了加盖原业主大会、业主委员会印章及由负责人签字、盖章的《商品住宅维修基金支取汇总表》，某公寓业委会表示对此汇总表真实性没有异议。

【焦点问题】

物业服务企业按与业主大会、业主委员会合法签订的《物业服务合同》约定条款，使用维修基金是否合法?

【法院判决】

一审法院审理查明，原业主大会与C大楼物业服务企业签订的《物业管理服务合同》已经业主大会与业主委员会盖章确认，在整个物业服务期间，维修基金中争议费用的支出均经过业主委员会审核批准，且用于小区公共设施。现合同已履行完毕，新成立的某公寓业主委员会就上一届业主大会签订的合同提出异议，认为C大楼物业服务企业非法挪用维修基金，要求其返回维修基金中列支的系争费用，缺乏依据，法院难以支持。维修基金账目现由原业主委员会负责人保管，该公寓业主委员会未取得账目属于原业主委员会与新成立业主委员会之间资料移交的问题，故某公寓业主委员会要求C大楼物业服务企业归还维修基金账目的诉请，法院难以准许。一审判决：上海市某公寓业主委员会要求上海C（集团）大楼物业管理有限公司返还违法使用的维修基金108389.14元等诉讼请求，不予支持。

二审审理中，C大楼物业服务企业表示鉴于本案实际情况，其自愿补偿该公寓业委会3000元，法院认为系C大楼物业服务企业自身权利行使，于法不悖。上海市第二中级人民法院依照《中华人民共和国民事诉讼法》第一百五十三条之规定，终审判决：（1）维持一审判决；（2）上海C（集团）大楼物业管理有限公司于本判决生效之日起十日内向上海市某公寓业主委员会补偿人民币3000元。负有金钱给付义务的当事人如果未按本判决指定的期间履行给付金钱义务，应当依照《中华人民共和国民事诉讼法》第二百二十九条之规定，加倍支付迟延履行期间的债务利息。

法条链接

《中华人民共和国物权法》

第七十八条 业主大会或者业主委员会的决定，对业主具有约束力。

业主大会或者业主委员会作出的决定侵害业主合法权益的，受侵害的业主可以请求人民法院予以撤销。

第七十九条 建筑物及其附属设施的维修资金，属于业主共有。经业主共同决定，可以用于电梯、水箱等共有部分的维修。维修资金的筹集、使用情况应当公布。

第八十条 建筑物及其附属设施的费用分摊、收益分配等事项，有约定的，按照约定；没有约定或者约定不明确的，按照业主专有部分占建筑物总面积的比例确定。

《物业管理条例》

第三十五条 业主委员会应当与业主大会选聘的物业服务企业订立书面的物业服务合同。

物业服务合同应当对物业管理事项、服务质量、服务费用、双方的权利和义务、专项维修资金的管理与使用、物业管理用房、合同期限、违约责任等内容进行约定。

第三十六条 物业服务企业应当按照物业服务合同的约定，提供相应的服务。

物业服务企业未能履行物业服务合同的约定，导致业主人身、财产安全受到损害的，应当依法承担相应的法律责任。

【案例评析】

物业服务企业按与业主大会、业主委员会合法签订的《物业服务合同》约定条款，使用维修基金是否合法?

本案中，原业主大会是全体业主依法选举产生的自治机构，原业主大会、业主委员会所作决议、所签订合同等具有法律效力，并约束全体业主。对于某公寓业主委员会主张的从维修基金支出的电梯年检费等计108389.14元费用的争议，根据C大楼物业服务企业与原业主大会签订的《物业管理服务合同》，争议款项系维修养护费用，与物业管理费、房屋设备运行费等其他四项费用是并列且独立存在的，相互之间不存在包容和交叉，该公寓业主委员会主张物业管理费等已包含争议费用缺乏依据；该争议费用的缴费义务人为业主，C大楼物业服务企业是收取该争议费用的权利人，权利人显然没有为义务人支付费用的义务；在维修基金中列支该争议费用，是按业主大会同意"小区内各项维修费用在维修基金中支出"的意见做账，如果该争议费用不应在维修基金中支出，就是业主违规使用维修基金，应由业主承担相应责任；物业服务企业按合法签订的《物业管理服务合同》第十三条约定中维修养护费的补充条款，对房屋设施设备维修养护费从房屋维修基金中分摊列支，属于按合同约定使用维修基金，符合法律规定，且该争议费用的支出已经过原业主委员会审核，物业服务企业提供了加盖原业主大会、业主委员会印章及由负责人签字、盖章的《商品住宅维修基金支取汇总表》，所以，某公寓业主委员会关于C大楼物业服务企业非法挪用争议款项的主张不成立，某公寓业主委员会要求C 大楼物业服务企业归还争议款项，没有法律依据，法院的判决是公正的。

当然，本案例的维修养护费收取标准与具体用途因约定在《物业管理服务合同》中，因此合法有效，可以作为住宅专项维修资金管理与使用的合法、有效的补充依据。若物业服务企业与业主大会、业委会没有在合同中详细约定，则应依据《中华人民共和国物权法》、《物业管理条例》及国家和地方《住宅专项维修资金管理办法》来执行。

6.10 物业管理用房的权属认定及拆迁补偿款的分配

【案情介绍】

1999年4月，D房地产开发企业取得建设工程规划许可证，被许可建造某商品住宅小区，总建设面积58739m^2，小区出入口另外建造二层楼房（以下简称综合楼）面积为720.09m^2，2000年11月，D房地产公司补办了综合楼建造许可证，许可证确定可建造建筑面积为780m^{2}的综合楼。另外，在D公司向某小区业主销售房屋时，明确约定“甲方如在质量、装修标准、公建配套违反承诺及国家及上海市有关规定，甲方应负责任并按有关规定执行”；在住宅使用说明书中列明，小区内设综合服务楼一座，建筑面积720m^2。2000年12月，该综合楼与小区其他的商品住宅一起取得建设工程竣工规划验收合格证明，建筑面积为780m^2。2001年3月13日，相关部门向D公司核发此房屋的房地产权证，记载建筑面积为720.09m^2，房屋类型登记为办公楼。此后，上述房屋中二楼有三间房屋（建筑面积总共60～70m^2）作为物业服务企业用房，大厅作为乒乓室供小区业主运动，业委会办公室也设在二楼靠近东面的1间（建筑面积总共20m^{2}左右）。其他还有几间空房，作为棋牌室。楼上还有一部分作为物业管理的工具间。一楼的使用情况如下：原来是作为开发商的售楼处，后来底楼的1间作为门卫室（建筑面积总共25m^{2}左右），楼梯过道内是物业服务企业放置工具用，底层还有1大间曾经由物业服务企业出租经营小超市，靠东北侧的1间曾经由物业服务企业出租作为洗衣房。在节假日该房屋作为业主办理婚丧事的用房。2009年2月27日，因工程建设，D公司与上海E工程建设管理有限公司订立《国有土地非居住房屋拆迁补偿协议》，约定由上海E工程建设公司拆迁上述综合楼，拆迁面积为720.09m^2，补偿总计款人民币（下同）11375385元。该房屋属于待拆除房屋。此后，上海E工程建设管理有限公司给付了D公司部分补偿款6000000元。

2009年，该小区业委会向法院提起行政诉讼，要求撤销D公司持有的综合楼的房地产权证，被法院驳回。后双方就综合楼的动迁款发生争议，引发诉讼。业委会上诉称，涉案综合楼为全体业主共有的公建面积，D公司在楼盘开发进程中擅自将房屋名称转变为“综合楼”、“办公楼”，并不能改变其最初对全体业主的承诺，该房屋实际一直由全体业主使用，D公司从未对综合楼房屋之占有、收益提出过主张。小区业委会认为综合楼全部房屋均系物业用房，起诉要求D公司支付已领取的房屋拆迁款6000000元，并从2011年4月1日起至实际给付之日止按同期银行贷款利率计付利息。

D公司则认为规划许可证载明的该争议房屋为综合楼，且行政案件的判决也证明房地产权证登记为办公楼的合法性，综合楼产权属D公司所有，不属于物业管理用房。综合楼竣工交付后，一直由D公司作为办公场所自行经营使用，从未用作小区的专门物业管理用房，故综合楼不是物业用房，将属D公司所有的办公楼随意确权给业主，有悖物权法之规定，要求驳回小区业委会的全部诉请。

【焦点问题】

1. 本案中，综合楼的权利归属，是否全部为物业用房?

2. 本案中，综合楼被拆迁而引发的综合楼之拆迁利益的归属及分配?

【法院判决】

一审法院于2013年2月25日作出判决：（1）某公司应于判决生效之日起十日内支付某业主委员会房屋拆迁款6000000元中的40%即人民币2400000元；（2）驳回某业主委员会其余诉讼请求。负有金钱给付义务的当事人如未按判决指定的期间履行给付金钱义务，应当依照《中华人民共和国民事诉讼法》第二百五十三条之规定，加倍支付迟延履行期间的债务利息。一审案件受理费人民币62727元，由某业主委员会、D公司各半负担。

二审法院经审理查明，原审法院认定事实无误，依照《中华人民共和国民事诉讼法》第一百七十条第一款第（一）项之规定，终审判决：驳回上诉，维持原判。

法条链接

《中华人民共和国物权法》

第三十三条　因物权的归属、内容发生争议的，利害关系人可以请求确认权利。

第七十三条　建筑区划内的道路，属于业主共有，但属于城镇公共道路的除外。建筑区划内的绿地，属于业主共有，但属于城镇公共绿地或者明示属于个人的除外。建筑区划内的其他公共场所、公用设施和物业服务用房，属于业主共有。

《物业管理条例》

第三十八条　物业管理用房的所有权依法属于业主。未经业主大会同意，物业服务企业不得改变物业管理用房的用途。

《关于实施〈上海市住宅物业管理规定〉的若干意见》（沪府发［2011］23号）

十一、物业管理用房的确认

建设单位在办理建设工程规划许可证时，应当将物业管理用房的坐落、面积等在审照附图中予以注明，并加盖建设单位公章；对分期开发的物业管理区域，建设单位应当按照整个物业管理区域的配置要求，在先期开发的区域内一次性配置或提供临时物业管理用房。建设单位在未按照规划配置物业管理用房前，不得擅自变更、分割、转让、抵押临时物业管理用房。

建设单位提交的资料符合物业管理区域预划意见书和物业管理用房配置要求的，规划管理部门方可向其核发建设工程规划许可证。

房屋土地调查机构应当在房屋土地权属调查报告书中注明物业管理用房的坐落、面积、室号，区、县住房保障房屋管理部门在核发房屋预售许可证和办理房屋所有权初始登记时，应当注明物业管理用房室号。

1997年7月1日～2003年8月31日间竣工的居住物业管理区域，其物业管理用房应当按照规划中配置的标准提供；规划中未配置的，按照物业管理区域实际使用状况予以提供。

【案例评析】

1．本案中，综合楼的权利归属，是否全部为物业用房？

依据《中华人民共和国物权法》判断公建配套用房产权归属的办法如下：首先依据产权登记判断物业的产权归属，已经办理产权登记的，归登记所有人所有；其次，未办理登记，但有规划许可证且未列入住宅面积分摊的，属于独立建筑物业或独立房屋单元的，其产权属于开发商所有；然后，属于国家及地方规定开发商应配套修建并明确其产权归属的，则该部分房屋的产权归属按国家及地产有关规定执行；再次，商品房买卖合同如约定房屋整体或其中的某些房屋产权归属的，按约定判定产权归属；最后，未经规划许可，占有业主共有的场地、空间修建的公建物业，其产权归业主共有。

本案中，D公司在建设初期未就综合楼建设进行规划报批，但之后补办了综合楼的建设工程规划许可证，该证将综合楼记载为综合楼，最后房地产权证记载为办公楼，因此，业委会以综合楼为小区的公建面积以及综合楼实际一直由全体业主使用为由主张综合楼全部应作为物业用房而归属于全体业主，缺乏法律依据。同样，D公司以综合楼之产权现登记于其名下为由主张其应获得综合楼的全部拆迁利益，依据也不足。根据相关规定，2003年9月1日以前竣工的物业管理区域，其物业用房的配置按照《关于实施〈上海市住宅物业管理规定〉的若干意见》（沪府发［2004］第38号）的规定执行。1997年7月1日～2003年8月31日竣工的居住物业管理区域，其物业管理用房应当按照规划中配置的标准提供，规划中没有配置的，按照物业管理区域实际使用状况予以提供。本案物业区域竣工时间在2000年12月，故应当按照规划中配置的标准提供物业用房。综合楼产权现虽全部登记于D公司名下，但综合楼在竣工后其中部分房屋实际用于物业管理用房，D公司作为涉案小区的建设单位应当为小区提供物业管理用房，正式发许可证时房屋管理部门登记的系综合楼，在房地产权证制作时又登记为办公楼，足见综合楼全部作为物业用房是与事实不符的，但该房建成后至今也有部分一直作为物业管理用房使用，故法院酌情根据综合楼的工程规划情况、规划许可证、房地产权证登记情况及综合楼的实际使用情况综合考虑，酌定综合楼的40%视为物业用房处理，即D公司系某商品房建设单位，应当为小区提供物业管理用房，酌定综合楼的40%为物业管理用房，裁定恰当。

2. 本案中，综合楼被拆迁而引发的房屋拆迁利益的归属及分配?

本案中，鉴于综合楼将被拆迁，为减少双方当事人讼累，法院按综合楼权属酌定40%为物业管理用房，并据此判决D公司将其取得的综合楼动迁款中的40%支付给业委会用于解决物业用房的款项。对其余尚未取得的动迁款项，可另行参照判决主张。根据《物权法》及相关物业管理法规的规定，物业服务用房，属于业主共有，现综合楼虽被动迁，但不影响相关动迁利益的归属，故因动迁取得的物业用房的拆迁补偿款应当归该小区全体业主共有，业委会作为业主大会的执行机构经业主大会授权后有权代表全体业主行使权利。应当指出，综合楼的物业用房动迁款项是用于购置小区的物业用房，业委会取得费用后，小区的物业管理用房应当由其自行落实解决。

6.11 业主对物业维修资金的使用有知情权吗

【案情介绍】

2010年4月，上海某花园小区业主陈某5人以业委会、物业服务企业没有依法公布维修基金及原始凭证、物业管理停车费及公房出租收益和首次维修基金分账到户明细表为由，起诉要求某花园业委会、物业服务企业依法公布（1）2005年4月～2009年12月期间扣除每户维修资金明细账及原始凭证；（2）2005年4月～2009年12月小区管理期间停车费以及公有房屋出租的收益去向；（3）维修资金分账到户明细列表。审理中，陈某5人增加诉讼请求，要求某花园业委会、物业服务企业公布维修基金自2005年4月开通以后至今在银行存款情况的对账表。

法院审理查明：某花园小区自2005年4月～2009年12月期间每年扣除维修基金及明

细账、小区停车费及公用房屋出租收益情况已由物业服务企业如期在小区公告栏内以张贴形式进行公布，维修基金在银行的存款情况亦已由物业服务企业从网上下载相关材料后予以公布，该存款情况的对账单由开户银行定期寄送给某花园业委会。审理中，陈某5人要求某花园业委会、物业服务企业公布维修基金在银行存款情况的对账表，对此，某花园业委会同意陈某5人去其处查阅相关对账单。又查明，关于首期维修基金交存情况的核查和公布应由区、县房地产管理部门定期核查并每年公布一次。

一审判决后，陈某5人不服判决，上诉法院称：（1）根据上海商品维修基金管理办法第19条所示，维修基金及原始凭证应该予以公开。（2）根据上海商品维修基金管理办法第十三条所示，物业管理停车费及公房出租收益，应归业主共同所有。（3）根据上海商品维修基金管理办法第八条所示，首次维修基金分账到户明细表予以公开等，故请求判令两被上诉人依法公布2005年4月到2009年12月份管理期间扣除每户维修基金明细账及原始凭证；判令两被上诉人业委会、物业服务企业上墙公布某花园全体业主首次维修资金分账到户明细列表和银行对账表；判令两被上诉人公布2005年4月到2009年12月份管理小区期间停车费以及公有房屋出租的收益去向和原始凭证。被上诉人上海市某花园业主委员会、物业管理有限公司均不同意上诉人的上诉请求，要求维持原判。

【焦点问题】

1. 本案中，物业服务企业和业委会是否尊重了法律赋予业主的知情权？
2. 首期维修资金交存情况应由谁核查并公布？

【法院判决】

一审法院审理后，于2010年9月26日依法判决：（1）上海市某花园业主委员会于判决生效之日起30日内向陈某5人出示其维修基金自2005年4月至2010年8月期间在银行存款情况的账户对账单（自2010年9月始的维修基金在银行存款情况的账户对账单由上海市某花园业主委员会每半年公布一次）；（2）驳回陈某5人的其余诉讼请求。一审案件受理费人民币80元，由陈某5人及上海市某花园业主委员会各半负担。

二审法院查理查明，上诉人是上海市某花园小区 20号201-202室、44号502室、20号301室、55号202室、5号502室的业主，被上诉人是该小区的业主委员会和物业管理单位。根据法律有关规定，业主可以请求公布、查阅建筑物及其附属设施的维修资金的筹集、使用情况、物业服务合同、共有部分的使用和收益情况、建筑区划内规划用于停放汽车的车位、车库的处分情况及其他应当向业主公开的情况和资料。被上诉人应当按照法律规定履行自己的义务，让小区业主享有法律赋予的知情权。原审法院在查明事实的情况下，依法所作的判决并无不当，中院应予维持。终审判决：驳回上诉，维持原判。

法条链接

《最高人民法院关于审理建筑物区分所有权纠纷案件具体应用法律若干问题的解释》

第十三条　业主请求公布、查阅下列应当向业主公开的情况和资料的，人民法院应予支持：

（一）建筑物及其附属设施的维修资金的筹集、使用情况；

（二）管理规约、业主大会议事规则，以及业主大会或者业主委员会的决定及会议记录；

（三）物业服务合同、共有部分的使用和收益情况；

（四）建筑区划内规划用于停放汽车的车位、车库的处分情况；

（五）其他应当向业主公开的情况和资料。

《物业管理条例》

第六条　房屋的所有权人为业主。

业主在物业管理活动中，享有下列权利：

（一）按照物业服务合同的约定，接受物业服务企业提供的服务；

（二）提议召开业主大会会议，并就物业管理的有关事项提出建议；

（三）提出制定和修改管理规约、业主大会议事规则的建议；

（四）参加业主大会会议，行使投票权；

（五）选举业主委员会成员，并享有被选举权；

（六）监督业主委员会的工作；

（七）监督物业服务企业履行物业服务合同；

（八）对物业共用部位、共用设施设备和相关场地使用情况享有知情权和监督权；

（九）监督物业共用部位、共用设施设备专项维修资金（以下简称专项维修资金）的管理和使用；

《住宅专项维修资金管理办法》

第十条 业主大会成立前，商品住宅业主、非住宅业主交存的住宅专项维修资金，由物业所在地直辖市、市、县人民政府建设（房地产）主管部门代管。

直辖市、市、县人民政府建设（房地产）主管部门应当委托所在地一家商业银行，作为本行政区域内住宅专项维修资金的专户管理银行，并在专户管理银行开立住宅专项维修资金专户。

开立住宅专项维修资金专户，应当以物业管理区域为单位设账，按房屋户门号设分户账；未划定物业管理区域的，以幢为单位设账，按房屋户门号设分户账。

第十五条 业主大会成立后，应当按照下列规定划转业主交存的住宅专项维修资金：

（一）业主大会应当委托所在地一家商业银行作为本物业管理区域内住宅专项维修资金的专户管理银行，并在专户管理银行开立住宅专项维修资金专户。

开立住宅专项维修资金专户，应当以物业管理区域为单位设账，按房屋户门号设分户账。

（二）业主委员会应当通知所在地直辖市、市、县人民政府建设（房地产）主管部门；涉及已售公有住房的，应当通知负责管理公有住房住宅专项维修资金的部门。

（三）直辖市、市、县人民政府建设（房地产）主管部门或者负责管理公有住房住宅专项维修资金的部门应当在收到通知之日起30日内，通知专户管理银行将该物业管理区域内业主交存的住宅专项维修资金账面余额划转至业主大会开立的住宅专项维修资金账户，并将有关账目等移交业主委员会。

第三十条 直辖市、市、县人民政府建设（房地产）主管部门，负责管理公有住房住宅专项维修资金的部门及业主委员会，应当每年至少一次与专户管理银行核对住宅专项维修资金账目，并向业主、公有住房售房单位公布下列情况：

（一）住宅专项维修资金交存、使用、增值收益和结存的总额；

（二）发生列支的项目、费用和分摊情况；

（三）业主、公有住房售房单位分户账中住宅专项维修资金交存、使用、增值收益和结存的金额；

（四）其他有关住宅专项维修资金使用和管理的情况。

业主、公有住房售房单位对公布的情况有异议的，可以要求复核。

第三十一条　专户管理银行应当每年至少一次向直辖市、市、县人民政府建设（房地产）主管部门，负责管理公有住房住宅专项维修资金的部门及业主委员会发送住宅专项维修资金对账单。

直辖市、市、县建设（房地产）主管部门，负责管理公有住房住宅专项维修资金的部门及业主委员会对资金账户变化情况有异议的，可以要求专户管理银行进行复核。

专户管理银行应当建立住宅专项维修资金查询制度，接受业主、公有住房售房单位对其分户账中住宅专项维修资金使用、增值收益和账面余额的查询。

《上海市商品住宅专项维修资金管理办法》

第十二条　（纳入专项维修资金的收益）

业主大会许可他人利用住宅共用部位设置广告等经营性设施而收取的费用，应当存入专项维修资金账户，归该幢住宅的业主共同所有，并设立单独账目，专项用于该幢住宅共用部位、共用设备的维修、更新。

业主大会许可他人利用物业管理区域公共设施停放车辆、设置广告等经营性设施而收取的费用，应当存入专项维修资金账户，归全体业主共同所有，并设立单独账目，专项用于物业管理区域公共设施的维修、更新。

第十八条　（专项维修资金账目的核对和公布）

业主委员会或者其委托的物业服务企业应当每月与开户银行核对专项维修资金账目，并将下列情况每半年向全体业主公布一次：

（一）专项维修资金交纳、使用和结存的金额；

（二）发生物业维修、更新的项目和费用以及按户分摊情况；

（三）专项维修资金使用和管理的其他有关情况。

前款第二项规定的情况，应当按每幢住宅公布；一幢住宅有两个或者两个以上门号的，应当按门号公布。

业主对公布的专项维修资金账目情况有异议的，可以要求业主委员会和物业服务企业提供有关的费用清单、发票原件和按户分摊费用清单进行核对。

开户银行应当每月向业主委员会发送专项维修资金账户对账单，每年向全体业主发送专项维修资金分户对账单。业主委员会和业主可以向开户银行查询其账户或者分户账的情况。

《中华人民共和国民法通则》

第五条 公民、法人的合法的民事权益受法律保护，任何组织和个人不得侵犯。

【案例评析】

1. 本案中，物业服务企业和业委会是否尊重了法律赋予业主的知情权?

根据《最高人民法院关于审理建筑物区分所有权纠纷案件具体应用法律若干问题的解释》第十三条和《上海市商品住宅维修基金管理办法》相关规定，物业服务企业作为某花园业委会聘请的物业管理企业，已经在小区公告栏内以张贴形式定期向业主公布了2005年4月～2009年12月期间每年扣除维修基金及明细账情况和小区停车费及公用房屋出租收益情况，因法规对公布的粗细程度未明确规定，某物业服务企业该张贴行为已经体现出尊重业主享有的知情权，起到了公示的作用和履行了公布的义务。根据《住宅专项维修资金管理办法》第三十一条规定“专户管理银行应当每年至少一次向直辖市、市、县人民政府建设（房地产）主管部门，负责管理公有住房住宅专项维修资金的部门及业主委员会发送住宅专项维修资金对账单。直辖市、市、县建设（房地产）主管部门，负责管理公有住房住宅专项维修资金的部门及业主委员会对资金账户变化情况有异议的，可以要求专户管理银行进行复核。专户管理银行应当建立住宅专项维修资金查询制度，接受业主、公有住房售房单位对其分户账中住宅专项维修资金使用、增值收益和账面余额的查询”，物业服务企业并非住宅专项维修资金的代管部门或存储单位，业委会应负责接收专户管理银行每年发送的住宅专项维修资金对账单，并接受业主查询。本案中，业委会确认开户银行每月向其寄送维修基金账户对账单，并且同意陈某5人去其处查阅相关对账单，故法院对陈某5人该项请求予以了支持。

2. 首期维修基金交存情况应由谁核查并公布?

根据《住宅专项维修资金管理办法》第十条第一款规定“业主大会成立前，商品住宅业主、非住宅业主交存的住宅专项维修资金，由物业所在地直辖市、市、县人民政府建设（房地产）主管部门代管。直辖市、市、县人民政府建设（房地产）主管部门应当委托所在地一家商业银行，作为本行政区域内住宅专项维修资金的专户管理银行，并在专户管理银行开立住宅专项维修资金专户。开立住宅专项维修资金专户，应当以物业管理区域为单位设账，按房屋户门号设分户账；未划定物业管理区域的，以幢为单位设账，按房屋户门号设分户账”、第十五条第一款“业主大会成立后，应当按照下列规定划转业主交存的住宅专项维修资金：（1）业主大会应当委托所在地一家商业银行作为本物业管理区域内住宅专项维修资金的专户管理银行，并在专户管理银行开立住宅专项维修资金专户。开立住宅专项维修资金专户，应当以物业管理区域为单位设账，按房屋户门号设分户账”的规定和《上海市商品住宅维修基金管理办法》的相关规定，业主大会成立前，首期归集的维修资金应由物业所在地直辖市、市、县房地产管理部门代管，因此，首期维修资金交存情况的核查和公布义务应由当地主管直辖市、市、县房地产管理部门代管部门（例如：市、区物业专项维修资金管理中心等机构）履行，而不是由业委会、物业服务企业公布首次归集的物业专项维修资金分账到户的明细表。

6.12 包干制业主有权查阅物业管理收支吗

【案情介绍】

黄某6位业主（以下简称“业主”）均为上海市某大厦的业主。该大厦的业委会于2008年3月10日成立,J物业服务企业并非大厦的前期物业。2008年4月7日，业委会与J物业签订《物业服务合同》，约定收费形式为包干制，物业费中包含电梯、水泵运行费，J物业应及时向业主公告本管理区域内的重大物业服务事项，每6个月公布一次专项维修资金和按时结算项目的费用收支账目，结合本物业实际情况，编制物业年度管理方案、年度管理计划、年度维修养护计划、年度费用概预算和决算报告。在物业服务期间，业委会与J物业每半年在大厦公告栏张贴一张业主大会账目收支报表。2008年~2013年，业委会及J物业就维修资金使用方案张贴了三次表决公告，并在原审中将公告复印件作为证据提交给了业主。

当事人因故发生纠纷，业主黄某等6人提起诉讼，请求法院判令：（1）准许查阅自2008年4月7日~2013年7月6日的小区公共收益转入维修基金账户的转账凭证，及公共收益结算的账目明细和相应费用清单、凭证、发票；（2）准许查阅自2008年4月7日~2013年6月30日的业主大会收支汇总表、业主大会公共账户收支汇总表、欠款情况汇总表、日常收益明细表、资金增加明细表、资金减少明细表、维修更新明细表、活动经费明细表、欠费明细表，以及相应的费用清单、凭证、发票，按户分摊费用清单，上海市商品住宅维修资金业主年度结存单；（3）准许查阅自2008年4月7日~2013年8月31日小区机动车月度、年度的收支清单和停车费发票；（4）准许查阅前期物业管理期间（1996年6月1日～2008年4月6日）的公共收益账目明细；（5）准许查阅自2008年4月7日～2013年8月31日期间的由J物业编制的物业维修、更新、改造项目实施方案，相关的公示公告、业主大会表决的公示公告，以及全部物业维修、更新、改造的工程项目合同、费用清单、发票凭证；（6）准许查阅自2008年4月7日至判决生效之日止，J物业应每6个月公布一次的按时结算的电梯、水泵费用收支账目明细，以及电梯维修保养合同；（7）准许查阅J物业自2008年4月7日至本判决生效之日止的物业年度管理方案、年度维修养护计划、年度物业费费用概预算和决算方案；（8）准许查阅自2008年4月7日至判决生效之日止的大楼物业避雷装置检测报告和J物业每半年一次的检查避雷装置记录，消防泵每月的启动记录，灭火器更换费用的原始凭证和发票；（9）对查阅材料具有复印、摄影等权利，复印费自行承担，业委会及J物业对需要复印的相关资料应加盖骑缝公章。

J物业不服一审判决，反诉称，（1）某大厦专项维修资金以及相关的费用清单、发票凭证和按户分摊清单及存单，由上海市公积金中心统一管理，统一分摊到每户，不由J物业管理。对方及其他业主每年会收到市公积金中心发出的清单，所以其要求J物业提供上述内容是没有法律依据的，也是不可能的。（2）某大厦物业维修、更新、改造项目的实施方案、相关的公示公告以及工程项目合同、费用清单、发票凭证是通过业主大会程序后贴出公示公告，由某业委会、当地房地办审核，最终由建设银行全面审核整个程序并进行核价、评估，按工程进度发放工程项目款。J物业只是受业委会委托的管理方。所有公示公告及相关程序业委会都已进行过，当地房地办审核过，主管部门并未赋予对方查阅的权利。（3）停车费收支清单及相关发票，属于公共收益，已由业委会审核并在规定时间内进行了公布、张贴。公共收益结余也已在业委会和当地房地办的督导下转入专项维修基金账户，其中相关资料涉及其他业主的隐私，一旦泄露将侵犯广大业主的隐私权以及业委会及J物业的管理权，对方无权对J物业的资料进行查阅，J物业签订的物业服务合同系包干制，也没有义务向业主提供不应该透露的管理内容。（4）电梯保养由专门的质监部门及街道安全办每年对本小区电梯保养单位进行工作检查，并已发放了电梯合格年检证，张贴在电梯内，电梯保养合同是商业合同，已给业委会看过，向业主开放查阅电梯保养合同在法律上也没有依据。现对方的不合理要求，严重干扰物业的正常运行，原审法院的判决加重了J物业的负担，将严重影响J物业的正常工作，故上诉要求撤销原判，对对方的原审诉请不予支持。

【焦点问题】

1. 业主对物业服务企业与业委会已公示过的材料仍有知情权吗？

2. 实行包干制计费模式的物业管理项目，业主要求查阅物业管理费支出相关账目资料有法律依据吗?

3. 实行包干制计费模式的物业管理项目，涉及业主的公共利益的相关材料，业主有权要求查阅吗?

【法院判决】

一审法院认为，业主诉请中要求查阅材料的时间段均以2008年4月7日为起始，但截止时间则不统一。考虑到相关规定和实务惯例对物业公开事项通常都以半年为一期，相关材料的编制整理归档也需要成本和时间，因此次诉讼中所涉查阅材料的截止时间应统一为2013年6月30日为宜，2013年7月1日之后的相关材料不应在本案中处理，以免失之仓促，过于加重业委会及J物业的负担。判决如下:（1）上海市某大厦原业主委员会、上海J物业管理有限公司应提供查阅自2008年4月7日起～2013年6月30日止，上海市某大厦专项维修资金和公共收益的收支结存账目，以及相关的费用清单、发票凭证和按户分摊清单、结存单，包括公共收益结余转入维修基金账户的凭证;（2）上海市某大厦业主委员会、上海J物业管理有限公司应提供查阅自2008年4月7日起～2013年6月30日止，上海市某大厦物业维修、更新、改造项目实施方案，相关的公示公告，以及工程项目合同、费用清单、发票凭证;（3）上海市某大厦业主委员会、上海J物业管理有限公司应提供查阅自2008年4月7日起～2013年6月30日止，上海市某大厦机动车停车费的收支清单和相关发票;（4）上海市某大厦业主委员会、上海J物业管理有限公司应提供查阅自2008年4月7日起至2013年6月30日止，上海市某大厦的电梯维修保养合同;（5）上述（1）～（4）项查阅内容，上海市某大厦原业主委员会、上海J物业管理有限公司应于判决生效之日起三十日内，向黄某6位业主提供查阅，黄某6位业主有权自费复印（或拍摄）所查阅的材料;（6）驳回黄某6位业主的其他诉讼请求。

二审法院审理查明，原审法院查明的事实无误，本院予以确认。按照相关规定，业主请求公布、查阅包括建筑物及其附属设施的维修资金的筹集、使用情况以及其他应当向业主公开的情况和资料等，人民法院应予支持。作为某大厦的业主，黄某6位业主对公共事务和物业管理的相关事项享有知情权，可以要求查阅依法应当向业主公开且确由业委会和J物业掌握的情况和资料。J物业上诉主张相关资料已由有关职能部门审核而对方无权查阅，理由不能成立，J物业以相关材料已作过公告为由拒绝对方查阅的意见亦缺乏依据。原审法院对本案所作的处理并无不当，对J物业上诉请求，本院不予支持。依照《中华人民共和国民事诉讼法》第一百七十条第一款第（一）项之规定，终审判决：驳回上诉，维持原判。

法条链接

《中华人民共和国民事诉讼法》

第一百七十七条 各级人民法院院长对本院已经发生法律效力的判决、裁定，发现确有错误，认为需要再审的，应当提交审判委员会讨论决定。

最高人民法院对地方各级人民法院已经发生法律效力的判决、裁定，上级人民法院对下级人民法院已经发生法律效力的判决、裁定，发现确有错误的，有权提审或者指令下级人民法院再审。

《最高人民法院关于审理建筑物区分所有权纠纷案件具体应用法律若干问题的解释》

第十三条 业主请求公布、查阅下列应当向业主公开的情况和资料的，人民法院应予支持：

（一）建筑物及其附属设施的维修资金的筹集、使用情况；

（二）管理规约、业主大会议事规则，以及业主大会或者业主委员会的决定及会议记录；

（三）物业服务合同、共有部分的使用和收益情况；

（四）建筑区划内规划用于停放汽车的车位、车库的处分情况；

（五）其他应当向业主公开的情况和资料。

《物业管理条例》

第五十四条 住宅物业、住宅小区内的非住宅物业或者与单幢住宅楼结构相连的非住宅物业的业主，应当按照国家有关规定交纳专项维修资金。

专项维修资金属于业主所有，专项用于物业保修期满后物业共用部位、共用设施设备的维修和更新、改造，不得挪作他用。

专项维修资金收取、使用、管理的办法由国务院建设行政主管部门会同国务院财政部门制定。

第五十五条 利用物业共用部位、共用设施设备进行经营的，应当在征得相关业主、业主大会、物业服务企业的同意后，按照规定办理有关手续。业主所得收益应当主要用于补充专项维修资金，也可以按照业主大会的决定使用。

《物业服务收费管理办法》

第九条　业主与物业管理企业可以采取包干制或者酬金制等形式约定物业服务费用。

包干制是指由业主向物业管理企业支付固定物业服务费用，盈余或者亏损均由物业管理企业享有或者承担的物业服务计费方式。

酬金制是指在预收的物业服务资金中按约定比例或者约定数额提取酬金支付给物业管理企业，其余全部用于物业服务合同约定的支出，结余或者不足均由业主享有或者承担的物业服务计费方式。

第十二条　实行物业服务费用酬金制的，预收的物业服务支出属于代管性质，为所交纳的业主所有，物业管理企业不得将其用于物业服务合同约定以外的支出。

物业管理企业应当向业主大会或者全体业主公布物业服务资金年度预决算并每年不少于一次公布物业服务资金的收支情况。

业主或者业主大会对公布的物业服务资金年度预决算和物业服务资金的收支情况提出质询时，物业管理企业应当及时答复。

第十三条　物业服务收费采取酬金制方式，物业管理企业或者业主大会可以按照物业服务合同约定聘请专业机构对物业服务资金年度预决算和物业服务资金的收支情况进行审计。

《上海市商品住宅专项维修资金管理办法》

第十八条（专项维修资金账目的核对和公布）

业主委员会或者其委托的物业服务企业应当每月与开户银行核对专项维修资金账目，并将下列情况每半年向全体业主公布一次：

（一）专项维修资金交纳、使用和结存的金额；

（二）发生物业维修、更新的项目和费用以及按户分摊情况；

（三）专项维修资金使用和管理的其他有关情况。

前款第二项规定的情况，应当按每幢住宅公布；一幢住宅有两个或者两个以上门号的，应当按门号公布。

业主对公布的专项维修资金账目情况有异议的，可以要求业主委员会和物业服务企业提供有关的费用清单、发票原件和按户分摊费用清单进行核对。

开户银行应当每月向业主委员会发送专项维修资金账户对账单，每年向全体业主发送专项维修资金分户对账单。业主委员会和业主可以向开户银行查询其账户或者分户账的情况。

【案例评析】

1. 业主对物业服务企业与业委会已公示过的材料仍有知情权吗?

根据《最高人民法院关于审理建筑物区分所有权纠纷案件具体应用法律若干问题的解释》第十三条“业主请求公布、查阅下列应当向业主公开的情况和资料的，人民法院应予支持:（1）建筑物及其附属设施的维修资金的筹集、使用情况;（2）管理规约、业主大会议事规则，以及业主大会或者业主委员会的决定及会议记录;（3）物业服务合同、共有部分的使用和收益情况;（4）建筑区划内规划用于停放汽车的车位、车库的处分情况;（5）其他应当向业主公开的情况和资料”。业主对小区公共事务和物业管理的相关事项享有知情权，可以向业委会、物业服务企业要求查阅依法应当向业主公开且确由业委会和物业服务企业掌握的情况和资料。本案中，业主向业委会及J物业提出的查阅请求中，关于小区专项维修资金、公共收益（即利用小区公共部位和设施所得收入）的收支结存账目，依法应当公开。即使对方已经张贴公布过相关材料，但张贴公布的时间终究有限，为充分保障业主的知情权，其对已张贴过的材料业主仍有权要求查阅。但对于收支结存账目的具体格式，尚无相关法律法规予以强制规定，应符合清晰明确的标准即可。

2. 实行包干制计费模式的物业管理企业，业主要求查阅管理费支出相关账目资料有法律依据吗?

本案中，根据物业合同约定，大厦的物业费采用包干制，会计主体是物业管理企业，电梯、水泵的运行费以及灭火器的更换费用都已包含在固定的物业费之中，由物业服务企业自负盈亏，并未约定按实结算，故业主要求查阅相关账目无法律依据。业主要求查阅避雷装置的检查记录、消防泵的启动记录，也无相应的法律依据。对于物业年度管理方案、年度维修养护计划、年度物业费费用概预算和决算方案，因该小区物业费采用包干制而非酬金制，且J物业也已明确表示其并未另行编制上述方案，对不存在的材料自然无法查阅，故法院对该诉请不予支持。

3. 实行包干制计费模式的物业管理项目，涉及业主的公共利益的相关材料，业主有权要求查阅吗?

本案中，法院依法支持下列涉及业主公共利益的材料查阅诉请：物业公共收益、维修资金的收支情况相关的费用清单、凭证发票和按户分摊清单、结存单，包括公共收益结余转入维修基金账户的凭证，业主依法有权予以查阅。小区机动车停车费如属于业主公共收益的，其收支清单和相关发票，属于依法应当公开的材料，业委会及物业服务企业也应当提供查阅。J物业编制的物业维修、更新、改造项目实施方案，相关的公示公告，业主表决公告以及全部物业维修、更新、改造的工程项目合同、费用清单、发票凭证，依法属于应当公开的材料。但对前期物业管理期间的公共收益明细账目，因业委会及J物业明确表示前期物业并未移交，也没有证据证明业委会及J物业已获得过相关材料，故法院对业委会及J物业并未掌握之材料的查阅请求无法支持。如有证据证明对方隐瞒了移交获得相关材料的事实，业主可另行予以主张。本案中，依法提供查阅的材料，业主有权自费以复印、拍摄等方式予以复制，但业主要求业委会及J物业对复制材料必须盖章，无法律依据，法院不予支持。

值得注意的是，物业管理费的收取根据业主与物业管理公司的合同约定，可以采取酬金制或者包干制两种不同的计费模式，但不论实行哪种计费模式，业主均享有《最高人民法院关于审理建筑物区分所有权纠纷案件具体应用法律若干问题的解释》第十三条规定范围内的应当向业主公开的情况和资料的查阅权。在酬金制下，预收的物业管理服务支出属于代管性质，为所交纳的业主所有，物业管理企业应当向业主大会或者全体业主公布物业服务资金年度预决算并每年不少于一次公布物业服务资金的收支情况，业主大会可以按合同约定聘请第三方审计机构对物业服务资金年度预决算和物业服务资金的收支情况进行审计。而在包干制下，物业管理公司按物业服务合同约定提供物业服务，自负盈亏，业主对属于物业服务合同约定的物业服务费开支内容不必审计，但对住宅专项维修资金的筹集、管理和使用，应当依法接受业主监督或业主大会委托的审计部门的审计监督，涉及业主共有部分的使用与收益情况和物业服务合同、管理规约、业主大会议事规则、业主大会或者业主委员会的决定及会议记录、建筑区划内规划用于停放汽车的车位、车库的处分情况等依法应公开的情况和资料，业主仍然拥有知情权，可以依法向业委会、物业管理企业要求查阅。

6.13 业主知情权是否受诉讼时效的限制

【案情介绍】

王某等132名业主系深圳市龙岗区某某苑小区业主，2011年7月5日，某某苑选举产生第三届业委会并获得深圳市龙岗区住房和建设局核准成立。第三届业委会（甲方）

与深圳市K物业服务公司签订自2011年10月1日～2016年9月30日的《某某苑物业服务合同》，合同约定："物业服务收费方式为包干制，乙方经营归业主所有的共用部位、共用设施等用于广告、房屋租赁、经营、商业促销等活动，应向甲方公布收益情况，接受甲方监督；乙方经营归业主所有的共用部位、共用设施所得收益，扣除5%的社区文化费及必要的经营成本和税金后，按物业服务企业三成，'业主大会'七成的比例进行分配；并参照某某苑本体维修基金模式、建立该收益账户，双方共同管理；甲方对本物业区域内的物业服务事项有知情权；审核本物业区域内共用部位、共用设施的收益使用情况；按照相关规定交纳、使用和续筹物业专项维修资金；乙方妥善保管和正确使用本物业的档案资料，及时记载有关变更信息；及时向甲方、业主和物业使用人通报本物业区域内有关物业服务的重大事项，接受甲方、业主和物业使用人的监督；遵照深圳市物业专项维修资金管理有关规定，依法代收日常收取的物业专项维修资金，依法使用物业专项维修资金进行物业共用部位、共用设施设备保修期满后的维修、更新和改造。乙方每三个月向全体业主张榜公布一次管理费收支账目和公布一次物业专项维修资金的使用情况"。

本案132名业主向一审法院提起诉讼，请求判令：（1）K公司公布某某苑小区2003年1月1日～2012年12月31日物业专项维修资金及小区公共广告位出租、停车费收入、为社区配套的经营场所出租的租金等收益及支出财务账目，落实业主依法享有的知情权；（2）本案诉讼费及相关费用由K公司负担。其诉请中所称的为社区配套的经营场所包括：停车场（多层停车场、露天停车场、地下停车场）、会所（二楼）、游泳池、幼儿园、华程超市、药店、洗车场（位于地下停车场）、地下室、小店（会所楼下三家、小区大门口一家、立体停车场"优越"便利店）。K公司辩称，2005年12月19日，深圳市罗湖区人民法院作出民事裁定书，裁定将某某苑车库（即立体停车场）交付给拍卖竞得人某置业（深圳）有限公司管理、使用。该车库目前由K公司负责经营收费。地下室属于公共部分；根据房屋买卖合同，会所、幼儿园属于开发商所有，游泳池是会所的配套设施，应是开发商所有，但也是K公司在管理，其已将相关收益列入公共收益的分成当中，药店和超市等均在会所范围内；优越便利店目前由K公司在出租、收益，已经列入公共收益账户当中，另外四家小店也已列入公共收益使用分成，但会所楼下的三家跟超市连在一起，应属于开发商。本案132名业主诉请中的关于由K公司负担的相关费用，尚未发生。K公司称对相关公共部分的收益、支出账目一直有公布。其向原审法院提交的某某苑小区公共收入分成方案中，包括地面停车收入、游泳池、会所一楼、路边小店等。

一审法院查明，某某苑第三届业主委员会在原审法院受理此案后于2013年7月9日，被深圳市龙岗区住房和建设局以业委会违反《深圳经济特区物业管理条例》第三十八条的规定，决定解散业委会，并告知业委会将业主大会和业委会印章、档案资料以及其他属于业主大会和业委会的财物等移交某街道办事处。截至一审庭审结束，某某苑小区尚未成立新的业主委员会。本案132名业主在最初起诉时将业主委员会作为本案被告，后因目前不存在该主体，本案132名业主撤回了对业主委员会的起诉。一审后，上诉人王某等122名业主不服判决，再次向罗湖法院提起诉讼。

【焦点问题】

业主知情权是否受诉讼时效的限制？

【法院判决】

一审法院认为：根据最高人民法院《关于审理建筑物区分所有权纠纷案件具体应用法律若干问题的解释》第十三条的规定，业主请求公布、查阅建筑物及其附属设施的维修资金的筹集、使用情况，管理规约、业主大会议事规则以及业主大会或业主委员会的决定及会议记录，物业服务合同、共有部分的使用和收益情况、建筑物区划内规划用于停放汽车的车位、车库的处分情况，人民法院应予支持。关于本案132名业主诉请K公司公布物业专项维修资金的收支账目，根据《深圳经济特区物业管理条例》第九十六条的规定，物业服务企业应当至少每半年公布一次物业专项维修资金收支情况。上述法规自2010年7月1日起适用于扩大后的深圳经济特区，本案涉及的物业在该日期前并非属于原深圳经济特区内，故对本案132名业主要求公布该日期前物业专项维修资金收支情况的诉请，无法律依据，法院不予支持，理由如下：根据《物业管理条例》第五十四条的规定，专项维修资金收取、使用、管理的办法由国务院建设主管部门会同国务院财政部门制定。根据财政部和建设部联合发布的《住宅专项维修资金管理办法》第十条、第十五条、第十六条、第三十条的规定，在业主大会成立之前，维修资金的代管单位是物业所在地直辖市、市、县人民政府建设房地产主管部门；在业主大会成立之后，维修资金的代管单位将专项维修资金账面余额转至业主大会开立的专项维修资金账户，并将有关账目等移交业主委员会；直辖市、市、县人民政府建设（房地产）主管部门，负责管理公有住房住宅专项维修资金的部门及业主委员会应当每年至少一次与专户管理银行核对住宅专项维修资金账目，并向业主公布。根据以上规定，2010年7月1日前的物业专项维修资金收益使用情况的公布法定义务主体并非物业服务企业，2010年7月1日以后物业服务企业才有义务公布该项收支项目。关于本案132名业主诉请K公司公布某某苑小区公共广告位、停车场、为社区配套的经营场所等共有部分被出租和使用的收益及支出的财务账目，一审法院认为，由于物业服务企业是物业服务合同的缔约主体，是利用业主共有部分经营的主体，因此本案132名业主诉请的此类事项的公布义务主体是K公司。关于应当公布的收益范围，经原审法院查明，停车场（露天停车场、地下停车场）、会所（二楼）、游泳池、华程超市、药店、小店（会所楼下三家、小区大门口一家、“优越”便利店）等目前均由K公司在出租收益，K公司亦确认上述收益均列入了公共收益账户当中，故上述范围的收支状况应属于本案132名业主知情权的范围，对上述范围的具体产权，原审法院在本案中暂不予处理。关于某某苑范围内的立体车库的管理和使用权属于某置业（深圳）有限公司，该事实已由生效裁判文书予以认定，本案132名业主要求公布该部分的收支账目，无事实和法律依据，法院不予支持。关于K公司应公布物业专项维修资金和公用部分收支账目的时间范围，K公司提起了诉讼时效的抗辩，原审法院认为，除法律另有规定外，当事人向人民法院请求保护民事权利的普通诉讼时效期间为二年。根据K公司与业委会签订的《某某苑物业服务合同》第十五条的约定，K公司应每三个月向全体业主张榜公布一次管理费收支账目和公布一次物业专项维修资金的使用情况。结合本案132名业主的起诉时间（2013年7月1日），原审法院认定K公司应公布的时间范围应从2011年4月1日开始。一审法院判决如下：（1）K公司应于本判决生效之日起30日内公布2011年4月1日～2012年12月31日期间的包括广告位、地下和地面停车场、会所一楼和二楼、超市、商店等某某苑小区内经营场所的公共收益、支出的财务账目，将上述账目张贴于某某苑小区公告栏内，公布时间不得少于30日；（2）K物业服务企业应于本判决生效之日起30日内公布2011年4月1日～2012年12月31日期间的关于某某苑小区物业专项维修资金的收支财务账目，将上述账目张贴于某某苑小区公告栏内，公布时间不得少于30日；（3）驳回本案132名业主的其他诉讼请求。

二审法院审理认为，原审法院认定事实不清，适用法律错误，本法院依法予以纠正。依照《中华人民共和国物权法》第七十九条、《最高人民法院关于审理建筑物区分所有权纠纷案件具体应用法律若干问题的解释》第十三条第（一）项、第（三）项、《物业管理条例》第六条、《中华人民共和国民事诉讼法》第六十四条第一款、第一百七十条第一款第（二）项之规定，终审判决如下：（1）撤销一审判决第三项；（2）变更一审判决第一项为：深圳市K物业服务有限公司应于本判决生效之日起30日内公布2005年1月1日～2012年12月31日期间的包括广告位、地下和地面停车场、会所一楼和二楼、超市、商店等某某苑小区内经营场所的公共收益、支出的财务账目，将上述账目张贴于某某苑小区公告栏内，公布时间不得少于30日；（3）变更一审判决第二项为：深圳市K物业服务有限公司应于本判决生效之日起30日内公布2005年1月1

日～2012年12月31日期间的关于某某苑小区物业专项维修资金的收支财务账目，将上述账目张贴于某某苑小区公告栏内，公布时间不得少于30日；（4）驳回王某等132名业主的其他诉讼请求。

法条链接

《中华人民共和国物权法》

第七十九条　建筑物及其附属设施的维修资金，属于业主共有。经业主共同决定，可以用于电梯、水箱等共有部分的维修。维修资金的筹集、使用情况应当公布。

《中华人民共和国民法通则》

第一百三十五条　向人民法院请求保护民事权利的诉讼时效期间为二年，法律另有规定的除外。

《最高人民法院关于审理民事案件适用诉讼时效制度若干问题的规定》

第一条　当事人可以对债权请求权提出诉讼时效抗辩，但对下列债权请求权提出诉讼时效抗辩的，人民法院不予支持：

（一）支付存款本金及利息请求权；

（二）兑付国债、金融债券以及向不特定对象发行的企业债券本息请求权；

（三）基于投资关系产生的缴付出资请求权；

（四）其他依法不适用诉讼时效规定的债权请求权。

最高人民法院《关于审理建筑物区分所有权纠纷案件具体应用法律若干问题的解释》

第十三条　业主请求公布、查阅下列应当向业主公开的情况和资料的，人民法院应予支持：

（一）建筑物及其附属设施的维修资金的筹集、使用情况；

（二）管理规约、业主大会议事规则，以及业主大会或者业主委员会的决定及会议记录；

（三）物业服务合同、共有部分的使用和收益情况；

（四）建筑区划内规划用于停放汽车的车位、车库的处分情况；

（五）其他应当向业主公开的情况和资料。

《深圳经济特区物业管理条例》

第三十八条 业主委员会有下列情形之一的，由区主管部门责令限期改正；逾期未改正的，由区主管部门决定予以解散：

（一）违反法律、法规规定，严重侵害业主合法权益；

（二）违反法律、法规规定，严重影响社区安定及公共秩序；

（三）不按规定履行业主委员会职责，情节严重。

区主管部门解散业主委员会的，应当通知物业所在地街道办事处依法组织召开业主大会会议，选举产生新一届业主委员会。

第九十六条 物业服务企业应当至少每半年公布一次物业专项维修资金收支情况。

《住宅专项维修资金管理办法》

第十条 业主大会成立前，商品住宅业主、非住宅业主交存的住宅专项维修资金，由物业所在地直辖市、市、县人民政府建设（房地产）主管部门代管。

直辖市、市、县人民政府建设（房地产）主管部门应当委托所在地一家商业银行，作为本行政区域内住宅专项维修资金的专户管理银行，并在专户管理银行开立住宅专项维修资金专户。

开立住宅专项维修资金专户，应当以物业管理区域为单位设账，按房屋户门号设分户账；未划定物业管理区域的，以幢为单位设账，按房屋户门号设分户账。

第十五条 业主大会成立后，应当按照下列规定划转业主交存的住宅专项维修资金。

（一）业主大会应当委托所在地一家商业银行作为本物业管理区域内住宅专项维修资金的专户管理银行，并在专户管理银行开立住宅专项维修资金专户。

开立住宅专项维修资金专户，应当以物业管理区域为单位设账，按房屋户门号设分户账。

（二）业主委员会应当通知所在地直辖市、市、县人民政府建设（房地产）主管部门；涉及已售公有住房的，应当通知负责管理公有住房住宅专项维修资金的部门。

（三）直辖市、市、县人民政府建设（房地产）主管部门或者负责管理公有住房住宅专项维修资金的部门应当在收到通知之日起30日内，通知专户管理银行将该物业管理区域内业主交存的住宅专项维修资金账面余额划转至业主大会开立的住宅专项维修资金账户，并将有关账目等移交业主委员会。

第十六条 住宅专项维修资金划转后的账目管理单位，由业主大会决定。业主大会应当建立住宅专项维修资金管理制度。

业主大会开立的住宅专项维修资金账户，应当接受所在地直辖市、市、县人民政府建设（房地产）主管部门的监督。

第三十条 直辖市、市、县人民政府建设（房地产）主管部门，负责管理公有住房住宅专项维修资金的部门及业主委员会，应当每年至少一次与专户管理银行核对住宅专项维修资金账目，并向业主、公有住房售房单位公布下列情况：

（一）住宅专项维修资金交存、使用、增值收益和结存的总额；

（二）发生列支的项目、费用和分摊情况；

（三）业主、公有住房售房单位分户账中住宅专项维修资金交存、使用、增值收益和结存的金额；

（四）其他有关住宅专项维修资金使用和管理的情况。

业主、公有住房售房单位对公布的情况有异议的，可以要求复核。

【案例评析】

业主知情权是否受诉讼时效的限制？

本案中，一审与二审判决的争议焦点为：业主知情权是否受诉讼时效的限制。根据《中华人民共和国物权法》的规定，业主知情权基于对建筑物专有部分的所有权和对共有部分的共有和共同管理权而取得，指业主了解建筑区划内涉及业主共有权以及管理权相关事项的权利，是业主对共有部分行使管理权的必要组成部分。根据《最高人民法院关于审理民事案件适用诉讼时效制度若干问题的规定》的规定，当事人可以对债权请求权提出诉讼时效抗辩，一审法院认为本案属于物业服务合同纠纷，而合同约定的权利义务是属于债权。但是业主知情权基于业主所有权人地位取得并享有的固有权利，并非债权请求权，不适用诉讼时效的规定，一审判决适用法律错误。业主要求物业服务企业报告专项维修资金收支账目，这也是基于业主的物权及相关权利为前提。如果将业主的物权等同于普通债权适用时效，就会得出十分荒唐的结论。关于小区公用配套设施设备的收益，其所有权也是全体业主，物业服务企业只是受业主的委托进行经营管理。业主要求物业服务企业报告小区公共收益及支出，也是行使物权的表现，不能适用普通的时效。如果适用时效，两年以前的收益不能查询，同样意味着业主的物权（所有权及其收益权）没有法律保障。一审法院的此项判决，相当于将业主的完整所有权（收益权）人为分割为“分阶段所有权（收益权）”，或叫“时效所有权”。如果作为权利人的业主只能查询近两年收支账目，似乎意味着两年前的所有收支账目就可以成为经手人不能公开的秘密了。显然，一审判决关于此项争议适用时效的逻辑推理难以自圆其说。综上，一审法院对业主的维修资金和小区公共收益知情权适用时效的判决，与《中华人民共和国物权法》及《物业管理条例》等相关法律法规相违背。如果这种判例合法化，则物业服务企业会利用一切手段拖延业主的监督，拒不报告委托事项，只要拖过两年就能躲避监督，可将业主的财产和资金据为已有或随意支配，反正没有谁可以监督了。如果能开此先例，同样业主也没有必要及时交纳维修资金，只要利用一切手段拖延交纳，超过两年就万事大吉了，且业主拒交维修资金的法理更充分。

值得注意的是，小区业主公共收益及业主日常交纳的维修资金，均是构成业主公共设施维修更新改造的主要资金来源，如果因受时效的限制，两年前的业主公共收益不能过问，两年以前业主所欠的维修资金也可不交，则小区业主公共设施维修及更新改造的资金来源就无法律保障。另外，因受时效期限的约束，为了在时效内及时行使权利，业主不得不每两年起诉物业服务企业报告小区公共收益及维修资金情况，物业服务企业不得不每两年起诉业主催交日常维修资金及管理等费用。这样小区的物业服务公司和业主就会长年累月纠缠在无止境的官司诉讼中，这种表面上的及时维权，实则是在强化双方的敌意状态，不利于构建双方和谐稳定的社区环境。它不是在调和化解矛盾和冲突，息纷止争，而是挑起纷争，激化业主与物业管理公司之间的矛盾和冲突。小区和谐的根源，就是要提倡权力制衡，平衡业主与物业服务企业之间的关系。如果小区的业主对物业服务企业的行为不能充分进行监督制约，双方地位不平衡，何来制衡？本案中一审判决限制了业主的物权及监督权，就等于违法不适当强化了物业服务企业的反监督权控制权，使小区矛盾进一步升级。因此，为了维护业主与物业服务企业的合法权益，公布小区全体业主的公共收益及专项维修资金不应受到时效限制。

第7章

物业资源经营篇

本章综述

物业管理资源经营是指对物业管理企业有形和无形资源、物业资源和业主资源进行经营直接创造价值，帮助企业带来经营收益，是对物业管理主业经营的有效补充。在市场经济条件下，物业管理企业通过提供多种经营获得合法经营收入，然而在企业经营的过程中却面临诸多的经营风险。那么，如何规避经营风险应成为企业亟需关注的话题。

本章精选了部分物业管理资源经营方面的法律纠纷典型案例，分别涉及小区共有区域经营、小区共用车位费用催缴、小区设备维修费催缴、争议房屋物业管理费收取、“空置房”、地下室房屋以及架空层等物业管理费用催缴、小区共有部分收益分配等各种利益纠纷。通过对这些典型案例的深入分析和解读，以帮助物业管理企业了解经营风险，正确处理企业经营纠纷，从而有效维护自己的合法权益。

7.1 如何界定和分配业主共有部分收益

【案情介绍】

2002年11月25日，上海甲物业服务企业管理有限公司（从下简称“甲物业服务企业”）与无锡市某花园住宅小区的开发商无锡乙房地产开发有限责任公司（以下简称“乙开发公司”）签订前期物业管理委托合同一份，约定乙开发公司委托甲物业服务企业对春江花园进行物业管理，管理期限为 2002年11月25日起至某花园小区业委会成立时止。合同成立后，甲物业服务企业对某花园实施物业管理。2007年12月22日，小区A业主委员会（以下简称“业委会”）依法成立。2008年6月21日，业委会根据某花园业主大会作出的业主自治决议，致函物业服务企业，明确不再与其签订物业管理合同，并要求物业服务企业及时办理移交。2008年7月17日，物业服务企业即派员与业委会正式办理移交，并签订了移交清单一份，明确物业服务企业应向业委会移交的物业管理费等费用总额为2327931.87元，其中小区共有部分收益结算的期间为2008年1月～6月。业委会经审查物业服务企业移交的资料发现，无锡分公司在2004～2007年间，收取了小区共有部分收入 5967370.31元未列入移交。为维护全体业主的利益，遂诉至法院，要求物业服务企业和无锡分公司立即返还移交清单确认的2327931.87元中的2273872.32元（差额部分54059.55元为双方协议订立后业委会认可应返还给物业服务企业部分），及2004～2007年共有部分收益的70%即 4177159.22元，两项合计6451031.54元。

甲物业服务企业辩称：2002年11月25日，甲物业服务企业与乙开发公司协商签订前期物业管理合同，并实施对某花园的物业管理属实。在业委会成立后，双方已陆续办理了资料等的移交，并通过结算，于2008年7月 17日订立移交清单，该清单明确截止到 2008年6月30日，甲物业服务企业应结算给业委会的款项总额为2327931.87元。这是双方对实施前期物业管理期间的总结算，是对应当移交给业委会所有资料和财产的一揽子处理方案。移交清单第十条也明确："双方约定，在各自管理期限内的应由各自承担的收入、支出由各自承担。"依据该约定可以看出，双方之间已经全部解决了所有争议，故现业委会的诉讼请求，超出了双方协议的范围，其超出部分的诉讼主张，不应得到法院的支持。根据协议，物业服务企业、无锡分公司应当移交给业委会的款项总额为2327931.87元，扣除业委会诉讼请求中已认可给物业服务企业的54059.55元，现已实际支付了1857995.72元，故尚需移交业委会415876.6元。对该部分款项，同意及时移交。

甲物业服务企业认为，即使移交清单未包括2004年至2007年的共有部分收益，原告业委会的诉讼请求也无事实和法律依据，应予驳回。主要理由是：根据相关法规和地方性规章，该共有部分的收入应首先去除成本计算出收益，对该收益应当首先弥补物业服务企业的管理成本，超出部分还应当保证物业服务企业8%的利润，在此之后如还存余额的，才能按照一定的比例由物业管理企业和业主共享。就本案而言，物业服务企业和无锡分公司对某花园的管理，本来就是微利，根本达不到8%的利润额，故对2004～2007年某花园业主共有部分管理所得，在按照上述方法计算后，已经不存在可分配利润。此外，因小区部分业主尚结欠2008年6月 30日之前的物业管理费131万元，而业委会系全体业主的代表，故要求对该部分欠款行使抵销权，从物业服务企业应向业委会移交的款项中扣除。

【焦点问题】

1．2008年7月17日双方移交协议是否已包含了所有结算事项，是否包含2004年～2007年业主共有部分的共有部分收益？

2．2004～2007年业主共有部分收益的界定和分配问题？

3．甲物业服务企业能否对部分业主结欠的物业管理费行使抵销权？

【法院判决】

无锡市锡山区人民法院判决如下：

1. 被告物业服务企业、无锡分公司共同于本判决生效后三日内返还原告业委会3315668.03元。

2. 驳回原告业委会的其他诉讼请求。

法条链接

《中华人民共和国物权法》

第七十条 业主对建筑物内的住宅、经营性用房等专有部分享有所有权，对专有部分以外的共有部分享有共有和共同管理的权利。

第七十三条 建筑区划内的道路，属于业主共有，但属于城镇公共道路的除外。建筑区划内的绿地，属于业主共有，但属于城镇公共绿地或者明示属于个人的除外。建筑区划内的其他公共场所、公用设施和物业服务用房，属于业主共有。

第七十四条 建筑区划内，规划用于停放汽车的车位、车库应当首先满足业主的需要。

第七十九条 建筑物及其附属设施的维修资金，属于业主共有。经业主共同决定，可以用于电梯、水箱等共有部分的维修。维修资金的筹集、使用情况应当公布。

建筑区划内，规划用于停放汽车的车位、车库的归属，由当事人通过出售、附赠或者出租等方式约定。

占用业主共有的道路或者其他场地用于停放汽车的车位，属于业主共有。

《中华人民共和国民事诉讼法》（2012年修正）

第六十四条 当事人对自己提出的主张，有责任提供证据。

当事人及其诉讼代理人因客观原因不能自行收集的证据，或者人民法院认为审理案件需要的证据，人民法院应当调查收集。

人民法院应当按照法定程序，全面地、客观地审查核实证据。

第六十五条 当事人对自己提出的主张应当及时提供证据。

人民法院根据当事人的主张和案件审理情况，确定当事人应当提供的证据及其期限。当事人在该期限内提供证据确有困难的，可以向人民法院申请延长期限，人民法院根据当事人的申请适当延长。当事人逾期提供证据的，人民法院应当责令其说明理由；拒不说明理由或者理由不成立的，人民法院根据不同情形可以不予采纳该证据，或者采纳该证据但予以训诫、罚款。

《物业管理条例》（2007年修订）

第五十四条 住宅物业、住宅小区内的非住宅物业或者与单幢住宅楼结构相连的非住宅物业的业主，应当按照国家有关规定交纳专项维修资金。

专项维修资金属于业主所有，专项用于物业保修期满后物业共用部位、共用设施设备的维修和更新、改造，不得挪作他用。

专项维修资金收取、使用、管理的办法由国务院建设行政主管部门会同国务院财政部门制定。

第五十五条 利用物业共用部位、共用设施设备进行经营的，应当在征得相关业主、业主大会、物业服务企业的同意后，按照规定办理有关手续。业主所得收益应当主要用于补充专项维修资金，也可以按照业主大会的决定使用。

《中华人民共和国合同法》

第九十九条 当事人互负到期债务，该债务的标的物种类、品质相同的，任何一方可以将自己的债务与对方的债务抵销，但依照法律规定或者按照合同性质不得抵销的除外。

当事人主张抵销的，应当通知对方。通知自到达对方时生效。抵销不得附条件或者附期限。

【案例评析】

1．2008年7月17日双方移交协议是否已包含了所有结算事项，是否包含2004～2007年业主共有部分的共有部分收益?

笔者认为，2008年7月17日的移交协议系双方真实意思的表示，该协议对甲物业服务企业2008年度实施管理期间应当返还给原告业委会的款项以及在整个前期物业管理期间代管的业主押金等事项和交付时间均作出了详细的规定。根据该协议记载，甲物业服务企业应当返还业委会的款项为2327931.87元。但值得注意的是，该协议对

2004～2007年间，物业服务企业、被告无锡分公司实施业主共有部分物业管理的收益没有具体记载，而该部分收益依据甲物业服务企业的财务报表数目相差巨大。甲物业服务企业在本案审理中将该协议第十条“双方约定，在各自管理期限内的应由各自承担的收入、支出由各自承担”解释为：通过签订该条款，双方就移交内容作出了一揽子解决，已经不存在其他纠葛，即使还有纠纷，双方也应各自承受，而不应向对方主张。而业委会则认为，该条款仅表明对清单列明的移交内容不再存在纠葛，并不表明其已经放弃了共有部分收益的分配请求权。笔者认为，双方的移交协议，明确移交的是2008年1月～6月的共有部分收益，而协议第十条内容，也无法理解为业委会对 2008年前春江花园业主共有部分收益作出放弃的意思表示。故该协议应为一个不完全的移交协议，没有将2004～2007年共有部分收益纳入其中。且依据甲物业服务企业的报表记载，2004～2007年共有部分收益数目巨大，业委会作为代表全体业主行使权利的组织，其权限来自于业主大会的授权，在没有全体业主授权的情形下，其不能以自己的意志对业主的重大权利作出放弃，即使作出放弃的意思表示，该行为也为无效民事行为。据此我们可以认为，2004～2007年共有部分物业的收益，在上述移交协议中没有得到体现，该部分收益应当在甲物业服务企业和全体业主之间依法分配。

2. 2004年～2007年业主共有部分收益的界定和分配问题?

本案中所谓共有部分的物业管理收益应为共有部分收入与成本支出的差额，双方在本案审理中已经达成一致，即 2004～2007年某花园小区业主共有部分的收入和支出以甲物业服务企业的报表为准。2005～2007年小区业主共有部分的总收入为5368050.32元，期间的总支出为1225491.14元，因此总收益为4142559.18元。对于业委会主张的2004年的收益，因其提供的报表对该收益无法判断，双方对该年度共有部分的收益也无法统一，业委会作为主张权利方对此负有举证义务，应当对其举证不能承担不利后果，因此该诉讼请求不会得到法院支持。关于收益的分配，共有人对共有物享有收益权，这是一项法定权利。对该部分的收益分配，全体业主和物业管理企业可以通过合同约定进行分配，在没有约定的情形下，应当依法分配。本案中双方对该部分收益的分配没有合同根据，故应当按照法律规定进行分配。由于我国法律对此没有具体规定，故法院认为应当在不违反法律原则的前提下，公平合理分配共有部分物业的管理收益。物业管理有其特殊性，物业管理企业在实施物业管理期间其服务的对象为小区业主，而其对共有部分进行管理时业主并不给予报酬。如物业管理企业付出管理成本后不能获得经济回报，这对物业管理企业是不公平的。同时，小区共有部分作为小区全体业主的共有物，全体业主才是该物的所有权人，如果在收益分配上排除业主的权利，显而易见，这有悖法律原则。据此，在存有小区共有部分管理收益的情形下，该收益应主要归属于全体业主享有，同时物管企业付出了管理成本，也应享有合理的回报。在审理的过程中经双方自行协商确定的2008年上半年共有部分收益的分配方案，即业主得七成，物业管理企业得三成。因此对于本案对共有部分收益分配的比例，确定为业委会得70％、甲物业服务企业得30％较为合理。

3. 甲物业服务企业能否对部分业主结欠的物业管理费行使抵销权?

根据《中华人民共和国合同法》第九十九条规定:“当事人互负到期债务，该债务的标的物种类、品质相同的，任何一方可以将自己的债务与对方的债务抵销，但依照法律规定或者按照合同性质不得抵销的除外。”根据该规定，要进行债务抵销，当事人之间应当互负债务，互享债权。本案中诉讼的双方当事人为业委会和甲物业服务企业，而结欠物业管理费的为部分业主，为单个的主体。业委会系代表小区全体业主提起诉讼，虽然包括了该部分欠费业主，但两者有本质的区别。因此，双方债权债务主体不同，不符合法定抵销的规定，不能予以抵销。

7.2 开发公司是否需要缴纳地下层房屋物业管理费

【案情介绍】

2001年6月，上诉人北京某物业管理有限公司（以下简称“乙物业服务企业”）与被上诉人北京市某房地产开发有限责任公司（以下简称“甲开发公司”）签订《物业管理委托合同》，约定由乙物业服务企业为甲开发公司开发的位于北京市某危改小区项目提供前期物业管理服务。该小区占地15.86公顷，建筑面积35万m^2。

2004年7月13日，甲开发公司作为甲方与乙方乙物业服务企业就某小区17号院7号楼、9号楼地下二层（以下简称“涉案房屋”）管理一事签订《协议书》，约定:“（1）由于7号楼、9号楼地下室（共计2000m^2）作为甩项验收工程，不具备作人防的条件，现将地下室交由乙方进行管理;（2）乙方作为该地下室的管理方，应做好该地下室防火等安全工作，在管理期间不得有人员伤亡事故，若发生上述事故由乙方全权负责;（3）鉴于乙方管理该地下室，需要投入大量的人力资源，甲方应向乙方支付管理费:每日每平方米0.18元;（4）支付方式:甲方现致力于滚动开发项目，短期内资金周转不开，乙方同意该地下室的管理费每八年结算一次;（5）管理期限:自本协议签订之日至上述地下室交付给人防办之日止;（6）本协议一式二份，自双方盖章之日起生效。”

该合同落款处盖有双方合同专用章。

2014年1月，乙物业服务企业因甲开发公司一直未结算上述涉案房屋管理费用，且多次协商未果，将甲开发公司起诉至北京市西城区人民法院，要求甲开发公司向其支付自2004年7月13日～2013年7月12日的涉案房屋管理费1182960元，并承担本案诉讼费。

甲开发公司则辩称：涉案房屋是人防工程，至今为封闭状态，无人管理，也没有经过测绘。乙物业服务企业主张面积为2000m^2，没有依据。双方于2004年7月13日签订了协议，但未履行。涉案房屋被乙物业服务企业私自占有并出租，该协议应为可撤销合同，故不同意其诉讼请求。

2014年12月，北京市西城区人民法院以缺乏事实依据为由驳回乙物业服务企业的诉讼请求。乙物业服务企业不服，以原审法院认定事实不清为由上诉至北京市第二中级人民法院。

二审中，乙物业服务企业辩称其对涉案房屋管理服务的项目包括：供电、供水、治安、防火及卫生等，并当庭提交消防设施检查记录本（2012年2月～2015年2月初，多数无检查人签字）和消防检查记录本（2010年11月～2012年2月），证实其对涉案房屋进行了管理。

甲开发公司则认为：乙物业服务企业原是其下属公司，负责销售某小区的房屋以及对该小区提供物业管理服务，当时持有其合同专用章，乙物业服务企业所持《协议书》是先盖章，后书写的协议内容，故是假合同。其次，该公司未将地下室交付乙物业服务企业管理，而是乙物业服务企业占用涉案房屋，并私自出租受益。该公司提供了涉案房屋出租的照片及乙物业服务企业签署的《房屋租赁协议》。第三，乙物业服务企业提交的消防设施检查记录本（2012年2月～2015年2月初，多数无检查人签字）和消防检查记录本（2010年11月～2012年2月）不属于新证据，对其真实性不予认可。2015年3月，北京市第二中级人民法院判决驳回上诉，维持原判。

【焦点问题】

1．本案中，涉案房屋管理《协议书》是否有效？

2．本案中，乙物业服务企业是否履行了协议义务？

【法院判决】

一审法院认为：依法成立的合同受法律保护，当事人应当按照约定履行自己的义务。双方签订的《协议书》系双方自愿订立，未违反法律法规的强制性规定，系有效合同。甲开发公司对《协议书》的真实性提出异议，主张该《协议书》系先盖章后书写协议内容，因未提供证据，法院对其所述不予采信。当事人互负债务，有先后履行顺序，先履行一方未履行的，后履行一方有权拒绝其履行要求。双方之间虽然存在物业服务合同关系，但乙物业服务企业未提供履行该协议的相关证据，其主张对涉案房屋提供了物业服务，因缺乏证据，法院对此不予采信。甲开发公司拒绝支付物业管理费，理由正当。现乙物业服务企业要求甲开发公司按《协议书》约定支付物业服务费1182960元，缺乏事实依据，法院对其诉讼请求不予支持。

二审法院认为：甲开发公司虽质疑乙物业服务企业提供的《协议书》的真实性，但其并未就其所述提供证据，在现有证据情况下，只能认定双方签订的《协议书》属有效合同。本案系乙物业服务企业基于上述《协议书》的约定向甲开发公司主张涉案房屋管理费，而甲开发公司主张上述《协议书》并未实际履行，乙物业服务企业应就其履行了合同义务负有举证责任。从乙物业服务企业一审提供的证据来看，尚不足以证实其依《协议书》约定对于涉案房屋提供了物业服务，履行了合同义务，其二审期间提供的消防检查记录及消防设施检查记录本，不属于新证据，且其无法证实该记录本的真实性，甲开发公司对于该证据真实性也不予认可，故仅凭上述记录本，法院对乙物业服务企业主张其已针对涉案房屋提供物业服务的事实仍然无法确认，现其要求甲开发公司按《协议书》约定标准支付物业服务费，缺乏事实依据，故法院对其诉讼请求难以支持。综上，一审法院在现有证据情况下，判决驳回其诉讼请求，无明显不当，应予以维持。

法条链接

《中华人民共和国民事诉讼法》(2012修正)

第一百七十条　第二审人民法院对上诉案件，经过审理，按照下列情形，分别处理：

（一）原判决、裁定认定事实清楚，适用法律正确的，以判决、裁定方式驳回上诉，维持原判决、裁定；

（二）原判决、裁定认定事实错误或者适用法律错误的，以判决、裁定方式依法改判、撤销或者变更；

（三）原判决认定基本事实不清的，裁定撤销原判决，发回原审人民法院重审，或者查清事实后改判；

（四）原判决遗漏当事人或者违法缺席判决等严重违反法定程序的，裁定撤销原判决，发回原审人民法院重审。

原审人民法院对发回重审的案件作出判决后，当事人提起上诉的，第二审人民法院不得再次发回重审。

《物业管理条例》（2007年修订）

第四十二条 业主应当根据物业服务合同的约定交纳物业服务费用。业主与物业使用人约定由物业使用人交纳物业服务费用的，从其约定，业主负连带交纳责任。

已竣工但尚未出售或者尚未交给物业买受人的物业，物业服务费用由建设单位交纳。

《中华人民共和国合同法》

第八条 依法成立的合同，对当事人具有法律约束力。当事人应当按照约定履行自己的义务，不得擅自变更或者解除合同。

依法成立的合同，受法律保护。

第六十七条 当事人互负债务，有先后履行顺序，先履行一方未履行的，后履行一方有权拒绝其履行要求。先履行一方履行债务不符合约定的，后履行一方有权拒绝其相应的履行要求。

【案例评析】

本案对于物业管理企业的警示，主要体现在两个方面：

必须强化对企业印章尤其是合同专用章的管理。合同是平等主体的自然人、法人、其他组织之间设立、变更、终止民事权利义务关系的协议。合同一旦由当事人签字盖章，就依法成立且生效，并对当事人具有法律约束力。合同生效后，当事人应当按照约定履行自己的义务，不得擅自变更或者解除合同。当事人对合同效力产生质疑，应通过仲裁机构或人民法院进行认定，而不能单方否认。

本案中，乙物业服务企业提供的《协议书》，就是乙物业服务企业和甲开发公司作为当事人，就某小区17号院7号楼、9号楼地下二层管理一事签订的合同，合同约定的内容明确，有当事人双方的签名盖章，无论内容和形式，都具备了构成一个合法合同所必须的实质要件和形式要件，因而是有效力的。

按照我国《合同法》的规定，要使所签订合同无效，必须符合下列情形之一：

（一）一方以欺诈、胁迫的手段订立合同，损害国家利益；

（二）恶意串通，损害国家、集体或者第三人利益；

（三）以合法形式掩盖非法目的；

（四）损害社会公共利益；

（五）违反法律、行政法规的强制性规定。

从本案所查明的事实看，乙物业服务企业提供的《协议书》，并不具备使其无效的上述情形之一，因而无论一审法院还是二审法院都肯定《协议书》的效力，是非常正确的。

甲开发公司虽然认为乙物业服务企业利用原是其下属公司的身份，在负责销售某小区的房屋以及对该小区提供物业管理服务时，因持有其合同专用章，故《协议书》实质是先盖章，后书写的伪造合同，但却提不出强有力的证据加以证明这一事实，因而要否定《协议书》的效力，非常困难。

这就启示物业管理企业，必须加强对企业法人章及合同专用章的日常管理。企业所有印章，必须专人管理。对外用章或将印章借用给下属企业，必须经过严格的审批程序，否则后患无穷。

必须强化企业管理人员的证据保存意识。物业管理表面上是对财产的管理，但由于财产有法律赋予的使用权，因而实质上是对与财产对应的人的管理。现实中，由于物业管理企业与业主之间并非简单的管理关系，更重要体现为一种服务关系，物业管理企业的收入来源，主要是依靠业主支付的管理费维持的，物业管理企业一旦服务令业主不满意，轻则无法收到管理费，重则可能被业主启动业主大会议事程序，从而将其合法的驱除出去。故物业管理企业在进行管理时，要时时不忘“保护”自己，而“保护”自己最佳的手段，就是强化证据意识，从而保证自己的合法权益受损时，能通过法律手段解决问题。

按照我国《民事诉讼法》的有关规定，当事人对自己的主张负有举证证明的义务，否则承担不利的法律后果。这就是法律上的“谁主张，谁举证”原则。本案中，尽管法院判决结果以乙物业服务企业败诉告终，但在举证方面，乙物业服务企业也好，甲开发公司也好，都“输”了。乙物业服务企业提供的“消防检查记录及消防设施检查记录本”证据，不但本身有瑕疵，且证据单一，无法形成证据链相互印证，因而也无法证明其对涉案房屋进行了有效管理，即无法证明其履行了协议的义务；甲开发公司尽管认为《协议书》是伪造的，但也没有提供证据加以证明。故无论一审二审法院，对其主张，都不予采信。如果有一家可以举证，且提供的证据合法有力，那本案的判决可能就是另外一种结果了。

所以，对物业管理企业而言，强化工作人员的证据意识，加强对服务全过程的风险控制，非常重要。

7.3 小区停车费收益能否抵充物业管理费

【案情介绍】

2002年9月19日，上海某房地产开发有限公司与上海某物业管理有限公司（以下简称上海甲物业服务企业）签订《前期物业管理服务合同》一份，约定：上海某房地产有限公司将上海市“A公寓”委托上海甲物业服务企业实行物业管理，期限从2002年12月1日～2004年11月30日。2003年6月13日，上海某置业建设有限公司与上海甲物业服务企业签订《前期物业管理服务合同》一份，约定：上海某职业建设有限公司将上海市“B公寓”委托上海甲物业服务企业实行物业管理，期限从2003年5月12日～2005年5月11日。上述两份合同约定的期限届满后，上海甲物业服务企业仍对上述物业进行管理，直至2008年8月31日撤离上述管理小区。

2003年6月，上海甲物业服务企业向当地物价局提交两份《上海市商品住宅物业管理服务收费申报、备案审核表》，审核表确定：某公寓露天停车月每辆车人民币（以下币种均为人民币）150元、地下停车月每辆车350元，将该项收入盈余纳入修缮基金；某公寓机械升降车位月每辆车300元、已出售车位管理费月每辆车80元。

2008年6月3日，某公寓第一业主大会（选举产生B业主委员会）设立并备案登记。根据物业合同约定，上海甲物业服务企业收物业管理费为月每平方米0.90元、设备运行费月每平方米0.55元。B业主委员会成立后，经查发现上海甲物业服务企业收取的设备运行费一直未按实结算，上海甲物业服务企业收取的小区广告收益及公共区域内的停车费也一直未退还给B业主委员会。

2008年8月，B业主委员会将上海甲物业服务企业告到上海市杨浦区人民法院，请求判令上海甲物业服务企业退还停车费、广告费200000元；双倍运行费100000元。

上海甲物业服务企业辩称：上海甲物业服务企业经过核算，同意将在管理小区期间收取的广告费和结余的设备运行费返还给B业主委员会。多年来，上海甲物业服务企业按照向物价局备案的标准收取物业管理费，由于在管理小区期间，部分小区业主拒付物业管理费，造成上海甲物业服务企业实际亏损。上海甲物业服务企业将收取的停车费冲抵亏损，而且，上海甲物业服务企业收取的停车费没有B业主委员会所述这么多。

一审中，上海甲物业服务企业表示在对物业小区管理期间，广告经营费结余23636.90元、设备运行费结余11589.97元，此两项款项同意退还给B业主委员会。对此，B业主委员会表示无异议。关于停车费（含机械升降停车费）事宜，B业主委员会表示在上海甲物业服务企业物业管理期间，上海甲物业服务企业按照月每辆车300元标准向业主收取停车费，上海甲物业服务企业在2005年、2006年、2007上半年收取的停车费为95250元、79400元、40800元，尚不包括临时停车费。上海甲物业服务企业则表示地面停车费是按照月每辆车150元标准向业主收取，从2004年至2008年累计收取地面停车费35200元，机械停车费85480元，临时停车费141275元。

上海甲物业服务企业不服，上诉到上海市第二中级人民法院，坚持其在一审中的抗辩理由，要求改判驳回B业主委员会主张返还停车费的诉请。B业主委员会则表示服从原判，但考虑到本案的实际情况，现要求上海甲物业服务企业返还16万元停车费。

2010年4月上海市第二中级人民法院判决：维持一审民事判决第一、二项；变更一审民事判决第三项为上海甲物业服务企业向B业主委员会返还停车费160000元。

【焦点问题】

1．物业服务企业收取的小区广告收益及公共区域内的停车费应否退还业委会？

2．物业服务企业能否将收取的停车费冲抵亏损？

【法院判决】

一审法院认为：上海甲物业服务企业受托对B业主委员会所在住宅小区进行前期物业管理。在管理期间，上海甲物业服务企业向小区业主按月收取地面车位（含机械升降车位）停车费。上海甲物业服务企业收取的上述费用应归小区业主共有。现上海甲物业服务企业认为，在物业管理期间，部分业主拒缴物业管理费，造成上海甲物业服务企业经营亏损，上海甲物业服务企业将停车费冲抵了该亏损，停车费没有盈余。现上海甲物业服务企业未积极向欠费业主追索物业管理费，而将收取的停车费冲抵该部分欠费，据此主张停车费无盈余，缺乏依据，不予采信。现综合考虑双方当事人各自陈述的停车费收入情况，兼顾上海甲物业服务企业在管理B业主委员会小区期间相关支出，酌情确定上海甲物业服务企业应向B业主委员会返还的停车费。关于B业主委员会主张的广告经营结余款、设备运行结余款，上海甲物业服务企业愿意返还，B业主委员会亦无异议，予以准许。一审法院判决：上海甲物业服务企业应返还B业委员会广告经营盈余款23636.90元，设备运行费的结余款11589.97元，停车费180000元。

二审法院认为，上海甲物业服务企业作为B业主委员会所在小区的前期物业管理单位，有权收取停车费，但根据相关法律法规规定，该费用应归全体业主共有。上海甲物业服务企业称将该费用抵充了其在物业管理费中的不足而无法返还，缺乏依据，一审法院根据本案实际情况，判令上海甲物业服务企业返还B业主委员会18万元停车费并无不妥，现B业主委员会自愿降低诉请数额，要求上海甲物业服务企业返还16万元，系其对自己权利的处分，可予准许。据此，依据《中华人民共和国民事诉讼法》第一百五十三条之规定，判决如下：（1）维持一审判决第一、二项；（2）变更一审判决第三项为上海甲物业管理有限公司应于本判决生效之日起十日内向上海B业主委员会返还停车费160000元。

法条链接

《物业管理条例》（2007年修订）

第四十一条 物业服务收费应当遵循合理、公开以及费用与服务水平相适应的原则，区别不同物业的性质和特点，由业主和物业服务企业按照国务院价格主管部门会同国务院建设行政主管部门制定的物业服务收费办法，在物业服务合同中约定。

第五十五条 利用物业共用部位、共用设施设备进行经营的，应当在征得相关业主、业主大会、物业服务企业的同意后，按照规定办理有关手续。业主所得收益应当主要用于补充专项维修资金，也可以按照业主大会的决定使用。

《中华人民共和国合同法》

第九十九条 当事人互负到期债务，该债务的标的物种类、品质相同的，任何一方可以将自己的债务与对方的债务抵销，但依照法律规定或者按照合同性质不得抵销的除外。

当事人主张抵销的，应当通知对方。通知自到达对方时生效。抵销不得附条件或者附期限。

【案例评析】

1．物业服务企业收取的小区广告收益及公共区域内的停车费应否退还业委会?

物业管理费是物业服务企业依据物业服务合同为物业使用人或所有人提供物业管

理服务，物业管理使用人或所有人依据物业服务合同应当付出的费用。

物业服务企业的收费标准根据实际情况确定。不同服务项目收费标准不同。一些服务项目的收费标准由物业服务企业与业委会商议而定；一些服务项目的收费标准必须按政府有关部门的规定执行。在具体收取物业管理费时，一些项目是一次性收费，一些项目则是定期收取，还有一些项目的收取方式较为灵活。

物业管理费的收取标准必须符合一定的原则。《物业管理条例》第四十一条规定：物业服务收费应当遵循合理、公开以及费用与服务水平相适应的原则，区别不同物业的性质和特点，由业主和物业服务企业按照国务院价格主管部门会同国务院建设行政主管部门制定的物业服务收费办法，在物业服务合同中约定。上述规定可归纳为：首先它要符合国家和政府有关规定，其次要照顾到业主的可承受度，第三要优质优价，第四要符合微利原则。

根据《物业管理条例》第五十五条规定：利用物业共用部位、共用设施设备进行经营的，应当在征得相关业主、业主大会、物业服务企业的同意后，按照规定办理有关手续。业主所得收益应当主要用于补充专项维修资金，也可以按照业主大会的决定使用。本案中，上海甲物业服务企业收取的广告收益、公共区域内的停车费及设备运行费等都经过物价局备案登记，其收费标准符合上述规定。但这些收益主要用于补充专项维修资金，而专项维修资金属于业主所有，专项用于物业保修期满后物业共用部位、共用设施设备的维修和更新、改造，不得挪作他用。故上海甲物业服务企业撤离时，理当将这部分费用移交B业主委员会。

2. 物业服务企业能否将收取的停车费冲抵了亏损?

本案中，上海甲物业服务企业认为，在物业管理期间，部分业主拒缴物业管理费，造成上海甲物业服务企业经营亏损，上海甲物业服务企业不得不将停车费冲抵了该亏损。该说法无法成立。

首先，个别业主欠费不能追缴的风险应由物业服务企业承担，而不能由全体业主承担。追缴欠费的权利主体是物业服务企业，诉讼主体亦为物业服务企业。而业委会对个别业主的欠费行为仅仅只能履行催告、督促的职责。

其次，停车费不能与亏损抵销。我国《合同法》第九十九条规定，当事人互负到期债务，该债务的标的物种类、品质相同的，任何一方可以将自己的债务与对方的债务抵销，但依照法律规定或者按照合同性质不得抵销的除外。从上述规定可以看出，抵销首先必须是当事人双方互负到期债务，互享债权。而本案中，诉讼的双方当事人为上海甲物业服务企业和B业主委员会，而结欠物业管理费的为部分业主，为单个的主体。B业主委员会系代表小区全体业主提起诉讼，虽然包括了该部分欠费业主，但两者有本质的区别。因此，双方债权债务主体不同，不具备构成抵销的条件，因而停车费不能抵销亏损。

7.4 业主机动车停放小区共用车位是否应当交纳停车费

【案情介绍】

罗某系上海市某景园的业主。2013年5月1日某景园业主大会与被上诉人江苏某物业服务有限公司上海分公司（以下简称甲物业服务企业）签订《物业服务合同》，约定由甲物业服务企业（乙方）向某景园业主大会（甲方）提供物业管理服务。合同第十三条约定：（一）停车场属于全体业主共用的，车位使用人应按露天机动车车位150元/个/月的标准向乙方交纳车位使用费；（四）机动车临时停放的，车位使用人应按物价局有关规定的标准向乙方交纳车位使用费。合同有效期自2013年5月1日起至2015年4月30日止。

罗某所居住小区的车位分为地下停车库与地面停车位。地下停车库为开发商规划内的停车库，用于出售。地面停车位为露天停车位，属于全体业主共有，用于出租。规划内的地下车库及地面停车位未全部出售或出租。购买地下停车库的业主或租赁地面停车位的业主持停车证进出小区，未购买或租赁车位的业主，将车辆停放在公共区域内，离开小区时由甲物业服务企业向其按照5元/辆/次的标准收取停车费。罗某未购买地下停车库，也未租赁露天地面停车位。

罗某自2013年5月20日始将其机动车停放于该小区公共道路或其他露天共用车位，至诉讼之日，罗某已向甲物业服务企业共交纳了165元的停车费。

2014年2月，罗某向上海市青浦区人民法院提起诉讼，要求判令甲物业服务企业停止向罗某收取地面停车费，将已收取的165元停车费退还罗某，并承担本案诉讼费用。罗某称，甲物业服务企业对罗某停放车辆的地面不享有产权，罗某停车场所为业主共有，甲物业服务企业强行收费的行为侵害了罗某的利益。

甲物业服务企业辩称：不同意罗某的诉讼请求。占用业主共用道路或其他场地停放机动车的，根据《上海市住宅物业管理规定》第55条的内容，在业主大会成立前，需要占用业主共有道路或其他场地停放车辆的，物业服务企业可以收取停车费，收费标准按照价格主管部门的规定执行，根据《青浦区住宅物业管理区域内车辆停放服务收费管理办法》的规定，物业服务企业有权收取车位的停车费。所收取的停车费属于业主共有收益归全体业主所有，根据《上海市住宅物业管理规定》第46条的规定，该收益主要补充专项维修资金。物业服务企业扣除停车物业费等已经将剩余资金划入专项维修资金，并未无故占用。

一审法院驳回罗某的全部诉讼请求。罗某不服，上诉于上海市第二中级人民法院。罗某诉称：第一,一审法院认为车辆在全体业主共用部分的停放、收费和管理等事项，由业主大会决定。但并未查明业主大会是否决定对小区共用部分停放车辆采取收费措施等事实。而被上诉人也并未证明有过半数的业主同意收费。因此，被上诉人强行收取停车费的行为违反了由业主大会决定的地方性法规规定，其无权收取停车费。第二，一审法院认为《物业服务合同》可以作为被上诉人向上诉人收取停车费的合法依据，将业主选聘物业服务企业的决定等同于业主对共用部分停车是否收费的决定，有损业主的合法权利。第三,《物业服务合同》第十三条第（一）项关于停车收费的内容因排除业主主要权利，属于无效合同条款，对上诉人不具有法律约束力。业主的决定权是业主在小区物业管理中所享有的主要权利之一，但该停车收费条款未经符合法定人数的业主同意即订入合同条款，显然排除了业主决定权，故该条款应属无效。故请求二审法院撤销原审判决，依法改判被上诉人停止向上诉人收取地面停车费，并且退还已收取的165元停车费。

【焦点问题】

业主将机动车停放于该小区公共道路或其他露天共用车位，物业服务企业是否有权收费?

【法院判决】

一审法院认为，根据法律规定：占用业主共有的道路或者其他场地用于停放车辆的车位，属于业主共有。车辆在全体业主共用部分的停放、收费和管理等事项，由业主大会决定。甲物业服务企业作为某盛景园业主大会表决选任的物业服务公司，其与某景园业主大会签订的《物业服务合同》是双方真实的意思表示，其内容未有法律法规禁止内容，应为合法有效，该合同内容对于罗某具有法律约束力。物业服务合同中双方已就停车收费标准做出约定，且该收费标准符合相关法律法规的规定，罗某作为某景园的业主应严格按照此标准交纳停车费。一审法院判决：驳回罗某的全部诉讼请求。

二审法院认为：某盛景园业主大会作为某盛景园全体业主的代表，其对外与本案被上诉人签订的《物业服务合同》合法有效，对全体业主具有相应的拘束力。该《物业服务合同》中对停车收费的相关事项进行了明确约定，被上诉人依约定向上诉人收取相应的停车费，于法有据。现上诉人主张因被上诉人不能证明《物业服务合同》中关于停车收费的条款已经过半数的业主同意，故该条款应为无效，缺乏依据，法院无法采纳。若上诉人认为某景园业主大会未就车辆在全体业主共用部分的停放、收费和管理等事项向全体业主进行征询和表决即与被上诉人签订《物业服务合同》并在其中约定了相应的停车收费条款，令上诉人合法权益受损，则上诉人应向某景园业主大会主张其相应权利。2014年3月，二审法院判决：驳回上诉，维持原判。

法条链接

《中华人民共和国物权法》

第七十四条 建筑区划内，规划用于停放汽车的车位、车库应当首先满足业主的需要。

建筑区划内，规划用于停放汽车的车位、车库的归属，由当事人通过出售、附赠或者出租等方式约定。

占用业主共有的道路或者其他场地用于停放汽车的车位，属于业主共有。

《物业管理条例》（2007年修订）

第十一条 下列事项由业主共同决定：

（一）制定和修改业主大会议事规则；

（二）制定和修改管理规约；

（三）选举业主委员会或者更换业主委员会成员；

（四）选聘和解聘物业服务企业；

（五）筹集和使用专项维修资金；

（六）改建、重建建筑物及其附属设施；

（七）有关共有和共同管理权利的其他重大事项。

第十九条 业主大会、业主委员会应当依法履行职责，不得作出与物业管理无关的决定，不得从事与物业管理无关的活动。

业主大会、业主委员会作出的决定违反法律、法规的，物业所在地的区、县人民政府房地产行政主管部门或者街道办事处、乡镇人民政府，应当责令限期改正或者撤销其决定，并通告全体业主。

《最高人民法院关于审理物业服务纠纷案件具体应用法律若干问题的解释》

第一条　建设单位依法与物业服务企业签订的前期物业服务合同，以及业主委员会与业主大会依法选聘的物业服务企业签订的物业服务合同，对业主具有约束力。业主以其并非合同当事人为由提出抗辩的，人民法院不予支持。

【案例评析】

业主将机动车停放于该小区公共道路或其他露天共用车位，物业服务企业是否有权收费?

本案案情相当简单，诉讼标的非常小，让人感觉有无事生非之嫌。但是本案当事人罗某为此却一审不成，又启二审，大有不胜诉不罢休之势，何也?

这里先来分析一下罗某的诉讼理由，是否在法理和法律上站得住脚。

首先，罗某认为，甲物业服务企业对罗某停放车辆的地面不享有产权，其停车场所，为业主共有，甲物业服务企业强行收费的行为侵害了他的利益。

我国《物权法》第七十四条规定，建筑区划内，规划用于停放汽车的车位、车库应当首先满足业主的需要。建筑区划内，规划用于停放汽车的车位、车库的归属，由当事人通过出售、附赠或者出租等方式约定。占用业主共有的道路或者其他场地用于停放汽车的车位，属于业主共有。

上述规定将小区内的车位、车库分为两类。一类是建筑区划内，规划用于停放汽车的车位、车库。另一类是建筑区划内，没有规划用于停放汽车的车位、车库。如占用业主共有的道路或者其他场地用于停放汽车的车位，就属于此类。此类车位是借用业主共有的道路或者其他场地开辟的，所以权属归为业主共有。

本案中，罗某所居住小区的车位、车库，上述法律规定的两类停车位、停车库都有。地下停车库为开发商规划内的停车库，用于出售。地面停车位为露天停车位，属于全体业主共有，用于出租。未购买或租赁车位的业主，将车辆停放在公共区域内，离开小区时由甲物业服务企业向其按照5元/辆/次的标准收取停车费。罗某未购买地下停车库，也未租赁露天地面停车位，其机动车停放于该小区公共道路或其他露天共用车位。

显然，罗某停放汽车的车位，属于包括罗某在内的所有业主共有。对此，罗某的认识是符合法律规定的。但因此甲物业服务企业就不可以对包括罗某在内的所有业主停车不能收费吗?

按照我国《物业管理条例》的有关规定，业主有权决定选聘和解聘物业服务企业。

业主通过业主大会决议行使其权利。业主大会一旦选聘了物业服务企业，由其执行机构业主委员会代表业主与业主大会选聘的物业服务企业签订物业服务合同。物业服务合同应当对物业管理事项、服务质量、服务费用、双方的权利义务、专项维修资金的管理与使用、物业管理用房、合同期限、违约责任等内容进行约定。物业服务企业应当按照物业服务合同的约定，提供相应的服务。

根据2009年《最高人民法院关于审理物业服务纠纷案件具体应用法律若干问题的解释》第一条规定：建设单位依法与物业服务企业签订的前期物业服务合同，以及业主委员会与业主大会依法选聘的物业服务企业签订的物业服务合同，对业主具有约束力。

本案中，某景园业主大会与甲物业服务企业签订《物业服务合同》，该合同第十三条明确了全体业主共用停车场和机动车临时停放均由甲物业服务企业收缴车位使用费。这种做法符合《物业管理条例》的有关规定，对包括罗某在内的所有业主具有约束力。故甲物业服务企业有权对罗某的停车行为进行收费。

其次，按照《物业管理条例》有关规定，业主通过业主大会行使权利，而业主委员会负责执行业主大会的决议。因此，业主委员会的行为，包括与物业服务企业签订物业管理合同，对小区停车场收费等，就是执行业主大会的决议，是符合法规规定的行为，是有效的，物业服务企业无须证明有过半数的业主同意收费。如果罗某认为此举令其合法权益受损，则罗某应向某景园业主大会主张其相应权利，而不是甲物业服务企业。

此外，根据2009年《最高人民法院关于审理物业服务纠纷案件具体应用法律若干问题的解释》第二条规定，《物业服务合同》符合下列情形之一，业主委员会或者业主请求确认合同或者合同相关条款无效的，人民法院应予支持：（一）物业服务企业将物业服务区域内的全部物业服务业务一并委托他人而签订的委托合同；（二）物业服务合同中免除物业服务企业责任、加重业主委员会或者业主责任、排除业主委员会或者业主主要权利的条款。

显然，本案不存在物业服务企业将物业服务全部转委托第三方的情形，物业服务合同中也不存在免除物业服务企业责任、排除业主委员会或者业主主要权利的条款。唯一可能引起物业服务合同条款无效的情形，就是加重业主委员会或者业主责任。

本案中，物业服务合同中约定停车场的收费，是否可以认定为加重业主委员会或者业主责任呢？通过本案查明的事实可以知道：对占用业主共用道路或其他场地停放机动车进行收费，其依据是《上海市住宅物业管理规定》和《青浦区住宅物业管理区域内车辆停放服务收费管理办法》的有关规定，并且收费价格也经过当地物价部门的审核，因此对停车场进行收费，不可以认定为加重业主委员会或者业主责任。故本案《物业服务合同》第十三条第（一）项关于停车收费的内容不属于无效合同条款。

综上所述，可以看出，罗某的诉讼理由在法理和法律上无法成立，因而一审法院和二审法院驳回其诉求是正确的。罗某之所以一再提起诉讼，源于其对物业管理法律法规的错误认知。

本案也启示物业管理企业和业委会，要加强对小区业主的法律法规的宣传力度，让其正确理解业主与业委会、业委会与物业服务企业之间的关系，从而避免小区业主误解而引起讼累。

7.5 谁来承担“空置房”的物业管理费

【案情介绍】

坐落于湖州市的A小区由原告湖州某有限公司（以下简称甲开发公司）开发建设。2009年12月19日，被告湖州某物业管理有限公司（以下简称乙物业服务企业）与甲开发公司签订《前期物业服务委托合同》一份，合同约定甲开发公司将A住宅小区委托乙物业服务企业实行物业管理服务，合同对双方的权利义务作了约定。其中对物业管理服务费收取的标准、交纳时间等作了如下约定：（1）排屋、双拼、别墅住宅由业主按其拥有建筑面积每月每平方米1.75元向乙物业服务企业缴纳。（2）商业用房由业主按其拥有建筑面积每月每平方米1.55元向乙物业服务企业缴纳。（3）半地下室由业主按其拥有建筑面积每月每平方米0.5元向乙物业服务企业缴纳。（4）2.2m以下层高部分由业主按其拥有建筑面积每月每平方米0.35元向乙物业服务企业缴纳。（5）地下车位由业主按每月每位40元向乙物业服务企业缴纳。（6）地体运行、变频水泵房运行、路灯照明等公共能耗费用由业主按建筑面积照实分摊。物业服务费的交纳时间为交房时预收一年，以后每半年一次通过银行托收或上门收取，已售物业的物业服务费计缴时间为开发商发出入伙通知之日起。纳入物业管理范围的已竣工但尚未出售，或因甲开发公司原因未能按时交给物业买受人的物业，其服务费由甲开发公司交纳。计缴时间为通过竣工验收之日起。业主逾期交纳物业管理费的，从逾期之日起每天按应交物业管理费的3‰交纳违约金，若拒不交付，乙物业服务企业可要求当事业主承担通过法律途径追缴欠费而产生的诉讼费、律师费等费用。空置房的物业管理服务费由建设单位、业主按规定标准的100%向乙物业服务企业交纳。合同约定的委托管理期限为自2009年12月19日24时起至业主委员会成立，第一届业主委员会与物业服务企业签订的物业委托合同生效，该合同终止。

在《前期物业服务委托合同》的履行过程中，本案双方当事人主要就下列问题产生争议：

（1）乙物业服务企业未按《前期物业服务投标文件》的约定派遣物业服务中心主任是否构成对甲开发公司的欺诈。甲开发公司认为，正是由于乙物业服务企业在该文件中向甲开发公司承诺，由具有全国物业管理企业经理资格，同时还具有计算机操作工资格、维修电工资格、电梯作业工资格等多项资格的名为蔡某的人作为项目经理所组成的优秀物业管理团队管项目，并承诺蔡某担任物业服务中心主任，才使甲开发公司在众多招投标者中选择乙物业服务企业中标，并与乙物业服务企业签订《前期物业服务委托合同》的，而乙物业服务企业实际并未派遣此人担任物业服务中心主任，导致物业管理服务质量下降，构成对甲开发公司的欺诈。乙物业服务企业认为：首先，现任项目经理陈某于2004年取得全国物业管理企业经理资格，比拟任项目经理早一年半。现任主任陈某还在2012年通过全国物业管理师考试，取得全国物业管理师资格证书，该职业资格证书是目前物业管理服务行业最具权威的物业管理人员职业资格证书。所以现任项目经理陈某比拟任项目经理蔡某物业管理资历更深。其次，蔡某在投标文件中仅是项目经理的“拟任”人选。鉴于投标时间为2009年12月，而项目交付时间为2011年12月，考虑到人员的正常流动，在拟任项目经理离职的情况下另外选聘资历不低于原标准的主任符合情理。而且自陈某于2011年任命为项目经理至今，甲开发公司一直未对此提出任何异议。另外物业招投标是由专家成员组成评委并根据投标文件和答辩情况进行综合评分，最后由得分最高的企业作为中标单位的。故仅因为蔡某的原因才选择乙物业服务企业中标的表述不成立。

（2）物业的“交付”问题。甲开发公司认为已通过书面通知的形式向业主交付了75套房产，而业主不来收房是由于业主自身原因，不影响物业的交付。而乙物业服务企业认为根据《浙江省物业服务收费管理实施办法（试行）》第二十条“物业服务费自房屋交付使用、购房者（业主）领取钥匙次月起计收。”之规定，物业的实际交付应以业主至乙物业服务企业处领取钥匙为准。另查明，以至乙物业服务企业处领取钥匙为物业交付业主的标准，自2011年12月5日起至2013年2月25日止，甲开发公司尚未交付业主的物业为127户。此外，自2011年12月起至2013年2月的A小区47号楼的实际公共能耗费为25921.34元，47号楼总面积为4508.57m^2，折合每月每平方实际能耗费单价为0.38元。据此，自2011年12月5日起至2013年2月25日止，甲开发公司应向乙物业服务企业交纳物业管理服务费757845元。一审法院核定违约金：根据合同约定物业服务费的交纳时间为交房时预收一年，据此，以交房日即12月5日预收一年物业费623911元为基数，按该院酌定的月利率每日万分之五计算，自2011年12月5日暂计算至2013年2月25日为139756元。

二审中，湖州市中级人民法院（以下简称法院）查明：2011年12月5日～2013年2月25日期间，本案A小区纳入物业管理的已出售并通知购房业主于2011年12月5日办理入伙（交房）手续但未领取钥匙的房屋有49套，涉及未交的物业服务费385202元。未出售的房屋57套，涉及未交的物业服务费218114元。已售且通知办理入伙手续但购房业主延期领取钥匙的房屋有18套，在领取钥匙前已产生的尚未交纳的物业服务费87613元，该费用甲开发公司自认应由其支付。

法院查明：本案A小区项目于2011年11月21日通过竣工验收，于同月30日报主管部门备案。2011年12月2日，双方签订该住宅小区物业项目交接验收协议，甲开发公司于该日正式将小区物业交由乙物业服务企业管理。该小区建设单位甲开发公司与购房者签订的房屋买卖合同中约定，买受人未在交房通知规定的交房期限内办理完毕商品房交接手续的，自交房通知规定的交房日的第二日起即视同商品房交付，买受人需自行承担延期收房所引起的责任和费用（包括但不限于物业管理费等）。

【焦点问题】

1. 本案中已出售并通知物业买受人办理入伙手续，但买受人未领取钥匙的物业所产生的物业服务费由甲开发公司支付还是由买受人支付？
2. 本案中甲开发公司在本案中是否应向乙物业服务企业支付逾期付款的违约金？
3. 本案中支付逾期付款的违约金的数额？

【法院判决】

根据《最高人民法院关于审理建筑物区分所有权纠纷案件具体应用法律若干问题的解释》第一条第二款“已经合法占有建筑物专有部分，但尚未依法办理所有权登记的人，可以认定为物权法第六章所称的业主”的规定，本案争议物业费涉及的已售房屋的买受人依法可以认定为业主。所以，甲开发公司关于已售物业的物业服务费由物业买受人自开发商发出入伙通知之日起计缴的上诉主张，符合双方的约定以及法律的规定，法院予以采纳。根据国务院《物业管理条例》第四十二条第二款“已竣工但尚未出售或者尚未交给物业买受人的物业，物业服务费用由建设单位交纳”之规定，以及合同的约定，乙物业服务企业要求甲开发公司对“空置房”承担交纳物业管理费之请求合理合法，法院予以支持。根据合同条款的约定，业主逾期交纳物业管理费的，从逾期之日起按每天应交物业管理费的3‰交纳违约金。该就违约金所作的约定同样未明确专门针对物业买受人，故对有义务按时支付物业服务费的甲开发公司而言同样应当适用。故甲开发公司关于其无需支付违约金的上诉意见，因与双方合同约定及法律规定不符，法院不予支持和采纳。一审院依照《中华人民共和国合同法》第八条、第六十条、第一百零七条、第一百零九条，国务院《物业管理条例》第二十一条、第二十六条、第四十二条之规定，判决如下：（1）湖州甲开发公司支付乙物业服务企业物业管理费757845元（截至2013年2月25日），限于判决生效之日起十日内支付。（2）湖州甲开发公司支付乙物业服务企业违约金139756元（截至2013年2月25日），限于本判决生效之日起十日内支付。（3）驳回湖州乙物业管理有限公司的其余诉讼请求。

二审法院判决如下：（1）维持一审第三项即驳回湖州乙物业服务企业的其余诉讼请求。（2）撤销一审第一项和第二项判决。（3）上诉人湖州甲开发公司支付被上诉人湖州乙物业服务企业物业服务费305727元（截至2013年2月25日），限于判决生效之日起十日内支付。（4）上诉人甲开发公司支付被上诉人乙物业服务企业违约金69094元（自2011年12月2日～2013年2月25日，按每日万分之五计算），限于本判决生效之日起十日内履行。如果未按本判决指定的期间履行给付金钱义务，应当按照《中华人民共和国民事诉讼法》第二百五十三条之规定，加倍支付延迟履行期间的债务利息。

法条链接

《中华人民共和国合同法》

第八条 依法成立的合同，对当事人具有法律约束力。当事人应当按照约定履行自己的义务，不得擅自变更或者解除合同。

依法成立的合同，受法律保护。

第六十条 当事人应当按照约定全面履行自己的义务。

当事人应当遵循诚实信用原则，根据合同的性质、目的和交易习惯履行通知、协助、保密等义务。

第一百零七条 当事人一方不履行合同义务或者履行合同义务不符合约定的，应当承担继续履行、采取补救措施或者赔偿损失等违约责任。

第一百零九条 当事人一方未支付价款或者报酬的，对方可以要求其支付价款或者报酬。

第一百一十四条 当事人可以约定一方违约时应当根据违约情况向对方支付一定数额的违约金，也可以约定因违约产生的损失赔偿额的计算方法。

约定的违约金低于造成的损失的，当事人可以请求人民法院或者仲裁机构予以增加；约定的违约金过分高于造成的损失的，当事人可以请求人民法院或者仲裁机构予以适当减少。

当事人就迟延履行约定违约金的，违约方支付违约金后，还应当履行债务。

《物业管理条例》(2007年修订)

第二十一条　在业主、业主大会选聘物业服务企业之前，建设单位选聘物业服务企业的，应当签订书面的前期物业服务合同。

第二十六条　前期物业服务合同可以约定期限；但是，期限未满、业主委员会与物业服务企业签订的物业服务合同生效的，前期物业服务合同终止。

第四十二条　业主应当根据物业服务合同的约定交纳物业服务费用。业主与物业使用人约定由物业使用人交纳物业服务费用的，从其约定，业主负连带交纳责任。

已竣工但尚未出售或者尚未交给物业买受人的物业，物业服务费用由建设单位交纳。

《中华人民共和国民事诉讼法》(2012年修正)

第六十四条　当事人对自己提出的主张，有责任提供证据。

当事人及其诉讼代理人因客观原因不能自行收集的证据，或者人民法院认为审理案件需要的证据，人民法院应当调查收集。

人民法院应当按照法定程序，全面地、客观地审查核实证据。

第一百七十条第一款第（二）项

第二审人民法院对上诉案件，经过审理，按照下列情形，分别处理：

（一）原判决、裁定认定事实清楚，适用法律正确的，以判决、裁定方式驳回上诉，维持原判决、裁定；

（二）原判决、裁定认定事实错误或者适用法律错误的，以判决、裁定方式依法改判、撤销或者变更；

【案例评析】

1. 本案中已出售并通知物业买受人办理入伙手续，但买受人未领取钥匙的物业所产生的物业服务费由甲开发公司支付还是由买受人支付。

有关已售物业和未售物业的物业服务费的承担主体问题。根据国务院《物业管理条例》第四十二条第二款“已竣工但尚未出售或者尚未交给物业买受人的物业，物业服务费用由建设单位交纳”之规定，本案中乙物业服务企业要求甲开发公司对“空置房”承担交纳物业管理费之请求合理合法。此外，物业服务费由谁支付应尊重双方当事人在合同中的约定。本案《前期物业服务委托合同》第二十条第四点明确约定：“已售物业的物业服务费计缴时间为开发商发出入伙通知之日起。纳入物业管理范围的已竣工但尚未出售，或因甲开发公司原因未能按时交给物业买受人的物业，其服务费由甲开发公司交纳。计缴时间为通过竣工验收之日起。”从该约定可以看出，双方对于已售物业和未售物业在物业服务费承担主体的确定上是有区别的，结合甲开发公司与买受人签订的房屋买卖合同关于房屋交付方式及物业费承担的约定，本案争议的物业费由物业买受人支付是明确的。虽然乙物业服务企业主张买受人不办理交房手续是甲开发公司的原因所致，依上述约定所涉物业服务费应由甲开发公司支付，但乙物业服务企业未提供相应的证据，所以法院没有支持其主张。然而，本案争议的物业费由物业买受人支付是明确的，所以乙物业服务企业可就上述争议物业服务费向相关物业买受人另行提出主张。

2. 本案中甲开发公司在本案中是否应向乙物业服务企业支付逾期付款的违约金。

根据《中华人民共和国合同法》第一百零七条规定：“当事人一方不履行合同义务或者履行合同义务不符合约定的，应当承担继续履行、采取补救措施或者赔偿损失等违约责任。”本案中甲开发公司未按约支付乙物业服务企业未租出房的物业管理费构成违约，应承担相应的违约责任。所以，甲开发公司在本案中应当向乙物业服务企业支付逾期付款的违约金。

3. 本案中支付逾期付款的违约金的数额。

本案A小区纳入物业管理的已出售并通知购房业主于2011年12月5日办理入伙（交房）手续但未领取钥匙的房屋有49套，涉及未交的物业服务费385202元。未出售的房屋57套，涉及未交的物业服务费218114元。已售且通知办理入伙手续但购房业主延期领取钥匙的房屋有18套，在领取钥匙前已产生的尚未交纳的物业服务费87613元，该费用甲开发公司自认应由其支付。根据本案中的实际情况和相关法律法规，原告甲开发公司应当支付被告乙物业服务企业物业服务费305727元（=218114元+87613元，截至2013年2月25日）。虽然双方合同约定：“计缴时间为通过竣工验收之日起。业主逾期交纳物业管理费的，从逾期之日起每天按应交物业管理费的3‰交纳违约金”。但是，因为双方约定的违约金过高，征收违约金的目的是为了督促履行合同义务，所以实践中，法院以每天应交物业管理费的万分之五计算尚属适当，对该计算标准不再作调整。最后，法院核定违约金：“根据合同约定物业服务费的交纳时间为交房时预收一年，据此，以交房日即12月5日预收一年物业费69094元为基数，按法院酌定的月利率每日万分之五计算”。依据此核定，再以物业服务费305727元为基数，自2011年12月2日~2013年2月25日相差452天，按每日万分之五计算，因此，原告甲开发公司支付被告乙物业服务企业违约金69094元（=305727元×452天×0.0005）。

7.6 物业服务企业收取的公共收益能否与业主欠缴的物业费相抵扣

【案情介绍】

2008年10月，A小区开发商上海甲房地产开发有限公司（以下简称“甲公司”）向业主交房，引入广州市某物业管理有限公司（以下简称“广州某物业服务企业”）为A小区提供前期物业服务。为此，甲公司与广州某物业服务企业签订前期物业服务合同一份，约定：物业服务期限自2008年10月1日起至2010年9月30日止，合同期满，业委会未成立，则合同自动顺延；前期物业管理期间，广州某物业服务企业按照包干制收费形式确定物业服务费用，由业主向广州某物业服务企业支付物业服务费用，盈余或者亏损均由广州某物业服务企业享有或者承担。合同还对停车费的收取标准作出了约定，并约定广州某物业服务企业从停车费中按照25%的标准提取作为停车管理服务费。合同对其他相关内容均作出了约定。

2011年9月，由案外人乙公司（以下简称“乙公司”）接手A小区的物业服务。为此，广州某物业服务企业、甲公司、乙公司签订《A小区费用移交清单》，内容为：（1）地面机动停车费（2011年10月始），应收人民币（下同）185175元；（2）地面机动停车费（2011年10月前75%），应收1085151.19元。合计为1270326.19元。2014年8月，案外人乙公司出具工作联系单，载明2013年广州某物业服务企业已向乙公司移交了2011年10月之后的停车费185175元中的181195元，尚未移交2011年10月之前的停车费计1085151.19元及2011年10月之后的部分停车费3980元。因广州某物业服务企业至今未能移交，故A小区业主委员会（以下简称“A业主委员会”）提起诉讼，要求广州某物业服务企业返还未移交的停车收益。

广州某物业服务企业辩称：（1）对1089，131.19元的数据无异议。但移交的时候是三方移交（即广州某物业服务企业、甲公司、乙公司），其中还涉及2011年11月时广州某物业服务企业支付的80000余元水电费、甲公司欠广州某物业服务企业的物业服务费、垫付的维修费用659637.87元等需要抵扣。移交的时候说好对已经发生的费用再行确认，但后来也没有确认。（2）2011年9月30日广州某物业服务企业撤出A小区，当时业委会还没有成立，广州某物业服务企业一直未收到催讨凭证，故对诉讼时效提出异议。（3）2011年11月1日以后广州某物业服务企业代替预收的3980元停车费，A业主委员会无权主张。（4）对于A业主委员会主张按照同期银行贷款基准利率计算利息，广州某物业服务企业不认同。在其退出小区时，还有一千多户小区业主拖欠物业费，故其账户剩余资金不足以支付，其将尽快追缴业主拖欠物业费后再返还给A业主委员会。

【焦点问题】

1. 广州某物业服务企业主张的A业主委员会的诉讼请求已经超过二年诉讼时效是否成立？

2. 广州某物业服务企业是否应当支付停车费的利息损失？

3. 广州某物业服务企业在对A小区实施物业服务期间支付的维修费用是否应当在返还的停车费中予以扣除？

【法院判决】

上海市松江区人民法院判决如下：（1）广州市某物业管理有限公司于判决生效之日起十日内返还A小区业主委员会公共收益1089131.19元；（2）广州市某物业管理有限公司于判决生效之日起十日内支付A小区业主委员会公共收益的利息损失（以上述公共收益1089131.19元为基数，自2011年11月1日起至判决生效之日止，按照中国人民银行同期同类贷款利率计算）。如果未按判决指定的期间履行给付金钱义务，应当依照《中华人民共和国民事诉讼法》第二百五十三条之规定，加倍支付迟延履行期间的债务利息。判决后，广州市某物业管理有限公司不服一审判决上诉，二审法院维持原判。

法条链接

《中华人民共和国物权法》

第七十六条 下列事项由业主共同决定：

（一）制定和修改业主大会议事规则；

（二）制定和修改建筑物及其附属设施的管理规约；

（三）选举业主委员会或者更换业主委员会成员；

（四）选聘和解聘物业服务企业或者其他管理人；

（五）筹集和使用建筑物及其附属设施的维修资金；

（六）改建、重建建筑物及其附属设施；

（七）有关共有和共同管理权利的其他重大事项。

决定前款第五项和第六项规定的事项，应当经专有部分占建筑物总面积三分之二以上的业主且占总人数三分之二以上的业主同意。决定前款其他事项，应当经专有部分占建筑物总面积过半数的业主且占总人数过半数的业主同意。

第一百一十六条　天然孳息，由所有权人取得；既有所有权人又有用益物权人的，由用益物权人取得。当事人另有约定的，按照约定。

法定孳息，当事人有约定的，按照约定取得；没有约定或者约定不明确的，按照交易习惯取得。

《关于审理物业服务纠纷案件具体应用法律若干问题的解释》

第十条　物业服务合同的权利义务终止后，业主委员会请求物业服务企业退出物业服务区域、移交物业服务用房和相关设施，以及物业服务所必需的相关资料和由其代管的专项维修资金的，人民法院应予支持。

物业服务企业拒绝退出、移交，并以存在事实上的物业服务关系为由，请求业主支付物业服务合同权利义务终止后的物业费的，人民法院不予支持。

《物业管理条例》（2007年修订）

第十二条　业主大会会议可以采用集体讨论的形式，也可以采用书面征求意见的形式；但是，应当有物业管理区域内专有部分占建筑物总面积过半数的业主且占总人数过半数的业主参加。

业主可以委托代理人参加业主大会会议。

业主大会决定本条例第十一条第（五）项和第（六）项规定的事项，应当经专有部分占建筑物总面积2/3以上的业主且占总人数2/3以上的业主同意；决定本条例第十一条规定的其他事项，应当经专有部分占建筑物总面积过半数的业主且占总人数过半数的业主同意。

业主大会或者业主委员会的决定，对业主具有约束力。

业主大会或者业主委员会作出的决定侵害业主合法权益的，受侵害的业主可以请求人民法院予以撤销。

《中华人民共和国民法通则》（2009年修正）

第一百三十五条 向人民法院请求保护民事权利的诉讼时效期间为二年，法律另有规定的除外。

第一百四十条 诉讼时效因提起诉讼、当事人一方提出要求或者同意履行义务而中断。从中断时起，诉讼时效期间重新计算。

【案例评析】

关于广州某物业服务企业主张的A业主委员会的诉讼请求已经超过二年诉讼时效是否成立。专家认为，相关各方虽然于2011年9月签订了《绿庭尚城费用移交清单》，但广州某物业服务企业曾经于2013年向案外人支付了部分停车费，A业主委员会于2014年1月成立，视为诉讼时效中断，诉讼时效重新起算，故现A业主委员会于2014年11月向广州某物业服务企业主张权利，未超过二年诉讼时效。所谓诉讼时效是指民事权利受到侵害的权利人在法定的时效期间内不行使权利，当时效期间届满时，债务人获得诉讼时效抗辩权。诉讼时效的中断则指在诉讼时效期间进行中，因发生一定的法定事由，致使已经经过的时效期间统归无效，待时效中断的事由消除后，诉讼时效期间重新起算。本案中广州某物业服务企业曾经于2013年向案外人支付了部分停车费，属于诉讼时效中断，时效未满2年可以继续。

关于广州某物业服务企业是否应当支付停车费的利息损失。专家认为，停车费应当在广州某物业服务企业实际退出物业管理区域以后一并移交，广州某物业服务企业未能及时移交，由此产生的利息损失系广州某物业服务企业实际占用涉案款项后产生的法定孳息，法定孳息是指由法律规定产生了从属关系，物主因出让所属物一定期限内的使用权而得到的收益，本案中停车费就属于法定孳息。根据《中华人民共和国物权法》第一百一十六条第二款，法定孳息，当事人有约定的，按照约定取得，广州某物业服务企业未能及时移交，因此应当按法定利率标准承担停车费的利息损失。

广州某物业服务企业在对A小区实施物业服务期间支付的维修费用是否应当在返还的停车费中予以扣除。依据前期物业服务合同的约定，广州某物业服务企业按照包干制收费形式确定物业服务费用，由业主向广州某物业服务企业支付物业服务费用，盈余或者亏损均由广州某物业服务企业享有或者承担，根据合同约定的收费标准、服务内容、权利义务等，结合广州某物业服务企业提供的维修费支出凭证，该些费用均应当包含在广州某物业服务企业的服务成本之中，不应列入维修资金中再行支出。况且，对于列入未成立业主大会的小区维修资金的使用，根据《上海市商品住宅维修基金管理办法》第九条关于业主委员会成立前发生的物业维修、更新，不得使用维修基金，其费用由房地产开发企业承担的相关规定，即便广州某物业服务企业主张扣减的费用根据约定确实不应由其承担，但其要求在公共收益中扣减上述费用即要求该费用由全体业主共同承担，此显然与上述规定相悖而缺乏法律依据，广州某物业服务企业应当履行相关的报批和征询手续，但广州某物业服务企业未能提供相关证据证明，因此本部分维修费用不应当在返还的停车费中予以扣除。

7.7　业委会是否有权要求原物业服务企业公布公共租赁收益情况

【案情介绍】

上诉人（原审被告）北京某物业管理有限公司（以下简称“北京乙物业服务企业”）是A小区首批业主入住起至2008年7月31日期间的前期物业管理企业。在A小区物业管理期间，北京乙物业服务企业收取了物业管理费，出租了小区中归全体业主所有的公共空间，收取了租金等费用。被上诉人（原审原告）北京市朝阳区某业主委员会（以下简称“B业主委员会”）成立后，依法选聘了新的物业服务企业。在新老物业移交前后，B业主委员会多次要求北京乙物业服务企业公布有关账目、返还公共收益，但都被北京乙物业服务企业拒绝。

2009年，年初，B业主委员会将北京乙物业服务企业告到北京市朝阳区人民法院，请求法院判令北京乙物业服务企业将其2000年至2008年7月31日期间利用九台家园公共区域进行出租经营的收支情况予以公布。

北京乙物业服务企业在一审中答辩称：（1）业委会是业主大会的执行机构，是有限的诉讼主体。根据《物权法》第76条和《物业管理条例》第11条、第12条规定，有关共有和共同管理权利的事项应由业主大会授权。B业主委员会没有经过业主大会授权，不能提起本案的诉讼。（2）北京乙物业服务企业没有义务公布前期物业服务经营管理账目，B业主委员会的诉讼请求的内容是北京乙物业服务企业经营管理的一部分，北京乙物业服务企业没有义务公布。（3）北京乙物业服务企业没有移交和公布管理期间与管理服务相关的收支账目的义务。在为A小区提供前期物业服务期间，北京乙物业服务企业根据《北京市普通居住小区物业管理服务收费暂行办法》京价（房）字［1997］196号文件规定和北京市物价局京价（房）字［2002］459号批复收取物业服务费。这是由政府统一定价，实行包干制，公司自负盈亏。根据《物业服务收费管理办法》和《北京市物业服务收费管理办法（试行）》规定，包干制物业服务没有公告和移交管理服务相关收支账目的义务。北京乙物业服务企业管理服务的相关收支账目不属于《物业管理条例》规定的移交资料范围。（4）B业主委员会出租的共用部分的收益用于弥补物业费的不足。由于业主不交纳物业费，北京乙物业服务企业在为A小区提供物业服务期间，经营出现困难。由于前期物业服务合同期限未满，物业管理企业不得擅自提前撤管。北京乙物业服务企业不得不出租部分物业用房，将收益用于弥补物业费的亏损。

二审中，北京乙物业服务企业认为：（1）一审法院判决中："在某公司制作并经北京市居住小区管理办公室审核批准的A小区北10号楼、11号楼住宅部分房屋使用、管理、维修公约（以下简称公约）中载明，'产权人有权监督物业管理的收费情况，并要求管委会和物业管理企业按照规定的期限公布物业管理服务费用收支账目；物业管理企业有义务听取产权人、使用人的意见和建议，接受产权人及管委会的监督'。北京乙物业服务企业认可其与业主均受公约约束。"北京乙物业服务企业认为，产权人是指具体产权人，是业主，不是业委会。根据《物权法》第七十六条以及《物业管理条例》第十一条、第十二条，有关共有和共同管理权利的事项应由业主大会授权。共有法律关系的权利主体不包括业委会，业委会无权直接以当事人身份提起诉讼，除非按照《物业管理条例》第十五条第（五）项规定获得业主大会授权。B业主委员会没有证据证明其已经获得业主大会授权，B业主委员会没有诉讼主体资格，一审法院诉讼主体认定错误。（2）一审法院认定北京乙物业服务企业侵犯业主公共利益没有事实根据。业主不交费，北京乙物业服务企业经营困难，年年亏损，在这种情况下，北京乙物业服务企业不得不出租部分物业用房，将租金用于物业维修和更新费用，没有侵犯业主利益。（3）北京乙物业服务企业实施包干制前期物业服务，收费项目和标准符合政府审批价格，收支账目属于北京乙物业服务企业经营行为，根据《北京市普通居住小区物业管理服务收费暂行办法》、《北京市物业服务收费管理办法（试行）》、《物业服务收费管理办法》等规定，北京乙物业服务企业没有提供管理服务相关收支账目的义务。

【焦点问题】

1. 业主委员会是否有权要求物业服务企业公布公共租赁收益情况？
2. 北京乙物业服务企业能否用公共收益来抵偿物业管理费？

【法院判决】

一审法院认为：北京乙物业服务企业是A小区的前期物业管理企业，虽已撤离A小区，但是若在对九台家园提供物业服务期间存在侵害业主公共利益的情况，B业主委员会有权代表全体业主向北京乙物业服务企业提起诉讼。根据庭审查明的情况可知，北京乙物业服务企业承认将部分公共区域对外出租。由于全体业主是公共区域的产权人，北京乙物业服务企业在没有得到全体业主同意的情况下擅自出租公共区域，B业主委员会有权代表全体业主要求北京乙物业服务企业将相关收支情况予以公布。另外，公约中也规定“产权人有权监督物业管理的收费情况，并要求管委会和物业管理企业按照规定的期限公布物业管理服务费用收支账目；物业管理企业有义务听取产权人、使用人的意见和建议，接受产权人及管委会的监督”，故北京乙物业服务企业关于其没有义务公布租赁业务收支情况的抗辩意见，于法无据，不予采纳。一审法院判决：北京乙物业服务企业于判决生效之日起10日内向B业主委员会提供2000年至2008年7月31日期间将北京市朝阳区A小区公共区域进行出租经营的收支账目以供查阅。二审法院认为：作为全体业主的代表机构，B业主委员会有权为全体业主的公共利益代表全体业主向北京乙物业服务企业提起诉讼。由于公约中规定“产权人有权监督物业管理的收费情况，并要求管委会和物业管理企业按照规定的期限公布物业管理服务费用收支账目；物业管理企业有义务听取产权人、使用人的意见和建议，接受产权人及管委会的监督”，故B业主委员会有权要求北京乙物业服务企业提供2000年至2008年7月31日期间北京市A小区公共区域进行出租经营的收支账目以供查阅。2009年9月，二审法院终审判决：驳回北京乙物业服务企业上诉，维持原判。

法条链接

《中华人民共和国民事诉讼法》（2012年修正）

第四十八条　公民、法人和其他组织可以作为民事诉讼的当事人。

法人由其法定代表人进行诉讼。其他组织由其主要负责人进行诉讼。

《最高人民法院关于适用〈中华人民共和国民事诉讼法〉的解释》

第五十二条　民事诉讼法第四十八条规定的其他组织是指合法成立、有一定的组织机构和财产，但又不具备法人资格的组织，包括：

（一）依法登记领取营业执照的个人独资企业；

（二）依法登记领取营业执照的合伙企业；

（三）依法登记领取我国营业执照的中外合作经营企业、外资企业；

（四）依法成立的社会团体的分支机构、代表机构；

（五）依法设立并领取营业执照的法人的分支机构；

（六）依法设立并领取营业执照的商业银行、政策性银行和非银行金融机构的分支机构；

（七）经依法登记领取营业执照的乡镇企业、街道企业；

（八）其他符合本条规定条件的组织。

《物业管理条例》（2007年修订）

第十五条 业主委员会执行业主大会的决定事项，履行下列职责：

（一）召集业主大会会议，报告物业管理的实施情况；

（二）代表业主与业主大会选聘的物业服务企业签订物业服务合同；

（三）及时了解业主、物业使用人的意见和建议，监督和协助物业服务企业履行物业服务合同；

（四）监督管理规约的实施；

（五）业主大会赋予的其他职责。

第三十五条 业主委员会应当与业主大会选聘的物业服务企业订立书面的物业服务合同。

物业服务合同应当对物业管理事项、服务质量、服务费用、双方的权利义务、专项维修资金的管理与使用、物业管理用房、合同期限、违约责任等内容进行约定。

《中华人民共和国物权法》

第七十五条 业主可以设立业主大会，选举业主委员会。

地方人民政府有关部门应当对设立业主大会和选举业主委员会给予指导和协助。

第七十六条 下列事项由业主共同决定：

（一）制定和修改业主大会议事规则；

（二）制定和修改建筑物及其附属设施的管理规约；

（三）选举业主委员会或者更换业主委员会成员；

（四）选聘和解聘物业服务企业或者其他管理人；

（五）筹集和使用建筑物及其附属设施的维修资金；

（六）改建、重建建筑物及其附属设施；

（七）有关共有和共同管理权利的其他重大事项。

决定前款第五项和第六项规定的事项，应当经专有部分占建筑物总面积三分之二以上的业主且占总人数三分之二以上的业主同意。决定前款其他事项，应当经专有部分占建筑物总面积过半数的业主且占总人数过半数的业主同意。

第七十八条　业主大会或者业主委员会的决定，对业主具有约束力。

业主大会或者业主委员会作出的决定侵害业主合法权益的，受侵害的业主可以请求人民法院予以撤销。

【案例评析】

1. 业主委员会是否有权要求物业服务企业公布公共租赁收益情况？

本案中，北京乙物业服务企业认为B业主委员会没有经过业主大会授权，不能提起本案的诉讼，其实质就是否定业主委员会的民事主体资格。但是，新物业服务企业是B业委会依法选聘的，根据《物业管理条例》第十一条第四款“业主共同决定选聘或解聘物业服务企业”的规定，可以推断旧物业服务企业退出和选聘新物业服务企业的议题一定是经过九台家园业主大会表决通过的，且《物业管理条例》第十五条明确规定业主委员会执行业主大会的决定事项，履行代表业主与业主大会选聘的物业服务企业签订物业服务合同、监督和协助物业服务企业履行物业服务合同、监督管理规约的实施等职责，因此，在乙物业服务企业退出九台家园的交接过程中，作为全体业主的代表机构，B业主委员会有责任代表全体业主向前物业北京乙物业服务企业提起公布小区公共租赁收益账目的诉请，法院的判决结果也支持了业委会合法违护业主权益的行为。

2. 北京乙物业服务企业能否用公共收益来抵偿物业管理费？

关于用物业管理费弥补亏损问题。2009年最高人民法院《关于审理物业服务纠纷案件具体应用法律若干问题的解释》第六条规定：经书面催交，业主无正当理由拒绝交纳或者在催告的合理期限内仍未交纳物业费，物业服务企业请求业主支付物业费的，人民法院应予支持；第八条规定：物业服务企业向业主委员会提出物业费主张的，人民法院应当告知其向拖欠物业费的业主另行主张权利。上述两条规定表明，当业主拖欠物业服务企业的物业管理费时，物业服务企业应当积极主动向业主追讨，必要时诉诸于法庭，物业服务企业可以向业主委员会提出协助向欠费业主催缴物业管理费，但不能把属于全体业主所有的公共收益擅自与个别业主拖欠的物业管理费相抵消。

本案中，由于业主不交纳物业费，北京乙物业服务企业不得不出租了部分物业用房，将收益用于弥补物业费的亏损。显然，北京乙物业服务企业的做法与上述最高人民法院的司法解释相违背，无法成立。

7.8 地下车库应该归谁所有

【案情介绍】

某小区由某房地产公司建成并交付使用。某小区54号房屋共3层，规划时作为公建配套用房，2002年4月初始登记在某房地产公司名下。54号房屋建成后由某房地产公司移交给上海市某区规划局，又于2008年由某房地产公司回购。2009年7月，某房地产公司办理了54号第1、2层房屋的产权证，该产权证除记载了54号房屋外，还记载了人防地下车库等，同时在附记中又记载，下列地下车库为民防工程：地下1层车位1～10、车位12～34，车位36～41、车位44、车位45、车位49～76、车位78～109、车位112～130、车位132～139、车位141～158、车位160～163。另经查，在上海市某区房屋土地管理局测绘所出具的《房屋土地权属调查报告书》中反映，人防地下车库面积5535.48m^2。车位共163个，分摊方式为不分摊、不受摊。

现某业委会起诉要求某公司要求确认某小区54号房屋和地下车库的产权归某小区全体业主所有，某公司、某街道应协助某业委会办理相关产权变更登记手续。

【焦点问题】

1. 地下车库属于全体业主共有还是开发商所有？
2. 作为人防工程的地下车库产权归属及收益权问题怎么判定？

【法院判决】

一审法院认定：地下车库是由某房地产公司出资建造，同时依照有关行政规定，该地下车库同时又系人防工程，根据“谁投资、谁所有”的原则，某房地产公司取得地下车库的产权并无不当。同时，根据房屋土地管理局测绘所出具的《房屋土地权属调查报告书》，54号房屋系门栋分摊（即本栋房屋分摊），地下车库不分摊、不受摊，故某小区的所有业主购房时，其分摊面积均未包括地下车库。因此某业委会提出的诉讼请求，没有事实与法律依据，法院不予支持。一审法院判决驳回某委员会的诉讼请求。

二审法院认为一审法院对54号房屋的认定有误，但对地下车库的性质及权利归属，原审所作的认定并无不当。

法条链接

《中华人民共和国物权法》

第五十二条　国防资产属于国家所有。

铁路、公路、电力设施、电信设施和油气管道等基础设施，依照法律规定为国家所有的，属于国家所有。

第七十四条　建筑区划内，规划用于停放汽车的车位、车库应当首先满足业主的需要。

建筑区划内，规划用于停放汽车的车位、车库的归属，由当事人通过出售、附赠或者出租等方式约定。

占用业主共有的道路或者其他场地用于停放汽车的车位，属于业主共有。

《人民防空法》

第二条　人民防空是国防的组成部分。国家根据国防需要，动员和组织群众采取防护措施，防范和减轻空袭危害。

人民防空实行长期准备、重点建设、平战结合的方针，贯彻与经济建设协调发展、与城市建设相结合的原则。

《人民防空工程平时开发利用管理办法》

第三条　人民防空工程平时开发利用应当坚持有偿使用、用管结合的原则，平时由投资者使用管理，收益归投资者所有。

【案例评析】

地下车库产权归属问题是实践中存在争议较多的一个问题。根据《中华人民共和国物权法》第七十四条第三款的规定："占用业主共有的道路或者其他场地用于停放汽车的车位，属于业主共有”。但建筑区划内的地下车库一般不占用业主的公共用地，其面积也未作为公用面积予以分摊，故实践中并不认为地下车库属于业主共有。根据《中华人民共和国物权法》第七十四条第二款的规定：“建筑区划内，规划用于停放汽车的车位、车库的归属，由当事人通过出售、附赠或者出租等方式约定”，也就说，允许开发商和业主通过约定的方式确定车库的权属。

1. 开发商与业主就地下车库的产权进行了约定的情况

根据上述法律规定以及实践中的通行做法，一般以开发商和业主的约定为依据确定相关地下车库的权属关系。

2. 开发商与业主就地下车库的产权无明确约定的情况

对于住宅小区规划内建造的地下车库归属于业主还是开发商这一问题，尽管本案中一审法院根据“谁开发，谁所有”的原则确定地下车库的产权归开发商所有，但目前实践中对此问题仍存在重大争议，有待相关立法或司法解释对此予以明确。

3. 作为人防工程的地下车库产权归属及收益权问题

人防工程，又称民防工程，属于根据国家法律法规必须强制修建的工程。关于人防工程的权属问题，国家层面的法律上并没有明确的规定，理论和实务方面都在存在一定的争议。目前部分地方对该产权问题进行了规定，比如根据《上海市民防工程建设和使用管理办法》、《广州市人民防空管理规定》等地方性规定，人民防空工程可以办理产权登记。在上述上海、广州等地区，投资者可以办理人防工程地下车库的产权证，权属关系较为明确，但对于其他地区来说，仍有待相关法律法规的出台，对作为人防工程的地下车库的产权问题进行明确。

收益权的问题，一般遵从“谁开发，谁收益”的原则。根据《人民防空工程平时开发利用管理办法》第三条：“人民防空工程平时开发利用应当坚持有偿使用、用管结合的原则，平时由投资者使用管理，收益归投资者所有。”根据该规定，作为人防工程的投资者，享有对作为人防工程的地下车库的收益权。

作为物业服务企业来说，需要注意的是，作为地下车库收益的地下车库停车费实际上包括了两个部分：一是停车位所占用土地的使用费，二是车辆保管费两部分。土地使用费部分应该支付给地下车库的所有权人，而车辆管理费用应该支付给车辆保管人即物业服务企业。实践中，物业服务企业往往负责对停车费进行收取，物业服务企业扣除车辆管理费后的停车费余款则属于地下车库的产权人所有。生活中，业主与开发商往往因为地下车的产权问题发生纠纷，因此物业服务企业在停车费收取问题上，需注重对实际权利人的利益进行保护，避免因为地下车库的产权不明确的问题导致停车费收益人不明确，进而导致与业主、开发商发生停车费分配纠纷等问题。

7.9 小区的哪些收益应当向业主公布

【案情介绍】

商丘市某业主委员会（以下简称“B业主委员会”）于2012年8月28日与商丘市某物业服务企业（以下简称甲物业服务企业）签订《某花都物业管理服务委托合同》，B业主委员会将商丘市某花都小区物业管理委托给甲物业服务企业管理，双方约定了委托管理的管理期限、权利及义务等事项，合同届满日期为2015年8月24日。在合同履行过程中，甲物业服务企业于2013年5月22日与阳光幼儿园签订了场地租赁协议，甲物业服务企业将某花都小区27号楼北西部空闲地租赁给阳光幼儿园使用，租期10年，每年租金为1500元，共计15000元，合同签订时一次付清。双方约定该款用于小区公共收入，用于公共设施、设备维修养护及更新改造。甲物业服务企业将绿地改成两个车位，供业主自行使用，小区内的停车位均收取停车费，另有出租广告收益若干，所有费用均用于小区公共设施，以上收入都有账目，但未向业主公布过。

祁某、王某、张某、沈某、郭某、杨某（以下简称“祁某等六人”）系商丘市某花都小区业主，因与B业主委员会、甲物业服务企业业主知情权纠纷，祁某等六人于2014年10月27日向商丘市当地人民法院提起诉讼，请求依法判令B业主委员会、甲物业服务企业公布擅用小区业主共有部分的收益情况。诉讼过程中，祁某等六人放弃对甲物业服务企业的诉讼请求。

判决后，祁某等六人不服原判，提起上诉，并称：（1）B业主委员会主任无正当理由缺席庭审，故意逃避责任。上诉人在原审中要求B业主委员会履行义务，并没有放弃对甲物业服务企业知情请求权。如果上诉人是为小区全体业主的合法权益受侵害提起诉讼，被上诉人须向全体业主公布，并非只向起诉的六人公布。（2）原审不支持公布商丘市某花都小区门岗房屋改建、幼儿园安装供暖管道收益、商家在小区内摆摊设点、宣传推销商品获得收益等请求不当。原审适用法律也不当。请求二审法院撤销原判，支持上诉人的全部诉讼请求。

二审期间临时业主委员提交照片和协议各一份，照片证明该委员会已向上诉人及其他业主对出租给阳光幼儿园空闲地、绿地改成的车位、出租广告位收益情况进行了公布。协议证明位于商丘市某花都大门口的门卫房因属危房拆除重建，部分用于门岗，部分用于中原银行商丘分行自助取款机使用，B业主委员会和甲物业服务企业均无收益。

【焦点问题】

1. 当事人拒不参加诉讼是否影响案件审理?
2. 二审拒绝六名业主要求向全体业主公布有关事项的诉求是否合法?
3. 业主诉求公布小区摆摊设点收益为什么没能得到法院支持?

【法院判决】

一审法院依法判决:(1)B业主委员会于本判决生效后30日内向祁某等六人公布出租给阳光幼儿园的空闲地、绿地改成的车位以及出租的广告位收益情况;(2)驳回祁某等六人的其他诉讼请求。

商丘市二审法院认为,原审认定基本事实清楚,审判程序合法,但对上诉人请求临时业主委员公布门岗房屋改建、幼儿园安装暖气管道使用和收益情况予以公布处理不当,予以纠正,其余判决结果应予维持。判决具体如下:(1)维持商丘市一审判决第(1)、(2)项;(2)商丘市某花都B业主委员会于本判决生效后30日内向祁某等六人公布小区门岗房屋改建、幼儿园安装暖气管道使用和收益情况。

法条链接

《中华人民共和国民事诉讼法》(2012年修正)

第六十四条 当事人对自己提出的主张,有责任提供证据。

当事人及其诉讼代理人因客观原因不能自行收集的证据,或者人民法院认为审理案件需要的证据,人民法院应当调查收集。

人民法院应当按照法定程序,全面地、客观地审查核实证据。

第一百四十三条 原告经传票传唤,无正当理由拒不到庭的,或者未经法庭许可中途退庭的,可以按撤诉处理;被告反诉的,可以缺席判决。

第一百七十条 第二审人民法院对上诉案件,经过审理,按照下列情形,分别处理:

(一)原判决、裁定认定事实清楚,适用法律正确的,以判决、裁定方式驳回上诉,维持原判决、裁定;

(二)原判决、裁定认定事实错误或者适用法律错误的,以判决、裁定方式依法改判、撤销或者变更;

（三）原判决认定基本事实不清的，裁定撤销原判决，发回原审人民法院重审，或者查清事实后改判；

（四）原判决遗漏当事人或者违法缺席判决等严重违反法定程序的，裁定撤销原判决，发回原审人民法院重审。

原审人民法院对发回重审的案件作出判决后，当事人提起上诉的，第二审人民法院不得再次发回重审。

《最高人民法院关于审理建筑物区分所有权纠纷案件具体应用法律若干问题的解释》

第十三条 业主请求公布、查阅下列应当向业主公开的情况和资料的，人民法院应予支持：

（一）建筑物及其附属设施的维修资金的筹集、使用情况；

（二）管理规约、业主大会议事规则，以及业主大会或者业主委员会的决定及会议记录；

（三）物业服务合同、共有部分的使用和收益情况；

（四）建筑区划内规划用于停放汽车的车位、车库的处分情况；

（五）其他应当向业主公开的情况和资料。

《物业管理条例》（2007年修订）

第六条 房屋的所有权人为业主。

业主在物业管理活动中，享有下列权利：

（一）按照物业服务合同的约定，接受物业服务企业提供的服务；

（二）提议召开业主大会会议，并就物业管理的有关事项提出建议；

（三）提出制定和修改管理规约、业主大会议事规则的建议；

（四）参加业主大会会议，行使投票权；

（五）选举业主委员会成员，并享有被选举权；

（六）监督业主委员会的工作；

（七）监督物业服务企业履行物业服务合同；

（八）对物业共用部位、共用设施设备和相关场地使用情况享有知情权和监督权；

（九）监督物业共用部位、共用设施设备专项维修资金（以下简称专项维修资金）的管理和使用；

（十）法律、法规规定的其他权利。

《中华人民共和国物权法》

第七十一条 业主对其建筑物专有部分享有占有、使用、收益和处分的权利。业主行使权利不得危及建筑物的安全，不得损害其他业主的合法权益。

第七十三条 建筑区划内的道路，属于业主共有，但属于城镇公共道路的除外。建筑区划内的绿地，属于业主共有，但属于城镇公共绿地或者明示属于个人的除外。建筑区划内的其他公共场所、公用设施和物业服务用房，属于业主共有。

【案例评析】

1. 当事人拒不参加诉讼是否影响案件审理?

原审对B业主委员会以合法形式送达诉讼文书，该委员会无正当理由拒不到庭参加诉讼，根据《中华人民共和国民事诉讼法》第一百四十三条，原告经传票传唤，无正当理由拒不到庭的，或者未经法庭许可中途退庭的，可以按撤诉处理；被告反诉的，可以缺席判决。因此本案中B业主委员会拒不出庭，人民法院依法可以缺席审理不参加庭审活动是其诉讼权利的放弃，不影响对该案正常审理。

2. 二审拒绝六名业主要求向全体业主公布有关事项的诉求是否合法?

该案起诉由祁伟华等六人提起，在一审中未明确要求向全体业主公布有关事项，我国《民事诉讼法》第一百五十条规定，第二审人民法院应当对上诉请求的有关事实和适用法律进行审查。换言之，对上诉请求之外的有关事实和适用法律，第二审人民法院不应当进行审查处理，即实行“不告不理”的原则。具体包括两层含义：一是没有原告的起诉，法院不得启动审判程序，即原告的起诉是法院启动审判程序的先决条件；二是法院审判的范围应与原告起诉的范围相一致，法院不得对原告未提出诉讼请求的事项进行审判。人民法院按照“不告不理”的原则，判B业主委员会向祁某等六人公布请求事项并无不当。所谓不告不理原则是指法院审理的原则是民事诉讼法的基本原则，表现为法院审理民事纠纷的范围（诉讼内容与标的）由当事人确定，法院无权变更、撤销当事人的诉讼请求。案件在审理中，法院只能按照当事人提出的诉讼事实和主张进行审理，对超过当事人诉讼主张的部分不得主动审理。虽然法律有规定业主委员会和物业服务企业应当向业主公布小区共有部分收益，但本案中祁某等六人只是主张向该六人公布有关事项，因此祁某等六人再次主张向全体业主公布有关事项得不到法律支持。

3. 业主诉求公布小区摆摊设点收益为什么没能得到法院支持?

业主诉求公布小区摆摊设点收益为什么没能得到法院支持。由于祁某等六人未提交证据证明商家在商丘市某花都小区内摆摊设点、宣传推销商品事实的存在，故其请求B业主委员会公布商家在小区内摆摊设点、宣传推销商品获得收益情况，证据不足，因此不能得到法院支持。专家提醒，根据《中华人民共和国民事诉讼法》第六十四条，当事人对自己提出的主张，有责任提供证据。只有当事人及其诉讼代理人因客观原因不能自行收集的证据，或者人民法院认为审理案件需要的证据，才由人民法院调查收集。本案中，祁某等六人作为小区业主，具有收集小区摆摊设点等信息的能力，但在庭中却并没有提供相应证据，因此该诉讼请求不能得到法院支持实属合理。

7.10 物业服务企业对于地下车库进行控制及收益是否合法

【案情介绍】

曹某系乙新村小区业主。该小区由丙园、乙花园、丁三个小区合并而成，上海市某新村业主委员会（以下简称“A业主委员会”）系乙新村小区的业委会，成立于2006年。在乙新村小区内，仅有位于本市某区某路某弄的丙园内有地下车库，目前该处地下车库登记的权利人仍为该小区的开发商上海戊房地产开发有限公司。

2006年11月23日，上海戊房地产开发有限公司（签约甲方）与某区戌镇土地管理所（签约乙方）、上海庚置业有限公司（签约丙方）签订了《商品房预订购协议书》，约定：乙丙方因动迁安置用房之需要，向甲方购买甲方新建于某路某弄《丙园》商品房用于动迁安置，购买的房屋为该址期房418套，乙丙方向甲方购买的地下车位价格为每个单价30000元（人民币，下同），共250个。合同另对付款方式等事项进行了约定。丙园地下车库因未交纳维修基金，地下车库的产权证至今没有办下来，现地下车库由物业服务企业收费，并设立账目，收益尚未分配。

A业主委员会在2013年某新村1～6月公益性收支情况表中，未将该小区地下车库的收支情况予以公布。

曹某于2013年11月至原审法院提起业主知情权诉讼，要求A业主委员会提供自2013年1月起至2013年11月止的非经营性收入钱款总数（停车费及小区业主共有的门面房租金）及明细账目，并要求A业主委员会当庭对提供的账目明细接受曹某的质询。原审法院于2014年2月14日作出判决，驳回了曹某的诉讼请求。

原审判决后，曹某不服，向上海市第一中级人民法院提起上诉称：

1. 上诉人提起本案诉讼是要求法院判令被上诉人出示涉案地下车库收费主体收取停车费时应当或者必须出具的相关收款凭证，并不涉及地下车库所有权的归属，原审法院将审理焦点集中于车库所有权归属，超出了上诉人的诉请范围。

2. 按照地随房走的一般原则，小区的业主取得房屋所有权之日起小区公共区域内的建筑物及附属设施属于全体业主共有，故本案房屋置换协议生效后地下车库所有权已随之转移，车库登记的权利人已经名存实亡，实际控制人对于车库的控制及收益也是非法的，上诉人完全享有对地下车库收益情况的知情权及监督权。

综上，上诉人要求撤销原审判决，改判支持上诉人的原审诉讼请求。

被上诉人A业主委员会辩称：原审认定事实清楚，适用法律正确，故要求驳回上诉，维持原判。

【焦点问题】

1. 业主向A业主委员会主张地下车库收支情况的知情权诉求是否合理？

2. 业主诉求地下车库收益知情权的对象是业主委员会还是物业服务企业？

【法院判决】

上海市第一中级人民法院认为，上诉人虽主张涉案地下车库产权归小区全体业主共有，但本案的实际情况是，涉案地下车库登记的权利人仍为开发商上海戊房地产开发有限公司，且根据其与第三方签订的协议，该地下车库已经转让给第三方，物业服务企业也是基于第三方的委托而非被上诉人的委托进行管理，故根据现有证据难以认定涉案地下车库的权利人为小区业主，上诉人亦无证据表明被上诉人掌握涉案地下车库的相关收益情况，原审据此驳回上诉人的诉讼请求，并无不当，法院予以维持。综上所述，上诉人的上诉请求，缺乏事实和法律依据，法院不予支持。据此，根据《中华人民共和国民事诉讼法》第一百七十条第一款第（一）项之规定，判决如下：驳回上诉，维持原判。

法条链接

《中华人民共和国民事诉讼法》（2012年修正）

第一百七十条 第二审人民法院对上诉案件，经过审理，按照下列情形，分别处理：

（一）原判决、裁定认定事实清楚，适用法律正确的，以判决、裁定方式驳回上诉，维持原判决、裁定；

（二）原判决、裁定认定事实错误或者适用法律错误的，以判决、裁定方式依法改判、撤销或者变更；

（三）原判决认定基本事实不清的，裁定撤销原判决，发回原审人民法院重审，或者查清事实后改判；

（四）原判决遗漏当事人或者违法缺席判决等严重违反法定程序的，裁定撤销原判决，发回原审人民法院重审。

原审人民法院对发回重审的案件作出判决后，当事人提起上诉的，第二审人民法院不得再次发回重审。

《最高人民法院关于审理建筑物区分所有权纠纷案件具体应用法律若干问题的解释》

第十三条 业主请求公布、查阅下列应当向业主公开的情况和资料的，人民法院应予支持：

（一）建筑物及其附属设施的维修资金的筹集、使用情况；

（二）管理规约、业主大会议事规则，以及业主大会或者业主委员会的决定及会议记录；

（三）物业服务合同、共有部分的使用和收益情况；

（四）建筑区划内规划用于停放汽车的车位、车库的处分情况；

（五）其他应当向业主公开的情况和资料。

《物业管理条例》（2007年修订）

第六条 房屋的所有权人为业主。

业主在物业管理活动中，享有下列权利：

（一）按照物业服务合同的约定，接受物业服务企业提供的服务；

（二）提议召开业主大会会议，并就物业管理的有关事项提出建议；

（三）提出制定和修改管理规约、业主大会议事规则的建议；

（四）参加业主大会会议，行使投票权；

（五）选举业主委员会成员，并享有被选举权；

（六）监督业主委员会的工作；

（七）监督物业服务企业履行物业服务合同；

（八）对物业共用部位、共用设施设备和相关场地使用情况享有知情权和监督权；

（九）监督物业共用部位、共用设施设备专项维修资金（以下简称专项维修资金）的管理和使用；

（十）法律、法规规定的其他权利。

【案例评析】

1. 业主向A业主委员会主张地下车库收支情况的知情权诉求是否合理?

关于曹某作为业主向A业主委员会主张地下车库收支情况的知情权诉求是否合理问题。根据《中华人民共和国物权法》第二十七条，业主对其建筑物专有部分享有占有、使用、收益和处分的权利。相应地，业主也享有了解建筑区划内涉及业主共有权以及共同管理权相关事项的权利。根据《最高人民法院关于审理建筑物区分所有权纠纷案件具体应用法律若干问题的解释》第十三条之规定，业主请求公布、查阅建筑物及其附属设施的维修基金的筹集、使用情况；管理规约、业主大会议事规则，以及业主大会或者业主委员会的决定及会议记录；物业服务合同、共有部分的使用和收益情况；建筑区划内规划用于停放汽车的车位、车库的处分情况；其他应当向业主公开的情况和资料的，人民法院应予支持。上述规定明确了业主知情权的范围，业主委员会作为知情权的义务主体，理应依法配合业主行使知情权。就本案而言，曹某虽然作为乙新村小区的业主，享有对该小区相关事项的知情权，但目前该小区的地下车库的权利人仍登记为开发商，而结合双方的陈述和《商品房预订购协议书》等现有证据可知，该小区的地下车库已由开发商转让给第三方，实际由第三方委托物业服务企业进行管理，登记的权利人和实际的控制人均非小区业主，该地下车库尚不属于小区业主共有，因此，曹某作为业主向A业主委员会主张地下车库收支情况的知情权缺乏依据。

2. 业主诉求地下车库收益知情权的对象是业主委员会还是物业服务企业?

关于业主诉求地下车库收益知情权的对象问题。本案中地下车库由物业服务企业进行管理，而物业服务企业进驻小区从事物业管理的合同是与业主委员会签订的，根据合同相对性原则，合同关系只能发生在特定的主体之间，只有合同当事人一方能够向合同的另一方当事人基于合同提出请求或提起诉讼。因此，本案中业主无法直接向物业服务企业主张知情权，只能由业主委员会代为主张，因此本案中曹某业主选择将业主委员会作为知情权的起诉对象是正确的。业主委员会是小区所有业主选举出来的，代表了所有业主的利益，当业主要求主张知情权时，业主委员会应予以协助。

7.11 小区架空层所有权归谁

【案情介绍】

被告温州甲开发公司是A商住小区的开发商。2002年4月8日，被告因A商住小区建筑施工总建筑面积40667.5m^2（另底层架空98.6m^2，架空公众休闲场所542m^2，地下室面积5500m^2）超出了土地出让合同规定的总建筑面积39649m^{2}而向土地管理部门补缴了超面积与地下机动车库面积地价款398300元。次日，规划部门向被告核发了建设工程规划许可证副本，上面载明A商住小区总建筑面积40667.5m^2，底层架空98.6m^2，架空公众休闲场所542m^2。A商住小区工程竣工后，经房地产测绘部门测绘，确定总建筑面积为47727.34m^2，含架空层面积714.93m^2（其中套内建筑面积554.892m^2，分摊公用建筑面积160.034m^2）。2004年12月13日，被告因A商住小区竣工总建筑面积47727.34m^{2}超出建设工程规划许可证副本上载明的总建筑面积40667.5m^{2}而向土地管理部门补缴了超面积地价款743132元。同年12月20日，规划部门作出行政处罚决定书，对被告擅自扩建建设计建筑面积806.03m^2（不包括架空层、地下室面积）予以罚款处理。被告于次日缴纳罚款128965元后，规划部门向被告核发了建设工程规划许可证正本，上面载明建设规模为建筑面积41472.61m^2；另架空层作公共活动空间714.93m^2，地下室面积5539m^2。2006年，土地管理部门在办理土地使用权登记时，核定A商住小区总建筑面积为47012.41m^2（包括地下室5539.80m^2，不包括架空层714.93m^2），地下室分摊土地面积，架空层未分摊土地面积。另查明：A商住小区交付后，包括原告在内的业主陆某取了房屋所有权证，但位于小区A1幢三层的架空层未能办理产权登记，由被告作为办公场所使用。2008年8月6日，被告将该架空层以年租金248472元的价格出租给某服务有限公司作办公用房使用。

现原告A商住小区160位业主提出两项诉讼请求：（1）确认A商住小区A1幢架空层为小区的公共场所而属于全体业主共有；（2）被告赔偿经济损失993888元。被告认为：（1）A商住小区A1幢架空层系其投资建设并补缴了地价款，且该架空层还分摊了建筑物的公用面积，根据“谁投资，谁所有”的原则，该架空层应归被告所有；（2）原告的诉讼请求已逾诉讼时效。

一审判决认为：原告与被告讼争的A商住小区A1幢架空层在建设时，经规划部门批准的用途为公众休闲场所与公共活动空间，属于商住小区内的公共场所。该架空层不分摊土地使用权面积，不计算容积率，也未能登记成为特定业主所有权的客体，应当认定为建筑物专有部分以外的共有部分，属于A商住小区全体业主共有。原告关于确认A商住小区A1幢架空层属于全体业主共有的请求合理合法，法院予以支持。考虑到被告支出了A商住小区A1幢架空层建造的相关费用，其在使用该架空层期间获得的收益可归被告所有，原告诉请被告赔偿经济损失993888元，法院不予支持。对于被告的抗辩理由，法院认为，因建设工程规划许可证上载明的架空层面积是在工程的建设规模之外另列，规划部门对被告的超面积建设罚款也不包括该架空层面积，故不能确定被告两次补缴地价款的超面积部分包括了该架空层面积。另A商住小区A1幢架空层虽分摊了建筑物的公用面积，表明被告因该架空层建造支出了相应的费用，但因该架空层的规划用途为公共活动空间，且不分摊土地使用权面积，故不应以被告支出了该架空层的建造费用而否定该架空层的共有性质。被告辩称原告的诉讼请求已逾诉讼时效，因物权确认之诉不适用诉讼时效的规定，故被告的上述辩称理由不能成立。

宣判后，原告与被告均不服原审判决，提起上诉。A商住小区160位业主认为：（1）A商住小区A1幢架空层相关建造成本费用已经摊入整个建设工程造价成本之中，不存在温州甲开发公司再单独支出架空层建造费用的情形。原判含糊其辞认定温州甲开发公司支出了架空层建造相关费用，其在使用该架空层期间获得的收益可归其所有，属认定事实不清，违反了物权法第三十九条规定；（2）本案实质上是物权确认纠纷，不存在人数要求。本案又是业主共有权纠纷，根据物权法第九十五条规定，共同共有的财产权利不分份额，本案160户业主行使的权利是全体业主共有的权利，原告主体适格。且本案参诉业主160户已超出现有住户230户及小区面积的一半。

温州甲开发公司认为：（1）诉争架空层在交付使用前就已经砌墙，不属于小区业主共有，且请求赔偿损失应适用诉讼时效规定，原判驳回该诉讼请求正确；（2）原审原告主体不适格，A商住小区现有业主350户，而现在起诉业主仅160户，未达到物权法第七十六条规定的过半数的要求；（3）架空层概念在相关法律法规里没有明确规定，是开发商自行投资建设的具有单独使用功能的楼层，在法律没有对权属做出明确规定情况下，根据物权原始取得法律规定，温州甲开发公司对其投资建设的架空层在建成之时取得权属，不应当认定为业主共有。

【焦点问题】

1. 本案中小区业主诉讼主体资格认定？
2. 本案中诉争架空层的功能与归属是什么？
3. 本案中小区业主的赔偿诉讼请求是否合理？

【法院判决】

一审法院依照《中华人民共和物权法》第七十条、第七十三条，《最高人民法院关于审理建筑物区分所有权纠纷案件具体应用法律若干问题的解释》第三条第一款的规定，判决如下：（1）确认坐落温州市的A商住小区A1幢架空层属于包括原告温州市A商住小区160位业主在内的全体业主共有。（2）驳回原告温州市A商住小区160位业主的其他诉讼请求。案件受理费78811元，由原告温州市的A商住小区160位业主负担10811元，由被告温州甲开发公司负担68000元。二审法院认为：原判认定事实清楚，确认诉争架空层归全体业主共有正确，二审予以维持；驳回业主赔偿诉讼请求没有明显不当，二审亦予以维持。两上诉人的上诉请求，法院均不予支持。依照《中华人民共和国民事诉讼法》第一百五十三条的规定，判决如下：驳回上诉，维持原判。

法条链接

《中华人民共和国民事诉讼法》（2012年修正）

第一百五十三条　人民法院审理案件，其中一部分事实已经清楚，可以就该部分先行判决。

《中华人民共和物权法》

第七十条　业主对建筑物内的住宅、经营性用房等专有部分享有所有权，对专有部分以外的共有部分享有共有和共同管理的权利。

第七十三条　建筑区划内的道路，属于业主共有，但属于城镇公共道路的除外。建筑区划内的绿地，属于业主共有，但属于城镇公共绿地或者明示属于个人的除外。建筑区划内的其他公共场所、公用设施和物业服务用房，属于业主共有。

《最高人民法院关于审理建筑物区分所有权纠纷案件具体应用法律若干问题的解释》

第三条　除法律、行政法规规定的共有部分外，建筑区划内的以下部分，也应当认定为物权法第六章所称的共有部分：

（一）建筑物的基础、承重结构、外墙、屋顶等基本结构部分，通道、楼梯、大堂等公共通行部分，消防、公共照明等附属设施、设备，避难层、设备层或者设备间等结构部分；

（二）其他不属于业主专有部分，也不属于市政公用部分或者其他权利人所有的场所及设施等。

建筑区划内的土地，依法由业主共同享有建设用地使用权，但属于业主专有的整栋建筑物的规划占地或者城镇公共道路、绿地占地除外。

【案例评析】

1. 本案中小区业主诉讼主体资格的认定

本案属于业主共有权纠纷，业主方在原审的两个诉讼请求分别为物权确认之诉和侵权赔偿之诉，根据物权法第七十六条规定，其诉讼应当经专有部分占建筑总面积过半数业主且占总人数过半数的业主同意，另根据建筑物区分所有权司法解释第九条规定，同一买受人拥有一个以上专有部分的，按一人计算，英豪花园共有住户业主230户，营业房业主20户，办公房业主1户，地下室车库产权人99人，分别计算为350户，但99个地下车库应大多为本小区业主购买，故业主总数应为250多户，一审参与起诉的业主已达160户，总面积25723.11m^2，已符合法定要求，所以，温州甲开发公司主张业主主体资格不合格，与事实不符。

2. 本案中诉争架空层的功能与归属

所谓的架空层按《民用建筑设计通则》的术语解释，指仅有结构支撑而无外围护结构的开敞空间层，通常可用来设置水、电、煤气等管道设施设备及业主共用休闲设施等。关于诉争架空层，规划局颁发的《建设工程规划许可证》已明确其功能为架空公共休闲场所，不能将所有权登记为特定业主。根据物权法第七十条、第七十二条、最高院建筑物区分所有权司法解释第三条第一款的规定，该架空层不属于建筑物的业主专有部分，应属于建筑物的共有部分。该架空层按规划设计为敞开式空间，除铺设必要水电气管道外，应为业主休闲、运动的半户外空间，本身并不具备居住、办公等室内空间用途，虽然现在由温州甲开发公司违章砌墙置窗、分割变造作为办公用房出租，但该违章状态并不能否定架空层本身公共休闲场所功能，更不能就此按市场价格判定它的商业价值。至于规划部门的超面积罚款是否包括该架空层面积及架空层是否计入总建筑面积计算容积率和分摊土地面积均不影响该架空层作为公共休闲场所的业主共有性质。本案业主与温州甲开发公司属于商品房买卖关系，不是委托代建关系，商品房销售价格实行市场价格，小区业主并不是按建设成本购得商品房，温州甲开发公司的建设成本与销售价格并无直接关联，开发商不能以某公有配套部分如道路、架空层等建设成本未分摊到业主专有部分建筑而主张所有权。根据《浙江省商品住宅价格构成及价格行为规范》规定，与商品住宅有关的各种配套设施设备建设费用必须进入商品住宅成本，不得在销售价格以外向购房者另行收取。所以即使诉争架空层建设时，其建设造价单独计算，也应视为温州甲开发公司为小区业主提供的配套设施，温州甲开发公司现在亦无权向购房者另行收取该建设造价，更无理由据此主张该架空层的所有权。所以，诉争架空层应为小区全体业主共有。

3. 本案中小区业主的赔偿诉讼请求是否合理?

诉争架空层虽然规划审批时功能为公共休闲场所，但建造当时的法律法规对此类物业的所有权归属没有明确规定，相关部门也没有要求温州甲开发公司在小区交付时应将该架空层随同物业用房等一并移交，所以温州甲开发公司在小区交付后将该诉争架空层违章砌墙置窗作为自用办公用房使用，小区业主一开始也没有提出异议。纠纷发生后，双方对该架空层的归属认识上产生分歧，有待法院确认。最后一审、二审法院均没有支持业主在该架空层确权前的赔偿诉讼请求，显然这个判决没有明显不当。

第8章

物业管理权更迭篇

本章综述

物业管理权更迭主要是指物业管理项目的进入与退出，是物业项目完整物业管理周期的开始和结束，其中物业管理权的交接是最为关键的环节。物业管理权更迭的内容包括：物业服务企业参与物业项目招投标、续签物业服务合同、使用物业管理用房、退出时物业交接等。在项目物业管理权更迭过程中产生一些物业管理纠纷，并且这些纠纷的解决周期长、成本高，如何有效处理并规避这些法律纠纷成为物业服务企业亟需关注的问题。

本章精选了近年来物业管理权更迭方面的法律纠纷典型案例，分别涉及市场招投标、续签物业服务合同、支付设备维修费用、使用物业管理用房以及退出时项目交接等方面的内容，以期通过对这些典型案例的深入解读与评析，不仅为物业服务企业提供规避法律风险的参考，也为正面临法律纠纷的物业服务企业提供应诉处理的方法和技巧。

8.1 物业服务企业如何应对小区业委会的解聘诉求

【案情介绍】

武汉市B小区为占地面积62206.18m^2，建筑面积165879m^{2}的商、住一体的住宅小区。该小区共分三期，其中一、二期于2009年11月交付业主使用，开发企业湖北某置业有限公司指定武汉甲物业服务企业（以下简称“甲物业服务企业”）提供前期物业服务，并于2008年10月20日与甲物业服务企业签订《物业管理委托合同（A）》，该合同约定“委托管理期限为5年。自2008年10月20日起至业主委员会成立之日止。”同时业主与甲物业服务企业签订《前期物业管理服务协议》，该协议第一条第一项第11款约定“自本协议终止时起15日内，与业主委员会选聘的物业管理企业办理本物业的物业管理移交手续，物业管理移交手续须经业主委员会确认”。

2012年10月14日，业主大会筹备委员会召开第一次业主大会，选举产生业主委员会，随后经武汉市房管局和新洲区房管局备案，并通过公函告知湖北某置业有限公司和甲物业服务企业。2012年12月18日，A业主委员会提出《关于在全小区征求对物业服务意见建议的报告》，并将收集的意见转达给湖北某置业有限公司和甲物业服务企业。2013年2月至3月，A业主委员会多次与湖北某置业有限公司和甲物业服务企业协商重新签订物业服务合同未果，提出解除物业服务合同并得到多数业主同意。

2013年4月24日，A业主委员会向甲物业服务企业发函“关于办理莱茵城小区物业管理项目交接事宜的函”，要求甲物业服务企业于2013年4月24日～2013年5月8日向A业主委员会移交。2013年4月27日，甲物业服务企业给A业主委员会发出《关于B小区物业管理项目交接事宜的回函》，回函同意在新的物业企业选聘后办理交接手续。2013年4月29日，A业主委员会向甲物业服务企业再去交接函，定于5月2日交接，甲物业服务企业签收后未派人办理。2013年5月4日，A业主委员会发送中标物业企业结果（结果中注明中标企业为武汉某物业服务有限公司）；2013年6月16日A业主委员会向甲物业服务企业去交接函，甲物业服务企业收悉但仍未办理移交。为此，A业主委员上诉法院，诉请与甲物业服务企业解除物业服务合同，甲物业服务企业随后提出反诉申请，反对解除物业服务合同。

【焦点问题】

1．A业主委员会的成立是否合法？

2．A业主委员会是否具有诉讼主体资格？

3．A业主委员会召集召开的业主大会解聘甲物业服务企业的程序是否合法？

4．开发企业湖北某置业有限公司与甲物业服务企业签订《物业管理委托合同（A）》是否继续有效？

【法院判决】

武汉市新洲区人民法院判决如下：（1）甲物业服务企业在判决生效之日起十日内撤离武汉市B小区。（2）甲物业服务企业在判决生效之日起十日内向小区业主委员会移交保管的物业档案、物业服务档案等资料和物业服务用房。（3）驳回小区业主委员会的其他诉讼请求。（4）驳回甲物业服务企业的所有反诉请求。甲物业服务企业不服一审判决提起上诉，二审维持原判。

法条链接

《中华人民共和国物权法》

第七十六条 下列事项由业主共同决定：

（一）制定和修改业主大会议事规则；

（二）制定和修改建筑物及其附属设施的管理规约；

（三）选举业主委员会或者更换业主委员会成员；

（四）选聘和解聘物业服务企业或者其他管理人；

（五）筹集和使用建筑物及其附属设施的维修资金；

（六）改建、重建建筑物及其附属设施；

（七）有关共有和共同管理权利的其他重大事项。

决定前款第五项和第六项规定的事项，应当经专有部分占建筑物总面积三分之二以上的业主且占总人数三分之二以上的业主同意。决定前款其他事项，应当经专有部分占建筑物总面积过半数的业主且占总人数过半数的业主同意。

第八十一条 业主可以自行管理建筑物及其附属设施，也可以委托物业服务企业或者其他管理人管理。

对建设单位聘请的物业服务企业或者其他管理人，业主有权依法更换。

《物业管理条例》（2007年修订）

第十一条 下列事项由业主共同决定：

（一）制定和修改业主大会议事规则；

（二）制定和修改管理规约；

（三）选举业主委员会或者更换业主委员会成员；

（四）选聘和解聘物业服务企业；

（五）筹集和使用专项维修资金；

（六）改建、重建建筑物及其附属设施；

（七）有关共有和共同管理权利的其他重大事项。

第十二条 业主大会会议可以采用集体讨论的形式，也可以采用书面征求意见的形式；但是，应当有物业管理区域内专有部分占建筑物总面积过半数的业主且占总人数过半数的业主参加。

业主可以委托代理人参加业主大会会议。

业主大会决定本条例第十一条第（五）项和第（六）项规定的事项，应当经专有部分占建筑物总面积2/3以上的业主且占总人数2/3以上的业主同意；决定本条例第十一条规定的其他事项，应当经专有部分占建筑物总面积过半数的业主且占总人数过半数的业主同意。

业主大会或者业主委员会的决定，对业主具有约束力。

业主大会或者业主委员会作出的决定侵害业主合法权益的，受侵害的业主可以请求人民法院予以撤销。

第二十六条　前期物业服务合同可以约定期限；但是，期限未满、业主委员会与物业服务企业签订的物业服务合同生效的，前期物业服务合同终止。

第二十九条　在办理物业承接验收手续时，建设单位应当向物业服务企业移交下列资料：

（一）竣工总平面图，单体建筑、结构、设备竣工图，配套设施、地下管网工程竣工图等竣工验收资料；

（二）设施设备的安装、使用和维护保养等技术资料；

（三）物业质量保修文件和物业使用说明文件；

（四）物业管理所必需的其他资料。

物业服务企业应当在前期物业服务合同终止时将上述资料移交给业主委员会。

第三十九条　物业服务合同终止时，物业服务企业应当将物业管理用房和本条例第二十九条第一款规定的资料交还给业主委员会。

物业服务合同终止时，业主大会选聘了新的物业服务企业的，物业服务企业之间应当做好交接工作。

《最高人民法院关于审理物业服务纠纷案件具体应用法律若干问题的解释》

第八条　业主大会按照物权法第七十六条规定的程序作出解聘物业服务企业的决定后，业主委员会请求解除物业服务合同的，人民法院应予支持。

物业服务企业向业主委员会提出物业费主张的，人民法院应当告知其向拖欠物业费的业主另行主张权利。

《中华人民共和国民事诉讼法》

第四十八条　公民、法人和其他组织可以作为民事诉讼的当事人。

第一百四十二条　法庭辩论终结，应当依法作出判决。判决前能够调解的，还可以进行调解，调解不成的，应当及时判决。

【案例评析】

业委会的合法性。根据《武汉市物业管理条例》第十九条第一款第二项规定“首次交付使用专有部分之日起满两年，且交付使用的专有部分建筑面积达建筑物总面积20%以上的”，这种情况下应当召开首次业主大会会议，成立业主大会。本案中，武汉市B小区分三期，一、二期已完工，自2009年11月首次交付使用至今已满两年时间，且交付面积占总面积比例远大于20%，故可以召开业主大会。本案中，首次业主大会以栋为单位推选业主代表以集体讨论会议形式召开，武汉市新洲区某街道办事处、武汉市新洲区某街道某社区、湖北某发置业有限公司及武汉市新洲区住房保障和房屋管理局均派人参加，会上成立了小区业主大会首届业主委员会，且于2012年12月5日在武汉市新洲区住房保障和房屋管理局备案登记，A业主委员会因此属于依法成立。专家提醒，业主委员会的成立必须经业主大会选举，并报辖区物业管理主管部门备案，未满足此条件的，业主委员会将会存在法律风险。

业委会的诉讼主体资格。根据《物权法》和《物业管理条例》的规定，业主大会是业主议事的方式，并非是组织机构和办事机构，故既不是法人，也不是其他组织，不具有诉讼主体资格。业主委员会是业主大会召开期间，经全体业主选举产生的办事机构，其能够行使业主授予的民事权利，也能在业主授权下从事一定的组织活动，包括诉讼活动。最高人民法院《关于审理物业服务纠纷案件具体应用法律若干问题的解释》法释［2009］8号第八条第一款规定“业主大会按照物权法第七十六条规定的程序作出解聘物业服务企业的决定后，业主委员会请求解除物业服务合同的，人民法院应予支持。”所以，业主委员会是《民法通则》规定的其他组织，具备民事诉讼主体资格，既可以作为原告、也可以作为被告，其所担负的义务也实际上由广大业主承受，不影响其诉讼主体资格与地位。《中华人民共和国民事诉讼法》第四十八条 规定“公民、法人和其他组织可以作为民事诉讼的当事人。法人由其法定代表人进行诉讼。其他组织由其主要负责人进行诉讼。”业主委员会作为业主大会的执行机构，具备对外代表全体业主、对内具体实施与物业管理有关行为的职能，其行为的法律效果及于全体业主。本案中，A业主委员会依法成立，且具有业主大会的授权，因此法院认定A业主委员会具有诉讼主体资格是正确的。

解聘程序的合法性。2013年4月15日，A业主委员会通过书面征求意见的方式召集召开的业主大会就是否更换物业服务企业共发出597张征求意见表，收回597张表，其中同意票586张，弃权票6张，不同意票5张。B小区一、二期总建筑面积96987.5m^2，总户数971户，交房622户，建筑面积65779.76m^2，本次书面征求意见不论按面积还是按户数均超过半数比例，符合《中华人民共和国物权法》第七十六条的规定，因此A业主委员会召集召开的业主大会解聘甲物业服务企业的程序是合法的。

前期物业合同是否继续有效。开发企业湖北某发置业有限公司于2008年10月20日与甲物业服务企业签订《物业管理委托合同（A）》第十八条约定“委托管理期限为5年。自2008年10月20日起至业主委员会成立之日止。”合同期限已到。2012年12月5日，经武汉市房管局和新洲区房管局备案，小区业主委员会正式成立，该合同权利义务终止。《武汉市物业管理条例》第五十五条规定“……物业服务合同期限届满，业主大会没有作出选聘或者续聘决定，原物业服务企业可以按照原合同约定继续提供服务，物业服务合同自动延续至业主大会作出选聘或者续聘决定为止。”A业主委员会作出选聘新的物业服务公司决定后，于2013年4月24日，A业主委员会向甲物业服务企业发函“关于办理B小区物业管理项目交接事宜的函”，要求甲物业服务企业于2013年4月24日～2013年5月8日向A业主委员会移交。可以认定A业主委员会与甲物业服务企业相关手续的移交最后期限的时间为2013年5月8日，因此，《物业管理委托合同（A）》不应再继续履行。

8.2 前期物业服务企业是否有权占用涉案物业管理用房

【案情介绍】

江华社区第26幢房屋系原四川江华某厂所属的江华乙物业服务企业的临时办公用房，其中包括离休干部活动室和水电公司收费办公室。在四川江华某厂破产清算过程中，为落实生活区的物业管理，2006年6月30日四川某破产清算组与江华乙物业服务企业、江华B业主委员会签订了《委托管理江华社区物业协议书》（以下简称“委托协议”），约定由江华乙物业服务企业为江华社区提供物业管理服务，并约定破产清算组可随时解除该协议。协议签订后，江华乙物业服务企业开始对江华社区进行物业管理，并将原成都某实业有限责任公司的临时办公用房，即江华社区第26幢房屋（不包含离休干部活动室和水电公司收费办公室）用作物业管理用房。

2007年8月22日，第三人四川某破产清算组与成都市龙泉驿区人民政府约定由区政府委托某街办经营管理诉争房屋，并提供给社区做公用财产使用。同年8月31日，某街办组织江华某厂留守委、四川某破产清算组、江华社区居委会、江华B业主委员会召开江华社区物业管理协调会，决定从9月1日起，四川某破产清算组不再支付江华社区的物管费，由江华乙物业服务企业直接向业主按月收取物管费，某街办按月给付一定补助。同日，业委会根据前述决定向业主发出通知，公告四川某破产清算组与江华乙物业服务企业在2007年8月31日解除协议后，9月仍由江华乙物业服务企业过渡一个月，要求业主按规定缴纳物管费。

2008年6月16日，江华社区召开第一届九次业主大会，通过形成了《江华社区物业服务企业选聘方案》(以下简称“选聘方案”)。选聘方案第6条第2款第（5）项载明，“根据投票结果，由达到业主总数和建筑面积双过半的企业承担江华社区的物业服务；如竞聘企业均未达到双过半，则由得赞成票数最多的企业承担江华社区的过渡物业服务（过渡期1年），待过渡期满时另行选聘”。2008年6月23日，江华社区召开选聘大会，江华乙物业服务企业、成都某物业有限责任公司（以下简称“成都甲物业服务企业”）、兴荣源物业服务企业参与竞聘。经龙泉公证处公证，所有竞聘单位均未达到“双过半”，成都甲物业服务企业得票最多。江华B业主委员会按照选聘方案确定成都甲物业服务企业为江华社区的过渡物业服务企业。2008年6月30日，原、被告签订《江华社区物业管理临时委托协议》，委托成都甲物业服务企业对江华社区进行物业管理，期限1年，自2008年7月1日到2009年6月30日止，并约定在协议生效之日起15日内，向成都甲物业服务企业提供第26幢建筑作为物管用房。由于江华乙物业服务企业一直占用物管用房拒不腾退，江华社区居委会于2008年8月11日发出通知，要求江华乙物业服务企业于当日退出第26幢物业管理用房场地。

原告成都甲物业服务企业诉称：原告经过公证处公证广大业主投票，以多数票成为江华社区过渡物业管理人，由于第三人无故强占物管用房，致使原告与被告签订的管理协议无法履行，造成广大业主不能正常工作和生活，严重影响了江华社区居民情绪，引起社会不稳定。故诉至法院，请求判令被告将涉诉房屋交付原告作为物业管理使用。

被告江华B业主委员会辩称：第三人江华乙物业服务企业因投票选聘落选，应自动退出物管用房。

第三人江华乙物业服务企业述称：（1）成都甲物业服务企业与江华B业主委员会之间签订的临时委托协议无效，其原告主体资格不适格。（2）本案诉争房屋由于没有办理合法的报建和权属登记手续，属于临时建筑，该房屋的实际所有人和管理人是政府而非被告江华B业主委员会。被告无权在协议中约定将该房屋交付给原告使用。（3）江华乙物业服务企业系合法使用该房屋，无侵权行为。请求依法驳回原告的诉讼请求。

第三人四川某破产清算组未作答辩。

【焦点问题】

1．本案中成都甲物业服务企业与江华B业主委员会之间签订的临时委托协议是否有效?

2．本案中得票最多的物业管理人选聘时未达到“双过半”标准是否影响物业管理协议的效力?

3．本案中江华乙物业服务企业是否合法使用该房屋，有无侵权行为?

【法院判决】

江华乙物业服务企业和四川某破产清算组事实上自2007年9月1日起终止执行委托协议及补充协议。因此，第三人江华乙物业服务企业辩称其目前系依据委托协议及补充协议合法占用诉争物管用房的意见不能成立，法院不予支持。

本案中，被告江华B业主委员会与原告成都甲物业服务企业签订《江华社区物业管理临时委托协议》的行为，系以选聘方案和选聘结果为依据、执行业主大会决定的执行行为，而非被告江华B业主委员会的决定行为。所以，法院认为，江华乙物业服务企业辩称原、被告签订的临时委托协议无效的意见不能成立，不予支持。

《物业管理条例》第三十九条规定，物业服务合同终止时，物业服务企业应退出物管用房。江华乙物业服务企业自2008年5月开始，在没有对江华社区实际从事物业管理的情况下占用江华社区物管用房不合法，原告要求第三人江华乙物业服务企业搬出江华社区物管用房符合法律规定，法院给予支持。

一审法院判决：限第三人江华乙物业服务企业于判决生效后三日内，将其占用的龙泉驿区十陵江华社区第26幢相关房屋腾出并交付给原告。判决送达后，第三人“江华乙物业服务企业”提起上诉，经二审审理后维持原判。

法条链接

《中华人民共和国合同法》

第八条　依法成立的合同，对当事人具有法律约束力。当事人应当按照约定履行自己的义务，不得擅自变更或者解除合同。

依法成立的合同，受法律保护。

《中华人民共和国物权法》

第七十条 业主对建筑物内的住宅、经营性用房等专有部分享有所有权，对专有部分以外的共有部分享有共有和共同管理的权利。

第七十六条 下列事项由业主共同决定：

（一）制定和修改业主大会议事规则；

（二）制定和修改建筑物及其附属设施的管理规约；

（三）选举业主委员会或者更换业主委员会成员；

（四）选聘和解聘物业服务企业或者其他管理人；

（五）筹集和使用建筑物及其附属设施的维修资金；

（六）改建、重建建筑物及其附属设施；

（七）有关共有和共同管理权利的其他重大事项。

决定前款第五项和第六项规定的事项，应当经专有部分占建筑物总面积三分之二以上的业主且占总人数三分之二以上的业主同意。决定前款其他事项，应当经专有部分占建筑物总面积过半数的业主且占总人数过半数的业主同意。

《物业管理条例》（2007年修订）

第二条 本条例所称物业管理，是指业主通过选聘物业服务企业，由业主和物业服务企业按照物业服务合同约定，对房屋及配套的设施设备和相关场地进行维修、养护、管理，维护物业管理区域内的环境卫生和相关秩序的活动。

第十一条 下列事项由业主共同决定：

（一）制定和修改业主大会议事规则；

（二）制定和修改管理规约；

（三）选举业主委员会或者更换业主委员会成员；

（四）选聘和解聘物业服务企业；

（五）筹集和使用专项维修资金；

（六）改建、重建建筑物及其附属设施；

（七）有关共有和共同管理权利的其他重大事项。

第十二条 业主大会会议可以采用集体讨论的形式，也可以采用书面征求意见的形式；但是，应当有物业管理区域内专有部分占建筑物总面积过半数的业主且占总人数过半数的业主参加。

业主可以委托代理人参加业主大会会议。

业主大会决定本条例第十一条第（五）项和第（六）项规定的事项，应当经专有部分占建筑物总面积2/3以上的业主且占总人数2/3以上的业主同意；决定本条例第十一条规定的其他事项，应当经专有部分占建筑物总面积过半数的业主且占总人数过半数的业主同意。

业主大会或者业主委员会的决定，对业主具有约束力。

业主大会或者业主委员会作出的决定侵害业主合法权益的，受侵害的业主可以请求人民法院予以撤销。

第十五条　业主委员会执行业主大会的决定事项，履行下列职责：

（一）召集业主大会会议，报告物业管理的实施情况；

（二）代表业主与业主大会选聘的物业服务企业签订物业服务合同；

（三）及时了解业主、物业使用人的意见和建议，监督和协助物业服务企业履行物业服务合同；

（四）监督管理规约的实施；

（五）业主大会赋予的其他职责。

第三十五条　业主委员会应当与业主大会选聘的物业服务企业订立书面的物业服务合同。

物业服务合同应当对物业管理事项、服务质量、服务费用、双方的权利义务、专项维修资金的管理与使用、物业管理用房、合同期限、违约责任等内容进行约定。

第三十九条　物业服务合同终止时，物业服务企业应当将物业管理用房和本条例第二十九条第一款规定的资料交还给业主委员会。

物业服务合同终止时，业主大会选聘了新的物业服务企业的，物业服务企业之间应当做好交接工作。

【案例评析】

建筑物区分所有权人的共同管理权要求物业服务合同必须体现业主的共同意志。《物权法》第七十条明确规定了建筑物区分所有权包括业主的专有权、共有权以及共有部分的共同管理权。建筑物区分所有权人之共同管理权是指建筑物区分所有权人基于专有部分与共有部分、专有权与共有权不可分离而形成的对建筑物整体进行共同管理所享有的权利和承担的义务。共同管理权是专属于业主的权利，任何人取得所有权就自然取得共同管理权。共同管理权是所有权的延伸，是确保专属所有权和共有权实现的手段。不论管理形式是自主进行，还是委托他人，真正的管理主体都应当是业主本身，行使管理权的行为应当体现业主的共同意志。但是由于建筑物区分所有权人个体情况千差万别，每个所有权人的个人意志难以绝对统一，因此，必须及时构建业主自治组织，通过自治组织消化少数所有权人的个人意志，在民主的基础上进行有效的集中，形成代表全体所有权人的共同意志，才能确保共同管理权体现建筑物区分所有权人的共同意志。

《物权法》第七十六条规定："下列事项由业主共同决定：……选聘和解聘物业服务企业或者其他管理人；……决定前款其他事项，应当经专有部分占建筑物总面积过半数的业主且占总人数过半数的业主同意。"因此，选聘物业服务企业，签订物业服务合同，属建筑物区分所有权人共同管理权中的重大事项，就这一重大事项的决定法律明确规定须达到和满足两个方面的条件，一是专有部分占建筑物总面积的比例；二是业主且占总人数的比例，也就是俗称的"双过半"的标准，才能体现全体建筑物区分所有权人的共同意志，才能体现全体建筑物区分所有权人的真实意思表示。

物业管理实践要求建筑物区分所有权人正确行使共同管理权。建筑物区分所有权人应当高度重视共同管理权，通过遵循《物权法》规定的程序充分正确的行使选聘和解聘物业服务企业的权利。签订物业服务合同的决定权在于业主大会，业委会仅负责执行业主大会的决定，业委会代表业主与业主大会选聘的物业服务企业签订物业服务合同。

对物权法关于选聘物业服务企业的"双过半"标准适度扩大解释符合构建和谐物管的要求，不违反立法本意关于选聘和解聘物业服务企业、签订物业服务合同这一事关业主共同管理权的重大事项，《物权法》第七十六条、《物业管理条例》第十一条、第十二条均对议决程序做出了明确规定，即选聘和解聘物业服务企业或其他管理人，应当经专有部分占建筑物总面积过半数的业主且占总人数过半数的业主同意，即须达到俗称的"双过半"。本案中，不应当机械的理解为必须以业主大会选聘时绝对的"双过半"，对该"双过半"标准的具体适用应作扩大解释，也就是说，该规定不仅仅指召开业主大会时以"双过半"标准表决确定物业服务企业，还应当包含业主大会首先以"双过半"标准来确定选聘方案、程序后，按照"双过半"标准表决确定具体符合选聘方案的物业服务企业，即执行了经专有部分占建筑物总面积过半数的业主且占总人数过半数的业主同意选聘物业服务企业或其他管理人的规定。

本案中，若机械适用"双过半"标准，势必会造成没有任何一家参与竞聘的物业服务企业符合规定的情形，则最终造成无法选聘出合法的物业服务企业的结果，导致该小区缺乏合法的物业服务主体，物业管理秩序陷入混乱无序，小区业主的共同管理权最终无法真正得以实现。鉴于此，为有效避免此种尴尬局面，对于根据物业选聘方案在竞聘中得票数最多的物业服务企业应当认定其符合“双过半”标准，方能发挥全体业主对共同共有部分管理权的有效行使，最大效能地发挥建筑物共有部分的功能。

8.3 业主怠于行使权利，致无法形成业主大会决议，业主委员会能否自行决定续聘原物业服务企业

【案情介绍】

江苏省常熟某小区2007年成立业主委员会后，两次委托前物业管理有限公司通知业主召开业主大会，讨论地下车库的产权问题、房屋质量、物业服务企业的选聘及收费等问题，均因业主大部分未参加而未能形成有效决议。2009年，业主委员会与前物业服务企业签订物业服务合同，约定物业收费标准及交纳期限。李某作为该小区业主，因拖欠物业管理费被物业服务企业提起诉讼。

同年，李某以业主委员会及物业服务企业为被告向法院提起诉讼，认为两被告签订的物业服务合同未经过业主大会同意，且收费标准条款加重业主责任、排除业主主要权利，损害了部分业主权益，诉求法院撤销两被告签署的物业服务合同。

业主委员会未作答辩。物业服务企业辩称：李某主张撤销权已超过一年的诉讼时效；业主委员会对物业管理费经过公示并在绝大部分业主同意的前提下签订的物业服务合同，原告主张撤销只是个人主张；物业管理费是考虑电梯运营费等其他综合因素后确定的，不存在加重业主责任、排除业主权益的情况。

【焦点问题】

部分业主怠于行使管理权，未积极参与业主大会导致有关事项无法形成业主大会决议的，对业主委员会与物业服务企业签署的服务协议是否有撤销权。

【法院判决】

一审法院认为：当事人在从事民事活动时，应诚实守信，以善意的方式履行义务，不得滥用权力以及规避法律或者合同约定的义务。业主委员会两次组织召开业主大会

讨论涉及业主利益的事项，均因大部分业主未到导致业主大会未能成功召开，相关事项决定未能形成。业主委员会为维护小区内业主正常生活，避免对业主生活及小区秩序产生不利影响，与进行前期物业服务的物业服务企业签订物业服务合同，且物业服务企业已实际提供物业管理服务，大部分业主亦向其交纳物业费。李某因拖欠物业费，在物业服务企业多次催交无果后提起诉讼的情况下提起本案之诉，显然有违诚实信用原则。如支持李某的诉请，则有可能对小区内大部分业主的生活及小区正常秩序产生不利影响。如李某认为该物业服务企业未能履行物业服务合同约定的义务要解聘该物业服务企业，可以依法召开业主大会，经专有部分占建筑物总面积过半数以上的业主且占总人数过半数的业主同意后作出决定。基于上述理由，一审判决驳回李某的诉讼请求。

李某不服一审判决提起上诉。二审法院认为：业主委员会在业主怠于行使管理权的情况下与物业服务企业签署物业服务合同，并未有侵害业主权益的主观意图，且物业服务合同已实际履行，李某并无证据证明物业服务合同约定的收费标准违反了法律、法规、部门规章的规定而擅自扩大收费范围、提高收费标准，如李某不认同该收费标准或不合理，可通过业主大会决定相关事项。二审判决维持原判。

法条链接

《中华人民共和国物权法》

第七十八条 业主大会或者业主委员会的决定，对业主具有约束力。业主大会或者业主委员会作出的决定侵害业主合法权益的，受侵害的业主可以请求人民法院予以撤销。

《物业管理条例》

第十条 同一个物业管理区域内的业主，应当在物业所在地的区、县人民政府房地产行政主管部门或者街道办事处、乡镇人民政府的指导下成立业主大会，并选举产生业主委员会。但是，只有一个业主的，或者业主人数较少且经全体业主一致同意，决定不成立业主大会的，由业主共同履行业主大会、业主委员会职责。

第十一条 下列事项由业主共同决定：

（一）制定和修改业主大会议事规则；

（二）制定和修改管理规约；

（三）选举业主委员会或者更换业主委员会成员；

（四）选聘和解聘物业服务企业；

（五）筹集和使用专项维修资金；

（六）改建、重建建筑物及其附属设施；

（七）有关共有和共同管理权利的其他重大事项。

第十二条　业主大会会议可以采用集体讨论的形式，也可以采用书面征求意见的形式；但是，应当有物业管理区域内专有部分占建筑物总面积过半数的业主且占总人数过半数的业主参加。

《最高人民法院关于审理建筑物区分所有权纠纷案件具体应用法律若干问题的解释》

第十二条　业主以业主大会或者业主委员会作出的决定侵害其合法权益或者违反了法律规定的程序为由，依据物权法第七十八条第二款的规定请求人民法院撤销该决定的，应当在知道或者应当知道业主大会或者业主委员会作出决定之日起一年内行使。

【案例评析】

本案判决颇具有争议，一方面该判决是一起较为典型的业主撤销权纠纷。对《物业管理条例》第十条、第十一条规定的突破，甚至相悖，因此是否具有示范作用值得商榷；另一方面该判决实质上充分尊重了业主的“意思自治”，即法院对案件事实认定除了关注业主怠于行使权力外，更重要的是关注到业主在物业费调整后仍然继续交费的事实，进而认定了调整物业管理费并未违背大部分业主的意愿。怠于行使管理权的业主提起撤销权之诉时，法院将依据什么法律法规及相关事实进行判决。现行的《物权法》、《物业管理条例》、《最高人民法院关于审理建筑物区分所有权纠纷案件具体应用法律若干问题的解释》等法律及司法解释均是原则性的笼统规定，因此对此类案件的处理要在遵守现行规定的前提下充分兼顾个案的具体情况。

本案的具体情况是：业主委员会与物业服务企业签署的物业服务合同因为未经过决议，并不符合《物业管理条例》第十二条关于“业主大会会议可以采用集体讨论的形式，也可以采用书面征求意见的形式；但是，应当经专有部分占建筑物总面积过半数的业主且占总人数过半数的业主同意”的规定，所以该物业服务合同因违反法律规定的程序，根据《最高人民法院关于审理建筑物区分所有权纠纷案件具体应用法律若干问题的解释》第十二条相关规定，业主是可以请求撤销的。但本案中，无论一审还是二审法院均未支持业主的诉求，根本原因在于（1）该物业服务合同之所以未按法定程序表决，是因为业主怠于行使管理权造成的。本案中业主委员会两次召集业主会议，均因业主大部分未参加而未能成功举行并形成决议，现实生活中，正是因为很多业主怠于行使管理权，而使得业主大会诸多管理事项无法得到有效通过和执行。这已是我国物业管理服务的困境之一，业主既然不参加表决，那在一定程度上可视为放弃对业主大会决定的异议权，这是对其撤销权的一种限制。（2）业主委员会作出的决定并未侵害业主合法权益。本案中，大多数业主实际接受了业主委员会与物业服务企业签订的物业服务合同内容，并享受了物业服务企业提供的服务，支付了相应的物业费，业主委员会的决定并未侵害业主的利益。虽然法律赋予了业主撤销权，但同时也规定了只有在业主大会或者业主委员会作出的决定侵害业主合法权益的情况下，受侵害的业主才可以请求人民法院撤销。（3）充分尊重业主委员会的团体自治性。业主委员会作为业主大会的执行机构，其决议属于团体自治行为，只要业主委员会的行为没有违反法律法规，司法机关就不宜主动干预业主内部事务。部分业主不认可业主委员会的行为，可以通过议事规则交由业主大会决定相关事项，不宜交由司法机关进行处理。

8.4 业主委员会直接解聘原物业服务企业，新中标的物业服务企业能否进驻

【案情介绍】

2011年1月28日，广东省江门市某小区业主委员会与原物业服务企业签订《物业管理服务合同》，合同约定服务期限为2013年7月1日～2015年6月30日。2013年3月23日，业主委员会在未召开业主大会表决的情况下自行决定合同期满后不再与原物业服务企业续约并向原物业服务企业送达了通知书。同年3月31日，业主委员会向各业主发出《关于公开招聘物业服务企业事宜的通知》并附《征求意见表》，向业主征求意见对是否同意业主委员会采用公开招聘方式确定物业服务企业并签订物业服务合同进行表决。同年4月28日，业主委员会发布公告，载明于2013年3月31日以书面形式向全体业主征求公开招聘物业服务企业的意见，经回收统计，发出533张，收回401张，其中368户同意，24户不同意，1票中立，8张废票，并认为本次征求事项得到二分之一以上业主同

意以及面积过半，征求事项表决通过，业主委员会将按照相关程序完善合同条款开展招聘工作。

此后，业主委员会成立了由5名业主委员会委员以及2名业主代表组成的招标评审小组，于2013年6月16日进行评标、开标工作。同年6月17日，业主委员会公布物业管理服务项目结果公示，评标信息：N公司得票4票，另一物业服务企业得票3票，拟中标人为N公司。在此期间，部分业主对业主委员会的工作提出了强烈的质疑并向相关部门投诉，但业主委员会仍然于同年6月30日与N公司签订了《物业管理服务合同》。

2013年7月1日，N公司依照合同带领工作人员及工作物资进驻小区，然而却遭到原驻物业与个别业主阻挠，经与业主委员会交涉，N公司于同年7月15日再次按照合同进场，遭遇阻挠，业主委员会未能解决N公司依约进驻小区的障碍，致使N公司至今无法履行合同。N公司认为业主委员会的违约行为导致其因此支付预备进场工作人员工资、购置物资、工具、服装、招聘广告费、项目宣传费、设备费、诉讼费等经济损失共计17264.9元，同时，该纠纷在江门市物业行业内炒得沸沸扬扬，使公司名誉和利益受到一定程度损害，N公司因此向法院提起诉讼，要求业主委员会赔偿上述损失并继续履行双方签订的物业服务合同。

【焦点问题】

1. 业主委员会自行与物业服务企业签订的物业服务合同是否有效？
2. 业主委员会在招标选聘物业服务企业的过程中存在过错是否应当承担责任？

【法院判决】

一审法院经审理认为，业主委员会向业主发出《关于公开招聘物业服务企业事宜的通知》，以书面方式征求业主是否同意业主委员会采用公开招聘方式确定物业服务企业并签订物业服务合同的意见，该事项得到“双过半”业主的同意，但仅能认定为业主同意业主委员会不再与原物业服务企业续约的决定。业主委员会根据上述决定，有权开展公开招聘物业服务企业的具体工作，但业主委员会应在开展选聘工作时，对参与竞聘的物业服务企业进行审查、评议后，须召开业主大会，向全体业主汇报相关情况，并由全体业主对选聘物业服务企业的事项作出最终决定，但本案中业主委员会并未履行此项程序，故业主委员会与N公司签订物业服务合同的决定未得到业主“双过半”同意，不符合法定程序和条件，故业主委员会与N公司签订的物业服务合同无效。由于涉案《物业管理服务合同》无效，N公司如果确实存在损失，并且在其主观没有过错的情况下，该损失实际为缔约过失引致的损害赔偿问题，其有权要求过错方予以赔偿，但是，N公司经审理释明后，仍坚持在合同有效的前提下请求业主委员会继续履行合同并承担违约责任，导致法院认定的事实与其起诉主张的事实不一致，故N公司的该项请求缺乏必要的前提和基础，于法无据。

由此，一审法院判决驳回了N公司的全部诉讼请求，N公司不服向江门市中级人民法院提起上诉，江门市中级人民法院经过审理，认为原审判决认定事实清楚，适用法律正确，处理恰当，依法应予维持，驳回了N公司的上诉请求。

法条链接

《中华人民共和国合同法》

第四十二条 当事人在订立合同过程中有下列情形之一，给对方造成损失的，应当承担损害赔偿责任：

（一）假借订立合同，恶意进行磋商；

（二）故意隐瞒与订立合同有关的重要事实或者提供虚假情况；

（三）有其他违背诚实信用原则的行为。

《物业管理条例》

第十一条 下列事项由业主共同决定：

（一）制定和修改业主大会议事规则；

（二）制定和修改管理规约；

（三）选举业主委员会或者更换业主委员会成员；

（四）选聘和解聘物业服务企业；

（五）筹集和使用专项维修资金；

（六）改建、重建建筑物及其附属设施；

（七）有关共有和共同管理权利的其他重大事项。

第十二条 业主大会会议可以采用集体讨论的形式，也可以采用书面征求意见的形式；但是，应当有物业管理区域内专有部分占建筑物总面积过半数的业主且占总人数过半数的业主参加。

业主可以委托代理人参加业主大会会议。

业主大会决定本条例第十一条第（五）项和第（六）项规定的事项，应当经专有部分占建筑物总面积2/3以上的业主且占总人数2/3以上的业主同意；

决定本条例第十一条规定的其他事项，应当经专有部分占建筑物总面积过半数的业主且占总人数过半数的业主同意。

业主大会或者业主委员会的决定，对业主具有约束力。

业主大会或者业主委员会作出的决定侵害业主合法权益的，受侵害的业主可以请求人民法院予以撤销。

《广东省物业管理条例》

第五十条 物业服务合同期限届满三个月前，业主委员会应当组织召开业主大会决定选聘或者续聘物业服务企业，并将决定书面告知物业服务企业；物业服务企业决定不再续签物业服务合同的，应当在物业服务合同期限届满三个月前书面告知业主委员会。业主大会决定续聘的，业主委员会应当在物业服务合同期限届满一个月前与物业服务企业续签物业服务合同。业主大会决定选聘新的物业服务企业的，原物业服务企业应当在物业服务合同终止之日起十五日内退出物业管理区域。

《最高人民法院关于民事诉讼证据的若干规定》

第三十五条 诉讼过程中，当事人主张的法律关系的性质或者民事行为的效力与人民法院根据案件事实作出的认定不一致的，不受本规定第三十四条规定的限制，人民法院应当告知当事人可以变更诉讼请求。

【案例评析】

按照我国物业管理法律法规的规定，业主委员会是业主大会的执行机构，代表业主行使管理权，可见，业主委员会的权利来源于业主大会，因此，业主委员会必须对业主大会负责并报告工作，不享有自行选聘、解聘、决定是否续聘物业服务企业的权利。在物业服务合同到期前，业主委员会应召开业主大会由全体业主作出是否同意续聘或另行选聘物业服务企业的决定，若业主大会决定另行选聘物业服务企业，则应由业主委员会根据业主大会的决定开展具体选聘工作，并将选聘情况向业主大会汇报，经业主大会作出选聘决定后由业主委员会根据该决定代表业主与物业服务企业签订物业服务合同。可见，在决定续聘或重新选聘物业服务企业的过程中的关键问题就是如何体现小区业主大会的决定权。

本案中，业主委员会与新的物业服务企业所签订的合同被认定无效就是因为无法体现小区业主大会的决议，违反了法律的强制性规定。主要体现在以下几点：第一，业主委员会在未得到业主大会同意的情况下，自行决定原物业服务企业的物业管理服务合同期满后不再续约，然后再向各业主发出《征求意见表》对“是否同意业主委员会采用公开招聘方式确定物业服务企业并签订物业服务合同”的事项征求意见，程序不当。第二，该征求意见事项并未指向具体的招聘方式，也未具体指向选聘哪一家物业服务企业，也未列举招投标的方法，上述事项的不明确性为日后部分业主质疑物业服务企业选聘工作合法性提供了合理的怀疑；第三，业主委员会招聘物业服务企业的评审小组的组成是否履行了必要的程序，是否征询了业主大会的意见，业主委员会并未提供证据予以证实。

关于业主委员会是否应当承担赔偿责任的问题，由于业主委员会在与新物业服务企业签订物业服务合同的过程中存在上述瑕疵导致双方所签订的合同被认定为无效，属于缔约过失，而且，由此导致新物业服务企业遭受了一定的损失，业主委员会应当承担缔约过失责任，即就新物业服务企业的损失承担赔偿责任。实践中，为避免类似情况的出现，需要业主委员会和物业服务企业的共同努力。业主委员会要时刻清晰地认识到自己的法律地位和权利来源，在作出涉及小区全体业主利益的决定时，需通过业主大会决议且达到法定条件方能执行；而物业服务企业在签订物业服务合同时也应注意审查业主委员会是否经过合法的决议程序，如果业主委员会的权利状态存在瑕疵，则有可能导致所签订的合同无效。

8.5 物业服务企业投标信息是否属于业主知情权范围

【案情介绍】

俞某系上海市浦东新区某路39弄9号1102室房屋登记的权利人之一。顾某某系上海市浦东新区某路39弄1号2001室房屋登记的权利人。刘某某系上海市浦东新区某路39弄1号1202室房屋登记的权利人之一。俞某、顾某某、刘某某均系位于上海市浦东新区某路39弄的浦东某二期小区的业主。

2011年3月22日，某二期业委会发出《关于召开〈浦东某二期小区采取公开邀标方式选聘物业服务企业的具体选聘方案及修改业主大会议事规则〉之业主大会公告》，称将拟选聘物业服务企业的具体要求、方案等问题提请全体业主投票表决，其中拟选聘物业服务企业的具体要求包括须具备由国家建设部或上海市人民政府房地产主管部门颁发的二级以上（含二级）企业资质证书，须具备五年以上高档次物业的管理经验、获得业主方好评、获得过物业行业相关的获奖证书，派驻该小区现场的项目经理须具备本科以上学历、持有国家建设部颁发的物业经理证书、具备五年以上酒店式公寓的管理经验、形象气质佳、管理能力强、有高度为业主服务的热情；方式为委托本市权威的招标机构进行公开邀标，由招标机构组织行业专家评审团，严格按照本公告的方案、标准和要求对投标企业进行逐一评审，经严格评分后以择优选择的方式决定中标企业等。后上述方案获业主大会会议表决通过。

2011年5月11日，某二期业委会在其名为“浦东某二期业委会和业主交流平台”的网易博客上发布评标报告，称参与浦东某二期小区物业管理服务项目招标的投标人中上海某物业发展有限公司的得分最高，评标委员会据此推荐上海某物业发展有限公司为第一中标候选人，某二期业委会按照招标文件中定标的有关规定最终确定上海某物业发展有限公司为浦东某二期小区物业管理服务项目的中标单位。同日，上海市浦东新区浦东某二期小区业主大会与上海某物业发展有限公司签订了一份《某二期物业服务管理合同》，约定将浦东某二期小区委托上海某物业发展有限公司实施物业服务管理，委托管理期限自2011年5月16日起至2013年5月15日止，物业管理费公寓楼为每月每平方米人民币（下同）3.80元，别墅为每月每平方米7.80元，商铺为每月每平方米9元等。

2011年5月15日，某二期业委会在其网易博客上回答提问时公布了上述合同约定的物业管理费收取标准和委托管理期限，并表示因版权原因，完整的合同不能在网上公布，待交接后，欢迎业主来业委会或物业办公室查阅，也可以张贴公告。嗣后，因俞某、顾某某、刘某某认为其要求某二期业委会公开上海某物业发展有限公司符合公告列明的物业选聘条件的相关资料、双方签订的物业服务合同及派驻浦东某二期小区的物业管理人员情况的主张遭拒，因而提起诉讼。

2012年1月18日，一审法院依照《中华人民共和国物权法》第八十二条、《物业管理条例》第六条、《最高人民法院关于审理建筑物区分所有权纠纷案件具体应用法律若干问题的解释》第十三条之规定，作出判决：（1）上海市浦东新区浦东某二期小区业主委员会于判决生效之日起十日内将上海市浦东新区浦东某二期小区业主大会与上海某物业发展有限公司于2011年5月11日签订的《某二期物业服务管理合同》及上海某物业发展有限公司派驻浦东某二期小区的物业管理人员和组织结构情况提供给俞某、顾某某、刘某某进行查阅；（2）驳回俞某、顾某某、刘某某的其余诉讼请求。

一审判决后，俞某、顾某某、刘某某不服，再次向法院提起上诉，诉称，被上诉人在选聘新物业服务企业时，应该审核并保管所选聘的新物业服务企业的相关资料，现被上诉人未能提供上海某物业发展有限公司的相关资料，损害了三上诉人的合法权益，故请求撤销原判第二项，依法改判支持三上诉人一审诉讼请求。

被上诉人某二期业委会辩称，上诉人要求被上诉人公开物业服务企业投标的相关材料，但该些材料并非业委会制作并保管，且具体选聘工作系由被上诉人委托招投标公司进行，在本案诉讼中被上诉人也已尽量满足业主的要求将相关材料都提供给了上诉人，被上诉人对没有的材料没有能力公布，上诉人可直接向物业服务企业或招投标公司查询。请求驳回上诉，维持一审判决。

【焦点问题】

1. 俞某等是否对物业服务企业选聘具有知情权?
2. 物业服务企业投标信息是否属于业主知情权范围?

【法院判决】

法院经审理查明，一审判决:（1）上海市浦东新区浦东某二期小区业主委员会于判决生效之日起十日内将上海市浦东新区浦东某二期小区业主大会与上海莘闵物业发展有限公司于2011年5月11日签订的《某二期物业服务管理合同》及上海莘闵物业发展有限公司派驻浦东某二期小区的物业管理人员和组织结构情况提供给俞某、顾某某、刘某某进行查阅;（2）驳回俞某、顾某某、刘某某的其余诉讼请求。二审法院判决结果驳回上诉，维持原判。

法条链接

《中华人民共和国物权法》

第七十一条　业主对其建筑物专有部分享有占有、使用、收益和处分的权利。业主行使权利不得危及建筑物的安全，不得损害其他业主的合法权益。

第八十二条　物业服务企业或者其他管理人根据业主的委托管理建筑区划内的建筑物及其附属设施，并接受业主的监督。

《最高人民法院关于审理建筑物区分所有权纠纷案件具体应用法律若干问题的解释》

第十三条　业主请求公布、查阅下列应当向业主公开的情况和资料的，人民法院应予支持：

（一）建筑物及其附属设施的维修资金的筹集、使用情况；

（二）管理规约、业主大会议事规则，以及业主大会或者业主委员会的决定及会议记录；

（三）物业服务合同、共有部分的使用和收益情况；

（四）建筑区划内规划用于停放汽车的车位、车库的处分情况；

（五）其他应当向业主公开的情况和资料。

《中华人民共和国招标投标法》

第三十七条 评标由招标人依法组建的评标委员会负责。

依法必须进行招标的项目，其评标委员会由招标人的代表和有关技术、经济等方面的专家组成，成员人数为五人以上单数，其中技术、经济等方面的专家不得少于成员总数的三分之二。

前款专家应当从事相关领域工作满八年并具有高级职称或者具有同等专业水平，由招标人从国务院有关部门或者省、自治区、直辖市人民政府有关部门提供的专家名册或者招标代理机构的专家库内的相关专业的专家名单中确定；一般招标项目可以采取随机抽取方式，特殊招标项目可以由招标人直接确定。

与投标人有利害关系的人不得进入相关项目的评标委员会；已经进入的应当更换。

评标委员会成员的名单在中标结果确定前应当保密。

《物业管理条例》（2007年修订）

第六条 房屋的所有权人为业主。

业主在物业管理活动中，享有下列权利：

（一）按照物业服务合同的约定，接受物业服务企业提供的服务；

（二）提议召开业主大会会议，并就物业管理的有关事项提出建议；

（三）提出制定和修改管理规约、业主大会议事规则的建议；

（四）参加业主大会会议，行使投票权；

（五）选举业主委员会成员，并享有被选举权；

（六）监督业主委员会的工作；

（七）监督物业服务企业履行物业服务合同；

（八）对物业共用部位、共用设施设备和相关场地使用情况享有知情权和监督权；

（九）监督物业共用部位、共用设施设备专项维修资金（以下简称专项维修资金）的管理和使用；

（十）法律、法规规定的其他权利。

第十一条 下列事项由业主共同决定：

（一）制定和修改业主大会议事规则；

（二）制定和修改管理规约；

（三）选举业主委员会或者更换业主委员会成员；

（四）选聘和解聘物业服务企业；

（五）筹集和使用专项维修资金；

（六）改建、重建建筑物及其附属设施；

（七）有关共有和共同管理权利的其他重大事项。

【案例评析】

俞某等是否对物业服务企业选聘具有知情权。知情权，又称为信息权或了解权，知情权作为政治民主化的一种必然要求和结果，知情权既有公法权利的属性，也有民事权利的属性，特别是对个人信息的知情权，是公民作为民事主体所必须享有的人格权的一部分。在物业管理领域，物权法已明确业主对其建筑物专有部分享有占有、使用、收益和处分的权利，《物业管理条例》第十一条则规定选聘和解聘物业服务企业应当由业主共同决定。俞某作为小区业主之一，对物业服务企业的选聘当然拥有相应的知情权。

物业服务企业投标信息是否属于业主知情权范围。当事人行使权利、履行义务应遵守法律规定。业主要求业主委员会公开上海某物业发展有限公司的物业管理相关资料，包括企业资质证书、五年以上高档次物业的管理经验、获得物业行业相关的获奖证书以及派驻上诉人居住小区现场项目经理的本科以上学历、国家建设部颁发的物业经理证书等资料，对此，法律并无明确规定。根据《中华人民共和国招标投标法》第三十七条，评标由招标人依法组建的评标委员会负责。以此看来，物业服务企业投标信息由招投标机构负责，只有评标委员会成员才有权利查看相关资料。因这些资料并非业主所有，而业主委员会在原审中亦已根据业主要求就其已掌握的情况向上诉人作了提供，因此俞某要求业主委员会提供上述资料依据不足，法院不予支持实属合理。

8.6 业主委员会成立后，开发商是否有权与原物业服务企业续签合同

【案情介绍】

珠海市香洲区××花园东苑小区多栋住宅楼，由珠海某房产公司以其所有土地为出资条件，由某实业投资有限公司（以下简称“乙开发公司”）投入建设资金，双方合作开发，以珠海某房产公司名义对外销售。2004年间，小区房屋销售完毕，珠海某房产公司和乙开发公司作为开发商委托具有物业管理服务资质的甲物业管理服务有限公司（以下简称“甲物业服务企业”）对东苑小区实施物业管理业务。期间，甲物业服务企业的物业管理经营接受政府行业管理部门备案、监管，执行珠海市政府物业管理价格规定。2013年5月前，涉案小区未成立业主委员会。东苑小区业主委员会（以下简称“A业主委员会”）于2013年5月13日成立，业委会成员五人。A业主委员会的成立进行了相关备案。A业主委员会其中一位成员朱某在起诉前提出辞职，但业委会认为个别成员变动不影响业委会主体对外的公信力及发布文书的效果。甲物业服务企业的物业管理经营至2014年7月，于2014年8月1日与乙开发公司续签6年的物业管理经营合同期限至2020年5月期满。

A业主委员会认为续签的物业管理经营合同无效。A业主委员会起诉称甲物业服务企业的物业管理存在保安员少，业主车辆被砸、划伤，蚊虫滋生，绿化、卫生差，发生恶性事件，又未经批准和业主同意强行涨价，车位及车辆进出收费未归还A业主委员会等情况，以此为诉讼事实理由并以通过组织业主讨论、投票等方式取得的决议作为证据，主张请求终止与甲物业服务企业的物业管理关系，并要求甲物业服务企业退出对小区物业管理，并主张返还甲物业服务企业占用的小区物业、小区建筑资料和已收取的车辆管理费，且主张实行自治管理。根据A业主委员会2013年7月对涉案小区共计228户业主进行的书面调查显示，共有139户业主要求解聘被告甲物业服务企业，并有130户业主要求对涉案小区实行自治管理。

甲物业服务企业辩称：前期物业管理服务合同是可以约定期限也可以不约定期限。如果约定了期限，在期限届满时开发商仍然可以与前期物业管理服务企业续签合同，并不是第一次前期物业管理合同期限届满或者小区业主委员会成立后，前期物业管理服务合同就当然终止。前期物业服务合同何时终止应当以《珠海市物业管理条例》第四十八条第三款的规定为准。甲物业服务企业与东苑小区业主间的前期物业管理关系尚未达至终止条件。按照《珠海市物业管理条例》第四十八条第三款的规定“前期物业管理服务合同可以约定期限，期限未满但业主委员会与物业服务企业签订的物业

管理服务合同生效的，前期物业管理服务合同终止”及《珠海市物业管理条例》第二十三条第二款的规定，“选聘或解聘物业服务企业应当经专有部分占建筑物总面积二分之一以上的业主且占总人数二分之一以上的业主同意”。在A业主委员会没有提供证据证明业主已依法表决解聘甲物业服务企业的情况下，A业主委员会无权要求甲物业服务企业撤出小区的管理及终止与甲物业服务企业的物业管理关系。甲物业服务企业认为，A业主委员会的诉讼请求是否能够成立，取决于是否有符合法定条件人数的业主依照法定程序进行表决同意解聘甲物业服务企业。此外，甲物业服务企业答辩称：物权法第八十一条的规定并非A业主委员会主张自治管理的依据。《物权法》第八十一条的规定并不是仅针对小区物业管理而做出的。法条中所指“业主可以自行管理建筑物及其附属设施”指的是单一业主对其专有的建筑物及其附属设施的管理而不包括对小区共有部分物业的管理，并不是A业主委员会所理解的业主可以成立自治组织对小区物业进行相应的管理。即便将该条规定理解为自治管理，但该条规定并没有对如何实施自治管理做出详细的指引，没有实际操作性。

此外，甲物业服务企业认为，按照《珠海市物业管理条例》第二十六条第一款的规定，业主委员会委员为五人以上十五人以下单数。从A业主委员会提供的《业主委员会备案确认书》来看，业委会成员是方某、龙某、朱某、朱某某、吴某五人。从甲物业服务企业提供的朱某于2014年2月1日所写辞职信来看（该辞职信已在吉大街道办备案），朱某已于2014年2月1日辞去××花园A业主委员会成员一职，由此可证，在A业主委员会提起诉讼前，A业主委员会仅有四名成员，不符合《珠海市物业管理条例》第二十六条“五人以上”及“单数”的规定。既然A业主委员会已不足法定人数，则其就不具有相应的民事主体资格，无权也不能进行诉讼等相关民事行为，必须待其符合法定人数的情况下方可为之。于此，甲物业服务企业认为，广东省珠海市中级人民法院（以下简称法院）应当以A业主委员会不足法定人数为由裁定驳回其起诉。

【焦点问题】

1．本案中被告甲物业服务企业与乙开发公司续签的《物业管理合同》对涉案小区业主有无约束力？

2．本案中涉案小区业主能否实行自治管理？

3．本案中业主委员会有无诉讼主体资格？

【法院判决】

根据《中华人民共和国物权法》第七十五条、第七十八条和《物业管理条例》第十条、第十一条、第十二条、第十九条、第二十一条、第二十六条的内容，法院认为原告A业主委员会关于被告甲物业服务企业于2014年7月31日起终止与涉案小区的物业管理服务关系、被告甲物业服务企业撤出涉案小区的诉讼请求亦就有事实及法律依据，依法应予以支持。根据《中华人民共和国物权法》第八十一条之规定，业主可以自行管理建筑物及其附属设施，也可以委托物业服务企业或其他管理人管理。原告A业主委员会关于实行自治管理的主张有法律依据，法院予以支持。本案中，原告A业主委员会在做出自治管理而请求被告甲物业服务企业退场的决议时，程序是否违法或该决议内容是否侵害了业主合法权益，只有业主才有权向人民法院提出异议并行使撤销权，被告甲物业服务企业并非小区业主，无权对原告A业主委员会的决议提出异议。综上，被告甲物业服务企业关于原告A业主委员会无诉讼主体资格的主张没有事实及法律依据，法院不予支持。

法条链接

《中华人民共和国物权法》

第七十五条　业主可以设立业主大会，选举业主委员会。

地方人民政府有关部门应当对设立业主大会和选举业主委员会给予指导和协助。

第七十八条　业主大会或者业主委员会的决定，对业主具有约束力。

业主大会或者业主委员会作出的决定侵害业主合法权益的，受侵害的业主可以请求人民法院予以撤销。

第八十一条　业主可以自行管理建筑物及其附属设施，也可以委托物业服务企业或者其他管理人管理。

对建设单位聘请的物业服务企业或者其他管理人，业主有权依法更换。

《物业管理条例》(2007年修订)

第十条　同一个物业管理区域内的业主，应当在物业所在地的区、县人民政府房地产行政主管部门或者街道办事处、乡镇人民政府的指导下成立业主大会，并选举产生业主委员会。但是，只有一个业主的，或者业主人数较少且经全体业主一致同意，决定不成立业主大会的，由业主共同履行业主大会、业主委员会职责。

第十一条 下列事项由业主共同决定：

（一）制定和修改业主大会议事规则；

（二）制定和修改管理规约；

（三）选举业主委员会或者更换业主委员会成员；

（四）选聘和解聘物业服务企业；

（五）筹集和使用专项维修资金；

（六）改建、重建建筑物及其附属设施；

（七）有关共有和共同管理权利的其他重大事项。

第十二条 业主大会会议可以采用集体讨论的形式，也可以采用书面征求意见的形式；但是，应当有物业管理区域内专有部分占建筑物总面积过半数的业主且占总人数过半数的业主参加。

业主可以委托代理人参加业主大会会议。

业主大会决定本条例第十一条第（五）项和第（六）项规定的事项，应当经专有部分占建筑物总面积2/3以上的业主且占总人数2/3以上的业主同意；决定本条例第十一条规定的其他事项，应当经专有部分占建筑物总面积过半数的业主且占总人数过半数的业主同意。

业主大会或者业主委员会的决定，对业主具有约束力。

业主大会或者业主委员会作出的决定侵害业主合法权益的，受侵害的业主可以请求人民法院予以撤销。

第十九条 业主大会、业主委员会应当依法履行职责，不得作出与物业管理无关的决定，不得从事与物业管理无关的活动。

业主大会、业主委员会作出的决定违反法律、法规的，物业所在地的区、县人民政府房地产行政主管部门或者街道办事处、乡镇人民政府，应当责令限期改正或者撤销其决定，并通告全体业主。

第二十一条 在业主、业主大会选聘物业服务企业之前，建设单位选聘物业服务企业的，应当签订书面的前期物业服务合同。

第二十六条 前期物业服务合同可以约定期限；但是，期限未满、业主委员会与物业服务企业签订的物业服务合同生效的，前期物业服务合同终止。

【案例评析】

前期服务合同期满后，物业服务企业和开发商续签的《物业管理合同》对业主有无约束力。根据《物业管理条例》第二十一条、第二十六条之规定，在业主、业主大会选聘物业服务企业之前，建设单位可选聘具有相应资质的物业服务企业，前期物业服务合同可以约定期限，但是，期限未满，业主委员会与物业服务企业签订的物业服务合同生效的，前期物业服务合同终止。本案中，在涉案小区业主、业主大会选聘物业服务企业之前，作为开发商某房产公司委托的乙开发公司与被告甲物业服务企业2004年签订的物业服务合同，属于前期物业服务合同。而在该前期物业服务合同到期后，被告甲物业服务企业与乙开发公司续签《物业管理合同》之前，涉案小区业主不仅成立了A业主委员会，而且涉案小区大多数业主还决定了不再和被告甲物业服务企业续签物业服务合同，并决定实行自治管理。因此，乙开发公司无权再代表涉案小区业主与被上诉人甲物业服务企业续签物业服务合同，被告甲物业服务企业与乙开发公司续签的《物业管理合同》对涉案小区业主亦无约束力。

小区业主能否实行自治管理。根据《中华人民共和国物权法》第八十一条之规定，业主可以自行管理建筑物及其附属设施，也可以委托物业服务企业或其他管理人管理，对建设单位聘请的物业服务企业或者其他管理人，业主有权依法更换。该条法律规定了对建筑物及其附属设施的管理，有三种形式：一是业主自我管理，二是聘请物业服务企业管理，三是委托其他管理人管理。A业主委员会已经依法成立了自治管理处，具备自我管理的法定条件，其诉讼请求是于法有据的，《物权法》是《物业管理条例》及其相关法规的上位法，其效力优于其他法规。况且物业管理相关法规或条例，也没有对自我管理作出禁止性规定。所以，应当支持原告A业主委员会关于实行自治管理的主张。

关于原告A业主委员会有无诉讼主体资格的问题。首先，根据《中华人民共和国物权法》第七十五条关于“业主可以设立业主大会，选举业主委员会”及《物业管理条例》第十条关于“同一个物业管理区域内的业主，应当在物业所在地的区、县人民政府房地产行政主管部门或街道办事处、乡镇人民政府的指导下成立业主大会，并选举产生业主委员会”之规定，A业主委员会是涉案小区业主依法成立的自治管理性质的组织；其次，《物业管理条例》第十一条第（四）项规定，选聘和解聘物业服务企业事项由业主共同决定。《物业管理条例》第十二条规定，业主大会会议可以采用集体讨论的形式，也可以采用书面征求意见的形式。本案中，根据A业主委员会2013年7月对涉案小区共计228户业主进行的书面调查显示，共有139户业主要求解聘被告甲物业服务企业，并有130户业主要求对涉案小区实行自治管理。同时，根据《物业管理条例》第十五条、第十九条之规定，业主委员会执行业主大会的决定事项并可以根据业主或业主大会的授权作出与物业管理活动相关的决定。因此，原告A业主委员会代表全体业主主张终止与被告甲物业服务企业的物业服务关系并要求其退场有事实及法律依据。

8.7 小区开发公司对涉诉房产是否享有处分权

【案情介绍】

上诉人（原审原告）深圳市南山区某业主委员会（以下简称“A业主委员会”）原审诉讼请求：（1）依法确认被上诉人（原审被告）深圳市某投资集团有限公司（以下简称“甲开发公司”）与原审第三人庄某、黄某转让某综合楼四楼房地产的行为无效（以上房产转让价为1164868元）；（2）由甲开发公司、庄某、黄某承担本案诉讼费用。

原审法院审理查明，甲开发公司成立于1997年8月20日，企业名称为深圳市某投资发展有限公司，2009年3月18日，甲开发公司名称变更为深圳市某投资集团发展有限公司，2010年3月17日，甲开发公司名称变更为深圳市某投资集团有限公司。

1997年11月9日，甲开发公司与深圳市南山区某局签订《深圳市南山某小区土地使用权转让合同书》，约定甲开发公司以转让方式取得地块编号为××的土地的使用权，使用年限为七十年，用途为商业、住宅，计入容积率总建筑面积不得少于30895m^2，合同未尽事宜，可有双方协商签订补充协议书明确，以及其他条款。

2000年12月25日，深圳市规划国土局南山分局向甲开发公司发出《深圳市规划国土局南山分局承办文件复函》，载明“……来文单位：深圳市某投资发展有限公司……如下调整：容积率≤3.2，总建筑面积：42000m^2（其中住宅39000m^2、会所3000m^2，其余要求和指标不变……）”。

2001年4月3日，深圳市规划国土局南山分局作出《深圳市建设工程初步设计审批意见书》，载明“项目名称：M小区，计容积率建筑面积42000m^2……”。

深圳市南山区M小区建设单位为甲开发公司，2003年4月17日，M小区取得《深圳市建设工程规划验收报告》；2003年4月28日深圳市规划与国土资源局南山分局对M小区颁发《深圳市建设工程规划验收合格证》。

2004年1月17日，某综合楼、M小区1-2栋、M小区3-4栋登记在甲开发公司名下，权利份额为100%，宗地号为T202-0219，宗地面积13115.5m^2，房地产证号为深房地字第号，其中某综合楼建筑面积2976.8m^2、M小区1-2栋建筑面积19595.81m^2、M小区3-4栋建筑面积19559.82m^2。

2004年1月19日，深圳市规划与国土资源局对甲开发公司申请的深圳市南山区M小区进行初始登记公告，地号为××，土地面积为13115.5m^2，建筑面积为49630.57m^2。

2008年11月7日，深圳市房地产权登记中心向A业主委员会发出《关于M小区相关设施产权问题的复函》，载明“……某综合楼四、五、六层为会所，为市场商品房，合计1245.24m^2，目前未办理《房地产证》……”。

2012年12月19日，某综合楼四楼登记至深圳市某投资集团有限公司名下，权利份额为100%，房地产证号为深房地字第号，建筑面积为557.62m^2，登记价为1164868元，他项权利摘要及附记为：市场商品房。

2013年2月5日，甲开发公司与庄某、黄某签订《深圳市房地产买卖合同（一手房现售）》，约定庄某、黄某向甲开发公司购买深圳市南山区某综合楼四楼房（即涉诉房产），建筑面积557.62m^2，转让价款为1164868元，以及其他条款。

2013年2月7日，涉诉房产登记至庄某、黄某名下，庄某权利份额为50%，黄某权利份额为50%，转移方式为买卖，登记类型为二级转移登记，房屋用途为会所，房屋性质为商品房，房产证号：深房地字第号。

另查明，甲开发公司曾将涉诉房产短暂无偿提供给A业主委员会使用。

原审庭审中，A业主委员会提交了M小区的售楼宣传彩页，载明“……中心泳池、儿童戏水池及1200m^{2}的业主会所……”。

M小区业主购买M小区房产签订的《深圳市房地产买卖合同预售》中约定“……除买卖双方另有约定外，卖方所作出的售楼广告、售楼书、样板房视为本合同的组成部分，卖方承担相应的义务……”。

深圳市南山区人民法院（以下简称原审法院）审理认为，有工商登记资料、深圳市南山常兴小区土地使用权转让合同书、函件、深圳市建设工程初步设计审批意见书、深圳市建设工程规划验收报告、产权信息单、公告报纸复印件、房地产证、深圳市房地产买卖合同、宣传彩页等证据及原审庭审笔录在卷佐证，足以认定。

原审法院认为，物权是指权利人依法对特定的物享有直接支配和排他的权利，包括所有权、用益物权、和担保物权；不动产物权的设立、变更、转让和消灭，经依法登记，发生法律效力；当事人依法享有自愿订立合同的权利，任何单位和个人不得将自己的意志强加给另一方；依法订立的合同，自成立时生效。最后，原审法院作出如下判决：驳回A业主委员会的全部诉讼请求。案件一审受理费7641.9元，由A业主委员会负担。

上诉人A业主委员会不服原审判决，向深圳市中级人民法院（以下简称法院）提起上诉，请求：（1）依法撤销原审判决；（2）依法改判确认甲开发公司与庄某、黄某转让深圳市南山区常兴路某综合楼四楼会所的行为无效；（3）本案诉讼费由甲开发公司、庄某、黄某承担。

A业主委员会诉称的事实与理由：A业主委员会依法对涉案会所拥有物权法意义上的使用权，甲开发公司与庄某、黄某擅自转让涉案会所，侵害了A业主委员会的使用权。原审判决不但无视A业主委员会提供的有力证据，反而处处替甲开发公司及庄某、黄某辩解，纯属颠倒黑白。

接着，A业主委员会提供了更多证据，用来证明A业主委员会对涉案房产拥有使用权。证据包括：（1）深圳市规划国土局南山分局于2000年9月12日的办文复函；（2）深圳市规划国土局南山分局于2001年4月3日给甲开发公司的初步设计审批意见书；（3）深圳市南山规划国土局南山分局于2001年9月29日向甲开发公司颁发的建设工程规划许可证；（4）深圳市南山规划国土局南山分局于2003年4月28日向甲开发公司颁发的建设工程规划验收合格证；（5）甲开发公司在其售楼宣传彩页；（6）甲开发公司在其售楼宣传资料"交楼标准"；（7）2002年9月27日甲开发公司与业主马春签署的《深圳市房地产买卖合同（预售）》；（8）甲开发公司于2004年3月8日给A业主委员会的《M小区会所位置置换征求意见通知》；（9）2003年5月22日，万年公司给M小区业主的《通知书》。

被上诉人甲开发公司未作答辩。第三人庄某、黄某未作答辩。经审理查明，原审法院认定的事实基本清楚，法院予以确认。

【焦点问题】

1．本案中甲开发公司对涉诉房产是否享有处分权？

2．本案中甲开发公司与庄某、黄某是否改变涉诉房产的用途损害A业主委员会的合法权益？

3．本案中甲开发公司与庄某、黄某是否按规定缴纳税款以致损害了国家利益？

【法院判决】

法院认为，本案中，甲开发公司与庄某、黄某是否存在变更涉案房产用途及在转让涉案房产时是否存在偷税漏税的问题，因相关法律及行政法规规定属管理性强制规定，该类规定旨在管理和处罚违反规定的行为，但并不否认该行为在民商法上的效力。因此，即使甲开发公司与庄某、黄某存在变更涉案房产用途及在转让房产时候存在偷税漏税的事实，亦不会导致甲开发公司与庄某、黄某之间就涉案房产的转让行为无效。A业主委员会以甲开发公司与庄某、黄某存在变更涉案房产的用途及转让涉案房产时存在偷税漏税的问题为由主张甲开发公司与庄某、黄某转让涉案房产的行为无效，于法无据，法院不予支持。

在甲开发公司将涉案房产出售前，涉案会所登记在甲开发公司名下，甲开发公司依法对涉案房产享有不动产物权，并有权对涉案房产进行占有、使用、收益和处分。原审对此认定正确，法院予以确认。

A业主委员会以甲开发公司在出售涉案小区房屋时在其销售广告中承诺涉案综合楼4～6层会所作为公共部分交付给全体业主及A业主委员会曾占有、使用涉案房产长达十年之久等为由主张涉案房产的权利人为涉案小区的全体业主，于法无据，法院不予支持。

A业主委员会以涉案房产的权利人为涉案小区的全体业主为由请求认定甲开发公司与庄某、黄某转让涉案房产的行为无效，没有事实依据，法院不予支持。

至于A业主委员会所述的甲开发公司在出售涉案小区房屋时在其销售广告中承诺涉案综合楼4～6层会所作为公共部分交付给全体业主的问题，属于涉案小区业主与甲开发公司之间的房屋买卖合同纠纷的范畴，如涉案小区业主认为甲开发公司未依约履行相应的合同义务，其可另循法律途径解决。

法条链接

《中华人民共和国物权法》

第九条 不动产物权的设立、变更、转让和消灭，经依法登记，发生效力；未经登记，不发生效力，但法律另有规定的除外。

依法属于国家所有的自然资源，所有权可以不登记。

第十六条 不动产登记簿是物权归属和内容的根据。不动产登记簿由登记机构管理。

第三十九条 所有权人对自己的不动产或者动产，依法享有占有、使用、收益和处分的权利。

《中华人民共和国民事诉讼法》（2012修正）

第一百七十条第一款第（一）项 第二审人民法院对上诉案件，经过审理，按照下列情形，分别处理：

（一）原判决、裁定认定事实清楚，适用法律正确的，以判决、裁定方式驳回上诉，维持原判决、裁定；

【案例评析】

根据《中华人民共和国物权法》第九条“不动产物权的设立、变更、转让和消灭，经依法登记，发生效力”、第十六条“不动产登记簿是物权归属和内容的根据”、第三十九条“所有权人对自己的不动产或者动产，依法享有占有、使用、收益和处分的权利”之规定，不动产物权以登记为准，甲开发公司在将涉诉房产出售给庄某、黄某之前，已经为涉诉房产办理了权属登记，取得了权属证书，故甲开发公司对涉诉房产依法享不动产物权，有权对涉诉房产进行占有、使用、收益、处分。甲开发公司虽在宣传彩页中承诺M小区有1200m^{2}会所，但并未承诺会所归全体业主所有。A业主委员会主张甲开发公司已经将涉诉房产实际交付给A业主委员会，但甲开发公司主张系短暂无偿提供给小区业主使用。综上，因不动产的所有权转移以登记为准，故即使A业主委员会曾占有、使用涉诉房产，但并不发生不动产物权的转移，另因A业主委员会未在宣传彩页中承诺涉诉房产的权利人为全体业主，故甲开发公司对涉诉房产享有不动产物权，有权对涉诉房产进行处分。

A业主委员会主张甲开发公司与庄某、黄某改变了涉诉房产的用途，但涉诉房产的产权信息明确载明涉诉房产的用途为会所，A业主委员会亦未举证证明甲开发公司及庄某、黄某已经改变了涉诉房产的用途，所以A业主委员会的该项主张没有得到法院的支持。

关于A业主委员会主张的甲开发公司与庄某、黄某交易涉诉房产未按规定缴纳税款，A业主委员会提交了向税务稽查部门的举报的受理回执等证据，以证明甲开发公司与庄某、黄某交易涉诉房产的行为损害了国家利益。因税收法律及行政法规属于管理性强制性规定，而认定合同效力应以合同是否违反了效力性强制性法律及行政法规的规定来认定，故A业主委员会以甲开发公司与庄某、黄某交易涉嫌违反税收法律法规的理由申请确认转让行为无效的主张，无法律依据，最终也无法得到法院的支持。

8.8 新旧物业移交，设备损坏谁该承担设备维修费用

【案情介绍】

原告上海市浦东新区某街区业主委员会（以下简称B业主委员会）诉称，原告系经街区业主大会选举产生，被告上海某物业管理有限公司（以下简称乙物业服务企业）系该小区前期物业。2007年，该小区开发商上海某房地产开发有限公司选聘被告作为前期物业服务企业。2012年7月，该小区成立业主大会并于2013年6月21日选聘了新的物业服务企业，至此被告乙物业服务企业的前期服务合同终止。2013年6月30日，在

新老物业进行交接时，原告发现被告移交的资料不全，小区弱电系统、消防系统、供水系统等设备大部分无法正常使用。之后，在2013年7月9日交接协调会上，被告表示对小区内设备不花钱或花小钱能够修复的部分，由被告负责维修，消防设备、弱电系统的维修需向上级集团公司报告。此后，被告仅对消防器材即灭火器的缺失进行了补充，监控探头、集水井等进行了部分维修，而最重要的消防设备、弱电系统未按承诺进行维修。为此，原告于2013年8月26日委托律师发函，要求被告移交资料、进行维修及返还相应物业管理费。被告于8月28日回函中对消防系统、弱电系统等设备损坏予以确认，表示会进行维修，并表示愿意提供完整资料。经再次协调后，被告承诺于10月底前完成资料移交和维修工作，但被告至今未完成。现原告认为，被告在前期服务合同终止后应将全部物业服务资料移交给原告。被告在服务期间对共用部位、共用设施设备未按合同约定履行维修、养护、管理义务，造成财产损失。现原告请求上海市第一中级人民法院（以下简称法院）依法判令：（1）要求被告移交各项资料，包括竣工总平面图、单体建筑、结构、设备竣工图，配套设施、地下管网工程竣工图等竣工验收资料；设施设备的安装、使用和维护保养等技术资料；小区共有部分经营管理档案；小区监控系统、电梯、水泵、电子防盗门等共用设施设备档案及运行、维修、养护记录；小区水箱清洗记录及水箱检测报告等资料；物业承接查验档案；（2）由被告向原告支付弱电系统、消防系统、电梯设施的维修费用80万元（人民币，下同）；（3）由被告赔偿原告绿化毁损费用10万元；（4）由被告返还原告弱电系统、消防系统、电梯、绿化等设备维修养护相对应的物业管理费2669483元。

被告辩称，作为该小区前期物业服务公司按合同约定已履行了义务，在选聘了新物业服务企业后与新公司及原告之间已就相应工作进行了交接验收，已向原告及新物业服务企业移交了各种资料，由于资料过多，也明确告知原告及新物业服务企业来被告处进行复印，但至今未来复印相关资料，现被告依然愿意移交相关资料。对于赔偿维修费用及返还物业费问题，双方在2013年6月30日～9月的移交过程中，整个小区存在两个问题，即简单细小的维修问题和系统无法正常使用的大问题，在双方移交前，被告已经告知原告相关设备已过保修期，需要动用维修基金解决，不属于被告服务范围，原告不予区分而将全部责任推给被告显然不符合约定，也不尽合理，且被告也已经将属于被告服务范围的问题予以解决。关于小区绿化问题，少数树木死亡本身属于正常毁损范围，不应归责于被告。综上，请求依法驳回原告不合理的诉讼请求。

经审理查明，被告乙物业服务企业与原告所在小区的开发商上海某房地产开发有限公司签订《前期物业管理服务合同》，约定由被告为该小区提供物业服务，委托管理事项为房屋建筑共用部位的维修、养护和管理，共用设施、设备的维修、养护、运行和管理，共用设施和附属建筑物的维修、养护和管理，公共绿地的养护和管理，公共环境卫生，交通及车辆停放秩序管理，维持公共秩序，管理与物业相关的工程图纸、住户资料与竣工验收资料。综合物业管理费为多层每月每平方米1.40元，高层为每月每平方米1.85元。管理期限自2007年12月1日起至业主委员会（业主大会）与物业服务企业签订物业服务合同生效止。后被告乙物业服务企业进入该小区进行物业服务。2012年7月4日，该小区成立了业主大会及业主委员会。2013年6月21日，由该小区业主大会与选聘的上海丁管理有限公司（下称丁物业服务企业）签订《物业服务合同》，约定由新物业服务企业即丁物业服务企业对原告所在小区进行物业服务，总建筑面积201158.89m^2，绿化面积47300m^2。服务事项为：（1）物业共用部位的维护；（2）物业共用设施设备的日常运行和维护；（3）公共绿化养护服务；（4）物业公共区域的清洁卫生服务；（5）公共秩序的维护服务；（6）物业使用禁止性行为的管理；（7）物业其他公共事务的管理服务；（8）业主委托的其他物业管理服务的事项。物业服务费为：高层公寓1.85元/（月·m^2）（底层1.40元）、别墅2.20元/（月·m^2）、商铺3.00元/（月·m^2）。该服务费不含住宅共用部位、共用设施设备的维修、更新、改造的资金。服务期限自2013年7月1日～2015年6月30日止。2013年6月30日，原告会同被告乙物业服务企业及丁物业服务企业办理了该小区相关物业管理资料及设施设备的交接手续。被告乙物业服务企业就此撤离该小区，自7月1日开始由丁物业服务企业服务至今。被告乙物业服务企业在交接后对部分设施设备进行维修，但对小区弱电系统、消防系统、电梯设施、设备存在的问题，被告乙物业服务企业认为已超过质保期，不属物业维修范围，需动用小区维修基金才能解决，故未予维修。原、被告因此产生了争议，经协调未果，原告遂诉至法院，提出上述诉讼请求。以上事实由前期物业服务合同、新物业服务合同、物业移交现场交接表、公证书及光盘、律师函及复函、丁物业服务企业制作的设施设备维修清单、6月30日有关图纸移交清单、6月30日关于电梯问题记录表、丁物业服务企业签名的设施设备维修清单、现场交接表、电梯维修验收单、2013年6月13日的工作联系单、电梯年检报告以及当事人庭审陈述等证据予以证实。

【焦点问题】

1. 本案中被告是否需要主动移交资料？如果需要，那么资料应该移交给业主还是新聘物业服务企业？

2. 本案中被告是否需要赔偿维修费用、设备维修养护相对应的物业管理费以及绿化毁损费用？

3. 本案中被告是否需要对小区弱电系统、消防系统、供水系统等大部分无法正常使用的设备进行维修?

【法院判决】

从本案查明的事实看，被告乙物业服务企业移交了部分资料，尚未完成该小区物业管理所需全部资料移交手续，故原告要求被告移交资料的诉讼请求，于法有据，法院予以支持。根据原告现有证据，法院无法确定被告乙物业服务企业在服务期间是否存在违约行为、违约行为与损害后果之间是否存在因果关系以及因果关系大小，故法院对原告要求被告赔偿维修费用的诉请不予支持，原告可待相关资料移交后并根据具体情况再行主张。对于原告要求被告赔偿绿化毁损费用和返还物业服务费的诉讼请求，基于上述同样理由，法院也不予支持。据此，法院依照《物业管理条例》第二十九条和《最高人民法院关于审理物业服务纠纷案件具体应用法律若干问题的解释》第三条第一款之规定，判决如下：(1)被告上海乙物业服务企业于本判决生效之日起二十日内将上海市某街区的各项物业管理资料移交给上海市B业主委员会，包括竣工总平面图、单体建筑、结构、设备竣工图，配套设施、地下管网工程竣工图等竣工验收资料；设施设备的安装、使用和维护保养等技术资料；小区共有部分经营管理档案；小区监控系统、消防系统、电梯、水泵、电子防盗门等共用设施设备档案及运行、维修、养护记录；小区水箱清洗记录及水箱检测报告等资料；物业承接查验档案；(2)驳回原告B业主委员会的其余诉讼请求。

法条链接

《物业管理条例》(2007年修订)

第二十九条　在办理物业承接验收手续时，建设单位应当向物业服务企业移交下列资料：

(一)竣工总平面图，单体建筑、结构、设备竣工图，配套设施、地下管网工程竣工图等竣工验收资料；

(二)设施设备的安装、使用和维护保养等技术资料；

(三)物业质量保修文件和物业使用说明文件；

(四)物业管理所必需的其他资料。

物业服务企业应当在前期物业服务合同终止时将上述资料移交给业主委员会。

第三十八条 物业服务合同终止时，物业服务企业应当将物业管理用房和本条例第二十九条第一款规定的资料交还给业主委员会。

物业服务合同终止时，业主大会选聘了新的物业服务企业的，物业服务企业之间应当做好交接工作。

第五十一条 供水、供电、供气、供热、通信、有线电视等单位，应当依法承担物业管理区域内相关管线和设施设备维修、养护的责任。

前款规定的单位因维修、养护等需要，临时占用、挖掘道路、场地的，应当及时恢复原状。

第五十三条 住宅物业、住宅小区内的非住宅物业或者与单幢住宅楼结构相连的非住宅物业的业主，应当按照国家有关规定交纳专项维修资金。

专项维修资金属于业主所有，专项用于物业保修期满后物业共用部位、共用设施设备的维修和更新、改造，不得挪作他用。

专项维修资金收取、使用、管理的办法由国务院建设行政主管部门会同国务院财政部门制定。

《最高人民法院关于审理物业服务纠纷案件具体应用法律若干问题的解释》

第三条 物业服务企业不履行或者不完全履行物业服务合同约定的或者法律、法规规定以及相关行业规范确定的维修、养护、管理和维护义务，业主请求物业服务企业承担继续履行、采取补救措施或者赔偿损失等违约责任的，人民法院应予支持。

物业服务企业公开作出的服务承诺及制定的服务细则，应当认定为物业服务合同的组成部分。

【案例评析】

1. 本案中被告是否需要主动移交资料？如果需要，那么资料应该移交给业主还是新聘物业服务企业？

关于前期物业服务企业退出时资料的移交问题。根据《物业管理条例》第二十九条规定，在办理物业承接验收手续时，建设单位应当向物业服务企业移交下列资料：（1）竣工总平面图，单体建筑、结构、设备竣工图、配套设施、地下管网工程竣工图等竣工验收资料；（2）设施设备的安装、使用和维护保养等技术资料；（3）物业质量保修文件和物业使用说明文件；（4）物业管理所必需的其他资料。物业服务企业应当在前期物业服务合同终止时按《物业管理条例》第三十九条“物业服务合同终止时，物业服务企业应当将物业管理用房和本条例第二十九条第一款规定的资料交还给业主委员会。物业服务合同终止时，业主大会选聘了新的物业服务企业的，物业服务企业之间应当做好交接工作”，将上述资料移交给业主委员会。所以，本案中，被告应当将原告的各项物业管理资料移交给原告，具体移交资料如下：“竣工总平面图、单体建筑、结构、设备竣工图、配套设施、地下管网工程竣工图等竣工验收资料；设施设备的安装、使用和维护保养等技术资料；小区共有部分经营管理档案；小区监控系统、消防系统、电梯、水泵、电子防盗门等共用设施设备档案及运行、维修、养护记录；小区水箱清洗记录及水箱检测报告等资料；物业承接查验档案；专项维修资金的筹集、使用情况；业主及住户档案；物业管理用房等。”因此，本案中的被告应当将上述所提到的交接资料移交给业主委员会，而不是直接交给新物业服务企业。

2. 本案中，被告是否需要赔偿维修费用、设备维修养护相对应的物业管理费以及绿化毁损费用?

《最高人民法院关于审理物业服务纠纷案件具体应用法律若干问题的解释》第三条规定：“物业服务企业不履行或者不完全履行物业服务合同约定的或者法律、法规规定以及相关行业规范确定的维修、养护、管理和维护义务，业主请求物业服务企业承担继续履行、采取补救措施或者赔偿损失等违约责任的，法院应予支持。”根据民事诉讼法“谁主张、谁举证”的原则，原告应举证有效证据证明上述设施设备已经损坏，且设施设备损坏系因被告不履行或者不完全履行管理职责引起的。从被告进入该小区进行管理，后移交、撤离至今，前后已有近7年时间。物业服务企业称上述设施设备运行过程中本身会出现自然老化及损坏的情况，且均已超过质保期，如果需要维修、更新、改造，必须动用小区维修基金解决。鉴于原、被告双方就上述设施设备的日常养护管理的物业资料尚未进行移交，在相关资料未移交前，根据原告现有证据，无法确定被告乙物业服务企业在服务期间是否存在违约行为、违约行为与损害后果之间是否存在因果关系以及因果关系大小。所以，法院没有支持原告要求被告赔偿维修费用、设备维修养护相对应的物业管理费以及绿化毁损费用的诉请。

3. 本案中，被告是否需要对小区弱电系统、消防系统、供水系统等大部分无法正常使用的设备进行维修?

根据《物业管理条例》第三十六条“物业服务企业应当按照物业服务合同的约定，提供相应的服务。物业服务企业未能履行物业服务合同的约定，导致业主人身、财产安全受到损害的，应当依法承担相应的法律责任。”第五十二条第一款规定：“供水、供电、供气、供热、通信、有线电视等单位，应当依法承担物业管理区域内相关管线和设施设备维修、养护的责任。”第五十四条规定：“住宅物业、住宅小区内的非住宅物业或者与单幢住宅楼结构相连的非住宅物业的业主，应当按照国家有关规定交纳专项维修资金。专项维修资金属于业主所有，专项用于物业保修期满后物业共用部位、共用设施设备的维修和更新、改造，不得挪作他用。专项维修资金收取、使用、管理的办法由国务院建设行政主管部门会同国务院财政部门制定。”物业服务企业、业主以及业主委员会可根据以上及相关法律法规关于设备维修养护的规定承担好各自的责任和义务。

8.9 前期物业公共收益可否纳入物业服务企业收入

【案情介绍】

坐落于宁波国家高新区的××小区由宁波甲房地产开发有限公司（以下简称甲房产公司）开发建造。2004年4月，甲房产公司发布《初期物业管理招标书》一份，招标书第一章第二部分载明，招标单位根据《宁波市住宅小区物业管理条例》，按4元/m^{2}配置初期物业费为372388元、房屋保修费为836608元；第一章第三部分第二款第七项载明，开发商有权根据中标物业管理单位的《投标书》、《初期物业管理委托合同》中所承诺的内容以及物业招投标过程中中标单位口头承诺的内容对物业服务企业的管理行为进行检查监督；第三章就投标文件的编制进行规定，其中第一部分第十项“成本预算”明确：（1）按招标书项目分列收入、支出项目，编制收支预算书；（2）分析盈亏情况，分列三个年度持平计划和增收节支计划；（3）建立收支公开、监督制度；（4）以业养业的计划及提高自身发展后劲的计划和措施。

招标书公布后，甲物业服务企业即作为投标单位，拟制了《××初期物业管理投标书》一份，并附收入测算表、支出测算表。其中收入项目包括综合服务费、车场管理费、经营用房收入、有偿服务收入。支出项目包括人工费用（人员工资及社会保险费用等）、清卫费用、绿化费用、安全管理费、办公费用、设备设施维保费、设备设施运行能耗费用、社区活动费、其他（包括固定资产折旧、不可预见费、税金等）。2004年5月经过开标、评标和定标，同月28日公布被告单位中标。

2005年5月7日，甲物业服务企业制定甲物（2005）21号文件《关于建立甲物业服务企业××前期介入工作小组的通知》一份，决定建立甲物业服务企业××前期介入工作小组。

2006年6月20日，甲房产公司作为委托方与甲物业服务企业签订《“××”前期物业管理服务合同》一份，合同明确，本合同前期物业管理服务单位的确定，是指通过政府组织公开招投标方式已经落实。现根据有关法律法规和招标文件、中标标的签订本合同，双方必须严格遵守；合同约定双方权利义务；委托管理服务期限为二年，从委托方向受托方交付物业日起至业主委员会成立并与业主大会选聘的物业管理企业签订《物业服务合同》生效日止；物业管理服务费用收取标准及违约责任。

2006年6月20日该小区开始交付。各业主与甲房产公司办理交付手续，并分别签订《“××”前期物业管理服务协议》一份，协议约定了双方权利义务、对物业外立面装修、前期物业管理服务内容、安全防范、交通秩序管理等方面。

2006年、2007年、2008年间，甲房产公司通过宁波国家高新区建设局先后三次向甲物业服务企业拨付前期物业费共计430551元，支付项目中包括前期人员工资计120597.10元。

2008年6月二年期满，甲物业服务企业提出退出该小区管理。同月16日，宁波国家高新区××小区业主委员会（以下简称“业委会”）成立。业委会、甲物业服务企业根据《宁波市物业项目服务退出管理暂行办法》规定，提请浙江德威会计师事务所对2006年6月~2008年6月期间××小区物业管理收支情况进行审计。2008年10月18日该事务所出具《审计报告》一份，并附物业管理收支情况表、专项资金收支情况表，指出“物业服务企业专项资金收支结余表列支前期工作小组费用计120597.10元，未通过前期物业费专户进行财务核算，无法确定其对前期物业费结余影响程度”，应当移交的专项资金累计结余为225263.9元。

2008年8月甲物业服务企业退出××小区的管理，该小区由宁波××物业服务有限公司（以下简称“乙物业服务企业”）提供物业服务。

2009年3月27日甲物业服务企业与乙物业服务企业签订《××专项资金移交协议书》一份，同日甲物业服务企业向乙物业服务企业移交专项资金结余计203811.39元。

业委会于2012年7月25日诉至法院，请求判令：（1）判令甲物业服务企业向业委会移交××小区物业经营用房所得收益、机动车停放服务费收益、利用物业共用部位、共用设施设备及相关场地所得收益（统称“三公经费”）共计431562.83元，及返还前期物业费120597.10元（原审被告以前期物业工作人员工资名义列支部分），二项合计552159.93元；（2）判令原审被告赔偿原审原告因迟延移交，至2012年7月25日止造成原审原告的利息损失计98468元，并计算至实际移交日止。

【焦点问题】

1. 甲物业服务企业在实施前期物业管理期间收取的三公经费431562.83元是否应当退还？

2. 业委会主张的前期工作小组人员工资120597.10元是否应当退还？

【法院判决】

法院认为，甲房产公司签订的《前期物业管理服务合同》对小区全体业主均具有法律约束力，故对代表全体业主利益的原告也具有法律约束力，《前期物业管理服务合同》已约定三公经费属于甲物业服务企业的前期物业收入范围，因此作出以下判决：驳回宁波国家高新区××小区业主委员会的诉讼请求。

法条链接

《关于审理物业服务纠纷案件具体应用法律若干问题的解释》

第一条 建设单位依法与物业服务企业签订的前期物业服务合同，以及业主委员会与业主大会依法选聘的物业服务企业签订的物业服务合同，对业主具有约束力。业主以其并非合同当事人为由提出抗辩的，人民法院不予支持。

《物业管理条例》（2007年修订）

第二十一条 在业主、业主大会选聘物业服务企业之前，建设单位选聘物业服务企业的，应当签订书面的前期物业服务合同。

【案例评析】

甲物业服务企业在实施前期物业管理期间收取的三公经费431562.83元是否应当退还，具体分析如下：

解决合同纠纷应当遵照当事人意思自治原则，双方有约定的从其约定，无约定的按相关规定处理。本案中，甲房产公司作为委托方与被告单位签订《“××”前期物业管理服务合同》，合同明确约定，本合同前期物业管理服务单位的确定，是指通过政府组织公开招投标方式已经落实。现根据有关法律法规和招标文件、中标标的签订本合同，双方必须严格遵守。因招投标的标书是合同的组成部分，在合同履行过程中，对业委会、甲物业服务企业均具有法律约束力。甲物业服务企业制作的投标书将三公经费纳入到物业管理费用收入，该投标书经开标、中标，应视作甲房产公司与甲物业服务企业就三公经费的归属用途进行了约定。

从招投标书的法律效力上来讲，本案中甲房产公司作为××小区的建设单位，按规定通过招投标方式选聘该小区物业服务单位，并与中标单位即被告签订了《前期物业服务合同》，程序合法、意思表示真实，该招投标书及《前期物业服务合同》均对该小区全体业主及被告具有法律约束力。投标书拟定三年度持平计划表，已将综合服务费、车场管理费、经营用房收入、有偿服务收入均纳入收入项目，从中不难分析得出，三公经费为物业管理服务费用的一部分。

从合同的法律约束力上看，业委会虽然提出《前期物业管理服务合同》并非业委会所签，认为对该小区业主不具有法律约束力，此主张于法无据。根据最高人民法院《关于审理物业服务纠纷案件具体应用法律若干问题的解释》第一条规定，建设单位依法与物业服务企业签订的前期物业服务合同，以及业主委员会与业主大会依法选聘的物业服务企业签订的物业服务合同，对业主具有约束力。业主以其并非合同当事人为由提出抗辩的，人民法院不予支持。由此看来，甲房产公司签订的《前期物业管理服务合同》对小区全体业主均具有法律约束力，相应的，对代表全体业主利益的业委会当然也具有法律约束力。

综上所述，甲物业服务企业在实施前期物业管理期间收取的三公经费431562.83元应属于甲物业服务企业所有。

关于业委会主张的前期工作小组人员工资120597.10元是否应当退还问题。从款项的来源来看，该部分金额系前期工作小组人员于2006年1月～6月提供物业服务期间产生的工资、社保费、计提三费等，且由甲房产公司拨付的前期物业费中支付，其付款单位为甲房产公司，并非小区交付后在2006年6月～2008年6月期间的支出，因此，业委会代表全体业主要求被告返还此部分费用，无事实根据和法律依据，甲物业服务企业不应退还。

8.10 物业服务企业退出时应当做好哪些物业交接工作

【案情介绍】

2001年4月28日，上诉人（原审原告）上海市长宁区某业主委员会（以下简称“H

业主委员会”）与被上诉人（原审被告）上海某物业管理有限公司（以下简称甲物业服务企业）签订《物业管理合同》，约定H业主委员会委托甲物业服务企业对小区实行物业管理；委托管理期限为二年，自2001年6月1日0时～2003年5月31日24时止。合同第十九条物业管理费约定：（1）本物业的管理服务费标准初定为建筑面积每月人民币（下同）6.20元/m^2。管理费用以如下项目开支：1）管理处人员工资福利、工作餐；2）管理处通讯、差旅、办公费用；3）清洁绿化费；4）市政费用；5）消防费用、保安物耗；6）服装费和洗涤费；7）公共能耗和公共设施设备的日常维修费用；8）税金；9）保险费；10）审计费、法律费；11）节日费；12）公共卫星电视使用及保养费用；13）设备更新费用；14）物业管理公司利润（按上述1）～13）费用总额的12%提取）。（2）管理服务费标准的调整必须按国家有关规定并与H业主委员会协商一致后方能实施，甲物业服务企业必须按附件规定使用物业管理费，不经H业主委员会同意不得随意添减，年终如有结余由H业主委员会决定处置方式。

上述物业管理合同签订后，甲物业服务企业依约对涉讼小区实施了物业管理。服务合同期限到期后，双方又多次签订续订协议书，服务期限直至2009年12月31日。甲物业服务企业实际管理涉讼小区至2012年10月31日。

2012年10月30日，H业主委员会、甲物业服务企业及案外人丙公司（丙方、以下简称丙公司）签订《小区物业交接协议》，约定：三方就涉讼小区物业交接的日期为2012年10月31日下午三点；甲物业服务企业同意将预收的物业管理费、出入证押金在2012年11月10日之前整理好“清单”移交H业主委员会和丙公司。三方同意，2012年11月10日之前，小区业主欠缴的物业管理费等由甲物业服务企业整理好《欠费清单》并出具书面授权委托书，委托丙公司继续收取。

由于甲物业服务企业离场后拒绝移交结余资金和财务账册，H业主委员会于2013年初将甲物业服务企业告到上海市长宁区人民法院，请求法院判令甲物业服务企业返还：（1）物业管理费（结余资金）9397917.18元；（2）超出服务期限收取的物业管理费141025.91元；（3）业委会专项资金结余130999.56元；（4）维修基金结余775237.55元。

甲物业服务企业则辩称：（1）双方合同约定的物业管理费收费标准是包干制而非酬金制，不存在进行结算的情形。（2）即便是酬金制也应当按照实收物业管理费的金额进行结算，而不应当按照应收物业管理费进行结算。对审计结论中应收管理费的数额没有异议，但应当按照实收数44759331.90元进行结算。（3）其作为物业管理企业，从未收到过会所的产权信息，不清楚会所的产权是否明确，不存在收费的条件。对于地下室，开发商曾书面通知物业服务企业地下室不收取物业费。多年来，物业服务企业也仅按地上面积收费。因此，会所及地下室部分均不应纳入应收物业费范围。

（4）物业服务企业成本应增加物业服务企业离场过程中遣散员工的费用。（5）业主从未单独缴纳过维修基金和专项基金，这两笔费用已重复计算在物业费的结算总额中，不应当重复返还。（6）多收的物业管理费141025.91元同意返还，但应当首先抵扣其尚未收取的物业管理费。

【焦点问题】

1. 双方就物业服务合同约定的报酬计算方式是酬金制还是包干制？
2. 如果双方约定为酬金制，是按应收物业管理费结算还是按实收物业管理费结算？
3. 涉讼小区会所、地下室面积是否应当纳入应收物业管理费的范畴？
4. 辞退补偿金是否应当纳入物业管理成本？
5. 专项资金、维修基金结余是否应当返还？

【法院判决】

原审法院认为：（1）双方在物业服务合同中虽然并未明文记载“酬金制”，但从合同的具体约定结合酬金制与包干制的计价特点，应该认定涉讼物业服务合同约定的报酬计算方式为酬金制。（2）物业服务企业完全可以通过事前提高服务质量、事后依法催缴合理避免欠费风险。若因服务质量不佳或催缴不及时而产生的欠费损失，不应由正常缴纳物业费的广大业主承担。因此，涉讼物业服务合同以应收物业管理费结算更为合理。（3）H业主委员会未提供会所合法的权利凭证、明确的测绘面积，依据不充分，故对此不予采纳。就地下室而言，涉讼小区开发商多次在收楼通知中要求甲物业服务企业对地下室面积不予收费。在甲物业服务企业多年管理期间，全体业主均照此履行，事实上并未缴纳地下室面积的物业管理费。因此，对H业主委员会上述主张，不予支持。（4）甲物业服务企业作为经营企业，理应注意到管理期限到期后员工离职、遣散或另行安排岗位的经营风险并及时作出安排。另外，甲物业服务企业有充分的时间进行职员调整。因此，对甲物业服务企业要求将辞退补偿金纳入管理成本中的主张，不予采纳。（5）在物业管理费已经结算返还的情况下，H业主委员会要求甲物业服务企业返还专项资金、维修基金结余，没有事实依据，故对此不予采纳。

二审法院对一审法院上述观点（1）~（4）均予以认可。对于观点（5），根据二审时审计单位出具的补充说明，对H业主委员会关于业委会专项资金结余的诉请予以支持并对此予以增判，而对H业主委员会关于维修基金结余的诉请不予支持。

法条链接

《最高人民法院关于审理物业服务纠纷案件具体应用法律若干问题的解释》

第六条 经书面催交，业主无正当理由拒绝交纳或者在催告的合理期限内仍未交纳物业费，物业服务企业请求业主支付物业费的，人民法院应予支持。物业服务企业已经按照合同约定以及相关规定提供服务，业主仅以未享受或者无需接受相关物业服务为抗辩理由的，人民法院不予支持。

【案例评析】

物业服务合同的重要性，无论如何强调都不为过。尤其物业服务合同的重要条款，必须明确而完整。本案中，就因为对计价方式约定不很明确，便产生了争议。实践中，物业服务合同约定的计价方式有酬金制和包干制两种。酬金制是指在预收的物业服务资金中按约定比例或者约定数额提取酬金，支付给物业服务企业，其余全部用于物业服务合同约定的支出。结余或者不足均由业主享有或者承担。包干制是指由业主向物业服务企业支付固定的物业服务费用，盈余或者亏损均由物业服务企业享有或者承担。从二者区别来看：酬金制中物业服务企业的酬金（或者利润）基本固定，包干制中物业服务企业将要自身承担经营亏损盈利的风险；酬金制中物业费预付部分最终将要结算，包干制中收取的物业管理费全部归物业服务企业所有。本案中，物业服务合同虽然未明确计价方式，但合同中明确了物业服务的利润标准为十三项成本的12%，即明确了物业服务企业提取利润的固定比例，符合酬金制的特点；合同中又载明“年终如有结余，由业主委员会决定处置方式”，这一约定明确了预收的物业管理费结余并不当然归物业服务企业所有，而应由业主“决定处置方式”，此约定更符合酬金制最终结算的计价特点。因此，法院认定涉讼物业服务合同约定的报酬计算方式为酬金制，是准确的。

物业服务企业应该明白：个别业主欠费不能追缴的责任和风险应由物业企业承担，而非业委会。无论从法律规定还是合同约定看，都是如此。《最高人民法院关于审理物业服务纠纷案件具体应用法律若干问题的解释》明确规定：“经书面催交，业主无正当理由拒绝交纳或者在催告的合理期限内仍未交纳物业费，物业服务企业请求业主支付物业费的，人民法院应予支持。物业服务企业已经按照合同约定以及相关规定提供服务，业主仅以未享受或者无需接受相关物业服务为抗辩理由的，人民法院不予支持。物业服务企业向业主委员会提出物业费主张的，人民法院应当告知其向拖欠物业费的业主另行主张权利。”可见，最高人民法院的上述规定已经明确，个别业主欠费的诉讼请求权在于物业服务企业，而非业主委员会。实践中，物业服务合同均对物业费由物业服务企业催收有明确约定。其次，物业服务企业完全可以通过事前提高服务质量、事后依法催缴合理避免欠费风险。若因服务质量不佳或催缴不及时而产生的欠费损失，自然不应由正常缴纳物业费的广大业主承担。故本案中，法院认定涉讼物业服务合同以应收物业管理费结算更为合理。

物业服务企业辞退补偿金是否应当纳入物业管理成本，应根据实际合法合理确定。首先，该辞退补偿金必须获得业委会核准。其次，物业服务企业的管理期限双方已书面约定。物业服务企业作为经营企业，理应注意到管理期限到期后员工离职、遣散或另行安排岗位的经营风险并及时作出安排。如果不符合上述要求，物业服务企业要将辞退补偿金纳入物业管理成本，将非常困难。从物业管理角度看，辞退补偿金是物业服务企业经常遇到的经营风险，只能自己通过内控管理加以解决，而不能将该种风险想当然地完全推到业委会身上。

8.11 物业服务企业擅自退出应当承担哪些法律责任

【案情介绍】

原告（原审被告）厦门某物业服务企业（以下简称甲物业服务企业）于2001年1月进入厦门海沧丁小区（以下简称丁小区）进行前期物业服务。2004年3月，甲物业服务企业与该小区的开发商签订《物业管理委托合同》，受托对丁小区进行物业管理服务，委托管理期限自2004年4月1日起至2006年3月31日止。2006年10月30日甲物业服务企业向丁小区业主发出《关于取消丁小区物业管理服务的公告》。

2006年10月31日，甲物业服务企业终止了对丁小区的物业管理服务，但未办理相关的移交手续。2006年11月15日被告（原审原告）厦门海沧某业主委员会（以下简称A业主委员会）经建设行政主管部门备案成立。现业主委员会请求法院判令甲物业服务企业：立即按0.15元/m^{2}的标准向业主委员会移交公共维修金94539.2元，并立即向业主委员会移交竣工总平面图等资料和设备。

经厦门市海沧区人民法院（以下简称一审法院）审理后，一审法院认为，本案系物业管理服务纠纷，甲物业服务企业作为丁小区的前期物业管理公司，应当按照物业服务合同的约定，提供相应的服务。甲物业服务企业终止物业服务后，应当依法办理物业交接。公共维修金属于专项维修资金，丁小区业主委员会已报备成立，甲物业服务企业曾将结余的公共维修金返还给丁小区。甲物业服务企业未能履行物业服务合同的约定，未能履行管理、服务职责，导致部分消防设施受到损害，业主委员会有权要求甲物业服务企业恢复。甲物业服务企业系受丁小区开发商的委托对该小区进行前期物业管理的物业单位，在其进行物业管理服务期间有义务保护小区的公共设施不受损害，在其撤离时理应办理相应的移交手续。

一审法院依照《中华人民共和国民事诉讼法》第六十四条第一款,《物业管理条例》第三十六条、第五十四条之规定，判决如下：（1）甲物业服务企业于本判决生效之日起10日内支付业主委员会公共维修金23006.68元；（2）甲物业服务企业于本判决生效之日起30日内恢复大永固花园受损坏的消防栓（32套）；（3）驳回业主委员会的其他诉讼请求。

本案宣判后，甲物业服务企业不服，于是上诉至厦门市中级人民法院（以下简称法院）。其上诉称：原审判决举证责任分配错误，导致判决错误：（1）根据“谁主张谁举证”的民事诉讼原则，业主委员会负有证明消防设备是上诉人损坏及损坏前的原始状况的举证责任，而业主委员会对此并未提供任何证据证明。（2）讼争消防设备于2000年投入使用，至讼争发生已历时8年，出现部分损坏属正常现象；甲物业服务企业撤离时丁小区尚未成立业主委员会，没有人代表全体业主确认当时消防设备的状况，而从甲物业服务企业撤离至业主委员会成立，该物业长期处于无人管理的状态，不排除讼争消防设备在此期间损坏的可能性；同时更没有证据证明该消防设备是甲物业服务企业损坏的事实。（3）根据公共维修金管理的规定，房屋公共维修金系用于房屋共用部位、共用设备维修的，作为共用设备的消防设备损坏也应当是用公共维修金来维修；现业主委员会作为丁小区业主的代表已经成立，对损坏的共用设备理应由其自行使用公共维修金维修，原审判决甲物业服务企业承担维修、恢复原状的义务没有法律依据。

【焦点问题】

1. 本案中甲物业服务企业是否需要向业主委员会移交竣工总平面图等资料和设备?

2. 本案中甲物业服务企业是否需要向业主委员会移交公共维修金?

【法院判决】

甲物业服务企业系作为开发商的受托人对丁小区进行物业管理服务的，其撤离时该小区业主委员会虽尚未成立而无法与其办理移交，甲物业服务企业此时应将该小区的物业管理移交给委托人即开发商，但甲物业服务企业却在未办理任何移交手续的情况下撤离该小区，致使该小区处于无人管理状态，无法查清讼争消防设施的损坏时间。因而，甲物业服务企业对其撤离时讼争消防设施处于正常状况负有举证责任，原审判决所确定的举证责任分配正确。因甲物业服务企业对此举证不能，其理应承担举证不能的法律后果，原审判决甲物业服务企业恢复受损坏的消防设施正确，依法应予维持。依照《中华人民共和国民事诉讼法》第一百五十三条第一款第（一）项之规定，判决如下：驳回甲物业服务企业的上诉，维持原判。

法条链接

《中华人民共和国民事诉讼法》（2012年修正）

第六十四条　当事人对自己提出的主张，有责任提供证据。

当事人及其诉讼代理人因客观原因不能自行收集的证据，或者人民法院认为审理案件需要的证据，人民法院应当调查收集。

人民法院应当按照法定程序，全面地、客观地审查核实证据。

第一百五十三条　人民法院审理案件，其中一部分事实已经清楚，可以就该部分先行判决。

《物业管理条例》（2007年修订）

第二十九条　在办理物业承接验收手续时，建设单位应当向物业服务企业移交下列资料：

（一）竣工总平面图，单体建筑、结构、设备竣工图，配套设施、地下管网工程竣工图等竣工验收资料；

（二）设施设备的安装、使用和维护保养等技术资料；

（三）物业质量保修文件和物业使用说明文件；

（四）物业管理所必需的其他资料。

物业服务企业应当在前期物业服务合同终止时将上述资料移交给业主委员会。

第三十六条　物业服务企业应当按照物业服务合同的约定，提供相应的服务。

物业服务企业未能履行物业服务合同的约定，导致业主人身、财产安全受到损害的，应当依法承担相应的法律责任。

第五十四条 住宅物业、住宅小区内的非住宅物业或者与单幢住宅楼结构相连的非住宅物业的业主，应当按照国家有关规定交纳专项维修资金。

专项维修资金属于业主所有，专项用于物业保修期满后物业共用部位、共用设施设备的维修和更新、改造，不得挪作他用。

专项维修资金收取、使用、管理的办法由国务院建设行政主管部门会同国务院财政部门制定。

【案例评析】

在前期物业服务中，由于“业主”较少参与小区物业管理，物业服务企业往往得不到有效监督，服务散漫、服务质量不尽如人意，一定程度上使得业主与物业服务企业之间关系紧张，极易引发纠纷，并且，这类纠纷复杂，往往伴随着群体性因素，在相关法律规定尚不完善的情况下，处理起来也较为棘手。本案就是前期物业服务终止时，因物业交接瑕疵引起的纠纷。在本案中，一、二审法院对物业服务终止时物业服务企业的义务及举证责任分配的准确界定对法院处理类似案件提供了一个很好的范例。

物业服务终止时物业服务企业的交接义务。根据《物业管理条例》第二十九条与第三十九条的规定，物业服务合同终止时，物业管理企业应当将物业管理用房、竣工图等竣工验收资料、相关技术资料及物业质量保修和物业使用说明文件等交还给业主委员会。因此，物业交接是物业服务企业在物业服务合同终止后必须承担的义务，该义务实际上即合同法所规定的“附随合同义务”。物业管理交接纠纷属于合同一方不履行“附随合同义务”而产生的合同纠纷，物业服务企业未尽交接义务的，业主委员会可以要求法院判令其履行交接义务。因物业服务企业未尽交接义务给权利人造成损害的，物业服务企业还应承担赔偿责任。至于公共维修金，其属于专项维修资金，专项用于物业保修期满后物业共用部位、共用设施设备的维修和更新、改造，系归属业主所有，在物业服务终止时，物业服务企业理应将结余的公共维修金返还业主委员会。

本案中有一个特殊之处在于物业服务合同期满终止时，业主委员会尚未备案成立，此时，是否可以免除物业服务企业的交接义务。答案是否定的，物业服务终止，物业服务企业的交接义务是法定义务，法律并没有规定物业服务企业在服务终止时交接义务的例外情形。并且在前期物业管理中，物业服务企业是接受开发商的委托对小区进行管理。在业主委员会没有备案成立前，物业服务企业并非没有交接对象，其应当将物业管理移交给委托人即开发商。

物业服务交接纠纷的举证责任。本案实际上涉及两个举证责任分配问题：(1)移交竣工验收资料、相关技术资料及物业质量保修和物业使用说明文件的举证责任。根据《物业管理条例》第二十九的规定，物业服务企业在承接前期物业时，建设单位应当向物业管理企业移交上述资料及文件，在物业服务终止时，物业服务企业应当再将上述资料移交给业主委员会。因此前述资料及文件应由物业服务企业接收及保管是毋庸置疑的，如物业服务企业不能移交上述资料及文件，应当举证证明其没有接收这些资料及文件。但在本案中，物业服务企业承接丁小区物业时，国家尚未颁布相关物业管理法规，进而认定业主委员会要求物业服务企业移交相关资料，应当举证证明物业服务企业实际接收了竣工总平面图等资料，将该举证责任分配给了业主委员会，符合当时的客观情况。(2)关于消防设施是否损坏的举证责任。根据《物业管理条例》第三十六条的规定，物业服务企业在其管理服务期间有义务保护小区的公共设施不受损害，物业服务终止时应履行相应的交接义务，物业服务企业在未办理任何移交手续的情况下终止物业服务，致使小区处于无人管理状态，无法查清讼争消防设施的损坏时间，应对在撤离小区前消防设施处于正常状况负有举证责任的物业服务企业未采取合理措施或者出示相关文件经业主确认或经公信第三方（如公证机关）确认相关消防设施符合正常使用状态，应承担举证不能的法律后果。

8.12 业委会诉物业服务企业退出小区是否有法律依据

【案情介绍】

深圳市福田区M小区建筑物总建筑面积23976.4m^2，总户数181户。深圳市甲物业管理有限公司（以下简称甲物业服务企业）自2002年3月31日进驻涉案小区进行物业管理。2004年9月1日，深圳市福田区M小区业主委员会（以下简称深圳某业主委员会）与甲物业服务企业签订了一份《物业管理合同》，约定深圳某业主委员会将位于深圳市福田区的M小区委托给甲物业服务企业进行物业管理，期限从2004年9月1日～2007年8月31日。

2007年9月1日，深圳某业主委员会再次与甲物业服务企业签订了一份《物业管理合同》，约定深圳某业主委员会将位于深圳市福田区的M小区委托给甲物业服务企业进行物业管理，期限从2007年9月1日～2010年8月31日。双方在上述合同中还对物业管理事项、物业服务费用标准以及违约责任等进行了约定。

2010年8月18日，深圳市福田区M小区第三届业主委员会成立，并于2010年8月30日获得深圳市福田区建设局备案，任期三年，从2010年8月18日起至2013年8月17日。上述《物业管理合同》约定的物业服务期限届满后，深圳某业主委员会多次要求甲物业服务企业退出M小区，甲物业服务企业拒绝退出涉案小区。

2010年7月13日，深圳某业主委员会与甲物业服务企业达成了一份《2010年半年度房屋本体维修基金收支情况公布表》，确认涉案小区2010年上半年本体维修基金（专项维修资金）余额为241732.10元。2010年12月9日，深圳某业主委员会向甲物业服务企业发送了一份《函件》，称其已在建设银行深圳景田支行开了账户（账号××××××），请甲物业服务企业将共管账户内的本体维修基金222195.32元转到深圳某业主委员会账户。甲物业服务企业接到上述函件后，认为深圳某业主委员会无权处分本体维修基金，因此没有将上述本体维修基金数额转到深圳某业主委员会账户。

2011年1月17日，深圳某业主委员会在涉案小区张贴了《关于深圳市福田区M小区业主大会讨论事项的通告》，内容为：深圳市福田区M小区业主委员会提议于2011年1月22日召开业主大会，业主大会的议程是：（1）是否同意授权深圳某业主委员会选聘物业服务企业为M小区进行服务；（2）是否同意授权深圳某业主委员会决定采用公开招标或邀请招标或协议选聘的方式选聘物业服务企业；（3）是否同意继续聘任深圳市甲物业管理有限公司对M小区进行物业管理；（4）是否授权深圳某业主委员会与选定的物业服务企业谈判并签订物业管理服务合同。

2011年2月18日，涉案小区社区工作站向深圳某业主委员会发送了一份指导意见函，认为深圳某业主委员会发出的《关于深圳市福田区M小区业主大会讨论事项的通告》中第2项“邀请招标或协议选聘的方式选聘物业服务企业”不符合《深圳经济特区物业管理条例》第七十四条第（三）项的规定，要求予以删除。该社区工作站在指导意见函中还向深圳某业主委员会强调，召开业主大会应提前15日将会议议题、时间、地点及表决事项等予以公告，并抄送全体业主。

深圳某业主委员会没有采纳社区工作站的建议，于2011年2月19日召开业主大会，对《关于深圳市福田区M小区业主大会讨论事项的通告》中所涉及的4项内容进行表决。2011年3月6日，深圳某业主委员会在涉案小区公告栏张贴了《M小区业主大会决定公告》，内容如下：“M小区全体业主：业主大会根据物业管理条例的相关规定，于2011年2月19日就本小区进行续聘现物业管理单位或招投标选聘新的物业管理单位，对小区进行物业管理服务工作进行投票表决。经2011年3月6日业主大会进行公开开箱验票和有关人员及部分业主到场监督见证，开箱验票结果如下：小区总票（181张）权数为24326，经过验票，表决票废票0张，收回的有效表决票（122张）票权数为15939，与会业主票权数占小区业主大会总票权数的65.52%，小区业主总人数181，与会业主人数122，与会业主人数占全体业主人数67.4%，符合法定比例。表决结果如下：同意（表决事项一）的人数为107，同意率为59.12%，达到通过的法定比例；同意（表决事项二）的票权数为14707，同意率为60.46%，达到通过的法定比例；同意（表决事项三）的人数为54，同意率为29.83%，达到通过的法定比例；同意（表决事项四）的票权数为15070，同意率为61.95%，达到通过的法定比例。”

2011年6月24日，深圳某业主委员会在报纸上刊登了《M小区物业管理服务招标公告》，向社会公开招聘物业管理公司。2011年7月22日，深圳某业主委员会与深圳市乙物业管理有限公司签订了一份《深圳M小区物业管理服务委托合同》，约定深圳某业主委员会将位于深圳市福田区的M小区委托给深圳市乙物业管理有限公司进行物业管理。

深圳某业主委员会向深圳市福田区人民法院提出诉请：（1）甲物业服务企业退出福田区香梅北路M小区；（2）甲物业服务企业向深圳某业主委员会移交物业服务用房和相关设施，包括：1）负一、负二楼停车场设施，2）A栋负一楼保安宿舍，3）A栋负一、负二楼用水、用电房，4）A栋、B栋各2个电梯和每层水井房及钥匙，5）A栋三楼架空层管理处用房；（3）甲物业服务企业向深圳某业主委员会移交物业服务所必需的相关资料，包括物业管理的全部档案、财务等资料；（4）甲物业服务企业向深圳某业主委员会移交专项维修资金609636.41元和属于全体业主的公共收入积累形成的财产1244811.5元，共计1854447.91元。

【焦点问题】

1. 深圳某业主委员会召开的业主大会程序是否合法问题？
2. 深圳某业主委员会召开的业主大会所表决通过的四项内容是否合法？
3. 深圳某业主委员会要求甲物业服务企业退出涉案小区是否有法律依据？

【法院判决】

法院认为，深圳某业主委员会于2011年2月19日召开的业主大会程序不合法，与会业主票权数及与会业主人数经计算未能双过半。至于深圳某业主委员会要求甲物业服务企业移交物业服务用房和相关设施、移交物业服务必需的相关资料等诉讼请求，因以上诉讼请求与深圳某业主委员会主张的要求甲物业服务企业退出涉案小区之诉讼请求在法律处理结果上存在关联性，而深圳某业主委员会要求甲物业服务企业退出涉案小区之诉讼请求未能得到支持，因此深圳某业主委员会主张的诉讼请求不成立。最终判决如下：驳回深圳市福田区深圳某业主委员会所有诉讼请求。

法条链接

《中华人民共和国物权法》

第七十六条 下列事项由业主共同决定：

（一）制定和修改业主大会议事规则；

（二）制定和修改建筑物及其附属设施的管理规约；

（三）选举业主委员会或者更换业主委员会成员；

（四）选聘和解聘物业服务企业或者其他管理人；

（五）筹集和使用建筑物及其附属设施的维修资金；

（六）改建、重建建筑物及其附属设施；

（七）有关共有和共同管理权利的其他重大事项。

决定前款第五项和第六项规定的事项，应当经专有部分占建筑物总面积三分之二以上的业主且占总人数三分之二以上的业主同意。决定前款其他事项，应当经专有部分占建筑物总面积过半数的业主且占总人数过半数的业主同意。

《关于审理物业服务纠纷案件具体应用法律若干问题的解释》

第十条 物业服务合同的权利义务终止后，业主委员会请求物业服务企业退出物业服务区域、移交物业服务用房和相关设施，以及物业服务所必需的相关资料和由其代管的专项维修资金的，人民法院应予支持。

物业服务企业拒绝退出、移交，并以存在事实上的物业服务关系为由，请求业主支付物业服务合同权利义务终止后的物业费的，人民法院不予支持。

《中华人民共和国民事诉讼法》（2012年修正）

第六十四条 当事人对自己提出的主张，有责任提供证据。

当事人及其诉讼代理人因客观原因不能自行收集的证据，或者人民法院认为审理案件需要的证据，人民法院应当调查收集。

人民法院应当按照法定程序，全面地、客观地审查核实证据。

第一百四十二条 法庭辩论终结，应当依法作出判决。判决前能够调解的，还可以进行调解，调解不成的，应当及时判决。

《物业管理条例》（2007年修订）

第十一条　下列事项由业主共同决定：

（一）制定和修改业主大会议事规则；

（二）制定和修改管理规约；

（三）选举业主委员会或者更换业主委员会成员；

（四）选聘和解聘物业服务企业；

（五）筹集和使用专项维修资金；

（六）改建、重建建筑物及其附属设施；

（七）有关共有和共同管理权利的其他重大事项。

第十二条　业主大会会议可以采用集体讨论的形式，也可以采用书面征求意见的形式；但是，应当有物业管理区域内专有部分占建筑物总面积过半数的业主且占总人数过半数的业主参加。

业主可以委托代理人参加业主大会会议。

业主大会决定本条例第十一条第（五）项和第（六）项规定的事项，应当经专有部分占建筑物总面积2/3以上的业主且占总人数2/3以上的业主同意；决定本条例第十一条规定的其他事项，应当经专有部分占建筑物总面积过半数的业主且占总人数过半数的业主同意。

业主大会或者业主委员会的决定，对业主具有约束力。

业主大会或者业主委员会作出的决定侵害业主合法权益的，受侵害的业主可以请求人民法院予以撤销。

第十四条　召开业主大会会议，应当于会议召开15日以前通知全体业主。

住宅小区的业主大会会议，应当同时告知相关的居民委员会。

业主委员会应当做好业主大会会议记录。

【案例评析】

关于深圳某业主委员会召开的业主大会程序是否合法问题。《物业管理条例》第十四条规定，召开业主大会会议，应当于会议召开15日以前通知全体业主。而本案中，深圳某业主委员会作为业主大会会议召集人，并没有在业主大会召开前提前15天通知全体业主，导致于2011年2月19日召开的M小区业主大会会议程序不符合法律规定。

关于深圳某业主委员会召开的业主大会所表决通过的4项内容是否合法问题。《物业管理条例》第十二条规定，业主大会决定本条例第十一条第（五）项和第（六）项规定的事项，应当经专有部分占建筑物总面积2/3以上的业主且占总人数2/3以上的业主同意；决定本条例第十一条规定的其他事项，应当经专有部分占建筑物总面积过半数的业主且占总人数过半数的业主同意。本案中涉及的4项决议属于第十一条第四款“选聘和解聘物业服务企业”情形，根据上述规定，业主大会所通过的表决内容，应当经专有部分占建筑物总面积过半数的业主且占总人数过半数的业主同意，简单地说，即到会票权数（深圳对建筑面积占比权重的一种说法）及与会业主人数双过半。本案中，从深圳某业主委员会在涉案小区公告栏张贴的《M小区业主大会决定公告》内容来看，关于M小区业主大会于2011年2月19日所表决的4项内容并没有同时达到到会票权数及与会业主人数双过半，据此，深圳某业主委员会于2011年2月19日召开业主大会所表决通过的4项内容不合法。

深圳某业主委员会要求甲物业服务企业退出涉案小区是否有法律依据。本案中，深圳某业主委员会与甲物业服务企业签订的《物业管理合同》约定的服务期限虽于2010年8月31日届满，但考虑到M小区至今仍未依法选聘物业服务企业，且甲物业服务企业至今仍在涉案小区继续从事物业服务，因此，深圳某业主委员会与甲物业服务企业就《物业管理合同》内容应当继续履行至新的物业服务合同约定开始提供物业服务之日为宜。最高人民法院《关于审理物业服务纠纷案件具体应用法律若干问题的解释》第十条第二款虽然规定“物业服务企业拒绝退出、移交，并以存在事实上的物业服务关系为由，请求业主支付物业服务合同权利义务终止后的物业费的，法院不予支持。”但本案中业主大会有关解聘甲物业服务企业的决议无效，因此不适用于本条法规。综上所述，深圳某业主委员会要求甲物业服务企业退出涉案小区缺乏事实和法律依据，法院不予支持是正确的。

8.13 谁该承担物业资料移交责任

【案情介绍】

被上诉人（原审原告）上海市某路丙业主委员会（以下简称“丙业主委员会”）、上海市某路丁业主委员会（以下简称“丁业主委员会”），上海市某路戊业主委员会（以下简称“戊业主委员会”）前身为上海市金山区绿地某业主委员会（以下简称“申业主委员会”），于2014年7月份立为丙业主委员会、丁业主委员会、戊业主委员会，该小区一直由上诉人（原审被告）张某进行物业管理。2012年11月底，申业主委员会与上海某物业管理有限公司（以下简称“乙物业服务企业”）签订物业服务合同，合同期限为一年，自2012年12月1日起算。2013年2月22日，申业主委员会与乙物业服务企业共同出具移交说明，确认绿地小区物业所有资料和相关事宜已经全部移交给业委会。

2013年2月底，申业主委员会与上海市某区某物业管理有限公司（以下简称“甲物业服务企业”）签订物业服务试用合同，合同期限为一个月，即2013年3月1日起至4月1日止。同时，甲物业服务企业出具授权委托书，声明授权张某进行绿地小区物业管理，请张某做好各项安全、消防等工作。2013年3月10日，张某向乙物业服务企业出具承诺书，承诺因绿地小区物业管理工作所引发的一切事由、后果均由张某个人承担，与乙物业服务企业无关。2013年4月2日，申业主委员会与甲物业服务企业续签物业服务合同，合同期限为一年。

2013年4月3日，甲物业服务企业向申业主委员会出具撤场公告，通知业委会其将退出绿地小区的所有物业服务工作。2013年4月16日，甲物业服务企业向申业主委员会再次发送撤场公告，通知取消长期管理合同。2013年4月28日，申业主委员会回函甲物业服务企业，要求甲物业服务企业督促张某移交业主资料和收费清册等。2013年5月5日，甲物业服务企业回复申业主委员会，申明小区经理张某系因个人原因未能进行移交工作，不良后果应当由张某承担，与甲物业服务企业无关，但甲物业服务企业已积极配合业委会敦促。此后，申业主委员会与张某为资料交接问题发生纠纷，张某向公安机关确认其自2012年12月1日起通过挂靠乙物业服务企业、甲物业服务企业管理绿地小区物业，由于申业主委员会自2013年5月1日起聘请了其他物业服务企业，其被迫退出。因许多住户未交物业管理费，其亏损人民币（下同）10多万元，由于和后任物业服务企业没有商量好上述亏损如何处理，故没有移交包括物业管理费、业主停车费等资料。

一审审理中，丙业主委员会、丁业主委员会、戊业主委员会要求判令乙物业服务企业和张某交还2012年12月至2013年2月的物业费管理账册，甲物业服务企业和张某交还2013年3月至4月的物业费管理账册。张某反诉要求判令丙业主委员会、丁业主委员会、戊业主委员会向其提供2013年4月～2014年2月物业费管理账册复印件。

一审法院判决张某向上述三家业委会移交2012年12月～2013年4月的物业费管理账册；对双方其他请求全部予以驳回。

张某不服，向上海市第一中级人民法院（以下简称“上海中院”）提出上诉。他认为：（1）一审认定事实错误。本案中被上诉人诉请的标的物是“物业费管理账册”，而上诉人处保管的文件是“账目清单”，这是两份不同格式、不同内容的文件。但一审法院错误地将上诉人保管的“账目清单”等同于被上诉人主张的“物业费管理账册”，并在判决书中要求上诉人提供该“物业费管理账册”。（2）被上诉人在本案中并不具有诉讼主体资格，因为被上诉人根本没有经过合法表决程序来代表业主起诉上诉人。（3）一审法院适用法律错误。（4）关于反诉部分的意见，物业服务合同明确约定物业费有两种收费模式，包干制和酬金制，在包干制下，物业费的收取工作及归属由物业服务企业负责，而在酬金制下，物业费的收取工作及归属由业委会负责。故请求二审法院撤销原判主文第一、三项，改判支持上诉人在一审时的反诉请求。

被上诉人上海市金山区金山卫镇绿地丙业主委员会、上海市金山区金山卫镇绿地丁业主委员会、上海市金山区金山卫镇绿地乙业主委员会则不同意上诉人的上诉请求，要求驳回上诉，维持原判。

【焦点问题】

1. 张某通过挂靠乙物业服务企业、甲物业服务企业管理绿地金卫新家园小区物业，是否合法？

2. 物业费管理账册是否属于物业管理人应当移交的物业服务所必需的相关资料？

3. 移交义务人应当是谁？

【法院判决】

上海中院经审理查明，原审法院认定的事实属实，依法予以确认。

上海中院认为，甲物业服务企业、乙物业服务企业先后与三被上诉人的前身申业主委员会签订物业管理服务合同，上诉人是受甲物业服务企业、乙物业服务企业委托对绿地小区进行物业管理。2013年4月3日、2013年4月16日，甲物业服务企业先后两次向申业主委员会发送撤场公告，申业主委员会则于2013年4月28日回函要求甲物业服务企业督促上诉人移交业主资料和收费清册等。由于上诉人未移交上述资料，三被上诉人则诉至法院，要求上诉人移交其实际管理绿地小区期间的物业费管理账册，于法不悖。就上诉人关于其保管的系“账目清册”而非三被上诉人诉请的“物业费管理账册”的主张，鉴于法律对物业管理企业就物业费收支情况所形成的财务资料的名称并无强制性规定，根据三被上诉人原审诉请的本意及通常理解，无论是上诉人所称的“账目清册”还是三被上诉人诉请的“物业费管理账册”，只要是上诉人实际管理涉案小区期间形成的与物业费收支情况相关的财务资料，均应属于三被上诉人诉请要求上诉人移交资料的范围。上诉人仅以资料名称不一致为由而欲否定其应向三被上诉人移交物业费收支情况相关财务资料的义务，显属无理，上海中院对此不予采纳。就上诉人要求三被上诉人提供相关物业费管理账册复印件的原审反诉诉请，原审法院已就不予支持上诉人该项诉请阐述了详尽、充分的理由，上海中院予以认同且不再赘述，上诉人上诉坚持该项诉请，缺乏依据，上海中院对此亦不予支持。就上诉人对三被上诉人本案诉讼主体资格所持异议，三被上诉人在原审时已经提供了其具备本案诉讼主体资格的相关证据，上诉人虽然对此不予认可，但并未提供相应证据以证实其主张，且三被上诉人系在物业管理人发生更替的情况下为保障涉案小区物业管理工作的正常进行而提起本案诉讼，此亦属于维护小区全体业主共同利益之举，故对上诉人该异议，上海中院仍不予采纳。由此，原审法院在查明事实的情况下，依法所作的判决并无不当，予以维持。上诉人的上诉请求和理由，缺乏事实和法律依据，不予支持。据此，上海中院依照《中华人民共和国民事诉讼法》第一百七十条第一款第（一）项之规定，判决如下：驳回上诉，维持原判。

法条链接

《中华人民共和国民事诉讼法》（2012年修正）

第一百七十条　第二审人民法院对上诉案件，经过审理，按照下列情形，分别处理：

（一）原判决、裁定认定事实清楚，适用法律正确的，以判决、裁定方式驳回上诉，维持原判决、裁定；

（二）原判决、裁定认定事实错误或者适用法律错误的，以判决、裁定方式依法改判、撤销或者变更；

（三）原判决认定基本事实不清的，裁定撤销原判决，发回原审人民法院重审，或者查清事实后改判；

（四）原判决遗漏当事人或者违法缺席判决等严重违反法定程序的，裁定撤销原判决，发回原审人民法院重审。

原审人民法院对发回重审的案件作出判决后，当事人提起上诉的，第二审人民法院不得再次发回重审。

《物业管理条例》（2007年修订）

第二条　本条例所称物业管理，是指业主通过选聘物业服务企业，由业主和物业服务企业按照物业服务合同约定，对房屋及配套的设施设备和相关场地进行维修、养护、管理，维护物业管理区域内的环境卫生和相关秩序的活动。

第三十九条 物业服务合同终止时，物业服务企业应当将物业管理用房和本条例第二十九条第一款规定的资料交还给业主委员会。

物业服务合同终止时，业主大会选聘了新的物业服务企业的，物业服务企业之间应当做好交接工作。

第四十条 物业服务企业可以将物业管理区域内的专项服务业务委托给专业性服务企业，但不得将该区域内的全部物业管理一并委托给他人。

《物业管理企业资质管理办法》（2007年修正）

第三条 物业服务企业资质等级分为一、二、三级。

第二十条 物业服务企业出租、出借、转让资质证书的，由县级以上地方人民政府房地产主管部门予以警告，责令限期改正，并处1万元以上3万元以下的罚款。

【案例评析】

物业服务企业将物业管理服务变相出租给个人，属于违法行为。本案中，张某向公安机关确认其自2012年12月1日起通过挂靠乙物业服务企业、甲物业服务企业管理绿地小区物业。乙物业服务企业和甲物业服务企业与业委会签订物业服务合同之后，理应自行安排自己公司人员对小区进行全面接管，并按照法律和合同约定的要求提供物业服务，但上述公司却将业务出租给挂靠自己名下的个人张某全权管理。表面上，由乙物业服务企业、甲物业服务企业和业委会签订物业服务合同，符合法律规定的要求。但实际上，因为通过挂靠将物业服务转移给个人，就属于变相将物业服务出租给第三方，完全违背了物业法律法规的本意。《物业管理条例》第二条规定：本条例所称物业管理，是指业主通过选聘物业服务企业，由业主和物业服务企业按照物业服务合同约定，对房屋及配套的设施设备和相关场地进行维修、养护、管理，维护物业管理区域内的环境卫生和相关秩序的活动。该条明确指出，与业主对应的物业管理的另一方是物业服务企业，而非其他个人或组织。《物业管理条例》第四十条又明确规定：物业服务企业可以将物业管理区域内的专项服务业务委托给专业性服务企业，但不得将该区域内的全部物业管理一并委托给他人。乙物业服务企业和甲物业服务企业的做法显然与此相悖。建设部颁布的《物业管理企业资质管理办法》第三条明确规定，物业管理企业资质等级分为一、二、三级。等级不同，对资本、技术人数量等要求也不同。

物业服务企业不能没有资质或者超越资质范围进入市场进行物业管理服务。本案中，张某显然不具备上述强制性要求。同时，该《办法》第二十条明确规定，物业管理企业出租、出借、转让资质证书的，由县级以上地方人民政府房地产主管部门予以警告，责令限期改正，并处1万元以上3万元以下的罚款。可见，出租、出借或转让资质的行为，都是违规行为，会受到行政处罚。乙物业服务企业、甲物业服务企业的做法，就属于变相出租行为，理应予以纠正。由于本案诉讼请求并不包含对张某乙物业服务企业和甲物业服务企业性质的认定，根据“不告不理”的原则，法院并未对乙物业服务企业、甲物业服务企业的行为做出判决，是符合法律法规要求的。尽管如此，作为物业管理人，理应对此有所警醒。

物业服务企业在物业服务合同终止后，向业委会移交物业费管理账册等物业服务所必需的相关资料，是法规规定的业务。《物业管理条例》第三十九条规定：物业服务合同终止时，物业服务企业应当将物业管理用房和本条例第二十九条第一款规定的资料交还给业主委员会。这些资料包括：（1）竣工总平面图，单体建筑、结构、设备竣工图，配套设施、地下管网工程竣工图等竣工验收资料；（2）设施设备的安装、使用和维护保养等技术资料；（3）物业质量保修文件和物业使用说明文件；（4）物业管理所必需的其他资料。从本案反映的事实来看，物业实际管理人张某在2013年4月终止合同，不能排除其在年初即已预收部分业主全年或半年物业服务费用的可能。而2013年4月以后的物业服务费用应当属于后任物业服务企业所有，系后任物业服务企业物业管理工作的运作资金，故在本案中，前手物业费管理账册系业委会与后续物业服务企业办理物业交接验收手续时应当提供的物业管理所必需的资料（亦就是上述所说的物业管理所必需的其他资料），张某有义务移交。至于张某声称其保管的文件是“账目清单”而非“物业费管理账册”，纯属狡辩。

物业资料移交的义务人只能是物业服务合同终止时的物业服务企业。本案中，根据上述法规规定明显可以看出，移交资料的主体分别是乙物业服务企业和甲物业服务企业，因为它们一方面是合同相对人，另一方面是法规要求适格的移交义务人。但由于绿地小区的物业管理一直由张某管理，物业费管理账册由其实际掌控，且张某亦自己当庭表示相关权利义务应当由其个人承担，因此法院最终确认移交义务人为张某。法院的认定虽不符合物业管理的法规规定，但却符合法理，因为有完全民事行为能力人自愿承受第三方的义务，这在我国民法上是允许的。虽则如此，作为物业管理人，弄清楚真正的物业资料移交人，很有必要，这有助于在物业管理中避免犯常识性错误。

附录：部分案例案号

编号	案例名称	终审案号
1.1	开发商投资建设的配套设施的所有权和管理权归谁所有	（2015）三中民终字第01372号
1.2	小区的物业管理用房是否应以建设工程规划许可证核准图纸所确定的位置为准	（2011）沪一中民二（民）终字第360号
1.3	开发商是否应当对未办理竣工验收手续但已入伙的物业承担保修责任	（2014）洛民终字第2404号
1.4	《表决票》上载明“未投票视为有效同意”之条款是否有效	（2010）沪一中民二（民）终字第2697号
1.5	业主委员会是否有权代替业主大会行使相关权利	（2014）穗中法民五终字第1126号
1.6	政府主管部门未派人参与业委会选举，该选举结果是否有效	（2013）穗中法民五终字第3129号
1.7	小区业主的投票权数如何确定	（2014）成民终字第3674号
1.8	小区业主要求业委会撤销相关决议的主张是否合法	（2014）沪一中民二（民）终字第2725号
1.9	业主大会决议时未收回票、弃权票能否人为计入同意票	（2014）穗中法民五终字第229号
1.10	行政机关如何对业主委员会进行备案审查	（2008）沪二中行终字第256号
1.11	如何划定物业服务管理区域	（2009）沪二中行终字第356号
1.12	物业管理区域尚未确定，行政机关能否对“业委会”予以备案	（2015）锡行终字第00011号
2.1	未成年人小区内意外溺亡，物业服务企业和建设单位的责任如何划分	（2015）南民终字第25号
2.2	未成年人在商场电梯受伤，物业服务企业该如何承担责任	（2014）莆民终字第329号
2.3	外墙砖脱落致车辆损坏，物业服务企业应否承担赔偿责任	（2015）一中民终字第5498号
2.4	高空抛物致人死亡，物业服务企业应否承担赔偿责任	
2.5	物业服务企业在小区施工导致他人受伤，应承担何种责任	（2013）威民一终字第494号
2.6	车辆在小区内被盗，物业服务企业应否赔偿	（2006）宁民四终字第501号

续表

编号	案例名称	终审案号
2.7	小区发生火灾事故，如何确定责任承担主体	（2014）深中法民终字第2681号
2.8	商铺消防未通过验收发生火灾，开发商和物业服务企业是否应承担责任	（2015）成民终字第1751号
2.9	消防设施保修案中举证责任如何承担	（2014）泰中民终字第143号
2.10	车位承租人是否对车位有优先购买权	（2013）成民终字第3040号
2.11	大暴雨致车库被淹，物业服务企业能否以不可抗力为由免责	（2015）鄂武汉中民二终字第00020号
3.1	地下车位、消防通道被改造，业主如何维权	（2009）沪二中民二（民）终字第668号
3.2	业主私自占有使用建筑物公共部分，共有权人怎样维权	（2009）佛中法民五终字第430号
3.3	物业服务企业停水停电，权利人可否索赔	（2015）深中法民终字第594号
3.4	物业服务企业紧急避险造成的损失，谁来担责	（2014）北民一终字第204号
3.5	物业相邻关系中渗漏水造成财产损害，该谁担责	（2011）沪一中民二（民）终字第84号
3.6	如何合理行使和维护社区公共资源及共有权利	（2014）长中民三终字第04263号
3.7	路面排水箅子塌陷，路人摔伤谁担责	（2014）昌民初字第08873号
3.8	电梯事故致人重伤，物业服务企业和维保单位谁应担责	
3.9	房屋被泡水，事故谁之过	（2013）东环保民终字第1号
3.10	房屋产权有争议，妨碍水泵房使用无依据	（2011）沪二中民二（民）终字第2039号
3.11	商业大厦中业主加建电梯其他业主能否共用	（2012）娄中民一终字第278号
3.12	管道堵塞导致业主损害物业服务企业是否需要赔偿	（2015）沪一中民二（民）终字第1484号
3.13	工程施工影响相邻楼盘，建设方是否担责	（2010）沪二中民一（民）终字第1011号
4.1	业主由于大堂水渍摔伤，物业服务企业为何担责	（2015）深中法民终字第1123号
4.2	员工作业高空坠落致伤谁之责	（2015）郑民三终字第526号
4.3	噪声污染，业主能否主张精神损害赔偿	（2009）沪一中民二（民）终字第1423号
4.4	转包保洁工作，员工作业中受到伤害，物业服务企业是否担责	
4.5	噪声污染的侵权责任如何界定	（2014）通中环民终字第0003号
4.6	行人驾电动车滑倒摔伤，物业服务企业是否担责	（2015）沪一中民一（民）终字第862号

续表

编号	案例名称	终审案号
4.7	绿化被擅改，造成行人死亡，应如何定责	（2015）渝四中法民终字第00208号
4.8	小区植树砸坏车辆，业主应向谁来索赔	
4.9	物业楼顶架设通信设备，权利如何界定	（2013）南中法民终字第965号
4.10	顾客在商场卫生间滑倒，物业服务企业是否担责	（2015）南市少民终字第23号
4.11	排水管道铺设侵犯个体业主权利，业主如何维权	（2013）郑民一终字第1570号
5.1	物业服务企业因举证不能承担不利后果	（2015）二中民终字第08247号
5.2	物业服务企业不当解除劳动关系有什么风险	（2015）一中民终字第5202号
5.3	企业与员工之间的劳动关系如何认定	（2015）穗中法民一终字第1630号
5.4	劳务派遣中用人单位有哪些风险	（2015）二中民终字第06380号
5.5	退休返聘人员与企业存在劳动关系吗	（2015）郑民三终字第1128号
5.6	连续旷工是否构成严重违纪	（2015）合民一终字第02764号
5.7	非全日制员工解除劳动合同要承担经济补偿金吗	（2015）大民五终字第737号
5.8	物业服务企业违规未予劳动者缴纳社保有何风险	（2015）合民一终字第02765号
5.9	员工拒签劳动合同，企业有何风险	（2015）渝一中法民终字第02806号
5.10	第三人侵权赔偿与工伤赔偿机制是否可以并行	（2015）鄂武汉中民商终字第01209号
5.11	劳动合同解除后员工是否可以反悔	（2015）渝一中法民终字第03079号
5.12	工伤认定的标准是什么	（2015）合民一终字第02533号
5.13	停工留薪期要支付员工工资吗	（2015）一中民终字第4091号
5.14	劳动合同中试用期可以随意约定吗	（2015）长中民四终字第03529号
5.15	物业服务企业是否能随意变更劳动者的工作地点	（2015）宁民终字第3116号
6.1	物业服务费如何催缴	（2014）青民一终字第2576号
6.2	业主可否以物业服务瑕疵拒交物业服务费	（2015）一中民终字第03479号
6.3	物业服务企业因业主欠费而强拆水表是否应承担侵权责任	（2015）鄂武汉中民二终字第00420号
6.4	业主自主管理物业费用如何支付	（2014）沪一中民二（民）终字第3392号
6.5	物业服务企业可以依据开发商签订的合同提高服务费标准吗	（2011）穗中法民五终字第3025号

续表

编号	案例名称	终审案号
6.6	物业服务企业直接以公告形式提高收费标准的行为是否有效	（2011）穗中法民五终字第737号
6.7	合法筹集公共设备维修资金，个别业主不交费怎么办	（2013）沪一中民二（民）终字第635号
6.8	未经业主大会批准擅自使用物业维修资金要承担什么责任	（2008）闵民一（民）初字第2663号
6.9	按物业服务合同的约定使用维修基金合法吗	（2011）沪二中民二（民）终字第798号
6.10	物业管理用房的权属认定及拆迁补偿款的分配	（2013）沪一中民二（民）终字第1237号
6.11	业主对物业维修资金的使用有知情权吗	（2010）沪一中民二（民）终字第3830号
6.12	包干制业主有权查阅物业管理收支吗	（2014）沪二中民二（民）终字第435号
6.13	业主知情权是否受诉讼时效的限制	（2014）深中法房终字第882号
7.1	如何界定和分配业主共有部分收益	
7.2	开发公司是否需要缴纳地下层房屋物业管理费	（2015）二中民终字第02423号
7.3	小区停车费收益能否抵充物业管理费	（2010）沪二中民二（民）终字第622号
7.4	业主机动车停放小区共用车位是否应当交纳停车费	（2014）沪二中民二（民）终字第219号
7.5	谁来承担“空置房”的物业管理费	（2013）浙湖民终字第323号
7.6	物业服务企业收取的公共收益能否与业主欠缴的物业费相抵扣	（2015）沪一中民二（民）终字第1351号
7.7	业委会是否有权要求原物业服务企业公布公共租赁收益情况	（2009）二中民终字第13510号
7.8	地下车库应该归谁所有	（2013）沪一中民二（民）终字第1201号
7.9	小区的哪些收益应当向业主公布	（2015）商民三终字第422号
7.10	物业服务企业对于地下车库进行控制及收益是否合法	（2015）沪一中民二（民）终字第289号
7.11	小区架空层所有权归谁	（2010）浙温民终字第780号
8.1	物业服务企业如何应对小区业委会的解聘诉求	（2014）鄂武汉中民二终字第00964号
8.2	前期物业服务企业是否有权占用涉案物业管理用房	（2009）成民终字第1161号
8.3	业主怠于行使权利，致无法形成业主大会决议，业主委员会能否自行决定续聘原物业服务企业	（2010）苏中民终字第2385号

续表

编号	案例名称	终审案号
8.4	业主委员会直接解聘原物业服务企业，新中标的物业服务企业能否进驻	（2014）江中法民一终字第332号
8.5	物业服务企业投标信息是否属于业主知情权范围	（2012）沪一中民二（民）终字第513号
8.6	业主委员会成立后，开发商是否有权与原物业服务企业续签合同	（2015）珠中法民三终字第30号
8.7	小区开发公司对涉诉房产是否享有处分权	（2014）深中法房终字第604号
8.8	新旧物业移交，设备损坏谁该承接设备维修费用	（2014）浦民一（民）初字第1732号
8.9	前期物业公共收益可否纳入物业服务企业收入	（2013）浙甬民二终字第111号
8.10	物业服务企业退出时应当做好哪些物业交接工作	（2015）沪一中民二（民）终字第937号
8.11	物业服务企业擅自退出应当承担哪些法律责任	（2009）民终字第22号
8.12	业委会诉物业服务企业退出小区是否有法律依据	（2014）深中法房终字第1497号
8.13	谁该承担物业资料移交责任	（2014）沪一中民二（民）终字第3308号